2012—2013年度全行业优秀畅销书
第四届中国大学出版社图书奖优秀教材一等奖

税 法

（第4版第6次修订本）

李晓红　编著

清华大学出版社
北京交通大学出版社
·北京·

内 容 简 介

本书是根据最新的（截至2024年7月）税收法规编写的。根据"税法"课程的特点，本书采用理论与实践相结合的方法，阐述了我国现行税收体系的基本内容。全书共12章，分为三大部分，第一部分是税法基本理论，包括第1章和第2章，是全书的理论基础；第二部分是税收实体法，按课税对象进行分类，包括第3章至第10章，主要阐述了流转税、所得税、资源税、财产税、行为目的税的具体法律规定；第三部分是税收程序法，包括第11章和第12章。

本书在体例上有所创新，力图打破传统的税法教材单纯抽象的讲税模式，贴近社会经济生活，寓教于乐，极易提高读者的学习兴趣。本书可作为高等院校经济管理类各专业的本科、MBA、研究生教材和教学参考读物，也可作为广大税务人员、财务人员、注册会计师、税务师等岗位的培训教材。

本书封面贴有清华大学出版社防伪标签，无标签者不得销售。
版权所有，侵权必究。侵权举报电话：010-62782989　13501256678　13801310933

图书在版编目（CIP）数据

税法／李晓红编著. —4版. —北京：北京交通大学出版社：清华大学出版社，2017.7（2025.1重印）
ISBN 978-7-5121-3147-7

Ⅰ.①税… Ⅱ.①李… Ⅲ.①税法-中国-高等学校-教材 Ⅳ.①D922.22

中国版本图书馆CIP数据核字（2017）第019874号

税法
SHUIFA

责任编辑：解　坤

出版发行：	清华大学出版社	邮编：100084	电话：010-62776969	http://www.tup.com.cn		
	北京交通大学出版社	邮编：100044	电话：010-51686414	http://www.bjtup.com.cn		
印　刷　者：	北京虎彩文化传播有限公司					
经　　销：	全国新华书店					
开　　本：	185 mm×260 mm　印张：24　字数：599千字					
版 印 次：	2009年9月第1版　2024年8月第4版第6次修订　2025年1月第12次印刷					
定　　价：	59.90元					

本书如有质量问题，请向北京交通大学出版社质监组反映。对您的意见和批评，我们表示欢迎和感谢。
投诉电话：010-51686043，51686008；传真：010-62225406；E-mail：press@bjtu.edu.cn。

再 版 序

税法是我国法律体系的重要组成部分，是税务机关征收税款和纳税人缴纳税款的法律依据。随着经济全球化和资本市场一体化的深入发展，以及我国税法税制的不断完善、健全和税收国际协调的加强，税法对经济生活的影响越来越大。作为财经类专业的学生，如果不系统学习和掌握税法知识，将很难适应未来社会的需要。目前，"税法"课程是管理类各专业的必修课程，当然也是内蒙古工业大学管理学院会计专业、财务管理专业的核心课程，是工商管理专业和人力资源专业的必修课程，是国际贸易、金融等专业的专业选修课程。

教材的选用在课程的教学过程中起着至关重要的作用。长期以来，内蒙古工业大学管理学院始终高度重视教材建设，并鼓励讲课受学生欢迎的教师将自己使用多年的讲义编写成教材，将教材建设作为管理学院教学质量工程建设、品牌专业建设和精品课程建设的重要内容之一。本书的编者李晓红老师是我院青年教师的突出代表之一，所授课程深受学生喜爱，同时她还在教学过程中不断总结和潜心研究，对"税法"课程教学颇有体会。现在呈现在读者面前的这部《税法》教材专门针对本科学生的特点精心编写，集专业性、可读性于一体，是李晓红老师将自己多年对税法课程的教学体验和教学研究结合起来的教学成果。李晓红老师是国家注册会计师、注册税务师，长期从事有关税法的咨询实践活动，积累了很多鲜活的案例，因此本书还具有密切联系实际工作的特点。

这部教材的出版是对李晓红老师长期以来呕心沥血全身心投入教学的最好回报。我在这里要祝贺李晓红老师，我也诚挚地希望该书的出版能在编者和读者之间架起一座沟通互动的桥梁，实现李晓红老师的教学目标，使学生不但学好税法，而且爱学"税法"这门课程。

内蒙古工业大学学术委员会主任　李长青教授
2017 年 6 月

第4版第6次修订本前言

非常感谢广大读者的厚爱,由我编著的《税法》教材陆续于 2009 年 9 月推出第 1 版,2012 年 2 月推出第 2 版,2013 年 8 月推出第 3 版,2017 年 7 月推出第 4 版。每一次再版和加印,我都会结合税收法规的最新变化和读者的建议进行修订,并获得了业界的好评。该教材在 2010 年获得了"内蒙古自治区第三届哲学社会科学优秀成果奖",2013 年被评为"全行业优秀畅销书",2015 年获得了"第四届中国大学出版社图书奖优秀教材一等奖",2017 年获得了"内蒙古工业大学优秀教学成果一等奖"。第 4 版教材是在前 3 版教材的基础上修订而成的。本次修订主要体现在以下四个方面。

一是结合党的十八届三中全会、党的二十大报告、党的二十届三中全会等重要会议精神,将涉及财税体制改革的内容融入税法教材的编写工作。党的十八大以来,习近平总书记高度重视税收工作,提出"发挥税收在国家治理中的基础性、支柱性、保障性作用",从国家治理的高度定位税收工作,为新时代税收工作指明了方向。党的二十届三中全会明确深化财税体制改革,习近平总书记在关于《中共中央关于进一步全面深化改革、推进中国式现代化的决定》的说明中指明了深化财税体制改革的重要方向。通过在教材中融入党的会议精神,使读者在学习税法知识的同时也能够深刻理解税收制度改革的最新方向,并与税收实践有机结合。

二是根据税收制度改革的最新动态和税收法规的变化,对部分章节的内容进行了更新。自 2016 年 5 月 1 日起,我国全面实施"营改增",营业税从此退出了历史舞台。根据《财政部 国家税务总局关于全面推开营业税改征增值税试点的通知》(财税〔2016〕36 号)的规定,全面修改了第 3 章"增值税法",删除了原第 5 章"营业税法";在此基础上根据《关于调整增值税税率的通知》(财税〔2018〕32 号)和《财政部 税务总局 海关总署关于深化增值税改革有关政策的公告》(财政部 税务总局 海关总署公告 2019 年第 39 号)等文件的要求,依次对增值税的内容进行了大量的修改;根据最新通过的《中华人民共和国车辆购置税法》《中华人民共和国耕地占用税法》《中华人民共和国资源税法》《中华人民共和国契税法》《中华人民共和国城市维护建设税法》的规定,修改了"车辆购置税""耕地占用税""资源税""契税""城市维护建设税"等内容;根据修订后的《中华人民共和国个人所得税法实施条例》(国务院令第 707 号),全面修改了第 7 章"个人所得税法",结合最新的《个人所得税专项附加扣除暂行办法》修改了个人所得税综合所得的计算,为自然人进行个人所得税的汇算清缴实践提供操作指导;根据《中华人民共和国环境保护税法》和《中华人民共和国环境保护税法实施条例》的规定,增加了第 10 章"行为目的类税法";根据最新通过的《中华人民共和国印花税法》的规定,修改了"印花税"的全部内容;结合部分税收法规的变化,对"税法基本理论""消费税法""企业所得税法""财产类税法""资源类税法"等章节的内容进行了局部修改;结合"营改增"及增值税税率的最新变化,对"消费税""土地增值税""房产税""契税""车辆购置税"等章节的内容进行了配套修改。

三是结合税收法规的变化对相关的栏目、例题、案例分析及课后练习题部分进行了大量的补充和更新。"相关链接"和"思考专栏"更加注重理论与实践相融合,例题及课后练习题部分选取了注册会计师、税务师考试及会计职称考试中难度相当的题目,能为同学们考取各类资格证书奠定坚实的基础。

四是适应新形态教材的需要,增加了"思维导图"专栏,帮助同学们系统地梳理知识点,掌握每章的框架结构。对课后习题客观题部分采用二维码链接的方式,设置适用非财务、非法学类专业的"牛刀小试"题目,设置适用财务类专业、法学类专业和其他专业学生进阶学习的"竞技场"题目。通过逐步引入数字化学习资源,满足不同学校、不同专业学生个性化的学习要求,实现纸质教材与网络数字资源的融合与互动。

读者的肯定和认可是我前行的最大动力。同时,在教材编写和每一次的修订中,我的丈夫余先生和我挚爱的孩子们给予了我最大的精神支持,我的学院领导给予了我极大的肯定,我的同事索婧、宋剑茹等老师对教材的修订提出了大量的宝贵建议,我的研究生尚志飞、孟亚欣、赵烁、陈彩明、高一进、金正贤、赵路等同学为教学资料的搜集和整理做了大量的工作。此外,我还要特别感谢北京交通大学出版社、清华大学出版社一直以来对本教材的极大关注,感谢解坤编辑陪伴着我多次修改和完善教材内容,感谢广大教师和同学们对本教材的信任与支持。感激之情溢于言表!

由于能力水平有限,书中难免有疏漏和不足之处,恳请广大读者批评指正,不吝赐教。

李晓红

2024 年 8 月

第3版前言

承蒙广大读者的厚爱，《税法》教材自2009年9月推出第1版以来，不断加印和再版。读者的信任和支持也给了我极大的动力，竭尽所能地对本教材不断进行修订完善。

第3版充分考虑了读者的反馈意见，在以下内容上进行了变动。一是根据税收制度改革的最新动态和税收法规的变化，对部分章节的内容进行了更新。主要体现在：根据营改增的最新动态，大幅修改了第3章"增值税法"和第5章"营业税法"的内容；根据国家对成品油消费税改革的具体要求，修改了第4章"消费税法"的部分内容；根据国家最新颁布的出口退（免）税政策，重新撰写了第2章中关于出口退（免）税的相关内容；根据国家完善固定资产加速折旧的精神，修改了第7章"企业所得税法"的内容；根据国家税务总局对个体工商户计税办法的修改，修改了第8章"个人所得税法"的内容；根据资源税改革的最新动态，大幅修改了第9章"资源类税法"的内容；根据国家税务总局对《税务登记管理办法》的修改，修改了第12章"税收征收管理法"的部分内容。二是对相关的栏目和例题进行了补充和更新，尤其是为了突出学生综合运用知识能力的培养，在全书中增加了税收实体法综合案例，以增强学生对不同税种之间横向联系的理解。三是为培养学生的发展性学力和创新精神，将课后习题中的简答题改为思考探索题，激发学生的求知欲和主观能动性。其中带"*"的题目为选做题，涉及会计与税法学科交叉的内容，考查学生综合运用不同学科知识的能力。

本书的修订过程中，参考了大量的相关著作和文献，清华大学出版社、北京交通大学出版社对本书的出版也给予了大力支持，尤其是解坤编辑为本书的出版付出了大量精力，我的研究生尚志飞、魏微同学也做了大量的基础性的工作，在此深表谢意。

李晓红

2013年7月

第 2 版前言

《税法》教材自 2009 年 9 月推出第 1 版以来,受到了广大读者的欢迎和厚爱,这更加激励编者践行内蒙古工业大学管理学院"无间改进,止于至善"的院训,在第 1 版的基础上对全书的内容进行了修订和完善。修订过程中,编者以打造精品教材为目标,特别突出了税法课程时效性强的特点,及时更新补充了税收法律理论的最新成果、税收法律法规的最新内容、国家税制改革的最新动态,努力把本书建设成一部高水平、高质量的教材。

此次修订再版,充实更新了税收和税法理论的部分内容并结合最新颁布的税法规范性文件,重点调整了税收实体法的内容。调整的内容:一是个人所得税部分,为了进一步加强税收对收入分配调节作用的要求,切实减轻中低收入者的税收负担,适当加大对高收入者的税收调节,缩小收入分配差距,全国人大常委会于 2011 年 6 月 30 日对《中华人民共和国个人所得税法》进行第六次修订;二是资源税部分,2011 年 11 月 1 日起在全国范围内开始实施新的《中华人民共和国资源税暂行条例》,标志着资源税改革在全国推开;三是车船税部分,2011 年 2 月 25 日,全国人大常委会通过了新的《中华人民共和国车船税法》,自 2012 年 1 月 1 日起施行,作为我国首个由暂行条例上升为法律的税种和第一部地方税法,意味着我国地方税体系逐步得到健全和完善。在本次教材的修订中,着重体现了以上三个税种的变化。最后,是税收程序法的变化,结合国家税务总局颁布的最新公告,对税务行政复议的内容进行了全面修改。

由于水平有限,书中不免存在疏漏和不足之处,在此,编者真诚地希望各位读者能对本书提出宝贵的意见和建议,以便在今后的教学工作中能更好地改进。

编者联系方式:misslxh@sina.com(邮箱);QQ 号:1170675610。

李晓红
2011 年 12 月

第1版前言

我国社会主义市场经济制度日渐成熟，越来越多的经济活动由市场调节，不再由政府直接控制，税收已经成为关乎国计民生的头等大事。汶川特大地震的举国援助、北京奥运会的成功举办、从容应对全球范围的金融危机，这些都反映出我国的国力日渐雄厚，而在这个过程中，税收无疑起到了最为关键的作用。同时，随着纳税人的概念及其权利义务的深入人心，税收法律也随着经济发展和法治化进程变得越发重要。税法与人类活动联系极其紧密，同时税法理论又具有高度的实用性和专业性，学习掌握这些复杂、晦涩的理论并将这些规则应用于多种多样的工商业、金融领域绝对是对智慧的历练。

税法课程具有理论性强和实践应用性强两个突出的特点，一方面税法课程的内容以税收法律法规为主，比较晦涩抽象；另一方面税法课程与企业的经营活动和个人的经济生活息息相关。如何调动学生的兴趣和求知欲，结合这门课程的特点来提高授课的质量是笔者多年来孜孜以求的。那么最能够反映自身教学特点的途径就是编纂一部教材，如果通过教材将自己的教学理念真正贯彻到教学的全过程中，将会对课程教学质量的提高起到事半功倍的作用。近些年来，我国税收制度进行了相当程度的调整与改革，笔者将很多的税改新政、新制度都补充到教材中来，同时在内容和形式上都力求创新，希冀达到寓教于例、寓教于乐、化抽象为形象的目的，使学生从对这本教材感兴趣发展为对这门课程产生兴趣。总结起来，本教材具有以下四个特点。

（1）内容全面系统，新颖性强。全书的内容包括税收基本理论、税收实体法、税收程序法三个部分，汇集最新的理论知识和税收法规的调整内容及税制改革的最新动态，反映该课程的最前沿内容；章节安排科学，清晰的结构便于学生按类掌握、归纳学习。对法规的阐述，尽量避免空洞说教，而是注重揭示原理，使学生在理解的基础上记忆。

（2）编写体例有所创新。章目下有学习提示、中英文关键词、重点法规速递等栏目，并在正文前设置了引导案例，方便学生自学，激发学生的求知欲，正文中还设置了若干思考专栏和相关知识点的链接，有利于学生了解相关实践知识或关联知识，进而将相关知识融会贯通，并在一定程度上增加了趣味性；章尾有综合案例分析、知识点大串联，加深学生对重点、难点知识的理解，开拓学生的解题思路；课后练习题分为牛刀小试和竞技场两个层次，由浅入深，循序渐进，有利于学生系统、扎实地掌握本章的重要内容，巩固学习成果。

（3）注重学生综合能力的培养。通过思考专栏、大量的案例分析，力求使抽象、复杂的内容变得通俗易懂，拓宽学生的知识视野，提高学生的自学能力、分析解决问题的能力及综合运用知识的能力。

（4）与职业资格考试的内容对接。税法课程是注册会计师、注册税务师等资格考试的必考科目，在本书的典型例题、案例分析、课后强化练习中结合了这两个考试的重点内容，可以为学生应试取得相应职业资格证书奠定坚实的基础。

笔者为本教材的完成倾注了大量的心血和精力，同时本书的完成也是笔者近年来从事税法课程教学的总结和税法课程教学改革研究的阶段性成果。在编写过程中，本教材参阅、引用了国内外许多专家学者的专著、教材和研究成果,在此表示衷心的感谢。限于学识有限,虽然笔者和编辑尽了最大的努力,经反复斟酌、修改,也难免有疏漏和瑕疵之处,承望有关专家与读者提出宝贵意见。另外本教材的出版得到了内蒙古工业大学管理学院李长青院长、长青副院长、王秀丽副院长等领导的大力支持和帮助,同时得到了谢晓燕、孔令辉等教师的悉心指导,在此向各位领导、前辈、同行表示深深的谢意。

为方便读者使用本书,笔者特意制作了与教材配套的教学课件并编写了课后习题的主要参考答案,使用本书作为教材的读者可与出版社联系。

李晓红

2009 年 7 月

目　　录

第1章　税收基础知识 …………………………………………………………… 1
1.1　税收的产生和发展 ………………………………………………………… 2
1.1.1　税收的产生条件 ……………………………………………………… 2
1.1.2　税收产生和发展的历史过程 ………………………………………… 3
1.2　税收概述 …………………………………………………………………… 10
1.2.1　税收的概念 …………………………………………………………… 10
1.2.2　税收的特征 …………………………………………………………… 12
1.2.3　税收的原则 …………………………………………………………… 13
1.3　税收的职能和分类 ………………………………………………………… 14
1.3.1　税收的职能概述 ……………………………………………………… 14
1.3.2　税收的分类 …………………………………………………………… 16
课后练习题 ……………………………………………………………………… 17

第2章　税法基本理论 …………………………………………………………… 18
2.1　税法概述 …………………………………………………………………… 20
2.1.1　税法的概念及特征 …………………………………………………… 20
2.1.2　税收法律关系 ………………………………………………………… 21
2.1.3　税法的分类 …………………………………………………………… 24
2.2　税法的渊源和税法的原则 ………………………………………………… 25
2.2.1　税法的渊源 …………………………………………………………… 25
2.2.2　税法的原则 …………………………………………………………… 26
2.3　税法的构成要素 …………………………………………………………… 28
2.3.1　纳税人 ………………………………………………………………… 28
2.3.2　征税对象 ……………………………………………………………… 29
2.3.3　税率 …………………………………………………………………… 29
2.3.4　税收优惠 ……………………………………………………………… 32
2.3.5　纳税环节 ……………………………………………………………… 33
2.3.6　纳税期限 ……………………………………………………………… 33
2.3.7　纳税地点 ……………………………………………………………… 34
2.3.8　违章处理 ……………………………………………………………… 34
2.4　税制体系 …………………………………………………………………… 34
2.4.1　税制体系概述 ………………………………………………………… 34
2.4.2　影响税制体系设置的主要因素 ……………………………………… 35
2.4.3　税制体系的种类及特征 ……………………………………………… 36
2.4.4　我国现行的税法体系 ………………………………………………… 39

课后练习题 ... 40

第3章 增值税法 ... 41

3.1 增值税概述 ... 43
3.1.1 增值税的概念 ... 43
3.1.2 增值税的类型 ... 44
3.1.3 增值税的特点 ... 45
3.1.4 增值税的沿革和发展 ... 48

3.2 增值税的征税范围 ... 50
3.2.1 征税范围的一般规定 ... 50
3.2.2 征税范围的特殊规定 ... 52
3.2.3 不征收增值税项目 ... 54

3.3 增值税的纳税人 ... 55
3.3.1 增值税纳税人的基本规定 ... 55
3.3.2 增值税纳税人的划分与认定 ... 55

3.4 增值税的税率 ... 56
3.4.1 我国增值税税率的一般规定 ... 56
3.4.2 我国增值税适用税率的特殊规定 ... 57

3.5 增值税应纳税额的计算 ... 58
3.5.1 一般纳税人应纳税额的计算 ... 58
3.5.2 简易计税方法应纳税额的计算 ... 69
3.5.3 进口货物应纳税额的计算 ... 71
3.5.4 扣缴计税方法 ... 71

3.6 增值税的税收优惠 ... 72
3.6.1 增值税的起征点 ... 72
3.6.2 增值税的减（免）税 ... 72
3.6.3 出口货物或者劳务和服务的退（免）税 ... 75

3.7 增值税专用发票的使用及管理 ... 81
3.7.1 增值税专用发票的基本规定 ... 82
3.7.2 专用发票的领购和开具 ... 82

3.8 增值税的征收管理 ... 83
3.8.1 增值税的纳税义务发生时间 ... 83
3.8.2 增值税的纳税期限 ... 84
3.8.3 增值税的纳税地点 ... 85

课后练习题 ... 88

第4章 消费税法 ... 91

4.1 消费税概述 ... 93
4.1.1 消费税的含义 ... 93
4.1.2 消费税的特性 ... 94
4.1.3 消费税的产生和发展 ... 95

4.2 消费税的征税范围和纳税人·····97
4.2.1 消费税的征税范围·····97
4.2.2 消费税的纳税人·····98
4.3 消费税的税目和税率·····99
4.3.1 消费税的税目·····99
4.3.2 消费税的税率·····101
4.4 消费税的计税依据·····103
4.4.1 从价定率计税方法的计税依据·····103
4.4.2 从量定额计税方法的计税依据·····108
4.4.3 复合计税方法的计税依据·····108
4.5 消费税应纳税额的计算·····109
4.5.1 生产者自产自销应税消费品的应纳税额的计算·····109
4.5.2 生产者自产自用应税消费品的应纳税额的计算·····112
4.5.3 委托加工应税消费品的应纳税额的计算·····113
4.5.4 进口应税消费品的应纳税额的计算·····114
4.5.5 消费税出口退税的计算·····114
4.6 消费税的征收管理·····116
4.6.1 消费税的纳税环节·····116
4.6.2 消费税的纳税义务发生时间·····117
4.6.3 消费税的纳税期限·····117
4.6.4 消费税的纳税地点·····117
4.6.5 消费税的征收机关与申报缴纳·····118
课后练习题·····120

第5章 关税法·····123
5.1 关税概述·····125
5.1.1 关税的沿革·····125
5.1.2 关税的概念和特点·····126
5.1.3 关税的分类·····127
5.2 关税的征税对象和纳税人·····130
5.2.1 关税的征税对象·····130
5.2.2 关税的纳税人·····130
5.3 关税的税则和税率·····130
5.3.1 关税的税则·····130
5.3.2 关税的税率·····130
5.3.3 原产地规则·····132
5.4 关税完税价格的确定·····133
5.4.1 一般进口货物的完税价格·····133
5.4.2 特殊进口货物的完税价格·····135
5.4.3 出口货物的完税价格·····136

	5.4.4	完税价格相关费用的核定	137
5.5	关税应纳税额的计算		138
	5.5.1	进出口货物应纳税额的计算	138
	5.5.2	进境物品应纳税额的计算	139
5.6	关税的税收优惠		139
	5.6.1	法定减免税	139
	5.6.2	特定减免税	140
	5.6.3	临时减免税	140
5.7	关税的征收管理		140
	5.7.1	关税的缴纳	140
	5.7.2	关税的保全和强制执行	140
	5.7.3	关税的退还	141
	5.7.4	关税的补征和追征	141
课后练习题			143

第6章 企业所得税法 ... 146

6.1	企业所得税概述		148
	6.1.1	所得税的基本理论知识	148
	6.1.2	企业所得税的概念和特点	151
	6.1.3	企业所得税的沿革和发展	152
6.2	企业所得税的纳税人、征税对象和税率		153
	6.2.1	纳税人	153
	6.2.2	征税对象	154
	6.2.3	税率	155
6.3	企业所得税应纳税所得额的确定		156
	6.3.1	收入总额的确定	156
	6.3.2	不征税收入	158
	6.3.3	免税收入	159
	6.3.4	准予扣除项目	160
	6.3.5	不得扣除的项目	168
	6.3.6	亏损弥补	170
6.4	相关业务的税务处理		171
	6.4.1	资产的税务处理	171
	6.4.2	关联企业特别纳税调整	175
6.5	企业所得税应纳税额的计算		178
	6.5.1	居民企业应纳税额的计算	178
	6.5.2	境外所得的税额抵免	179
	6.5.3	居民企业核定征收应纳税额的计算	181
	6.5.4	非居民企业应纳税额的计算	182
6.6	企业所得税的税收优惠		182

  6.6.1 居民企业税收优惠 ·· 183
  6.6.2 非居民企业税收优惠 ·· 187
 6.7 企业所得税的征收管理 ·· 187
  6.7.1 纳税期限 ·· 187
  6.7.2 纳税地点 ·· 187
  6.7.3 纳税申报 ·· 188
  6.7.4 源泉扣缴 ·· 188
 课后练习题 ··· 192

第7章　个人所得税法 ··· 195
 7.1 个人所得税概述 ·· 197
  7.1.1 个人所得税的概念 ·· 197
  7.1.2 个人所得税法的产生与发展 ····································· 197
  7.1.3 个人所得税的特点 ·· 199
 7.2 个人所得税的纳税人 ·· 201
  7.2.1 居民纳税人 ·· 201
  7.2.2 非居民纳税人 ··· 202
  7.2.3 个人所得来源地的确定 ·· 202
 7.3 个人所得税的征税对象与范围 ·· 202
  7.3.1 工资、薪金所得 ··· 202
  7.3.2 劳务报酬所得 ··· 203
  7.3.3 稿酬所得 ·· 204
  7.3.4 特许权使用费所得 ·· 204
  7.3.5 经营所得 ·· 204
  7.3.6 利息、股息、红利所得 ·· 205
  7.3.7 财产租赁所得 ··· 205
  7.3.8 财产转让所得 ··· 205
  7.3.9 偶然所得 ·· 205
 7.4 个人所得税的税率 ·· 206
  7.4.1 超额累进税率 ··· 206
  7.4.2 比例税率 ·· 207
 7.5 个人所得税的计税依据和应纳税额的计算 ························ 207
  7.5.1 个人所得税的计税依据 ·· 207
  7.5.2 居民个人综合所得应纳税额的计算 ··························· 208
  7.5.3 非居民个人综合所得应纳税额的计算 ······················· 213
  7.5.4 经营所得应纳税额的计算 ·· 214
  7.5.5 财产租赁所得应纳税额的计算 ································· 218
  7.5.6 财产转让所得应纳税额的计算 ································· 219
  7.5.7 利息、股息、红利所得应纳税额的计算 ··················· 219
  7.5.8 偶然所得应纳税额的计算 ·· 220

7.5.9　境外所得已纳税额的扣除 ············· 220
7.6　个人所得税的特殊计税方法 ············· 222
　　7.6.1　特殊工资、薪金性质的所得的计税 ············· 222
　　7.6.2　个人通过购买债权取得收入的计税方法 ············· 223
　　7.6.3　个人转让上市公司限售股取得的财产转让所得的计税方法 ············· 224
7.7　个人所得税的税收优惠 ············· 225
　　7.7.1　个人所得税的免税优惠 ············· 225
　　7.7.2　个人所得税的减征优惠 ············· 225
　　7.7.3　个人所得税的暂免征收 ············· 226
7.8　个人所得税的纳税申报 ············· 227
　　7.8.1　自行申报纳税 ············· 227
　　7.8.2　全员全额扣缴申报纳税 ············· 229
课后练习题 ············· 233

第8章　资源类税法 ············· 236

8.1　资源税概述 ············· 238
　　8.1.1　资源税的概念及特点 ············· 238
　　8.1.2　我国资源税法律制度的沿革 ············· 239
8.2　资源税 ············· 240
　　8.2.1　资源税的基本法律规定 ············· 240
　　8.2.2　资源税的计税依据和应纳税额的计算 ············· 244
　　8.2.3　资源税的征收管理 ············· 246
8.3　城镇土地使用税 ············· 247
　　8.3.1　城镇土地使用税的基本法律规定 ············· 247
　　8.3.2　城镇土地使用税的计税依据和应纳税额的计算 ············· 248
　　8.3.3　城镇土地使用税的税收优惠 ············· 249
　　8.3.4　城镇土地使用税的征收管理 ············· 250
8.4　耕地占用税 ············· 251
　　8.4.1　耕地占用税的基本法律规定 ············· 251
　　8.4.2　耕地占用税的计税依据和应纳税额的计算 ············· 253
　　8.4.3　耕地占用税的征收管理 ············· 253
8.5　土地增值税 ············· 253
　　8.5.1　土地增值税的基本法律规定 ············· 255
　　8.5.2　土地增值税的计税依据和应纳税额的计算 ············· 257
　　8.5.3　土地增值税的征收管理 ············· 261
课后练习题 ············· 264

第9章　财产类税法 ············· 265

9.1　财产税概述 ············· 266
　　9.1.1　财产税的概念及特点 ············· 266
　　9.1.2　财产税的分类 ············· 267

9.1.3　我国财产税法律制度的沿革 ……………………………………………… 268
9.2　房产税 ………………………………………………………………………………… 270
　　9.2.1　房产税的基本法律规定 ……………………………………………………… 270
　　9.2.2　房产税的计税依据和应纳税额的计算 ……………………………………… 271
　　9.2.3　房产税的税收优惠 …………………………………………………………… 273
　　9.2.4　房产税的征收管理 …………………………………………………………… 275
9.3　契税 …………………………………………………………………………………… 276
　　9.3.1　契税的基本法律规定 ………………………………………………………… 277
　　9.3.2　契税的计税依据和应纳税额的计算 ………………………………………… 277
　　9.3.3　契税税收优惠 ………………………………………………………………… 278
　　9.3.4　契税的征收管理 ……………………………………………………………… 279
9.4　车船税 ………………………………………………………………………………… 279
　　9.4.1　车船税的基本法律规定 ……………………………………………………… 280
　　9.4.2　车船税的计税依据和应纳税额的计算 ……………………………………… 282
　　9.4.3　车船税的税收优惠 …………………………………………………………… 282
　　9.4.4　车船税的征收管理 …………………………………………………………… 283
课后练习题 ……………………………………………………………………………………… 285

第10章　行为目的类税法 287

10.1　行为目的税概述 …………………………………………………………………… 289
　　10.1.1　行为目的税的性质 ………………………………………………………… 289
　　10.1.2　行为目的税的特点 ………………………………………………………… 289
　　10.1.3　行为目的税的发展沿革 …………………………………………………… 290
10.2　印花税 ……………………………………………………………………………… 291
　　10.2.1　印花税的基本法律规定 …………………………………………………… 291
　　10.2.2　印花税的计税依据和应纳税额的计算 …………………………………… 293
　　10.2.3　税收优惠 …………………………………………………………………… 294
　　10.2.4　征收管理 …………………………………………………………………… 295
10.3　车辆购置税 ………………………………………………………………………… 295
　　10.3.1　车辆购置税的基本法律规定 ……………………………………………… 295
　　10.3.2　车辆购置税的计税依据和应纳税额的计算 ……………………………… 296
　　10.3.3　车辆购置税的税收优惠 …………………………………………………… 296
　　10.3.4　车辆购置税的征收管理 …………………………………………………… 297
10.4　城市维护建设税 …………………………………………………………………… 297
　　10.4.1　城市维护建设税的基本法律规定 ………………………………………… 298
　　10.4.2　城市维护建设税的计税依据和应纳税额的计算 ………………………… 299
　　10.4.3　城市维护建设税的征收管理 ……………………………………………… 299
10.5　环境保护税 ………………………………………………………………………… 300
　　10.5.1　环境保护税的基本法律规定 ……………………………………………… 300
　　10.5.2　环境保护税的计税依据和应纳税额的计算 ……………………………… 302

10.5.3　征收管理 ·· 304
　课后练习题 ·· 307

第11章　税收征收管理法 ·· 309
　11.1　税收征收管理法概述 ·· 311
　　11.1.1　税收征收管理法的概念和适用范围 ·· 311
　　11.1.2　税收征收管理法的适用主体及其权利与义务的设定 ······························· 311
　11.2　税务管理 ·· 312
　　11.2.1　税务登记管理 ·· 313
　　11.2.2　账簿、凭证管理 ··· 316
　　11.2.3　纳税申报管理 ·· 319
　11.3　税款征收 ·· 320
　　11.3.1　税款征收概述 ·· 320
　　11.3.2　税款征收的管理措施 ··· 321
　11.4　税务检查 ·· 328
　　11.4.1　征税机关的税务检查权 ·· 329
　　11.4.2　税务机关在税务检查中的权责 ··· 329
　11.5　税收法律责任 ·· 330
　　11.5.1　税务管理方面的法律责任 ··· 330
　　11.5.2　税款征收方面的法律责任 ··· 332
　　11.5.3　税务检查的法律责任 ··· 333
　　11.5.4　税务机关及税务人员税收违法行为的法律责任 ··································· 333
　课后练习题 ·· 335

第12章　税务行政处罚与税务救济 ·· 337
　12.1　税务行政处罚 ·· 339
　　12.1.1　税务行政处罚概述 ·· 339
　　12.1.2　税务行政处罚的设定和种类 ·· 340
　　12.1.3　税务行政处罚的主体与管辖 ·· 340
　　12.1.4　税务行政处罚的程序 ··· 340
　12.2　税务救济制度 ·· 343
　　12.2.1　税务行政复议 ·· 343
　　12.2.2　税务行政诉讼 ·· 347
　　12.2.3　税务行政赔偿 ·· 350
　课后练习题 ·· 355

税收实体法综合案例 ·· 356

参考文献 ·· 360

第1章

税收基础知识

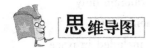 思维导图

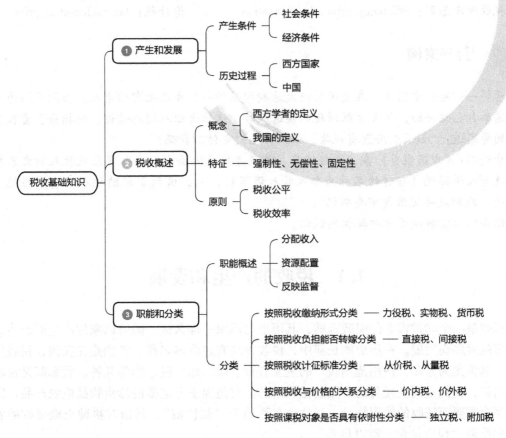

 学习提示

  税收是国家为实现其职能，凭借政治权力，按照法律规定，通过税收工具强制地、无偿地参与国民收入和社会产品的分配与再分配取得财政收入的一种形式。税收是税法产生、存在和发展的基础，是决定税法的性质和内容的主要因素。税收与税法之间的关系，是一种经济内容与法律形式内在结合的关系。什么是税收，国家为什么征税，税收具有哪些特征，税收是如何产生的，又是如何发展的，税收要遵循哪些原则，具有怎样的职能，以及不同性质和内容的税收应如何界定，这些问题既是税收的基本问题，也是本章主要研究和分析的问题。通过本章的学习，应当掌握税收的概念和特征、税收的分类，理解税收的职能和基本原

则，了解税收的产生和发展。

中英文关键词

税收：taxation
公共商品：public goods
税收公平原则：principle of tax equity
横向公平：horizontal equity
纵向公平：vertical equity
税收效率原则：efficiency principle of taxation

直接税：direct tax
间接税：indirect tax
从价税：ad valorem duty
从量税：specific duty
价内税：tax included in price
价外税：tax excluded in price

引导案例

资料一：有位中国记者在美国总统大选期间采访一位年近七旬的老人。当问及她为何要投票选举自己信任的，但又主张增税的候选人时，这位老妇人顿感惊诧。她指着负责投票站治安的警察道："如果政府没有税收，谁来为他们支付工资呢？"

资料二：《中国税务》杂志曾经披露，某税务机关依法向一名取得应税收入的文艺界演员征收个人所得税（当时的名称为个人收入调节税）时，遭到了该纳税人的断然拒绝，其理由是"我朋友的父亲是市委书记"。

结合以上资料谈谈你对税收的认识。

1.1 税收的产生和发展

税收是一个非常古老的财政范畴，其历史与国家一样久远，随着国家的产生而产生，随着国家的发展而发展。在历史的长河中，税收曾经有过许多名称。特别是在我国，税收历史悠久，名称尤为繁多，使用范围较广的主要有贡、赋、租、税、捐等几种。贡和赋是税收最早的名称，它们是同征税目的、用途相联系的。贡是向王室进献的珍贵物品或农产品，赋则是为军事需要而征收的军用物品。税这个名称始于"初税亩"，是指对耕种土地征收的农产品，即所谓"税以足食，赋以足兵"。

1.1.1 税收的产生条件

任何经济范畴的产生都取决于一定的客观条件，税收是以国家为主体的产品分配，它并不是人类社会一开始就存在的，而是人类社会发展到一定阶段的产物。

1. 税收产生的社会条件

原始社会的生产力水平低下，决定了人们只能通过集体劳动平均分配劳动成果才能实现生存的目的。这种情况下不存在私有制，不存在阶级和国家，社会的基本单位是氏族组织，不具备税收出现的条件。到了原始社会末期，随着生产力水平的提高，社会产品逐渐出现剩余，氏族首领依靠特殊地位开始占有剩余产品，于是私有制出现了。私有制的出现导致社会的贫富分化，从而产生了阶级和国家。国家的出现与税收的产生有着本质的、必然的联系。第一，税收是国家实现其职能的物质基础。国家与氏族组织的根本区别在于国家建立起公共权力，为保证国家公共权力的实现，国家必须建立起政府、军队、警察、监狱等国家机器。这些机构建立后，其公职人员不再参与物质生产活动，却需要消耗一定的物质和财产。为了保证国家机器的正常运转以维护公共权力的实施，就需要大量的资金，国家必须借助其政治权力向社会成员征收赋税。恩格斯描述税收的产生时说："为了维持这种公共权力，就需要公民缴纳费用——捐税。"而马克思也揭示了税收的本质："赋税是官僚、军队、教士和宫廷的生活源泉，一句话，它是行政权力整个机构的生活源泉。强有力的政府和繁重的赋税是同一个概念。"另外，国家向居民提供各种公共服务、满足公共欲望也需要大量的资金。第二，税收是以国家为主体、以国家政治权力为依据的特定产品的分配。只有出现了国家，才能有征税的主体——国家，也才能有国家征税的凭据——国家的政治权力，从而才会使税收的产生成为可能和现实。

2. 税收产生的经济条件

税收的产生除了取决于国家公共权力这个前提条件以外，还取决于"生产资料私有制"这个客观经济条件的存在。税收是国家凭借其政治权力对社会产品进行分配的措施，如果所有的社会产品已经属于国家所有，国家可以随意支配，税收也就没有存在必要了。正是由于有了私有制，大量的社会产品都属于私人所有，此时国家需要将一部分私人所有、不属于国家所有或者国家不能直接支配使用的社会产品转变为国家所有时，税收的必要性才显现出来。因此国家税收实质上是对私有财产的一种强制分配和占有。恩格斯指出："纳税原则本质上是纯共产主义的原则，因为一切国家的征税的权利都是从所谓国家所有制来的。的确，或者是私有制神圣不可侵犯，这样就没有什么国家所有制，而国家也就无权征税，或者是国家有这种权利，这样私有制就不是神圣不可侵犯的，国家所有制就高于私有制，而国家也就成了真正的主人。"可见，税收的产生必须具备"既存在私有制，同时私有制又不是神圣不可侵犯的，国家可以凭借其政治权力，对私有财产行使支配权"这样的经济条件。

综上所述，税收的产生和存在必须具备两个前提条件：一是国家的产生和存在；二是社会剩余产品的出现产生了私有制。

1.1.2 税收产生和发展的历史过程

税收是一个国家的立国之本，税收之于国家，犹如血液之于人体，乃是须臾不可或缺的生命之源。通过追溯西方国家和我国税收的产生和发展的历史过程，以期对税收制度有更加深入的认识。

1.1.2.1 西方国家税收的产生和发展

归纳起来，西方国家税收的发展根据经济、政治制度的变迁，大致经历了4个阶段。

（1）自由贡纳时期。在氏族社会末期和奴隶社会初期，国王因公产收入难以满足公共费用的增加，逐渐开始依赖人民自由贡献的劳力和物品。那时，税收在人们的观念上含有捐赠、馈赠的意思。

（2）税收承诺时期。随着国家的发展、君权的扩大，以及公共费用和王室费用的急剧增加，单靠人民的自由贡纳难以满足需要。特别是一些临时性的财政急需，往往需要开征新税，但开征新税需要得到由贵族、僧侣与自由民等阶层组成的民会的承诺。因此，这一时期可称为政府恳请人民帮助或人民帮助政府的时期。

（3）专制课税时期。至中世纪，欧洲国家中央集权制度和常备军制度都已确立，由于君权极度扩张，政府军费膨胀，国王实行专断课税。废除了往日民会税收承诺制度，使纳税成为人民在法律上必须履行的义务和对国家所做的牺牲。但贵族、僧侣阶层享有豁免税收的特权。

（4）立宪课税时期。近代资产阶级国家，凡开征新税、废除旧税，或制定、修改税法，都须以不违宪为原则，并经民选的议会审议通过。贵族、僧侣等阶层不再享有豁免税收的特权，纳税普遍原则和征税确定性原则得到广泛承认。

1. 古希腊、古罗马税收的起源

在古代希腊，奴隶制的城邦逐渐形成，氏族内部发生了明显的阶级分化，出现了贵族与平民。建立在氏族部落组织基础上的农村公社或氏族公社土地所有制，逐渐转化为土地私有制。早期的古希腊政府财政收入主要依靠富裕个人自愿贡纳，以保证其受人尊敬的地位。但渐渐地这种自愿贡纳演变为强制的充公和没收。公元前594年，古代雅典著名的政治家、立法者、诗人梭伦，出任雅典城邦的第一执政官，开始进行著名的梭伦改革。改革的第三项内容是把公民按照财产拥有量分为4个等级，其政治权力按照财产来决定。随着国家公共权力的建立，在雅典出现了按土地收获量缴纳的土地税。这一阶段，古希腊还凭借海上霸权向海上同盟国取得贡金。从公元前5世纪到公元前4世纪，古希腊开始频繁进行战争，这使得财政需要大幅增加，古希腊严密的课税制度也随之产生。为了战争，古希腊的税收越来越重，激起了人民的强烈不满，各地起义暴动不断。为了镇压起义，政府又要筹措更多的财政收入，使人民的税收负担更加沉重，由此陷入了恶性循环。终于，随着亚历山大大帝的去世，古希腊的历史宣告结束。

古罗马经历了王政时代、共和时代、帝国时代，从"王政"时代起，就开始了从氏族制度向国家的过渡时期。由于铁器工具的普遍使用，社会生产力得到了迅速发展，家长制的家庭逐渐从氏族中分化出来，某些富有家庭利用自己的权势占有和使用奴隶，逐渐成为贵族，而贫困破产的家族沦为"被保护人"。同时，出现了另一阶层——平民，他们虽有人身自由，但无氏族成员的权利。进入共和时代，公元前4世纪罗马共和国开始征收包括土地税和人头税在内的直接税，税收主要由商人和下层社会成员负担，贵族则享有免税的特权。公元前6世纪时，罗马平民的人数已超过贵族，罗马的工商业多由平民经营，税收的很大一部分来自平民。进入罗马帝国时期，税收负担沉重，民心丧失，帝国分裂，到东罗马帝国时期，征收的苛税比当时任何国家的赋税都重，这也加剧了罗马帝国的灭亡。

2. 中世纪时期的税收

罗马帝国灭亡后，欧洲进入了中世纪，国家和政府以领主政府的形式出现，这是由这个时期封建领主庄园制所造成的，财政收入的主要来源是地产收入而不是税收。随着经济的发展和与外部的商业联系扩大，集权化的政治重组成为大势所趋，封建领主制逐渐崩溃，专制政体的民族国家开始出现。由于各国扩张侵略，频频发动战争，使国家开支急剧膨胀，财政收入的需要使税收制度逐渐恢复，同时税收的恢复又进一步促进国家的壮大。总体来看，各国的税收负担极重且不公平，税负主要落在农民身上，导致这一时期的农民起义不断，社会动荡不安。

3. 资本主义时代的税收

西欧经济的发展带动了一些国家向外的探索和扩张，葡萄牙、西班牙两国凭借着优良的海上地理位置，率先开始向海外侵略，通过海上贸易、贩卖黑奴、殖民掠夺等方式积累资本。17世纪开始英国逐渐强大起来，资产阶级经济实力的强大，使得他们开始寻求政治地位，从1640年开始的资产阶级革命，到1689年推翻封建君主专制，通过了《权利法案》，规定了"凡未经国会准许，借口国王特权，为国王而征收，或供国王使用而征收金钱，超出国会准许之时限或方式者，皆为非法"的内容，确立了"非经代表同意不得课税"的原则，形成了对征税有效的制约机制，使税负过重的问题得到根本解决。

两次世界大战以后，西方各国吸取了阶级矛盾激化导致社会动荡的教训，纷纷推出"福利国家"政策，将税收制度作为调节收入分配关系的重要机制，通过税收制度提高富人的税收负担，减轻穷人的负担，建立完善的社会保险制度。同时以法国为代表建立增值税制度，以减少传统多环节课征税收对企业组织结构选择的扭曲影响，降低税收所造成的福利损失，适应资本主义社会高度发达的市场经济发展要求。

1.1.2.2 我国税收的产生和发展

1. 我国古代税收的产生

中国自夏代开始进入奴隶制社会以后，在夏、商、周三代，土地均归王室所有，所以古语道"普天之下，莫非王土；率土之滨，莫非王臣"。当时的国王不仅是全国的最高统治者，也是全国土地的所有者。国王对其所拥有的土地，除了一小部分由王室直接管理外，大部分分封给诸侯和臣属，只有一小部分授给平民耕种。在这样的土地所有制制度之下，中国与西方国家有所不同，其税收的产生经历了一个演变过程。

早在夏代，中国就已经出现了国家凭借其政权力量进行强制课征的形式——贡。关于贡的具体内容，目前尚没有充分可靠的史料可供考证，一般认为贡赋分为两种：一是夏代王室对其所属部落及用武力征服的部落所强制征收的土贡，贡品一般为当地的土特产品；二是平民根据若干年土地收获的平均数按一定比例征收的农作物。到了商代，贡逐渐演变为助法。助法是指借助农户的力役共同耕种公田，公田上的收获全都归王室所有，是与井田制相连的一种力役课税制度。古书对助法有记载："方里而井，井九百亩，其中为公田，八家皆私百亩，同养公田。公事毕，然后敢治私事。"井田"一井"九百亩，八家农户各分百亩私田，剩余的百亩公田由八家共耕，公田农产品归奴隶主国家所有。再到周代，助法又演变为彻法，是指每个农户耕种的土地，需要将收获的一定数量农作物缴纳给王室，即"民耕百亩者，彻取十亩以为赋"。夏、商、周三代的贡、助、彻，都是对土地原始的强制课征形式，在当时的土地所有制下，地租和赋税还难以严格划分，贡、助、彻既包含有地租的因素，也具有赋税的某些特征，从税收起源的角度看，它们是税收的原始形式，是税收发展的雏形阶段。

春秋时期，鲁国适应土地私有制的发展而实行的"初税亩"标志着中国税收从雏形阶段进入了成熟时期。春秋以前并没有土地私有制，而随着生产力的发展，到春秋时期，在公田以外开垦私田的现象日益普遍。私田不必缴纳贡赋，全部收获归私田所有者支配。为了抑制开垦私田、增加收入，当时主要诸侯国之一的鲁国于鲁宣公十五年（公元前594年）实行了"初税亩"，宣布不论私田、公田一律按亩征税："履亩十取一也"，正式确立了以私有制为基础的完全意义上的税收制度。中文的"税"字也是最早见于鲁国的"初税亩"，"禾"字指农产品，"兑"字在古时有交送、交换之意，"税"即为农民向国家缴纳的产品。

不过此时的租税既含有凭借土地所有权征取的"租",又含有凭借公共权力征取的"税",租税不分。"初税亩"首次从法律上承认了土地私有制,是历史上一项重要的经济改革措施,同时也是我国税收起源的一个里程碑。

除上述农业赋税外,早在商代,中国已经出现了商业和手工业的赋税。商业和手工业在商代已经有所发展,但当时还没有征收赋税,即所谓"市廛而不税,关讥而不征"。到了周代,为适应商业、手工业的发展,国家开始对经过关卡或上市交易的物品征收"关市之赋",对伐木、采矿、狩猎、捕鱼、煮盐等征收"山泽之赋"。这是中国最早的工商税收。

2. 我国税收制度的演变

1)封建社会税收

以"初税亩"为标志,中国社会从奴隶社会向封建社会过渡,以土地面积为依据定量征税,也标志着税收由雏形阶段向成熟阶段过渡。在我国漫长的封建社会发展过程中,税收也经历了一个相当漫长的发展过程,但从课税对象看,主要是对耕地征收的土地税(如田赋)和对人丁征收的人头税(如口赋)。除此以外,伴随商业和手工业的发展,被称为杂税的各种工商税收也日益增多,如盐税、牙税等,但其税额在税收总额中还不占主要地位。汉代时形成了田有租、人有赋、力有役的赋税制度,到唐朝前期时建立"租庸调制",实行田有租、身有庸、户有调,以人丁为本、以力役之征为主,是财产税与人头税合并但以人头税为主的税制。唐朝后期由于富豪官吏巧取破坏均田制,使租庸调制无法正常实施,唐德宗时宰相杨炎推出了"两税法",按实际拥有土地和财产的多少征税。1581年明朝大学士张居正下令在全国推行"一条鞭法",将杂税杂派归入正税,同时劳役不再对人民强征。清代初期雍正实行"摊丁入亩",将丁银摊入地亩合并征收,完成了赋役合并即人头税归入财产税的过程,实现了以人丁税、土地税并重为主体的税制向以土地税为主体的税制的彻底转变。然则纵观我国封建社会的税制演变,实际也是在不断地增加人民税负的过程,虽然从租庸调制开始,朝廷就希望通过将杂税并入土地税来规范税收,增加正税负担而减轻苛捐杂税,但这些改革都只是在初期取得了一定效果,随着时间的推移和朝代的更替,在已经并入杂税的正税之外,又会出现许多名目的杂税,当杂税泛滥时再进行并税改革,但此时的并税实际已经是在前朝提高税负的基础上进行的,农民负担在下降一段时间后又涨到一个比改革前更高的水准,清初著名思想家黄宗羲将这种情况称为"积累莫返之害",也就是历史上有名的"黄宗羲定律"。

2)半殖民地半封建旧中国税收

1840年鸦片战争后,中国社会沦为半殖民地半封建社会,税收制度也明显地烙上了半殖民地的印记,这一时期的税收主要包括:原有的田赋、工商杂税,被帝国主义列强控制的关税,先为镇压太平军筹措军饷、后推广为解决财政困难而设的厘金,第二次鸦片战争后,朝廷开放烟禁、对国产鸦片征收的土药税,等等。

这一时期,帝国主义强制清政府以税收作为赔款的担保,使中国关税由自主独立变成"协定关税",并进而夺取中国海关的行政管理权和关税的支配权。

1911年辛亥革命后的税收并没有本质改变,北洋政府期间基本是沿用了清政府后期的税制,使人民群众在帝国主义和封建主义的双重压榨之外,又遭受了官僚资本主义的剥削。1927年国民政府建立后,引入了西方的近代税制体系,逐步建立以关税、盐税、直接税、货物税四大类为中央税,以田赋、营业牌照税、使用牌照税、筵席及娱乐税、屠宰税、房捐、契税为地方税的两大税收体系。但国民党政府官僚买办的性质和其腐败的统治，造成正税之外的苛捐杂税极重，使社会生产遭到严重的阻碍，人民生活极其困苦。

这一时期税收的主要特征表现为两点。首先，税负沉重，不断加重旧税，最显著体现在田赋和盐税上；开征新税，以关税和厘金最显著。其次，国家部分征税权力和税款支配权力丧失。

3) 社会主义国家税收

中华人民共和国成立后，税制变革与国家经济制度、发展战略相联系，体现出明显的时代特征和新的特点。

(1) 长期存在的城乡二元财政税收制度。中华人民共和国刚成立时我国税收沿袭了旧中国的做法，在农村地区征收农业税，在城市征收货物税、商业流通税、工商业税、盐税、关税等。随着农业集体化和社会主义工商业改造的完成，在城市实行以国有为主的所有制，在农村实行集体所有制，城市人口与农村人口在就业、社会保险、教育、住房等公用事业方面享受不平等的待遇，城乡二元的社会经济制度形成，税收和财政制度也相应地长期延续二元格局。直至2002年开始实行农村税费改革，2006年国家彻底废除了农业税，对中国农民征收了几千年的农业税和税外收费终于退出了历史舞台，中国城乡二元税制也终于转变为城乡统一的一元税制。

(2) 正税随着我国经济体制的变化而变化。中华人民共和国成立初期针对私有经济较多的情况，政府利用税收杠杆发展国有经济、扶植合作经济、改造私营经济。社会主义改造完成后，税收结构趋向简单化改造，由于这一时期经济成分单一，从国家层面上看政治权与财产所有权合二为一，政府对国有企业统收统支，对国有企业不征收所得税，而只征收工商税保证财政收入。20世纪80年代，随着改革开放的进行，我国的税收制度也经历了巨大的变革。

(3) 1994年我国政府进行了划时代意义的税制改革。这次新税制改革以市场经济为导向，以完善市场机制、明确利益主体为宗旨。改革总的指导思想是：统一税法，公平税负，简化税制，理顺分配关系，建立符合社会主义市场经济要求的税收体系。在此指导思想下，1994年新税制改革包括了流转税制度、所得税制度和其他税种制度三个方面，主要内容有建立由增值税、消费税和营业税组成的新的流转税课税体系，对"三资"企业停止征收工商统一税；取消原来分别设置的国有企业所得税、国有企业调节税、集体企业所得税和私营企业所得税，将其合并为企业所得税；取消原个人收入调节税和城乡个体工商户所得税，对个人收入和个体工商户的生产经营所得统一实行修改后的《中华人民共和国个人所得税法》；调整、撤并和开征其他一些税种，等等。1994年税制改革是中华人民共和国成立以来规模最大、范围最广泛、内容最深刻的一次税制改革，如此之大的举动在世界上亦属罕见。

(4) 税制改革不断取得突破性进展。2003年10月，党的十六届三中全会作出了完善社会主义市场经济体制的决定，提出要按照"简税制、宽税基、低税率、严征管"的原则，分步实施税收制度改革，建立更加公平、科学、法治化的税收体系，为我国经济发展创造更加良好的税收环境，进而发出了分步实施税收制度改革的总动员令。这标志着进入新世纪后我国新一轮税制改革的开始。

① 农业税方面。2005年12月29日，十届全国人大常委会第十九次会议高票通过决议：自2006年1月1日起正式废除《中华人民共和国农业税条例》。这表明已经征收2 600多年

的"皇粮国税"从此退出历史舞台。

② 所得税方面。2006年1月1日起，个人所得税工资薪金所得的免征额由800元被提升至1 600元，2008年3月1日起，免征额又提高至2 000元；2011年9月1日起，全国人大常委会对免征额进行了第三次调整，调整之后的免征额提高至3 500元。为了进一步发挥个人所得税的调节作用，此次调整还涉及累进税率的调整。企业所得税方面，十届全国人大五次会议审议通过了《中华人民共和国企业所得税法》，于2008年1月1日起施行，结束了我国长期以来内外有别的企业所得税税法的历史，将对中国经济的健康发展产生积极而深远的影响。2018年8月31日，十三届全国人大常委会第五次会议通过了新修正的《中华人民共和国个人所得税法》。这是个人所得税法自1980年通过以来的第七次修正。个税从分类税制转向综合与分类相结合的税制，提高了基本减除费用标准，增加规定专项附加扣除，个税改革迈出了历史性的重要一步。

③ 流转税方面。2008年11月10日，国务院公布修订后的《中华人民共和国增值税暂行条例》《中华人民共和国消费税暂行条例》《中华人民共和国营业税暂行条例》，自2009年1月1日起施行。我国增值税实行了由生产型增值税向消费型增值税的历史性转变。为加快财税体制改革、进一步减轻企业赋税，2011年，经国务院批准，财政部、国家税务总局联合下发营业税改增值税试点方案。自2013年8月1日起，在上海等地试点的基础上，在全国范围内开展了交通运输业和部分现代服务业营业税改增值税的试点工作。从2014年起，相继又在铁路运输业、邮政电信业等推行"营改增"试点。自2016年5月1日起，我国在现代服务业、金融业、建筑业、房地产企业全面实施营改增，并将所有企业新增不动产纳入增值税抵扣范围。至此，增值税全面开始实施，营业税退出了历史舞台。

④ 资源税方面。2005年，调整了部分应税品目资源税税额标准，在全国范围内普遍调高了油气田企业原油、天然气资源税税额标准；陆续提高了锰矿石、钼矿石、铁矿石、有色金属等应税品目资源税税额标准。2010年6月1日，财政部、国家税务总局印发《新疆原油天然气资源税改革若干问题的规定》，拉开了中国资源税改革的序幕。2010年12月1日，资源税改革试点扩大到内蒙古、甘肃、四川等12个西部省区。2011年9月30日，国务院修改发布《中华人民共和国资源税暂行条例》，标志着资源税改革扩展到全国范围。在煤炭、原油、天然气等实施从价计征改革基础上，财政部于2016年5月发布了《财政部 国家税务总局关于全面推进资源税改革的通知》。通知指出，资源税从价计征改革及水资源税改革试点，自2016年7月1日起实施，标志着资源税制度改革全面推开。为了进一步落实税收法定原则，完善税收调节机制，促进资源节约高效利用，《中华人民共和国资源税法》于2019年8月26日经十三届全国人大常委会第十二次会议审议通过，自2020年9月1日起正式实施。

除了上述重大税制改革之外，国务院于2006年4月颁布实施了烟叶税条例，成功实现了对烟叶农业特产税的替代；2007年1月1日国务院修订了车船税暂行条例和城镇土地使用税暂行条例；2008年1月1日实施新的耕地占用税暂行条例。2010年10月21日，国务院发布了城建税和教育费附加内外统一的通知，意味着中国终于完全实现了税收制度的内外统一。为了更好地体现税收法定原则，我国的税收法治化步伐不断加快。2011年2月25日，全国人大常委会审议通过了《中华人民共和国车船税法》，这是我国第一部由暂行条例上升为法律的税收法律。2016年12月25日，全国人大常委会审议通过了《中华人民共和国环境保护税法》，是我国第一部专门体现"绿色税制"、推进生态文明建设的单行税法。2017年12月27日，全国人大常委会审议通过了《中华人民共和国烟叶税法》和《中华人民共和国船舶吨税法》，两个税种实现了由暂行条例平移上升为法律。2018年12月29日，全国人大常委会审议通过了《中华人民共和国耕地占用税法》和《中华人民共和国车辆购置税法》。2020年8月11日，全国人大常委会审议通过了《中华人民共和国城市维护建设税法》和《中华人民共和国契税法》，这两部税收法律自2021年9月1日起施行。2021年6月10日，全国人大常委会审议通过了《中华人民共和国印花税法》，自2022年7月1日起施行。

至此，我国税制有18个税种，即增值税、消费税、关税、烟叶税、企业所得税、个人所得税、资源税、土地增值税、城镇土地使用税、耕地占用税、房产税、契税、车船税、船舶吨税、印花税、车辆购置税、城市维护建设税、环境保护税。

相关链接

世界各国千奇百怪的税名

更名税：比利时新法律规定，父母可以任意给子女改名，但必须缴纳200比利时法郎的"更名税"。

呼吸税：2014年7月，委内瑞拉的迈克蒂亚机场开设了一个更加特别的税种——呼吸税，每名乘客都要为他们呼吸到的空气缴税20美元。

新娘税：在波斯湾地区的阿拉伯联合酋长国，根据风俗，男女结婚，男方须向女方父母赠送彩礼，而且彩礼必须是金的或银的。为了开辟税源，增加财政收入，抑制过高的彩礼，该国别具一格地开征了新娘税。

离婚税：美国加利福尼亚州实行一种简便的离婚办法。它规定，结婚不满两年，未生儿育女且又无贵重财产的夫妻，只需向州政府法律部门邮寄30美元的离婚税款，并承诺双方无争执地处理财产，离婚即自动生效。

未婚先孕税：美国威斯康星州通过一条法律，未婚先孕的少女须缴税。旨在以行政和法律手段来遏制未婚妈妈的增多。这项法令还规定，怀孕少女生下的孩子，应由爷爷奶奶抚养，直至婴儿母亲年满18岁。

老鼠税：由于鼠害严重，印度尼西亚西部地区首长曾经在1987年7月颁布了一项关于缴纳老鼠税的法令。这项法令规定：每耕作一公顷稻田，需缴纳75只活的或死的老鼠才能开耕；凡向银行贷款或办理旅行手续的，也要缴纳75只老鼠才能获得批准。甚至连结婚或离婚也要缴纳50只老鼠才能办理有关手续。

狗税：匈牙利人喜欢养狗，自18世纪以来，一直征收狗税。

独身税：苏联对年龄在20岁以上、50岁以下的独身男子征收独身税，独身女子不是该税的纳税人。

肥尸税：英国伯明翰市规定死者躺用的棺材宽度为23英寸（58厘米），超过1英寸得付税7.5英镑。据报道，市政府的挖坟工人不肯替大号棺材挖坑。工党议员为工人说话，便弄出了这条奇特的"肥尸税"。

乞丐税：法国巴黎的香榭丽舍大道，是世界最闻名的大道。外地的乞丐和流浪汉纷纷涌向这里行乞和逗留，使当局感到大煞风景。于是规定，只有缴纳1.5万法郎税款的乞丐，才能获准在这里行乞。

小便税：在古罗马弗莱维尼斯帕西安时期，开征了小便税，其理由是，有些厂家利用阴沟里的尿液制造氨水。

风景税：美国海滨小镇外尼密规定凡是住宅面向海岸，可眺望沙滩和海水的居民，每年每户须缴纳"风景税"66～184美元。当地60%以上的居民都要为此掏腰包，而外尼密市政府由此每年可增加收入40万美元。

开窗税：古希腊规定，凡是朝着大街并向外打开的窗户，户主要缴纳开窗税。

1.2 税收概述

1.2.1 税收的概念

1.2.1.1 西方学者对税收的定义

税收作为国家取得财政收入的一种方式产生并发展起来，是国家政治权力与私有财产制度斗争的产物，是国家以征税的方式取得财政收入的主要途径和主要方式。税收的概念是西方财政税收学界开创理论体系的奠基石，因此学者们很早就对之进行研究并形成了各种不同的表述方式和思想内容。

（1）1748年，法国伟大的启蒙思想家、法学家孟德斯鸠在其著作《论法的精神》中说道："税收是公民所付出自己财产的一部分，以确保他所余财产的安全或快乐地享用这些财产。"这句话揭示了税收的产生是由于私有财产的存在和国家对私有财产的承认，私有财产导致了对权利和安全的渴求，而权利的享有也是需要支付成本的，这就是税收。这与现代税收"取之于民，用之于民"的观点相类似。

（2）1776年，"现代经济学之父"亚当·斯密，在其被誉为"现代政治经济学研究起点"的著作《国民财富的性质和原因的研究》（即《国富论》）中指出："公共资本和土地，即君主或国家所特有的两项大的收入源泉，不宜用以支付或不够支付一个大的文明国家的必要费用，那么，这笔必要费用的大部分，就必须取自于这种或那种收入。换言之，人民须拿出自己的一部分私有收入，给君主或国家，作为一笔公共收入。"

（3）1821年，英国古典政治经济学家大卫·李嘉图在其被誉为继亚当·斯密《国富论》之后第二部最著名的经济学著作《政治经济学及赋税原理》中说："赋税是一个国家的土地和劳动的产品中由政府支配的部分；它最后总由该国的资本中或是由该国的收入中支付。"在他看来，任何税收都会使纳税人原来可以支配的一部分资本或收入减少，这就不能不影响他们的生产和消费。但是税收对于一个国家来说又是不可缺少的，因此，税收额应尽量压缩，以减轻人民的负担；税收的数量应限制在一国新增加的资本和收入中，以免侵蚀原有的资本，使生产萎缩，国家和人民陷入贫困的境地。

（4）1832年，德国的海因里希·劳在其著作《财政学》中，从国家课税的角度指出："税收并不是市民对政府的回报，而是政府根据一般市民的义务，按照一般的标准向市民的课征。"

（5）1877年，德国社会政策学派财政学的集大成者和资产阶级近代财政学的创造者阿道夫·瓦格纳在其著作《财政学》中给税收下了这样的定义："所谓租税，从财政意义上讲，就是公共团体为满足其财政上的需要，凭借其主权，作为对公共团体的事务性设施的一般报偿，依据一般原则和准则，以公共团体单方面所决定的方法及数额，强制地征自个人的赋课物；从社会政策的意义上说，赋税就是满足财政上的必要的同时，或不论财政上有无必要，纠正国民收入的分配及国民财富的分配，借以矫正个人所得与个人财产的消费为目的所征收的赋课物。"

（6）1895年，美国财政学家塞里格曼在《租税各论》中指出："赋税是政府对于人民的一种强制征收，用以支付谋取公共利益的费用，其中并不包含是否给予特种利益的关系。"

（7）西方经济学权威人物、曾获诺贝尔经济学奖的美国经济学家萨缪尔森在《经济学》中指出："国家需要钱来偿付它的账单，而偿付它的支出的主要来源是税收。"

（8）英国的《新大英百科全书》给税收作了如下定义："在现代经济中，税收是国家财政收入最重要的来源。税收是强制的和固定的征收；它通常被认为是对政府的收入的捐献，用以满足政府开支的需要，而并不表明是为了某一特定的目的。税收是无偿的，它不是通过交换来取得。这一点与政府的其他收入大不相同，如出售公共财产或发行公债等。税收总是为了全体纳税人的福利而征收，每一个纳税人在不受任何利益支配的情况下承担了纳税义务。"

（9）美国《现代经济学词典》给税收下的定义是："税收的作用在于应付政府开支的需要而筹集稳定的财政资金。税收具有强制性，它可以直接向居民或公司征收。税收是居民个人、公共机构和团体向政府强制转让的货币（偶尔也采取实物或劳务的形式）。它征收的对象是财产、收入或资本收益，也可以来自附加价格或大宗的畅销货。"

1.2.1.2 我国对于税收定义的研究

我国对于税收定义的研究是随着时代变化而不断发展的。曾几何时在中国人民心中，赋税就是剥削的代名词，是剥削阶级强加给人民的负担。但随着中华人民共和国的成立，特别是改革开放，建设中国特色社会主义商品经济以来，社会对于财税的认识也在逐步发生变化，理论界学者们对于税收的研究也在逐渐深化，综合起来，可以归纳为三类比较有代表性的观点。

第一类观点认为：税收是国家凭借政治权力，按照预定标准，无偿地集中一部分社会产品形成的特定分配关系。

第二类观点认为：税收是国家为满足社会公共需要，依据其社会职能，按照法律规定，参与国民收入中剩余产品分配的一种规范形式。

第三类观点认为：税收是国家为实现其社会经济目标，按预定的标准对私人部门进行的非惩罚性和强制性的征收；是将资源的一部分从私人部门转移到公共部门。

上述三类观点中，第一类观点突出了国家分配，第二类观点突出了满足社会公共需要，第三类观点把税收的范围限定在对私人部门的征收，均具有鲜明的时代特征。

综上所述，无论怎样对税收下定义，都需要从以下角度来阐明：税收的主体、税收的依据、税收的目的、税收的用途。对于税收的定义可以这样理解：税收是国家依据法律，为满足社会公共需求和公共商品的需要，行使国家权力对私有经济财物进行的一种强制、无偿的征收。

1.2.2 税收的特征

1.2.2.1 税收的"三性"

税收的"三性"是指税收的强制性、无偿性和固定性。"三性"是税收区别于其他财政收入的形式特征，不同时具备"三性"的财政收入就不能称其为税收。

1. 强制性

税收的强制性是指国家对税收行为凭借公共权力颁布法令实施，任何单位和个人都不得违抗。税收的强制性源自两方面：一是税收依据政治权力取得；二是税收采取法律方式征收。税收的强制性是基于国家公共权力的强制性，与生产资料的占有没有直接关系，不是凭借财产权力建立的经济关系，而完全是为了国家满足公共需要，因此税收不是纳税人自愿缴纳的，而必须是强制缴纳，这也是税收作为财政范畴的前提条件。同时税收的强制性必须要以法律的形式加以规范和约束，以防止权力的滥用。

2. 无偿性

税收的无偿性是指国家征税以后，税款即为国家所有，既不需要偿还，也不需要对纳税人付出任何代价。税收形式上无偿的特征，指的是税收缴纳和纳税人所享受的公共产品不是一一对应的关系，这是由财政所提供的公共产品的非竞争性和非排他性决定的。税收的这种无偿性是相对的，针对纳税人来说，纳税后并未获得任何报酬，但要看到国家从社会取得的税款都会通过财政支出的安排直接或间接地返还给社会，因此税收的无偿性与财政支出的无偿性是相对应的。

3. 固定性

税收的固定性是指国家在征税以前就通过法律形式，把税收的各个要素（纳税人、课税对象、计税依据、税率、税收优惠、处罚等）以法律、法规形式规定下来，征纳双方共同遵守，任何人不得随意改变。当然随着社会经济条件的变化，税法处在一个不断被修正、完善的过程中，这些修正和完善一旦以法律形式确立，便又体现了税收固定性的特点。固定性是税收区别于罚没、摊派等财政收入形式的重要特征。

税收的上述三个形式特征，是税收内在本质属性的外在表现，是税收区别于其他财政收入形式的重要标志，它反映了一切税收的共性。只有这"三性"共同作用，才能使得税收成其为税收，而不成其为其他取得财政收入的手段。从"三性"之间的辩证关系来看，税收的强制性是前提，是征税的直接依据，它解决"征之有保"的问题；无偿性是解决"征之有用"的问题；固定性是解决"征之有度"的问题。因此，税收的三个形式特征也是一个完整的统一体，缺一不可。

1.2.2.2 税收与其他概念的区别

1. 税收与国家信用的区别

国家信用是以国家为主体进行的一种信用活动，国家以发行债券等方式，从国内外货币持有者手中借入货币资金，包括发行公债、专项债券、向银行透支或借款等。与税收相比，国家信用最大的特点是债权债务双方是平等的，债务人需要按约定还本付息，而税收则具有无偿性、强制性的特点。

2. 税收与国有企业上缴利润的区别

国有企业的利润上缴指的是国有企业利用国家拨付的生产资料进行生产经营，获取利润后，国家可以凭借对生产资料的所有权从该国有企业利润中提取收益的一种分配形式。税收与企业利润上缴虽然都是国家参与企业收入分配的形式，但却具有明显的区别。前者以国家公共权力为依托，以国家法律为后盾，具有强制性和固定性，在适用范围上适用于不同的所有制经济成分；后者在目前实行现代企业制度的条件下，基本不具有强制性，而且是根据企业经营的实际情况来实行，有偿性和灵活性比较明显，在适用范围上只适用于国有企业，而不适用于其他所有制成分的企业。

3. 税收与行政事业性收费的区别

行政事业性收费是政府机关为单位和居民个人提供某种特定服务，或是批准使用国家的某些权利等而收取的报酬或经济补偿，目前有行政规费和事业收费、国有资源和财产使用权转让费等几类，也属于国家财政收入的一种形式。但行政事业性收费与税收是有区别的，税收是无偿的、固定的，一般由税务部门集中征收，国家统筹使用；而行政事业性收费的基本特征是有偿的，与政府所提供服务的内容和数量相关，具备一定的灵活性，而且收费使用一般是专款专用。

4. 税收与罚没收入的区别

罚没收入是执法单位针对违章、违规行为实施的经济处罚，是财政收入的一种特殊形式，与税收相比，罚没收入具有更明显的强制性和无偿性，而且对象明确，且一般为一次性收取，不像税收具有固定性。

5. 税收与捐助的区别

捐助是当事人为了社会公益事业自愿的无偿捐助，不具有强制性；而税收则是依据国家法律规定强制征收的。

1.2.3 税收的原则

税收的原则是指在税制的设计和实施方面应遵循的原则，也是评价税制优劣和税务管理水平的基本标准。一般认为，当代税收的基本原则有两个，即税收公平原则和税收效率原则。

1. 税收公平原则

公平税负原则曾被亚当·斯密列于税收四大原则之首。它是关于税收负担公平地分配于各纳税人的原则，即国家征税要使每个纳税人承受的税收负担与其经济状况相适应，并使各纳税人之间的负担水平保持平衡。

税收公平原则包含两个方面的内容，一是要达到横向公平，指各个纳税人之间的负担水平保持平衡，经济能力或纳税能力相同的人应当缴纳相同的税收，即对于经济条件相同的人要用同等的课税标准来对待；二是要达到纵向公平，指国家征收税负要与各个纳税人的负担能力相适应，对经济能力或纳税能力不同的人，课税标准也要有所区别，以更好地实现"量能课税"的原则。

2. 税收效率原则

税收效率原则是指国家征税必须有利于资源的有效配置和经济机制的有效运行，有利于提高税务行政的效率,即税收效率原则包括税收的经济效率原则和税收的行政效率原则。

1) 税收的经济效率原则

由于税收是社会资源从私人经济部门向公共经济部门转移,必然会对经济产生影响。国家征税是为了提高经济效率、保障经济的有效运行,实现社会资源的有效配置。

2) 税收的行政效率原则

国家征税时应以付出最小的税收成本来获取最大的税收收入。税收成本就是指在税收征纳过程中所发生的各类费用支出,包括税务机关的办公费用、税务人员的工薪支出、纳税人支付的税务代理费、交通费及申报纳税的机会成本等。

1.3 税收的职能和分类

1.3.1 税收的职能概述

税收职能是税收本身所固有的满足国家需要的能力和内在功能。只要存在社会、存在国家,就必然存在税收、存在税收职能。国家、税收和税收职能是不可分离的,是不受社会制度、经济体制和经济条件的影响而客观存在的。具体而言,税收职能可概括为3种:分配收入职能、资源配置职能、反映监督职能。

1. 分配收入职能

税收是国家参与社会收入分配的重要手段,是国家强制、无偿取得财政收入的保证,这是税收最原始、最基本的职能。税收分配收入的职能是由税收的本质所决定的,国家依靠税收有效、直接地取得财政收入正是由于税收具有强制性、无偿性、固定性的本质特征,这"三性"特征使得税收在稳定、及时、均衡、可靠地保证财政收入方面远远强于其他财政收入形式。

税收分配收入的职能表现在两个方面,即获取财政收入和收入再分配。一方面国家通过税收筹集财政资金;另一方面面对市场机制失灵、社会分配不公的某些情况,国家利用税收介入经济生活,对社会收入进行再分配,如设定最低工资制度、农产品价格维持制度等。通过对课税要素的调节,不仅可以对市场经济进行有效调控,而且能使再分配的效果及于全体社会成员。

要充分发挥税收的分配收入职能,必须要处理好以下三方面的问题:一是强调税收在财政收入中的地位,确立税收成为最主要的财政收入形式;二是根据国家公共需要和社会经济负担能力两方面确定税收总量;三是根据社会经济状况科学合理地设计税种形式结构。

2. 资源配置职能

在市场经济体制下,资源的配置是以市场调节为基础的。但由于不完全竞争、不完全信息和外部性等原因,完全由市场调节的资源配置无法达到理想状态,这就要由政府进行必要的调节。税收作为调节经济运行的重要经济杠杆,能覆盖社会再生产的各个环节和社会经济生活的各个角落,因而在国家调控经济的体系中,居于重要地位。在参与分配、组织财政收入的过程中,税收能够调节经济运行、协调经济比例、刺激经济效率、服务于特定经济目标,对各类主体的实际收入及运用产生重大影响,从而使投资额与储蓄额、资产结构和产业结构发生一定的变化，起到资源配置的作用。

税收资源配置职能的发挥，与国家一定时期的经济计划目标和经济政策有着直接联系，但决定资源配置的最终根据还是客观经济规律，因此国家所确定的各项政策和计划目标必须符合客观经济规律，这是税收资源配置职能得到充分发挥的前提和基础。

3. 反映监督职能

税收分配收入职能与资源配置职能有助于提高经济运行效率，从另一方面看，税收在参与分配和资源配置的过程中，又涉及国民经济的各个部门和社会再生产的各个环节，税收的数量和构成必然反映出社会经济各个方面的状况，反映出各部门比例关系和社会再生产各个环节是否协调。针对公共物品提供不平衡、市场失灵、社会分配不公等情况，税收可以进行相应的调节，以促进实现经济公平和社会公平。同时国家通过税务登记、税源调查与预测、纳税检查等，可以加强对纳税人经济活动的检查和监督，确保国家财政收入。由于税收涉及面广、综合性强，宏观经济与微观经济中的问题都会在税收上有所反映，透过税收反映出来的各类经济运行信息指标，可以为国家经济决策提供重要、可靠的依据，因此反映监督职能是以分配收入职能和资源配置职能为基础的，但体现出了税收更高层次的价值目标。

相关链接

习近平总书记关于税收工作重要论述多维度重大意义发微①

习近平总书记关于"发挥税收在国家治理中的基础性、支柱性、保障性作用""财税体制改革不是解一时之弊，而是着眼长远机制的系统性重构"等重要论述，对新时代税收工作具有重大指导意义。在理论维度上，习近平总书记对税收的本质和职能作用给予了创造性的新认定，实现了对于税收学基本问题的重大理论创新。

1. 拓展了对税收职能的界定

税收的本质体现在税收的职能上。传统财税理论仅仅从"市场"领域、从"市场"运行的需要来定位税收的政府管理职能，认为税收只有"市场治理"这个经济职能，即纠正"市场失灵"的职能，包括调控经济波动、调节分配不均等。新本质下的税收有什么新职能？习近平总书记给出了新的定位：这就是要在国家治理中行使"优化资源配置、维护市场统一、促进社会公平、实现国家长治久安"四大新职能。这四大新职能的定位，创造性地将税收职能的范围从"经济治理"的局部拓展到"国家治理"的全局，从而突破了传统财税理论关于税收具有"组织收入""调控经济""调节分配"这三大职能定位的窠臼。

2. 创新了对税收作用的认定

税收职能与税收作用是两个不同的概念。传统财税理论以税收职能代替税收作用，本质上是对税收作用未予界定。体现新本质、行使新职能的税收应当和能够发挥什么样的作用、产生什么样的影响和效果？习近平总书记给出了创造性的认定，这就是在国家治理中发挥着"基础性、支柱性、保障性"三大新作用。这三大新作用的定位，突破性地对税收在党领导

---

① 朱诗柱. 习近平总书记关于税收工作重要论述多维度重大意义发微. 税收经济研究，2024（2）.

人民治国理政中的重要作用给予了从"无"到"有"的创造性认定,首次阐明了税收"在党和国家事业发展全局中的位置和重要作用"(高培勇,2021)。

1.3.2　税收的分类

1. 按照税收缴纳形式分类

按照税收缴纳形式的不同,税收可以分为力役税、实物税和货币税。

力役税是指纳税人以直接提供无偿劳动的形式缴纳的税种;实物税是指纳税人以实物形式缴纳的税种;货币税是指纳税人以货币形式缴纳的税种。力役税和实物税主要存在于商品经济不发达的时代和国家;货币税则是市场经济国家最普遍、最基本的税收形式。

2. 按照税收负担能否转嫁分类

按照税收负担能否转嫁,税收可以分为直接税和间接税。

直接税是指对财产所有和所得收入课征的税种的统称,这类税种由于课税对象是纳税人的所得,税收负担一般不能转嫁,体现出直接征收、直接负担的性质,因而称之为直接税。目前,在世界各国税法理论中,多以各种所得税、房产税、遗产税、社会保险税等税种为直接税。间接税是对商品或劳务的销售收入或非销售收入课征的税种的统称,这类税种的税收通常能够转嫁给他人,销售者成为税收从征收到归宿的中介,体现出间接征收、间接负担的性质,因而称之为间接税。目前,世界各国多以消费税、销售税、货物税、营业税、增值税等税种为间接税。

3. 按照税收计征标准分类

按照税收计征标准的不同,税收可以分为从价税和从量税。

从价税一般是以征税对象的价格为标准从价计征的税种。从价税的优点是:有利于保证财政收入,税负相对较为公平。我国现行的增值税、房产税等大部分税收都属于从价税。从量税则一般是以征税对象的数量、重量、容量等为标准从量计征的税种。从量税的优点是:税收负担相对稳定,计算征收较为简便。我国现行的车船税、城镇土地使用税等属于从量税。

4. 按照税收与价格的关系分类

按照税收与价格的关系,税收可以分为价内税和价外税。价内税一般是指征税对象的价格中包含着税金,如我国现行的消费税。价外税一般是指税款独立于征税对象之外的税收,如我国现行的增值税。

5. 按照课税对象是否具有依附性分类

按照课税对象是否具有依附性,税收可以分为独立税和附加税。独立税是不需依附于其他税种独立课征的税。我国现行的税种大多都属于独立税。附加税是指追随于正税按照一定比例征收的税,其纳税人与独立税相同,但是税率另有规定。附加税以正税的存在和征收为前提和依据。我国现行的附加税有城市维护建设税,没有独立的征税对象,必须在增值税、消费税的基础上课税。

课后练习题

一、选择题（含单选题和多选题，请用手机扫描下方二维码作答并查看正确答案）

二、思考探索题

1. 从互联网上查阅 2002 年发生的"刘晓庆税案"和 2018 年发生的"范冰冰巨额偷税案"，从税收的角度谈谈这两个典型案例给你的启示。

2. 你身边有哪些社会经济现象属于税收的范畴？

3. 请查阅资料，了解税收占我国财政收入的比重有多大，并说明税收和其他财政收入的区别。

第 2 章

税法基本理论

思维导图

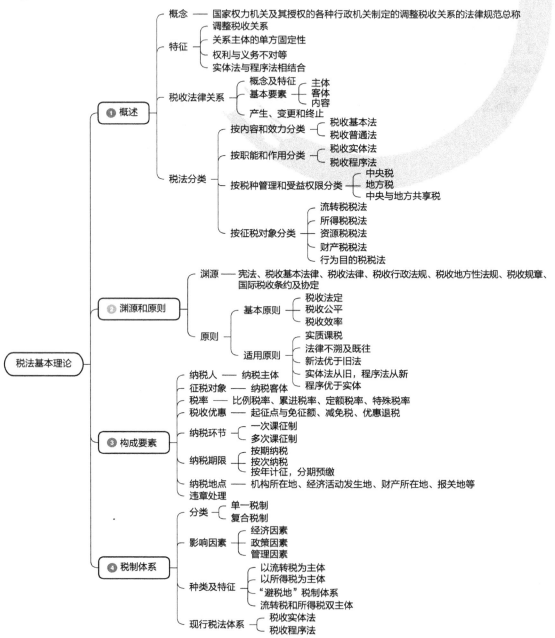

税法基本理论 **第2章**

学习提示

税法是调整税收关系的法律规范的总称,是国家法律的重要组成部分。它是以宪法为依据,调整国家与社会成员在征纳税上的权利与义务关系,维护社会经济秩序和税收秩序,保障国家利益和纳税人合法权益的一种法律规范,是国家征税机关征税和纳税人纳税的行为规则。

本章主要介绍税法的基本概念、税收法律关系、税法的分类、税法的渊源和原则、税法的基本要素、税制体系等基础知识。其中,税法的基本要素是学习后续税收实体法的一条基本主线。通过本章的学习,应当掌握税法的概念、税法的构成要素;应当理解税法的渊源、税收法律关系;熟悉我国现行的税制体系。

中英文关键词

税法:taxation law   累进税率:progressive tax rate
税收法律关系:legal relation in taxing 定额税率:specific rate
税法渊源:sources of taxation law   流转税:turnover tax
纳税人:tax payer   所得税:income tax
负税人:tax bearer   财产税:property tax
征税对象:taxation object   行为税:behaviour tax
比例税率:proportional tax rate

引导案例

2003年9月19日的《焦点访谈》报道了一桩事件,曝光的对象是陕西省咸阳市秦都区和渭城区国税局。事件起因于国税局"推荐"订报,说是"推荐",其实是变相强行摊派,如果纳税人不订报,就报不了税。2003年国务院出台了严禁行业报纸摊派征订的通知后,有纳税人将情况反映到《华商报》,《华商报》于9月10日对此进行了报道。秦都区国税局对此报道非常不满,坚持说他们的订报工作是遵循"自愿"原则,该局管理三科科长甚至根据报纸上的线索,找到了提供消息的纳税人,并从该纳税人处获得了一份声明"自愿订报"的书面材料。可后来当央视记者通过电话采访该纳税人时,该纳税人称是国税局的人要他写的,并要记者理解处于他的境地不容许他不写。《华商报》报道后,咸阳市国税局要求下属各局加以改正,并将不愿订报的纳税人退订;可纳税人不仅无法退订,去报税时仍然被要求订报。

在采访中,纳税人都非常谨慎,要么面目被虚化,要么背光,提供给记者发票时,都刻意用手挡住发票上的印章才允许记者拍摄;提供给记者发票的复印件时,印章处也被盖住了。

请问:纳税人为何如此"害怕"税务机关?纳税人与税务机关之间的关系究竟是怎样建立的?

2.1 税法概述

2.1.1 税法的概念及特征

2.1.1.1 税法的概念

关于税法的概念,国内税法理论界有3种较具代表性的观点。

(1) 税法是国家制定的各种有关税收活动的法律规范总称,包括税收法律、法令、条例、制度等。

(2) 税法是规定国家与纳税人之间在征收和缴纳税款方面的权利与义务关系的法律规范总称,是国家向纳税人征税的法律依据。

(3) 税法是国家权力机关及其授权的各种行政机关制定的调整税收关系的法律规范总称。

前两种概念的表述具有一定的片面性,目前理论界普遍接受的是第三种观点。税收的这种法律规范一旦制定和颁布之后,国家就可以根据税法的规定标准向纳税人征收税收,并作为征税的行为准则;纳税人也可以根据税法的规定标准向国家缴纳税收,依法履行自己的纳税义务。

税法与税收既有联系,又有区别。二者之间的联系表现在,税收活动必须严格依照税法的规定进行,税法是税收的法律依据和法律保障。税收与税法密不可分,是一种经济现象所体现出的内容与形式的关系,税收作为社会经济关系,是税法的实质内容,反映国家与纳税人之间的经济利益分配关系;税法作为特殊的行为规范,是税收的法律形式,体现国家与纳税人之间在征纳税方面的权利义务关系。有税必有法,无法不成税,税收决定税法,税法为税收服务。二者的区别主要表现在,税收属于经济基础范畴,税法则属于上层建筑的范畴。

2.1.1.2 税法的特征

税法作为一个独立的法律部门,具有与其他法律部门不同的特征,这些特征主要表现在以下几点。

1. 税法是调整税收关系的法

任何法律都有一定的调整对象,它是该法律所以需要设置和所以发挥作用的前提,也是区别不同法律部门的主要标志。在法律调整人们行为的过程中形成了各自的权利和义务,这就是通常所说的法律关系。税法所调整的是在征纳税过程中形成的权利与义务关系,这种关系的特殊之处在于它是发生在国家和纳税人之间的税收关系,既包括税收分配关系又包括税收征收管理关系。

1) 税收分配关系

税收分配关系是一种经济利益关系,它表现为三种不同的税收分配关系:第一,国家与纳税人之间的税收分配关系;第二,国家内部的中央政府与地方政府之间及地方各级政府之间的税收分配关系;第三,中国政府与外国政府及涉外纳税人之间的税收分配关系。

2) 税收征收管理关系

税收征收管理,是国家征税机关行使税权,指导纳税人和其他税务当事人正确履行纳税义务，并对税收活动进行组织、管理、监督和检查等一系列相互联系的活动。在此过程中，征税机关与纳税人和其他税务当事人之间形成的管理关系，称为税收征收管理关系。

2. 税法关系主体的单方固定性

任何法律关系都必须有主体，否则法律关系不能成立。在税收法律关系的主体中，一方始终是代表国家行使征税权的征税机关，而另一方则是不同的纳税人。纳税人可以随时变更，而国家是始终不变的。也就是说，自然人和自然人之间、自然人和法人之间，都不会发生和存在任何税收法律关系。

3. 税法是权利与义务不对等的法

权利义务对等是一个基本的法律原则，但这是就法律主体的全部权利义务而言的，并不是说某一法律主体在每一具体法律、法规中的权利义务都是对等的。税收关系就不是建立在协商自愿、等价有偿原则的基础上，相反，由于税收具有强制性、无偿性的特征，这就决定了税法要体现税收的这些要求。国家凭借其政治权力通过立法行使征税权，纳税人则必须依照法律规定履行纳税义务，拒绝履行法定纳税义务要受到法律的制裁。

4. 税法是实体法和程序法相结合的综合性质的法

法律可以分为实体法和程序法。大多数情况下，实体法和程序法是相互分离的，如民法和刑法等法律规定了民事范畴和刑事范畴实体方面的法律规范及违反法律规范的制裁措施，同时又要制定民事诉讼法和刑事诉讼法来保证民法、刑法的正确实施。而税法则体现了实体法和程序法相结合的内容，这一特征是由税法的调整对象——税收关系所决定的。税收实体法主要是调整国家与纳税人之间的税收分配关系的法律，是税法的核心部分；税收程序法是调整国家与纳税人在税收征收管理中形成的法律关系，其中包括了权利主体在征纳过程中的执行程序。税收实体法与税收程序法必须结合起来才能完整地反映税法对于税收关系的调整内容，单纯规定税收实体法，税收的征收管理无法落实；同样，单纯规定税收程序法，又会造成税收征收管理无标准可供执行。

2.1.2 税收法律关系

2.1.2.1 税收法律关系的概念和特征

税收法律关系反映的是一种特殊的社会关系，即国家强制参与国民收入的分配和再分配活动而形成的分配关系。国家征税与纳税人纳税在形式上表现为利益分配关系，但经过法律明确其双方的权利与义务后，这种关系实质上已上升为一种特定的法律关系，即税收法律关系，具体是指由税法确认和调整的在国家征税机关与纳税人之间基于税法事实而形成的权利义务关系，包括征税主体的权利与义务和纳税主体的权利与义务两个方面。

税收法律关系作为一种特殊的社会分配关系，除了具有一般法律关系的共有特征外，还具有自己独立的特征，主要体现在以下4个方面。

1. 税收法律关系主体的一方是国家

构成税收法律关系主体的一方可以是任何负有纳税义务的法人、自然人或其他社会组织，但是另一方只能是国家。没有国家的参与，在一般当事人之间发生的法律关系不可能成为税收法律关系。这与民法、经济法等法律部门中，公民法人等当事人之间也能构成法律关系是完全不同的，因此有一方主体固定为国家，成为税收法律关系的特点之一。

2. 体现国家单方面的意志

税收法律关系只体现国家单方面的意志，不体现纳税人一方主体的意志，税收法律关系的成立、变更、消灭不以主体双方意思表示一致为要件。这是由税收的性质所决定的。国家的意志是通过法律规定表现出来的，只要当事人发生了税法规定的应纳税的行为或事件，就产生了税收法律关系，纳税事宜不能由税务机关以税收法律关系一般当事人的身份与其他当事人商定。

3. 权利义务关系具有不对等性

在税收法律关系中，国家享有较多的权利，承担较少的义务；纳税人则相反，承担较多的义务，享受较少的权利。这种权利义务关系的不对等性，根源在于税收是国家无偿占有纳税人的财产或收益，必须采用强制手段才能达到目的。赋予税务机关较多的权利并要求纳税人承担较多的义务恰恰是确保税收强制性，以实现税收职能的法律保证。

4. 具有财产所有权或支配权单向转移的性质

在一般民事法律关系或经济法律关系中，大多涉及财产和经济利益。财产所有权和经济利益的让渡转移，通常是主体双方在平等协商、等价有偿原则基础上进行的。然而，在税收法律关系中，纳税人履行纳税义务、缴纳税款，就意味着将自己拥有或支配的一部分财物无偿地交给国家，成为政府的财政收入，国家不再直接返还给纳税人。所以，税收法律关系中的财产转移，具有无偿、单向、连续等特点，只要纳税人不中断税法规定应纳税的行为，税法不发生变更，税收法律关系就将一直延续下去。

2.1.2.2 税收法律关系的基本要素

税收法律关系的要素是构成税收法律关系的必要条件。同其他法律关系一样，税收法律关系也包括主体、客体、内容3个要素。

1. 税收法律关系的主体

税收法律关系的主体是指在税收法律关系中依法享有权利和承担义务的双方当事人，一方为征税主体，另一方则为纳税主体。

征税主体是指享有国家税收征管权力和履行国家税收征管职能，依法对纳税主体进行税收征收管理的当事人。只有国家才是真正意义上的征税主体，但是税收征管的各项权力要由国家授权给具体的职能机关来行使。目前，我国的税收征收管理工作主要由国家各级税务机关、海关和财政机关等部门负责，其中国家各级税务机关是最重要的征税主体。

纳税主体是指在税收法律关系中负有纳税义务的单位和个人，即通常所称的纳税人，包括中国的自然人、法人和其他经济组织，也包括负有纳税义务的外国的自然人、法人和其他经济组织。按照纳税人承担纳税义务的不同，纳税人还可分为居民纳税人和非居民纳税人。居民纳税人承担无限纳税义务，而非居民纳税人承担有限纳税义务。

2. 税收法律关系的客体

税收法律关系的客体是税收法律关系主体的权利、义务所共同指向的对象，它是税收法律关系产生的前提、存在的载体，包括应税商品、货物、财产、资源、货币等物质财富和主体的纳税行为。

3. 税收法律关系的内容

税收法律关系的内容就是权利主体所享有的权利和所应承担的义务，这是税收法律关系中最实质的东西，也是税法的灵魂。它规定权利主体可以有什么行为，不可以有什么行为，若违反了这些规定，须承担相应的法律责任。它包括了税收的"征"和"纳"两个方面，同时这两个方面又是不可分割的，在征纳活动中，征纳主体的行为受税法中实体性规范和程序性规范的制约，因而形成税收征纳实体和税收征纳程序两种不同的法律关系。

1) 征税主体的权利和义务

征税主体的权利和义务是重合的。对征税机关来说，征税权是其应当依法履行的法定职责，依法行使征税权既是实现其征税职能的权利，也是其必须履行的法定义务和责任，否则就意味着失职，要受到法律的追究。征税机关的权利主要表现在依法对纳税人进行税务管理的权利、依照法律规定征收税款的权利、依法进行税务检查及对违法者进行处罚等权利。征税主体在享有广泛权利的同时，也应承担相应的义务，主要是宣传、咨询、辅导税法，及时把征收的税款解缴国库，依法受理纳税人对税收争议的申诉及保密义务等。

2) 纳税主体的权利和义务

为了进一步规范税务机关和税务人员的征税和服务行为，构建和谐的税收征纳关系，国家税务总局于2009年11月6日发布了《国家税务总局关于纳税人权利与义务的公告》，明确了纳税主体的权利和义务。

纳税人的权利共14项，包括：知情权、保密权、税收监督权、纳税申报方式选择权、申请延期申报权、申请延期缴纳税款权、申请退还多缴税款权、依法享受税收优惠权、委托税务代理权、陈述与申辩权、对未出示税务检查证和税务检查通知书的拒绝检查权、税收法律救济权、依法要求听证的权利、索取有关税收凭证的权利。

纳税人的义务共10项，包括：依法进行税务登记的义务，依法设置账簿、保管账簿和有关资料以及依法开具、使用、取得和保管发票的义务，财务会计制度和会计核算软件备案的义务，按照规定安装、使用税控装置的义务，按时、如实申报的义务，按时缴纳税款的义务，代扣、代收税款的义务，接受依法检查的义务，及时提供信息的义务，报告其他涉税信息的义务。

2.1.2.3 税收法律关系的产生、变更和终止

税收法律关系的产生是指税收法律关系主体之间权利与义务关系的形成，以应税行为和事件的形成为基本标志。如企业销售货物而取得销售收入就产生了增值税等征纳关系；纳税人开业经营即为建立税收法律关系提供了前提。

税收法律关系的变更是指由于某一法律事实的发生，使税收法律关系的主体、内容和客体发生变化。国家税收法律的变更，纳税人自身组织状况、经营财产等变化均可能引起税收法律关系的变更。

税收法律关系的终止是指税收法律关系主体间权利义务关系的终止。纳税人履行纳税义务完毕、国家税收法律的废止、纳税人停业经营等均可引起税收法律关系的终止。

2.1.2.4 税收法律关系的保护

税收法律关系是保障国家通过行政的、法律的手段，保证税收法律关系主体权利的实现和义务的履行。保护税收法律关系实质上就是保护国家正常的经济秩序、保障国家财政收入、维护纳税人的合法权益。

税收法律关系的保护形式和方法是很多的。税法中关于限期纳税、征收滞纳金和罚款的规定，《中华人民共和国刑法》（以下简称《刑法》）对构成偷税、骗税、抗税罪给予刑罚

的规定，税法中对纳税人不服税务机关征税处理决定，以及可以申请复议或提出诉讼的规定等都是对税收法律关系的直接保护。税收法律关系的保护对权利主体双方是对等的，不能只对一方保护，而对另一方不予保护，对权利享有者的保护，就是对义务承担者的制约。

2.1.3 税法的分类

1. 按税法的内容和效力分类

按税法的内容和效力分类，可以把税法分为税收基本法和税收普通法。

1) 税收基本法

税收基本法是规定税收性质、征收范围、立法、纳税人的基本权利与义务等内容的法律规范。它是税法体系的主体和核心，在税法体系中起着税收母法的作用。我国目前正在着手起草《中华人民共和国税收基本法（税法通则）》。

2) 税收普通法

税收普通法是根据税收基本法的原则，对税收基本法规定的事项分别立法实施的法律，如个人所得税法、企业所得税法、税收征收管理法。

2. 按税法的职能和作用分类

按税法的职能和作用分类，可以把税法分为税收实体法和税收程序法。

1) 税收实体法

税收实体法是指确定税种立法，规定税收法律关系主体的权利、义务的法律规范的总称，主要内容包括纳税人、征收对象、征收范围、税目、税率、税收优惠等。它是税收法律体系的核心部分，没有税收实体法，税法体系就不能成立。我国现行的《中华人民共和国企业所得税法》《中华人民共和国个人所得税法》就属于税收实体法。

2) 税收程序法

税收程序法是规定国家征税行使程序和纳税人纳税义务履行程序的法律规范的总称，其内容主要包括确定税收管理法、纳税程序法、发票管理法、税务争议处理法等。我国现行的《中华人民共和国税收征收管理法》（以下简称《税收征管法》）就属于税收程序法。

3. 按税种管理和受益权限分类

按税种管理和受益权限分类，可以把税法分为中央税、地方税、中央与地方共享税。

1) 中央税

中央税是指属于中央政府的财政收入，由中央政府支配和使用的税种。我国目前属于中央政府的固定收入主要包括消费税（含进口环节海关代征的部分）、车辆购置税、关税、海关代征的进口环节增值税等。

2) 地方税

地方税是指属于各级地方政府的财政收入，由地方政府支配和使用的税种。我国目前属于地方政府固定收入的包括城镇土地使用税、耕地占用税、土地增值税、房产税、车船税、契税等。

3) 中央与地方共享税

中央与地方共享税是指属于中央政府和地方政府的共同收入，按一定比例分成的税种。我国目前属于中央与地方共享税的包括增值税、企业所得税、个人所得税、资源税、城市维护建设税、印花税。

4. 按税法的征税对象分类

按税法的征税对象的不同,可以把税法分为货物和劳务税类、所得税类、资源税类、财产税类和行为目的税类。

1) 货物和劳务税类

货物和劳务税类是以商品(货物)和劳务的流转额为征税对象,其征税目的是在生产、流通、服务业及进出口贸易等方面发挥对经济的宏观调控作用,保障国家的财政收入。主要包括增值税、消费税和关税。

2) 所得税类

所得税类是以企业、个人或其他社会组织取得的所得额为征税对象,其征税目的是直接调节纳税人的收入分配水平,自动调节经济和公平分配。主要包括企业所得税和个人所得税。

3) 资源税类

资源税类是以自然资源为征税对象,其征税目的是调节资源的级差收入、保护自然资源的合理使用、促进资源的合理配置。主要包括资源税、城镇土地使用税、耕地占用税、土地增值税。

4) 财产税类

财产税类是以纳税人拥有的各种财产价值为征税对象,其征税目的是防止财产的闲置浪费和避免利用财产投机取巧,具有促进财产的节约和合理使用的作用。主要包括房产税、契税、车船税。

5) 行为目的税类

行为目的税类是以特定对象和行为为征税对象,具有明确的调节范围,其征税目的一般是满足政府的特定社会目的、特定经济目的或财政目的的需要。主要包括城市维护建设税、印花税、车辆购置税、环境保护税、烟叶税、船舶吨税。

2.2 税法的渊源和税法的原则

2.2.1 税法的渊源

税法的渊源是指税法规范的具体表现形式,即税法是由什么国家机关制定或认可,因而具有不同的法律效力或法律地位的各种法律类别。我国的税法渊源主要有以下几种。

1. 宪法

《中华人民共和国宪法》(以下简称《宪法》)作为国家的根本大法,它由最高国家权力机关——全国人民代表大会制定,具有最高的法律效力。具体的税法必须与《宪法》的精神一致,不得含有违宪的条款,否则将会导致税法根本无效。《宪法》第56条中明确指出"中华人民共和国公民有依照法律纳税的义务",这一规定把公民依法纳税作为一项基本的法定义务。

2. 税收基本法律

税收基本法律是仅次于《宪法》的国家主要法律,由全国人民代表大会制定,是税收领域的母法。世界各国对税法的共同性问题予以规定的立法模式主要有两种：一种是将各种税收法律、法规编纂成法典，如美国的《国内收入法典》、法国的《普通税法典》；另一种是制定税收基本法，也称税收通则法，如德国的《租税通则》、日本的《国税通则法》等。我国目前还没有一部体现税收母法的基本法律，全国人民代表大会正在讨论制定《中华人民共和国税收基本法》并已将其列入立法规划中。

3. 税收法律

税收法律是由全国人民代表大会及其常务委员会制定和颁布的税收规范性文件，是我国税法的主要法律渊源。我国目前制定的专门税收实体和程序法律有13部，即《中华人民共和国个人所得税法》《中华人民共和国企业所得税法》《中华人民共和国车船税法》《中华人民共和国税收征收管理法》《中华人民共和国环境保护税法》《中华人民共和国烟叶税法》《中华人民共和国船舶吨税法》《中华人民共和国资源税法》《中华人民共和国车辆购置税法》《中华人民共和国耕地占用税法》《中华人民共和国契税法》《中华人民共和国城市维护建设税法》《中华人民共和国印花税法》。

4. 税收行政法规

税收行政法规是指国家最高行政机关（国务院）根据《宪法》和税收法律制定的一系列规范性文件，其效力仅次于《宪法》和税收法律，是目前我国最重要的税法渊源。国务院曾经在1994年的税制改革中，制定了大量的税收方面的行政法规，主要包括《中华人民共和国增值税暂行条例》《中华人民共和国消费税暂行条例》《中华人民共和国个人所得税法实施细则》《中华人民共和国城镇土地使用税暂行条例》等。

5. 税收地方性法规

省、自治区、直辖市的人民代表大会及其常委会可以依法制定有关税收方面的法规。但是由于目前我国实行的是集权式的税收管理体制，地方税收立法的空间极小。

6. 税收规章

目前我国的税收规章主要是由财政部、国家税务总局、海关总署等部门发布的，另外省、自治区、直辖市和省会、首府城市及较大的市级人民政府有权发布税收地方规章。税收规章是对税收法律及法规的补充、说明和具体化，也是对税收法律、法规的完善和发展。例如，财政部、国家税务总局颁布的《增值税暂行条例实施细则》《关于全国实施增值税转型改革若干问题的通知》等都属于税收规章。

7. 国际税收条约及协定

世界经济一体化的发展和国际税收协调的日益加强，使得国际税收条约及协定也成为税法的重要渊源。常见的有我国政府与他国政府签订的关于避免双重征税的税收协定和防止偷漏税等税收协定。

目前我国税法渊源的主要组成是税收行政法规、税务部门规章及其他税收规范性文件，税收法律所占的比例极低。因此，提升税收法律体系的效力级位是我国税收法律体系完善的主要改革方向。

2.2.2 税法的原则

任何国家的税收法律制度都是建立在一定的税法的原则的基础上，因而只有理解税法的原则，才能从根源上了解我国的税收法律制度。一般而言，税法的原则包括税法的基本原则和税法的适用原则。

2.2.2.1 税法的基本原则

税法的基本原则是在有关税收的立法、执法、司法等各个环节都必须遵循的基本准则，也是统驭所有税法规范的根本准则。税法的基本原则主要包括税收法定原则、税收公平原则、税收效率原则。

1. 税收法定原则

税收法定原则也称税收法定主义，是指税法主体的权利义务必须由法律加以规定，税法的各类构成要素都必须且只能由法律予以明确规定。美国《权利法案》规定："若无人民本身或经选举所选出的人民代表的同意，不得为公共目的实施而课税或剥夺财产。"日本宪法也规定："新课租税或变更现行租税，必须有法律或法规的条件为依据。"在我国虽然《宪法》规定了"公民有依照法律纳税的义务"，但尚未将税收法定主义作为宪法原则加以规定。

党的十八届三中全会通过的《中共中央关于全面深化改革若干重大问题的决定》首次明确提出，"落实税收法定原则"。这是我国在党的文件中首次明确提出税法原则这一根本原则。

2015年全国两会上，《中华人民共和国立法法》修改草案获高票通过，明确了税种的设立、税率的确定和税收征收管理等税收基本制度必须制定法律。全国人大明确表示，在2020年之前全面落实税收法定原则。

2. 税收公平原则

税收公平原则是"法律面前人人平等"思想在税法中的体现和发展，成为"当今世界各国制定税收制度的首要准则"。一般认为税收公平原则最基本的含义是：税收负担必须根据纳税人的负担能力分配，负担能力相等，税负相同；负担能力不等，税负不同。税收的公平原则是设计和实施税收制度的最重要的原则。

3. 税收效率原则

税收效率原则要求税法的制定要有利于资源的有效配置和经济体制的有效运行，并提高税收行政的效率。

2.2.2.2 税法的适用原则

税法的适用原则是在税法的解释、税收的征纳等具体使用税法的过程中应遵循的准则。

1. 实质课税原则

实质课税原则是指应根据纳税人的真实负担能力决定纳税人的税负，不能仅根据其外观和形式来确定是否符合课税要件。实质课税原则的意义在于防止纳税人规避税收，增强税法适用的公正性。

2. 法律不溯及既往原则

法律不溯及既往原则是绝大多数国家所遵循的法律程序技术原则。这一原则要求新颁布实施的税收实体法仅对其生效后发生的应税事实或经济关系产生效力，对于生效之前所发生的应税事实或经济关系仍适用于旧的实体法的规定。

3. 新法优于旧法原则

新法优于旧法原则是指当新法、旧法对同一事项有不同规定时，新法的效力优于旧法。

其作用在于避免因法律修订带来新法、旧法对同一事项有不同的规定而造成法律适用的混乱。

4. 实体法从旧，程序法从新原则

这一原则的含义包括两个方面：一是实体税法不具备溯及力，即是上述"法律不溯及既往原则"的体现；二是程序性税法在特定条件下具备一定的溯及力，即对于一项新税法公布实施之前发生的纳税义务在新税法公布实施之后进入税款征收程序的，原则上新税法具有约束力。

5. 程序优于实体原则

程序优于实体原则是关于税收争讼法的基本原则，其基本含义为：在诉讼发生时税收程序法先于税收实体法适用，即纳税人如果对税务机关作出的征纳税等决定不服，可以通过税务行政复议或税务行政诉讼来保护其合法权益。但是寻求法律保护的前提条件之一，是必须事先履行税务行政执法机关认定的纳税义务，而不管这项纳税义务实际上是否完全发生。否则，税务行政复议机关或司法机关对纳税人的申诉不予受理。适用这一原则，是为了确保国家课税权的实现，不因争议的发生而影响税款的及时、足额入库。

2.3 税法的构成要素

税法的构成要素是构成税收实体法律制度的共同因素，主要包括纳税人、征税对象、税率、税收优惠、纳税环节、纳税期限、纳税地点、违章处理等要素。其中纳税人、征税对象、税率是税法的三个最基本的要素。

2.3.1 纳税人

纳税人是"纳税义务人"的简称，又称"纳税主体"，是税法中规定的直接负有纳税义务的单位和个人，是构成税法的基本要素之一。任何一个税种的制定，都要涉及有关纳税人的规定，即解决由谁来纳税这一基本问题。例如，我国增值税的纳税人是在中华人民共和国境内销售货物或者提供加工和修理、修配劳务及进口货物的单位和个人；企业所得税的纳税人是在中华人民共和国境内取得收入的企业和其他社会组织。税法规定的直接负有纳税义务的人可以是自然人，也可以是法人或其他社会组织。

这里需要注意的是，纳税人与负税人是两个不同的概念。负税人是指最终负担税收的单位和个人。当纳税人能够通过一定的途径把税款转移给别的单位或个人负担，纳税人就不再是负税人。例如，消费税的纳税人可以通过提高商品价格的方法，把税负转嫁给最终的消费者，在这种情况下消费者就是最终的负税人。当然，在不存在税负转嫁的情形下，纳税人和负税人是一致的。

为了提高税务行政的效率，保证税款及时、足额入库，税法还规定了扣缴义务人的概念，包括代扣代缴义务人和代收代缴义务人。代扣代缴义务人是指有义务从持有的纳税人收入中扣除其应纳税款并代为缴纳的企业、单位或个人。例如，《中华人民共和国个人所得税法》(以下简称《个人所得税法》)规定：个人所得税以所得人为纳税人，以支付所得的单位或个人为扣缴义务人。代收代缴义务人是指有义务借助与纳税人的经济交往而向纳税人收取应纳税款并代为缴纳的单位。例如，《消费税暂行条例》规定，委托加工的应税消费品，除受托方为个人外，由受托方在向委托方交货时代收代缴税款。

2.3.2 征税对象

1. 征税对象的一般概念

征税对象又称课税对象、纳税客体，是指税法中规定的征税目的物，是税收主体的权利、义务共同指向的对象。征税对象是一种税区别于另一种税的主要标志。每一种税都有自己的课税对象，而且各税种的名称通常都是根据征税对象来确定的。例如，我国增值税的征税对象是货物和应税劳务在生产、流通过程中的增值额；房产税的课税对象是房屋；所得税的课税对象是所得额，等等。

2. 征税对象的相关概念

在实践中，还应注意与征税对象相联系的其他概念，主要有征税范围、税目和计税依据。

1）征税范围

征税范围是指税法规定的征税对象的空间范围。它可按货物、地区、品种、所得等方面进行划分。例如，我国现行的城镇土地使用税的征税对象为土地，其征税范围是城市、县城、建制镇和工矿区。

2）税目

税目是各个税种所规定的具体征税项目，它规定了征税的具体范围，反映了征税的广度。例如，现行消费税以特定的应税消费品为征税对象，税目中则明确了哪些消费品为应税消费品。

3）计税依据

计税依据也称为税基，是指税法规定的据以计算各种应纳税额的根据。不同税种的计税依据是不同的，例如，增值税的计税依据是货物和应税劳务的增值额，所得税计税依据是应纳税所得额，等等。计税依据可分为从价和从量两种标准：从价征是按照征税对象的价值计算，如我国现行的流转税和所得税等；从量征是按照征税对象的重量、体积、面积等计算，如我国现行的耕地占用税、城镇土地使用税等。

2.3.3 税率

税率是应纳税额与课税对象之间的数量关系或比例，是计算税额的尺度，是税收制度的核心要素。税率体现了征税的深度，它的高低直接决定纳税人的纳税负担轻重，也直接体现了国家的税收政策。目前我国税率的形式有比例税率、超额累进税率、定额税率、超率累进税率。

1. 比例税率

比例税率是指同一征税对象，不分数额大小，规定相同的征收比例。比例税率计算简便，税额与征税对象成正比，有利于提高税收的征管效率，但不利于保障税收公平。我国现行的增值税、企业所得税等采用的是比例税率。

在具体运用中，其派生税率有3种。

1) 单一比例税率

单一比例税率，即一个税种只规定一个征税比例的税率。例如，目前我国企业所得税采用25%的基本税率。

2) 差别比例税率

差别比例税率，即根据征税对象或纳税人的不同性质规定不同征税比例的税率。按使用范围的不同可分为：① 产品差别比例税率，即对不同的产品规定不同的税率，如我国目前的消费税等；② 行业差别比例税率，即按行业的差别规定不同的税率；③ 地区差别比例税率，即按照不同的地区分别适用不同的比例税率，如我国目前的城市维护建设税等。

3) 幅度比例税率

幅度比例税率是指税法统一规定幅度，由各地区在此幅度内具体规定本地区征税比例的税率。例如，煤炭资源税采用2%~10%的幅度比例税率。

2. 累进税率

累进税率是指同一课税对象，随数量的增大，征收比例也随之增高的税率。它是将课税对象按数额大小划分若干等级，不同等级适用由低到高的不同税率。累进税率多用于收益课税，可以实现税收负担的纵向公平。

累进税率分为"额累"和"率累"两种。额累是按征税对象数量的绝对额分级累进，如按所得额、收益额的高低分级累进；率累是按与征税对象有关的某一比率分级累进，如1984年开征的资源税即按销售利润率的高低分级累进。额累和率累按累进依据的不同又分为"全累"和"超累"，即全额累进税率、超额累进税率和全率累进税率、超率累进税率。

1) 全额累进税率

全额累进税率是指征税对象全部数额按其适用的最高一级征税比例计税的一种累进税率。它的特点是不论计税依据数额的高低，只适用一个征税比例。当计税依据超过一定的数额，它所适用的税率就上升到一个新的档次，这时全部的应纳税所得额都按照这个新的提高了的税率计算。全额累进税率计算简便，但会导致税负不公平，尤其是在两个级距的临界点会出现税额急剧变动的不合理情况。我国现行税法没有采用这种税率。

2) 超额累进税率

超额累进税率是指征税对象数额依次按其所属数额级次适用的征税比例计税的一种累进税率。它的特点是随着征税对象数额的增加，纳税人往往会适用几个征税比例。当计税依据超过一定的数额，超过的部分按高税率，临界点以下的仍按低税率。超额累进税率克服了全额累进税率的缺点，既有利于发挥税收的调节作用，又不会给纳税人造成沉重的税收负担。如我国现行的个人所得税中的综合所得，采用3%~45%的七级超额累进税率。

超额累进税率的计算方法比较复杂，即把纳税人的征税对象依所属等级同时适用几个税率分别计算，将计算结果相加后得出应纳税款。为简化计算，在实际工作中适用超额累进税率计算应纳税额时，通常采用速算扣除数法，即先求出各级的速算扣除数，再按全额累进税率计算的应纳税额减去本级适用的速算扣除数。每一等级的速算扣除数是一个常数，正好是按照全额累进税率计算的应纳税额减去按超额累进税率计算的应纳税额之后的余额。其计算公式为：

本级速算扣除数＝全额累进税额−超额累进税额
　　　　　　＝本级征税对象起征点数额×(本级税率−上一级税率)＋
　　　　　　　上一级速算扣除数

【例2-1】某非居民个人取得工资薪金所得12 000元,每月应纳税所得额为7 000元,采用全额累进税率和超额累进税率计算该笔所得应扣缴的税额。简化的累进税率表如表2-1所示。

表2-1 简化的累进税率表

级 数	全月应纳税所得额	税 率	速算扣除数
1	不超过3 000元的	3%	0
2	超过3 000元至12 000元的部分	10%	210
3	超过12 000元至25 000元的部分	20%	1 410
4	超过25 000元至35 000元的部分	25%	2 660

【答案】全额累进税率法下计算的个人所得税为:

应纳税额=7 000×10%=700(元)

超额累进税率法下计算的个人所得税为:

法一:按照表2-1中超额累进税率定义的分解计算法。

3 000×3%+(7 000-3 000)×10%=90+400=490(元)

法二:按照速算扣除数法。

7 000×10%-210=490(元)

3)全率累进税率

与全额累进税率的原理相同,只是税率累进的依据不同,是征税对象的某种比率。我国现行税法没有采用这种税率。

4)超率累进税率

以征税对象数额的相对率划分若干级距,分别规定相应的差别税率,相对率每超过一个级距的,对超过的部分就按高一级的税率计算征税。我国现行的土地增值税采用的就是这种税率,即按增值额占扣除项目的比率的不同实行四级超率累进税率。

超率累进税率与超额累进税率的计税原理相同,只是税率累进的依据不同,是征税对象的某种比率。

本级速算扣除系数=本级征税对象起征点比率×(本级税率-上一级税率)+上一级速算扣除系数

3. 定额税率

定额税率又称固定税额,根据征税对象计量单位直接规定固定的征税数额。按定额税率征税,税额的多少只同课税对象的数量有关,同价格无关。定额税率适用于从量计征的税种。目前,我国采用定额税率的有车船税、城镇土地使用税、耕地占用税等。在实际应用中分为3种。

1)地区差别税额

地区差别税额,即不同地区规定高低不同的固定税额。如我国目前征收的城镇土地使用税、耕地占用税,根据地区规定不同的税额。

2）幅度税额

幅度税额，即税法统一规定税额征收幅度，由各地根据实际情况在规定的幅度内具体确定本地区的适用税额。如我国车船税法规定商用车客车税额为每辆480～1 440元，各省、自治区、直辖市人民政府可在这个幅度内确定本地区的适用税额。

3）分类分级税额

分类分级税额是按征税对象的类别和等级，分别对征税对象规定不同的征收税额。如我国现行的车船税、耕地占用税就采用分类分级税额。

4. 特殊税率

除上述3种基本的税率形式外，在实际应用中还存在一些特殊税率。

1）零税率

零税率，即税率为零，是比例税率的一种特殊形式。它是指对某种课税对象或某个特定环节上的课税对象以零表示的税率。零税率既不是不征税，也不是免税，而是征税后实际负担的税额为零。我国现行增值税对出口货物规定零税率，即纳税人出口产品不仅可以在出口环节免税，而且可以退还以前各环节增值额的已纳税款。

2）加成征收和加倍征收

加成征收和加倍征收是指按应纳税额的一定成数和倍数加征税款。它是国家为了限制某些经济活动，调节某些纳税人的收入或所得而采取的加重征税的方法。例如，我国现行的《个人所得税法》中就规定了扣缴义务人向居民个人支付劳务报酬所得预扣个人所得税时，实行加成征收的预扣率。

2.3.4 税收优惠

税收优惠是指国家为了体现鼓励和扶持政策，在税收方面采用的鼓励和照顾的特殊规定。税收鼓励规定反映了政府行为，它是通过政策导向来影响纳税人的决策选择，是国家调控经济的重要杠杆；税收照顾规定则体现了国家对特殊群体的考虑。税收优惠的形式主要包括起征点与免征额、减免税等。

1. 起征点与免征额

起征点是征税对象达到征税数额开始征税的起点。我国现行的增值税有起征点的规定。

免征额是征税对象全部数额中规定免予征税的数额。目前，我国个人所得税中规定的基本费用扣除属于免征额。起征点和免征额的区别和联系如下。

（1）当纳税人收入达到或超过起征点时，应就收入全额征税；而当纳税人收入超过免征额时，则只就超过的部分征税。

（2）当纳税人的收入未达到起征点或低于免征额时均免予征税。

2. 减免税

减免税是指国家对特定的地区、行业、企业、项目或情况（特定的纳税人或纳税人的特定应税项目，或由于纳税人的特殊情况）所给予纳税人完全免征税收（或减征部分税收）的照顾或奖励措施。减免税的基本形式包括3种。

1）税基式减免

通过直接缩小计税依据的方式实现的减税、免税称为税基式减免，包括税收扣除、减计收入、亏损结转等。

2）税额式减免

通过直接减少应纳税额的方式实行的减税、免税称为税额式减免，包括全部免征、减半征收、核定减免率等。

3）税率式减免

通过直接降低税率的方式实行的减税、免税称为税率式减免。

3. 优惠退税

优惠退税是指国家将纳税人已经缴纳或实际承担的税款退还给规定的受益人，如我国现行增值税和消费税制度中规定的对出口货物实行的出口退税政策。

2.3.5 纳税环节

纳税环节是指税法上规定的征税对象从生产到消费的流转过程中确定的应当缴纳税款的具体环节。征税对象在整个社会经济运行中是不断运动的，会经历不同的环节。税法中必须明确规定哪些环节纳税、哪些环节不纳税。一种税具体确定在哪个或哪几个环节进行征税，不仅关系到税制结构和税负平衡问题，对于纳税人明明白白纳税也具有重要的意义。

按照纳税环节的多少，可将税收课征制度划分为两类：一次课征制和多次课征制。

（1）一次课征制是指同一税种在征税对象运动的全过程中只选择某一环节课征的制度。例如，我国现行的资源税只选择在生产销售环节一次纳税，以后的流转环节则不再纳税。

（2）多次课征制是指同一税种在征税对象运动的全过程中选择两个或两个以上环节课征的制度。例如，我国现行的增值税在货物的生产、批发、零售等多个环节纳税。

2.3.6 纳税期限

纳税期限是纳税义务、扣缴义务发生后，纳税人、扣缴义务人向国家缴纳或者解缴税款的期限。我国《税收征管法》第31条规定："纳税人、扣缴义务人按照法律、行政法规规定或者税务机关依照法律、行政法规的规定确定的期限，缴纳或者解缴税款。"这一规定表明以下3点。

（1）按照规定的纳税期限纳税是纳税人的法定义务，对纳税期限的规定有利于纳税人按时履行纳税义务，并保证税额及时、足额入库。

（2）在纳税期限截止之前，税务机关不得违法提前征税，纳税人也无申报纳税的义务；在纳税期限届满后，纳税人不得违法拖欠税款，否则将被视为税收违法行为而加收滞纳金。

（3）纳税期限的规定有两种情况，一种是由法律、行政法规明确规定的；另一种是由税务机关依照法律、行政法规的规定确定的，这两种纳税期限都具有法律效力。

一般而言，不同性质的税种及不同情况的纳税人，其纳税期限也不相同。我国现行的纳税期限一般有3种形式。

1. 按期纳税

根据纳税义务的发生时间，通过确定纳税间隔期，实行按期纳税。按期纳税的纳税间隔期分为1天、3天、5天、10天、15天、1个月或1个季度，共7种期限。纳税人的具体纳税间隔期限由主管税务机关根据情况分别核定。纳税人以1个月或者1个季度为1个纳税期的，自期满之日起 15 日内申报纳税；以 1 日、3 日、5 日、10 日或者 15 日为 1 个纳税期的，自期满之日起 5 日内预缴税款，于次月 1 日起 15 日内申报纳税并结清上月应纳税款。我国现行的增值税、消费税等采取按期纳税的方法。

2. 按次纳税

根据纳税行为的发生次数确定纳税期限。我国现行的耕地占用税、契税等均采取按次纳税的办法。

3. 按年计征，分期预缴

按规定的期限预缴税款，年度终了后汇算清缴，多退少补。分期预缴一般是按月或按季预缴。我国现行的企业所得税、房产税、城镇土地使用税等采取这种纳税方式。

2.3.7 纳税地点

纳税地点是税法中规定的纳税人（包括扣缴义务人）具体缴纳税款的地点，它说明纳税人应当向哪里的征税机关申报纳税的问题。税法中明确规定纳税地点，对于纳税人正确履行纳税义务，保证中央及地方的财政收入有着重要的作用。一般来说，在税法上规定的纳税地点采用属地原则，主要有 4 类：机构所在地、经济活动发生地、财产所在地、报关地等。

2.3.8 违章处理

违章处理是对纳税人的税务违章行为所采取的惩罚性措施。税务违章行为是指纳税人违反税法或不遵守国家有关纳税的规定而发生的违章行为。税务违章行为包括两个方面：一是属于税收征收管理制度方面的违章行为，如纳税人未按规定办理税务登记，进行纳税申报，未按规定设置、保管账簿等；二是属于税收制度法规方面的违章行为，如偷税、抗税、骗税等。

2.4 税 制 体 系

2.4.1 税制体系概述

税制体系是指一国在进行税制设置时，根据本国经济条件和发展要求的具体情况，设置税类、税种、税制要素和征收管理层次，将不同功能的税种进行组合配置，分别主次、相互协调、相互补充，形成主体税种明确、辅助税种各具特色和作用、功能互补的税种体系。由于税制体系涉及的主要是税收的结构问题，所以也称为税制结构或税收体系。

依据税收体系构成即税种的数量和地位的不同，税制体系可以分为单一税制和复合税制。

1. 单一税制

单一税制主张整个税制体系由单个税种组成或者以某种税为主，再简单搭配其他辅助税的税制体系。由于单一税制结构无法保证财政收入的充裕、稳定和可靠，也不能充分发挥税收对社会经济进行有效的调控作用，妨碍国民经济协调发展，更无法实现税负公平，因而在历史上不曾有任何一个国家实行过，它只不过是纯理论设想。在西方的税制发展史上曾有四种单一税制的提法：英国的重商主义者霍布斯主张实行单一消费税制；法国重农学派布阿吉尔贝尔、魁奈等人提出的单一土地租税论；法国重商学派的博丹提出的单一所得税制；法国学者吉拉丹等提出的单一财产税制①。

2. 复合税制

复合税制则是由各不同税种共同组成、相互搭配、相互协调的税制体系，选用的税种较多，课税面较宽，而且可以相互配合补充，能够使收入具有弹性，税负也趋于公平，且能保证国家财政需要，因而世界上绝大多数国家都实行复合税制。

2.4.2 影响税制体系设置的主要因素

1. 经济因素

奴隶社会和封建社会以农业经济为主体，在这种自给自足、自然经济的条件下，农业收入是税收的主要来源，虽然也存在少量手工业和商业，但极其落后，并依附于农业。农业生产的非商品特点又决定了必须以土地和人作为课税对象行使征税。人们把这种仅以土地、人口的外部标志作为计税依据等额征税，而不考虑纳税人负担能力的税种称为古老的直接税，由此形成了以这种古老的直接税为主体的税种结构。

在商品经济条件下的资本主义社会，随着工业和商业的迅速发展，形成了以工商经济为主体的经济结构，而农业生产也具有了商品经济特征。这种以工商经济为主体的商品经济条件，必然以工商经营收入作为税收的主要来源，决定了必须以商品销售和经营服务收入作为课税对象来进行征税。人们把这种以商品销售和经营服务收入作为课税对象行使征税的流转税称为间接税，由此形成了以这种间接税为主体的税种结构。

在现代资本主义社会，随着国民经济的高速发展，国家在经济和社会事务中的职能和作用得到加强，财政支出增加，要求相应增加财政收入。增加财政收入的税收措施有两条途径：一是扩大间接税，二是开辟新税源。然而，扩大传统的间接税在实施中有很大的局限性，对商品销售和经营服务收入征税，会影响商品价格和商品之间的比价关系，干预生产者和消费者行为，不利于市场经济有效地发挥作用，不利于税收中性原则的实现，并且已影响到国际自由贸易。在扩大间接税发生困难的情况下，开辟新财源成为唯一可行的选择。而所得税由于在财政上具有收入弹性，在经济上对企业和个人的经济活动和经济行为干预较少，在政策上能满足经济稳定和公平分配的政策目标，因此得到了较为迅速的发展，由此产生了以直接税代替间接税的局面。现代直接税，即所得税，逐渐成为主体税。

2. 政策因素

税种结构同国家的税收政策目标也有一定联系。税收作为国家宏观经济政策的一个重要工具，除了具有传统的筹集财政收入的特有功能外，还是调节经济的一个重要手段。一般来说，所得税由于实行累进税率，具有自动稳定经济的功能。当经济繁荣时，在累进税率作用下所得税会自动增加税收，且税收增长的幅度超过经济增长的幅度，从而抑制经济的过度膨胀。当经济处于萧条时，所得税会自动减少，且在累进税率的作用下减少的幅度大于经济下降的幅度，从而减缓经济的衰退程度。我国近些年来开征的许多税种都体现出对社会经济的调节作用，如股票交易印花税从1990年开征，按照6‰的标准征收，之后，税率几经变化，体现了国家对经济的调节作用。为了缓解社会分配不公，避免两极分化，调节社会贫富差

---

① 王乔，席卫群. 比较税制. 上海：复旦大学出版社，2004：1-3.

距，国家正准备开征遗产税和社会赠与税等。

3. 管理因素

税收的管理能力对税种结构也会产生一定影响。一般来说，流转税对商品销售或者经营取得的收入征税，征收管理比较简单；而所得税一般对企业利润所得和个人收入征税，征收管理较为复杂。因此，征收所得税往往受到征收管理水平、能力和成本的制约而难以推行，而流转税的推行则相对容易。

2.4.3 税制体系的种类及特征

受经济、政策、管理等因素的影响，世界各国的税制体系的主体税种各有侧重。著名的财政家、经济学家邓子基在其《税种结构研究》一书中提出了主体税种的基本特征："主体税种是指在一国税种结构中起主导作用的税种，具备两个特征。一是其税收收入数量较多，在税收总收入中占有一定的比重，对国家财政收入具有较强的支撑作用。唯有如此，该税种才会在税种结构中处于主角地位。二是该税种覆盖面较广，对社会经济领域施加影响，且收入量巨大而使影响有效化，从而保持相当的渗透力。"纵观世界各国的税制体系，主要有以下4种。

1. 以流转税为主体税种的税制体系

在以流转税为主体税种的税制体系中，流转税居主体地位，占财政收入的绝大比重，其他税种则处于次要地位，只在税收中起到辅助作用。根据资料统计，大多数发展中国家和少数经济发达国家实行这种税制体系。由于流转税是以流转额为征税对象，只要有流转额的发生，就产生了相应的纳税义务，就能征得税款。所以，这类税收征税范围广、税源充足，不仅能够保证国家财政收入的稳定、可靠和及时，而且不受成本费用的影响，征管便利。这种税制体系十分适合发展中国家税源相对匮乏、征管水平较为低下的客观条件。但由于流转税大多实行比例税率，不能做到按负担能力分配，有些税种还存在累退性，因而在稳定经济、调节收入分配方面的作用则比较有限。另外，有些流转税还存在不同程度的重复征税问题。

2. 以所得税为主体税种的税制体系

在以所得税为主体税种的税制体系中，个人所得税、社会保险税和企业（法人）所得税成为占主导地位的税种，通过所得税筹集的税收收入占全部税收收入的绝大比重，其他税种则处于次要地位，在税制中起到辅助作用。根据资料统计，大多数经济发达国家和少数发展中国家实行这种税制体系。所得税以所得额为课税对象，与累进税率配合，具有自动调节经济和公平分配的特点。但是，所得税的计税依据——所得额的确定比较复杂，管理成本高，需要征税机关具备较高的税收征管水平。

3. 以低税结构为特征的"避税地"税制体系

避税地国家或地区的税制体系是一种特殊的类型。这类税制体系是在该国或地区的税制体系中，普遍实行低税甚至免税的税收制度。这种税制体系通常有两种具体的类型：一类是"纯粹"的避税地，在这些国家和地区中，既没有个人所得税、公司所得税和资本利得税，也没有财产净值税、继承税、遗产税和赠与税，目前属于这一类型避税地的有巴哈马、百慕大、开曼群岛、瑙鲁等；另一类是所得税和财产税税率较低，税负远低于国际一般税负水平，或提供特殊税收优惠政策，对境外来源的所得和营业活动提供某些特殊优惠待遇，目前属于这一类型的主要包括安圭拉、列支敦士登、巴拿马、英属维尔京群岛、摩纳哥、新加坡、卢森堡,以及我国香港等。

 相关链接

避税天堂

避税天堂是指税率很低,甚至是完全免征税款的国家或地区,但也可能只有个别税种较低,适用于特定分类的个人或商业机构。个人要受益于避税港的一个方法,就是迁徙到该地区,使法律上只需缴纳税项给避税港政府。另外,个人或商业机构也可以在避税港成立附属机构或独立的法律实体(公司或普通法法制里的基金),资产移动到新公司后便可套现获利,从而缴纳较低的税款或者免除税款。不过,利用这种方法到底算是避税还是逃税,难以一概而论。这要看相关国家或地区及相关的个人或机构的个别情况。

避税天堂大多是较小的沿海国家和内陆小国,甚至是很小的岛屿或"飞地"。它们自然资源稀缺、人口数量较少、经济基础薄弱。但由于具有某些"优越性",因此吸引了大量国外公司来此注册。避税天堂的主要特点包括金融信息及税收体制不透明,税率极低甚至不征税,为其他国家或地区的企业、组织和个人避税、洗钱提供方便,损害国际金融体系的稳定等。在2009年二十国集团伦敦金融峰会上,各国领导人同意对拒不合作的避税天堂采取行动,并准备实施制裁。

英属维尔京群岛:在目前全世界所有能自由进行公司注册的避税港中,英属维尔京群岛的注册要求最低,监管力度最小。在那里,设立注册资本在5万美元以下的公司,最低注册费仅为300美元,加上牌照费、手续费,当地政府总共收取980美元,此后每年只要交600美元对营业执照续费即可。

摩纳哥、列支敦士登、安道尔:目前全球避税地中只有摩纳哥、列支敦士登、安道尔三个国家仍在情报交换方面进展缓慢,被经合组织列为不合作避税地。

英属泽西群岛:因其宽松的法律制度吸引了众多的欧洲金融机构。其隶属的诺曼底群岛为225家银行和820家投资基金提供了庇护。

百慕大群岛:被视为处理保险及再保险业务的最佳地区之一。世界排名前35位的保险公司中,有16家安置在此。该岛也被认为是家族企业的最佳管理地点之一。

瑙鲁:瑙鲁实行银行保密制度,兑换活动不受监管,管理宽松。只需2.5万美元,就可在当地开一家银行。

巴拿马:地处中美洲,在当地能迅速注册一家公司,拥有众多优惠法律措施,能免去企业主对其行为不符合国际法规的担心。目前拥有数百家银行和数千家注册公司。

4. 流转税和所得税双主体的税制体系

在双主体税制体系中,流转税和所得税占有相近的比重,在财政收入和调节经济方面共同起着主导作用。这类税制体系既可以发挥流转税征税范围广、税源充裕,从而保证财政收入的及时性和稳定性,提高征管效率的作用,同时也可以发挥所得税按负担能力征税、自动调节经济的作用。一般来说,在以流转税为主体的税制体系向以所得税为主体的税制体系转换的过程中，或者在以所得税为主体转向扩大流转税的渐进过程中，都会形成双主体的税制结构模式。

我国目前的税制体系基本上是流转税和所得税双主体税制体系。流转税约占税收总收入的50%，所得税则约占税收总收入的30%，其他辅助性的税种数量也比较多，但所占比重则很小。

总的来说，我国税种结构同发达国家相比，具有比较大的差异，主要表现在以下3个方面。第一，我国现行税种结构是以流转税为主体，而发达国家则是以所得税为主体。第二，我国现行税种结构中所得税的纳税主体为企业，个人所得税很少；而发达国家税种结构中所得税的纳税主体为个人，企业所得税的比重则相对较低。第三，我国目前税制体系中还没有开征社会保险税；而发达国家已普遍建立起社会保险税种，并在税收中占很大的比重，在部分国家已成为主体税。

我国税种结构同其他发展中国家比较，既有共同点，又有不同点。从共同点分析，我国同大部分发展中国家一样，以流转税为主体税，所得税占重要地位。从不同点分析，在流转税中，其他发展中国家进出口税占较大比重；而我国进出口税在流转税中比重较低。在所得税中，其他发展中国家个人所得税虽然没有占绝对比重，但在所得税中达到一定比重；而我国个人所得税所占的比重则远低于其他发展中国家。此外，其他发展中国家已经建立起社会保险税，尽管比重很低；而我国对社会保障制度还没有采用社会保险税的方式。

相关链接

党的二十大报告中的财税热点

2022年10月16日，中国共产党第二十次全国代表大会隆重召开，习近平代表中国共产党第十九届中央委员会发表了重要报告。党的二十大报告中有关财税方面的内容主要有以下几个方面。

一是在经济治理体系方面，报告提出：健全宏观经济治理体系，发挥国家发展规划的战略导向作用，加强财政政策和货币政策协调配合，着力扩大内需，增强消费对经济发展的基础性作用和投资对优化供给结构的关键作用。

二是在财政体制方面，报告提出：健全现代预算制度，优化税制结构，完善财政转移支付体系。

三是在科教兴国方面，报告提出：提升科技投入效能，深化财政科技经费分配使用机制改革，激发创新活力。

四是在共同富裕方面，报告提出：加大税收、社会保障、转移支付等的调节力度。完善个人所得税制度，规范收入分配秩序，规范财富积累机制，保护合法收入，调节过高收入，取缔非法收入。引导、支持有意愿有能力的企业、社会组织和个人积极参与公益慈善事业。

五是在绿色发展方面，报告提出：完善支持绿色发展的财税、金融、投资、价格政策和标准体系，发展绿色低碳产业，健全资源环境要素市场化配置体系，加快节能降碳先进技术研发和推广应用，倡导绿色消费，推动形成绿色低碳的生产方式和生活方式。

2.4.4 我国现行的税法体系

1. 税收实体法

税收实体法是指以确定税种立法，规定税收法律关系主体的权利、义务的法律规范的总称。我国的税收实体法是中华人民共和国成立以来经过几次较大的改革而逐步建立并完善起来的，目前，我国的税收制度共设有18种税，按其性质和作用大致可以分为5类：流转税、所得税、资源税、财产税、行为和特定目的税。

在18个税种中，除企业所得税、个人所得税、车船税、环境保护税、烟叶税、车辆购置税、耕地占用税、船舶吨税、资源税、契税、城市维护建设税是以国家法律的形式颁布实施的以外，其余各税种都是国务院以暂行条例的形式发布实施的。这18个税收的法律、法规共同组成了我国的现行税收实体法体系。

这里需要注意的是，一个税种究竟应该归于何种税类，并非只有一个答案。如土地增值税，按交易的对象而言，既属于资源税，又属于财产税；而从土地增值税的开征目的来看，它是国家为了抑制房地产的投机、炒买炒卖行为的特定目的而开征的，因而也属于一种特定目的税。所以关于税种的分类在我国理论界也可以说是"仁者见仁，智者见智"。

2. 税收程序法

税收程序法是规定国家征税行使程序和纳税人纳税义务履行程序的法律规范的总称。我国已经制定了统一的税收程序法，即《税收征管法》，该法由1992年9月4日第七届全国人民代表大会常务委员会第二十七次会议通过，1995年2月28日第八届全国人民代表大会常务委员会第十二次会议进行第一次修正。2001年4月28日，第九届全国人民代表大会常务委员会第二十一次会议修订通过了《税收征管法》，自2001年5月1日起施行。此后，税收征管方面的法律法规更加完善。2013年6月29日，十二届全国人大常委会第三次会议通过了相关决定，对《税收征管法》作第二次修正。此次修正简化了纳税人办理税务登记的流程。2015年4月24日，第十二届全国人民代表大会常务委员会第十四次会议通过相关决定，对《税收征管法》作第三次修正。此次修正简化了纳税人的减税、免税申请。《税收征管法》共分为6章，分别为总则、税务管理、税款征收、税务检查、法律责任和附则。在"总则"中，明确了立法依据、目的、宗旨；对该法的适用范围和税收征收管理的基本概念、基本活动等进行了明确的界定；确定了税收征收管理的立法权限、执法权限，以及各级地方政府、各有关部门（单位）的权利和职责；规定了纳税人、扣缴义务人应履行的基本义务和权利，明确了税务机关在税收执法过程中应尽的义务和职责。在"税务管理"中，对税务登记、账簿凭证管理和纳税申报作了明确的规定。在"税款征收"中，对保障税款征收的方式和一系列管理措施做出了详细规定。在"税务检查"中，规定了税务机关在税务检查中的权责，同时，对纳税人、扣缴义务人和有关部门、单位的职责也作出了明确的规定。在"法律责任"中，规定了征纳双方及其他当事人对违反税收法律、法规所应承担的责任；同时，对税务机关在税款征收过程中的各种违法行为作出了相应的处罚规定。另外，对纳税人和其他当事人在与税务机关发生税务争议时可以行使的行政复议权和行政诉讼权进行了明确的规定。在"附则"中，规定了纳税人、扣缴义务人可委托税务代理人代办税务事宜，为税务代理事业的开展提供了明确的法律依据。

相关链接

党的二十届三中全会对于"深化财税体制改革"的重要部署

中国共产党第二十届中央委员会第三次全体会议通过的《中共中央关于进一步全面深化改革、推进中国式现代化的决定》，部署了新一轮财税体制改革。提出的具体内容包括：

(1) 健全有利于高质量发展、社会公平、市场统一的税收制度，优化税制结构。

(2) 研究同新业态相适应的税收制度。

(3) 全面落实税收法定原则，规范税收优惠政策，完善对重点领域和关键环节支持机制。

(4) 健全直接税体系，完善综合和分类相结合的个人所得税制度，规范经营所得、资本所得、财产所得税收政策，实行劳动性所得统一征税。

(5) 深化税收征管改革。

(6) 增加地方自主财力，拓展地方税源，适当扩大地方税收管理权限。

(7) 推进消费税征收环节后移并稳步下划地方，完善增值税留抵退税政策和抵扣链条，优化共享税分享比例。

(8) 研究把城市维护建设税、教育费附加、地方教育附加合并为地方附加税，授权地方在一定幅度内确定具体适用税率。

课后练习题

 牛刀小试

一、选择题（含单选题和多选题，请用手机扫描下方二维码作答并查看正确答案）

二、思考探索题

1. 起征点和免征额应当如何区分？我国目前个人所得税中工资薪金所得的费用扣除标准中 5 000 元是免征额还是起征点？

2. 为什么发达国家主要采用以所得税为主体税种的税制结构，而发展中国家则主要采用以流转税为主体的税制结构？

3. 我国目前的税制结构具有什么特点？应当如何优化？

4. 请查阅资料，了解什么是结构性减税政策。结合近年来我国主要税种税收政策的变化，了解结构性减税政策的具体应用。

 竞技场

选择题（含单选题和多选题，请用手机扫描下方二维码作答并查看正确答案）

第3章

增值税法

思维导图

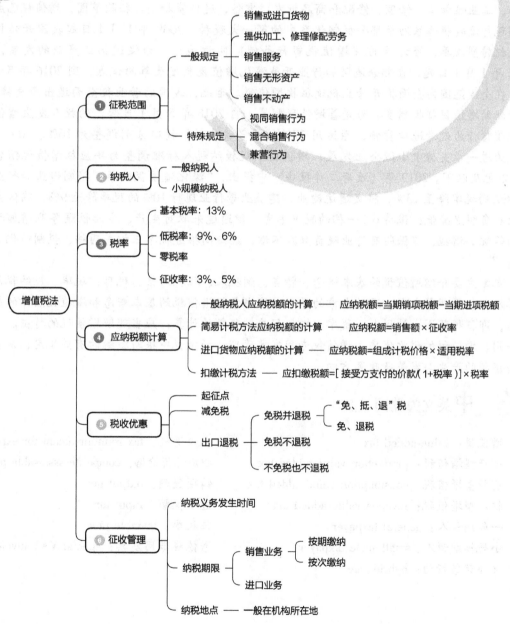

学习提示

　　增值税是以纳税人在生产经营过程中取得的新增价值或商品附加值即"增值额"为课税对象征收的一种流转税，具有全覆盖、全链条、全抵扣三个突出的优点，被誉为"优良税种"。从世界各国增值税的实践结果看，增值税对经济活动有较强的适应性，有较好的收入弹性，有利于本国商品和劳务公平地参与国际竞争，有内在的自我控制机制，较其他的间接税有独特的优越性，因此到2015年，世界上有190多个国家和地区都开征了增值税。我国于1983年1月起正式开征增值税，经过30多年的探索实践，不断改进，目前已将全部工业品、工业性加工、修理、修配和商品批发、零售、进口货物纳入征收范围，增值税已成为我国现行流转税体系乃至整个税制体系中的第一大税种。2009年1月1日起我国开始推行增值税转型改革，修订后的《增值税暂行条例》同步施行。为促进第三产业的发展，从2012年1月1日起，在部分地区和行业开展深化增值税制度改革的试点，到2016年5月1日，在全国范围内全面推开营业税改征收增值税。至此，我国的营业税全面退出历史舞台，实行新的增值税征收制度。为完善增值税制度，自2018年5月1日起，纳税人发生增值税应税销售行为或者进口货物，原适用17%和11%税率的，税率分别调整为16%、10%。同时，为进一步支持中小微企业发展，增值税小规模纳税人标准调整为年应征增值税销售额500万元及以下。2019年《政府工作报告》中提出："深化增值税改革，将制造业等行业现行16%的税率降至13%，将交通运输业、建筑业等行业现行10%的税率降至9%，确保主要行业税负明显降低；保持6%一档的税率不变，但通过采取对生产、生活性服务业增加税收抵扣等配套措施，确保所有行业税负只减不增，继续向推进税率三档并两档、税制简化方向迈进。"

　　本章主要介绍增值税的基本概念、特点、纳税人、征税对象、税目、税率、应纳税额的计算及征收管理等内容。通过本章的学习，应当掌握增值税的基本概念和增值税法律的基本内容，即征税范围、纳税人、税率、增值税应纳税额的计算；应当理解增值税的特征、类型和作用，增值税的税收优惠，增值税专用发票管理，增值税申报与缴纳的有关规定；应当了解增值税的产生与发展及改革方向。

 中英文关键词

增值税：value-added tax
生产型增值税：production value-added tax
消费型增值税：consumption value-added tax
收入型增值税：revenue value-added tax
一般纳税人：general taxpayer
小规模纳税人：small-scale taxpayer
混合销售行为：hybrid sale

出口退税：tax reimbursement for export
组成计税价格：composite assessable price
销项税额：output tax
进项税额：input tax
征收率：leviable rate
增值税专用发票：special VAT invoice

增值税法 第3章

重点法规速递

◆《中华人民共和国增值税暂行条例》（2017年修订），国务院令第691号
◆《中华人民共和国增值税暂行条例实施细则》（2011年修订），财政部、国家税务总局令第65号
◆《财政部 国家税务总局关于全面推开营业税改征增值税试点的通知》，财税〔2016〕36号
◆《财政部 税务总局 海关总署关于深化增值税改革有关政策的公告》，财政部 税务总局 海关总署公告2019年第39号

引导案例

国内增值税专用发票造假第一大案

1994年，我国进行了中华人民共和国成立以来规模最大、范围最广、内容最深刻的一次税制改革。通过这次改革，我国基本建立起适应社会主义市场经济要求的税制体系。改革的内容涉及许多方面，其中一项重要的改革就是对商品生产、批发、零售和进口普遍征收增值税，并实行凭发票注明税款进行抵扣的制度。这就使增值税专用发票不仅具有一般发票的功能，而且成为销售方计算缴纳税款的依据及购买方用以抵扣进项税款的凭证。正因为如此，增值税专用发票的真实性、准确性、合法性直接关系到购销双方的利益，也直接关系到国家的税收利益。如果存在虚开、代开发票等违法犯罪行为，就会使国家税收大量流失。

2016年4月，海南省公安机关、国税部门联合破获公安部、国家税务总局重点督办、涉案金额高达400多亿元的"5·18"利用黄金交易虚开增值税专用发票案。该案犯罪嫌疑人通过代办公司注册工具公司，聘用财务代理人员代理记账并申领、对外虚开增值税专用发票，利用上海黄金交易所进项发票抵扣税款，在没有真实黄金交易的情况下，按照受票单位的需求虚开增值税专用发票。据统计，自2013年6月至案发，涉案的51家公司共向全国28个省市2 985家受票单位虚开59 185份销项增值税专用发票，价税合计411.64亿元，税额69.98亿元。该案系公安部和国家税务总局自2015年4月联合部署在全国开展打击利用黄金交易虚开增值税专用发票专项行动以来破获的涉案金额最高、涉及省市最多的虚开增值税专用发票案件。

根据上述新闻报道，请谈谈你对我国增值税的认识，有何启发？

3.1 增值税概述

3.1.1 增值税的概念

增值税是对纳税人在生产经营过程中实现的增值额征收的一种税。从理论上讲，增

值额是在一定时期内劳动者在生产商品和提供劳务时新创造的价值。按照马克思的商品价值构成公式，任何一种商品或劳务的价值均由 C、V、M 三部分构成。其中，C 为生产经营过程中消耗掉的补偿价值，即由上一生产经营环节转移过来的投入物品或劳务的价值，属于不变资本价值。商品的价值或劳务的价值扣除 C 以后的部分，即为该商品或劳务的新增价值 $V+M$。其中 V 为劳动力的补偿价值，M 是剩余产品的价值。具体而言，可以从两个方面来理解。

其一，从一个企业商品或劳务的生产经营全过程分析，增值额是指该企业商品或劳务的销售额扣除外购商品或劳务金额，即非增值项目金额之后的余额。也就是这个单位创造的没有纳过税的那部分价值额。所以，就全社会而言，全部商品的增值额大体上等于从社会商品总价值中扣除 C 后的余额，在财务上相当于净产值或国民收入部分，包括工资、利润、利息、租金和其他属增值性的因素。

其二，就商品经营的全过程而言，增值额是该商品经历的从生产到流通各个环节的增值额之和，也就是该项商品的最终销售价格。

但从各国实行增值税的实践来看，作为计税依据的增值额并非理论上的增值额，而是法定的增值额。所谓法定的增值额，是指各国政府根据各自的国情、政策要求，在增值税制度中人为确定的增值额。法定增值额可以等于，也可以大于或小于理论上的增值额。造成二者不一致的原因是各国在规定扣除项目或扣除范围时，对外购固定资产的处理办法不同。一般来说，各国在确定征税的增值额时，对外购原材料、辅助材料、半成品、燃料、动力等流动资产价款都允许从货物总价值中扣除。但是，对外购固定资产价款各国处理办法则有所不同，有些允许，有些不允许。在允许扣除的国家，扣除情况也不尽相同。

例如，假定某企业报告期内货物销售额为 90 万元，从外单位购入的原材料等流动资产价款为 30 万元，购入机器设备等固定资产价款为 50 万元，当期计入成本的折旧费为 5 万元。不同国别的法定增值额计算如表 3-1 所示。

表 3-1　不同国别的法定增值额　　　　　　　　单位：万元

项目国别	允许扣除的外购流动资产价款	允许扣除的外购固定资产价款	法定增值额	法定增值额同理论增值额的差额
甲国	30	0	60	+5
乙国	30	5	55	0
丙国	30	50	10	−45

3.1.2　增值税的类型

前已述及，各国在增值税立法中，对于外购的投入物的扣除范围不尽相同。一般来说，用于生产商品或劳务的外购投入物品包括：① 原材料及辅料；② 燃料、动力；③ 包装物品；④ 低值易耗品；⑤ 外购劳务；⑥ 固定资产。

各国增值税制度一般允许将①至⑤项列入扣除项目，从商品或劳务的销售额中扣除。但是对第⑥项即外购固定资产价值的扣除处理则由于各国政府的政策意图不同而各有差异，于是产生了 3 种增值税类型，分别是生产型增值税、收入型增值税、消费型增值税。

1. 生产型增值税

在计算增值税时，只允许将上述的①至⑤项列为扣除项目，而不允许将外购固定资产的价款（包括年度折旧）从商品或劳务的销售额中抵扣。其增值额的计算公式为：

$$增值额 = 销售收入 - 外购商品及劳务支出（付现成本）$$
$$= 折旧 + 工资 + 利润 + 其他增值性收入$$

从整个社会来看，这一类型的增值税的课税基础与国民生产总值的统计口径一致，故称生产型增值税或 GNP 型增值税。由于这种类型的增值税计算出来的法定增值额在这三种类型中是最大的（如表 3-1 中的甲国），所以它可以保证国家的财政收入，但是由于扣除项目不彻底，税基当中包含了外购固定资产的价款，因此存在对固定资产重复征税的问题。我国在实行增值税转型前实行的就是生产型增值税，目前实行生产型增值税的只有印度尼西亚、巴基斯坦等国家。

2. 收入型增值税

在计算增值税时，除允许将上述的①至⑤项列为扣除项目外，还允许将当期固定资产折旧从商品和劳务的销售额中予以扣除。其计算公式为：

$$增值额 = 销售额 - 外购商品及劳务支出（付现成本）- 折旧$$
$$= 工资 + 利润 + 其他增值性收入$$

从整个社会来看，这一类型的增值税的税基相当于国民净产值或国民收入类型，故称收入型增值税。这种类型的增值税，其税基与理论增值额的范围正好吻合（如表 3-1 中的乙国），属于理论上的标准增值税。但在实务中不具有可操作性。一方面，对折旧额计算的准确性税务机关将要花更多的时间进行审查，固定资产的取得方式不同，它的入账价值计量方法也不相同，而且折旧的不同方法也可供企业选择，税务机关很难准确认定折旧额。另一方面，折旧分期抵扣，不利于扣税法凭票抵扣制度的实行。所以，实务中很少使用。目前只有摩洛哥等极少数国家采用这种类型的增值税。

3. 消费型增值税

在计算增值税时，除了允许将上述①至⑤项列为扣除项目外，还允许从商品和劳务销售额中一次性地扣除当期购进固定资产总额。

从整个社会来看，这一类型增值税的税基相当于全部消费品的价值，而不包括一切投资品的价值，故称消费型增值税。这种类型的增值税由于允许将外购的所有投入物都一次性扣除，会使法定增值额小于理论上的增值额（如表 3-1 中的丙国），因而会在一定程度上减少国家的财政收入，但由于最适宜采用规范的发票扣税法，也有利于鼓励投资，加速设备更新，所以被认为是最先进的、最能体现增值税优越性的一种增值税。大多数发达国家、发展中国家都采用这种增值税。我国从 2009 年 1 月 1 日起，在全国推开增值税转型改革，即由生产型增值税转向消费型增值税。

3.1.3 增值税的特点

3.1.3.1 流转税的一般特点

增值税是流转税的一种，具有流转税的共性特征，主要表现在 4 个方面。

1. 以流转额为征税对象

流转额包括商品流转额和非商品流转额。其中，商品流转额是指在商品生产和经营活动中，由于销售或购进商品而发生的货币性金额。非商品流转额是指从事非商品生产经营的劳务而发生的货币性金额。

2. 流转税易于转嫁

流转税一般由企业作为纳税人履行纳税义务，但纳税人缴纳的税款能够通过提高商品的价格转嫁到消费者身上，由最终消费者承担部分或全部税收。由于消费者承担的税负是间接的，并不是由消费者纳税而引起的，因而流转税也称为间接税。

3. 税收分配的累退性

流转税大多实行按比例税率征税，比例税率的缺点是有悖于量能纳税原则，且具有累退性。

4. 税收征管便利

流转税的征税依据是商品或劳务的流转额。相对于所得税而言，需要较少的或不需要核算成本、费用、利润，在核算和管理上比较简单。另外，流转税的征税范围广，而且不受生产经营成本费用变化的影响，因而流转税的收入及时、稳定，而且易于征收。

3.1.3.2 增值税的一般特点

增值税既继承了传统的流转税的优点，同时又克服了它的缺点，具有以下几个特点。

1. 征税范围广，税源充裕

增值税的征税范围广泛，有着广阔的税基。从生产经营的横向关系看，无论工业、商业或者劳务服务活动，只要有增值收入就要纳税；从生产经营的纵向关系看，每一货物无论经过多少生产经营环节，都要按各道环节上发生的增值额逐次纳税。以征税范围为标准，可将增值税划分为特定商品增值税与一般商品增值税两种类型。特定商品增值税是指在生产与流通的某个、某些环节或只对货物与服务中的某类、某些货物或服务征收增值税。目前，世界各典型国家的增值税，如OECD成员国的增值税，基本上属于一般商品增值税，征税对象范围涉及农业、工业、批发、零售、服务等各个阶段和领域，纳税人范围不仅包括一般的企业主，而且包括农民、小企业主和自由职业者。我国现行的增值税从征税范围来看，包括货物的生产、批发、零售、进口四个环节。2016年5月1日以后，增值税的征税范围扩大到销售服务、无形资产和不动产。增值税的征税范围覆盖到第一产业、第二产业、第三产业。

2. 实行道道环节课征，但不重复征税，最终消费者是全部税款的承担者

作为一种新型的流转税，增值税保留了传统流转税按流转额全值计税和道道征税的特点，可以广泛筹集财政收入，同时还实行税款抵扣制度，即在实行逐环节征税的同时，还实行逐环节扣税，只对增值额征税，从而有效地避免了重复征税的问题。在这里各环节的经营者作为纳税人只是把从买方收取的税款给政府，而经营者本身实际上并没有承担增值税税款。这样，随着各环节交易活动的进行，经营者在出售货物收取货款的同时也从购买者那里收取了该货物所承担的增值税税款，直到货物卖给最终消费者时，货物在以前环节已纳的税款连同本环节的税款也一同转给了最终消费者。

3. 对资源配置不会产生扭曲性影响，具有税收中性效应

所谓中性税收是国家在设计税制时，不考虑税收对经济的宏观调控作用，而是由市场对资源进行配置，政府不施加任何干预，完全以不干扰经营者的投资决策和消费者的消费选择为原则。增值税具有中性特征，一方面是因为增值税只对货物或劳务销售额中没有征过税的那部分增值额征税，从而有效地排除了重叠征税因素，这样有利于社会化大生产专业分工协作,不会影响企业组织结构的选择。另一方面,增值税税率档次少,一些国家只采取一档税率,即使采取二档或三档税率的,其绝大部分货物一般也都是按一个统一的基本税率征税。这不仅使得绝大部分货物的税负是一样的,而且同一货物在经历的所有生产和流通的各环节的整体税负也是一样的。这样使增值税对生产经营活动及消费行为基本不发生影响。

3.1.3.3 我国现行增值税的其他特点

我国现行的增值税是在1994年年初进行税制改革时,为了更好地适应发展社会主义市场经济体制的要求,借鉴国际惯例,对我国原有的增值税制度进行重大调整和改进的基础上发展起来的。我国现行的增值税制度与原有的增值税制度相比,具有以下4个特点。

1. 实行价外计税

我国传统的增值税制度实行价内计税的模式,即在销售价格中包含增值税的税款,没有明确地体现增值税的税负转嫁性这一特点,即增值税虽由应税商品(及应税劳务)的生产经营者或者销售者缴纳,但实际由购买者或消费者承担。而现行的增值税则将价内税改为价外计税,在增值税专用发票上分别注明价款和税款,使增值税的间接税性质得到了充分的反映。这样,一方面可以明确企业是纳税人而不是负税人,另一方面也可以使企业的成本、利润核算不受增值税税金的影响。但从我国目前的现实情况来看,现行增值税也并不是完全的价外税,商品的价格仅对一般纳税人实行了价税分离,并未在商品流转的各个环节实行完全的价税分离。

2. 统一实行规范化的购进扣税法,即凭发票注明税款进行抵扣的办法

传统的增值税曾采用过"实耗法"和"购进法"两种扣税方法,但计算方法不够规范、科学。我国现行的增值税实行统一的购进扣税法,又称发票扣税法。对于购货企业而言,购进的货物已纳的税额能否得到抵扣,主要取决于能否取得增值税专用发票。这样,购买方在购买货物或应税劳务时,必须向对方索取增值税专用发票,根据发票上注明的增值税税额计算进项税额,否则已纳税额不得扣除,这在很大程度上使纳税人之间互相监督、连锁牵制,形成自动勾稽效应。

3. 规定两类不同的纳税人,实行不同的计税方法

传统的增值税并没有具体规定两类纳税人的划分,我国现行的增值税根据企业经营规模和会计核算的健全程度,将纳税人划分为两大类。一类是一般纳税人,对其实行购进扣税法,即采用间接计算法。首先用销售额乘以税率计算出应税货物的整体税负,然后从整体税负中扣除外购项目已纳的税额。另一类是小规模纳税人,对其实行简易征收法,即用销售额乘以征收率来计算应纳税额。这样的划分不仅有利于配合增值税专用发票管理的需要,也有利于加强税款征收管理,提高征税效率。

思考专栏

蓝天食品厂和白云食品厂是位于同一地区的食品生产企业,但双方营销理念不同。蓝天食品厂没有自己的营销网络,所有产品均通过一个连锁集团进行销售;而白云食品厂则拥有自己的销售网络。2019年6月,蓝天食品厂将一批价值为30万元(不含税)的商品销售给一个连锁集团,然后该连锁集团将该批商品对外销售,共取得了不含税收入50万元。同月,白云食品厂也利用自己的销售网络对外销售了同样数量、价值的商品一批,结算时共取得不含税收入 50 万元。

请思考:哪批商品的税负更重?由此谈谈你对增值税的认识。

3.1.4 增值税的沿革和发展

增值税的概念最早是由美国耶鲁大学的 T. S. 亚当斯(T. S. Adams)在 1917 年发表的《营业税》一文中提出,当时的名称叫作营业毛利税。他认为,营业毛利从会计上看,就是工资、租金、利息和利润的总和,正好就是计算国民所得时增加的那一部分,这一概念实际上已经提出了我们现在的所谓增值税。1921 年,亚当斯又进一步提出企业在购买货物时已经付出的税收,可在应纳的销货税额中扣除的扣税法,这就是后来人们所称的"购进扣税法"。同一年,德国的西蒙斯在《改进的周转税》一文中正式提出增值税的名称,但亚当斯教授和西蒙斯博士的建议既未引起学术界的共鸣也未得到官方的支持,因而也未能付诸实施。1940 年,美国最有影响的营业税学者史图登斯基首先指出增值税是一种中性税收,是理想的营业税制,但由于种种原因,美国一直没有实行增值税制度。1948 年法国为了克服传统流转税重复征税而影响专业化分工协作发展的问题,把制造阶段的商品税的全额征收改为对增值额的征税。1954 年,法国又将增值税扩展到批发阶段,并采取了消费型增值税,取得了成功,开始形成了以增值额为课税对象的一套完善的增值税税制。在随后的十几年里欧共体成员国相继实行了增值税。亚洲国家自 20 世纪 70 年代后期开始推行增值税。

到目前为止,世界上已有 190 多个国家或地区实行增值税。从增值税在国际上的广泛应用可以看出,增值税作为一个国际性税种是为适应商品经济的高速发展而产生的,它既保留了传统流转税课征普遍、收入及时、稳定等特点,又可以有效地避免重复征税,适应了社会大生产和专业化分工的需要。

我国实行增值税较世界其他国家要晚,同样经历了一个逐步发展的过程,形成了与我国经济发展相适应的增值税制度。我国从 1978 年开始对增值税进行研究。1980 年,财政部决定在柳州、长沙、襄樊、上海等城市,选择重复征税矛盾较为突出的机器机械和农业机具两个行业进行试点。1981—1982 年财政部先后选择机器机械、农业机具两个行业和电风扇、缝纫机、自行车三项产品在全国范围内试行增值税,并发布了《增值税暂行办法》。在 1984 年工商税制全面改革过程中,国务院正式颁布了《中华人民共和国增值税条例(草案)》,使增值税正式成为我国的一个独立税种,也标志着增值税制度在我国正式建立。1987 年,我国对增值税的计算方法和扣除项目作出了统一规定,使增值税制度向规范化迈进。1993 年年底,国务院颁布了《中华人民共和国增值税暂行条例》(以下简称《增值税暂行条例》),并于 1994 年 1 月 1 日起施行,这标志着较为规范的增值税制度在我国确立和开始施行。这次改革本着适应发展社会主义市场经济需要,借鉴国际成功经验,结合我国国情的基本精神,在改革中遵循了普遍征收、中性、简化、多环节、道道征的原则。通过改革,增值税的计税形式由价内税改为价外税;征税范围上全面在工业生产环节实施并延伸到商品批发和零售及加工、修理修配等领域;增值税的税率实行 17%、13% 和零税率三档税率;实行凭增值税专用发票注明税金的抵扣制度;新税制的确立使我国的流转税制进一步适应社会主义市场经济发展的客观要求,最终确立了增值税在我国税收体系中的主导地位。

自 1994 年之后，我国的增值税（国内部分）在国家税收总额中占很大比例，为 30%～50%，是我国目前的第一大主体税种。但是值得提出的是，此次改革基于保证国家财政收入和抑制投资膨胀的需要，实行了生产型增值税。随着我国社会主义市场经济体制的逐步完善和经济全球化的纵深发展，生产型增值税已经暴露出越来越多的问题，亟待进一步的改革。

自 2004 年 7 月 1 日起，我国政府首先在东北三省的装备制造业、石油化工业、冶金业、船舶制造业、汽车制造业、农产品加工业、军品工业和高新技术产业八大行业进行消费型增值税改革试点。自 2007 年 7 月 1 日起，将试点范围扩大到中部六省的电力业、采掘业等八大行业；2008 年 7 月 1 日，又将试点范围扩大到内蒙古自治区东部 5 个盟市和四川汶川地震受灾严重地区。

为应对国际金融危机对我国经济发展带来的不利影响，努力扩大需求，国务院决定在全国推开增值税转型改革，于 2008 年 11 月公布了修订后的《增值税暂行条例》，自 2009 年 1 月 1 日起施行。与 1994 年实施的《增值税暂行条例》相比，主要在以下几个方面发生了变化。

（1）允许抵扣外购固定资产支付的进项税额，但纳税人自用的消费品所含的进项税额，不得予以抵扣。

（2）降低小规模纳税人的征收率。

（3）将一些现行的增值税政策体现在修订后的条例中。

（4）将纳税申报期限从 10 日延长至 15 日。

为进一步完善税收制度，支持现代服务业发展，国务院决定，从 2012 年 1 月 1 日起，在部分地区和行业开展深化增值税制度改革试点，逐步将目前征收营业税的行业改为征收增值税（以下简称"营改增"）。此次增值税改革的主要内容包括以下几方面。

（1）先在上海市交通运输业和部分现代服务业等开展试点，条件成熟时可选择部分行业在全国范围进行试点。

（2）在现行增值税 17% 标准税率和 13% 低税率基础上，新增 11% 和 6% 两档低税率。

（3）试点期间原归属试点地区的营业税收入，改征增值税后收入仍归属试点地区；试点行业原营业税优惠政策可以延续，并根据增值税特点调整；纳入改革试点的纳税人缴纳的增值税可按规定抵扣。

从 2012 年 9 月开始，试点地区由上海市分批扩大至北京市、天津市、江苏省、浙江省（含宁波市）、安徽省、福建省（含厦门市）、湖北省、广东省（含深圳市）8 个省（直辖市）。

2013 年 8 月 1 日，"营改增"范围推广到全国试行，并将广播影视作品的制作、播映、发行纳入试点行业。

2014 年 1 月 1 日起，铁路运输和邮政服务业纳入"营改增"试点行业。2014 年 6 月 1 日起，电信业被纳入"营改增"试点行业。至此，"营改增"试点已覆盖"3+7"个行业，即交通运输业、邮政业、电信业 3 个大类行业和研发技术、信息技术、文化创意、物流辅助、有形动产租赁、鉴证咨询、广播影视 7 个现代服务业。

2016 年 5 月 1 日起，"营改增"将试点范围扩大到建筑业、房地产业、金融业、生活服务业，并将所有企业新增不动产所含增值税纳入抵扣范围，确保所有行业税负只减不增。

2017年7月1日起,简并增值税税率结构,取消13%的增值税税率。

2018年5月1日起,纳税人发生增值税应税销售行为或者进口货物,原适用17%和11%税率的,税率分别调整为16%、10%。增值税小规模纳税人标准调整为年应征增值税销售额500万元及以下,且已登记为增值税一般纳税人的单位和个人,在2018年12月31日前,可转登记为小规模纳税人,其未抵扣的进项税额作转出处理。

2019年4月1日起,增值税一般纳税人发生增值税应税销售行为或者进口货物,原适用16%税率的,税率调整为13%;原适用10%税率的,税率调整为9%。

3.2 增值税的征税范围

3.2.1 征税范围的一般规定

根据《增值税暂行条例》《增值税暂行条例实施细则》《关于全面推开营业税改征增值税试点的通知》(以下简称"营改增")的规定,我国增值税的征税范围包括在中华人民共和国境内(以下简称境内)销售和进口货物,提供加工、修理修配劳务,销售服务、无形资产和不动产。增值税征收范围的具体内容如下。

1. 销售货物

货物,是指有形动产,包括电力、热力、气体在内。销售货物是指有偿转让货物的所有权。"有偿"不仅指从购买方取得货币,还包括取得货物或其他经济利益。

2. 提供加工、修理修配劳务

加工,是指受托加工货物,即委托方提供原料及主要材料,受托方按照委托方的要求,制造货物并收取加工费的业务。"修理修配"是指受托方对损伤和丧失功能的货物进行修复,使其恢复原状和功能的业务。这里的"提供加工、修理修配劳务"是指有偿提供加工、修理修配劳务。但单位或者个体工商户聘用的员工为本单位或者雇主提供加工、修理修配劳务,不包括在内。

3. 进口货物

进口货物,是指申报进入我国海关境内的有形动产。进口货物包括国外产制和我国已出口又转内销的货物、国外捐赠的货物,以及进口者自行采购的货物、用于贸易行为的货物、自用或用于其他方面的货物。报关进口的货物之所以也属于增值税的征税范围主要是基于平衡货物税收负担的考虑。

4. 销售服务

销售服务,是指提供交通运输服务、邮政服务、电信服务、建筑服务、金融服务、现代服务、生活服务。

1)交通运输服务

交通运输服务,是指利用运输工具将货物或者旅客送达目的地,使其空间位置得到转移的业务活动,包括陆路运输服务、水路运输服务、航空运输服务、管道运输服务。

2)邮政服务

邮政服务,是指中国邮政集团公司及其所属邮政企业提供邮件寄递、邮政汇兑和机要通信等邮政基本服务的业务活动,包括邮政普遍服务、邮政特殊服务和其他邮政服务。

3) 电信服务

电信服务,是指利用有线、无线的电磁系统或者光电系统等各种通信网络资源,提供语音通话服务,传送、发射、接收或者应用图像、短信等电子数据和信息的业务活动,包括基础电信服务和增值电信服务。

4) 建筑服务

建筑服务,是指各类建筑物、构筑物及其附属设施的建造、修缮、装饰,线路、管道、设备、设施等的安装以及其他工程作业的业务活动,包括工程服务、安装服务、修缮服务、装饰服务和其他建筑服务。

5) 金融服务

金融服务,是指经营金融保险的业务活动,包括贷款服务、直接收费金融服务、保险服务和金融商品转让。

6) 现代服务

现代服务,是指围绕制造业、文化产业、现代物流产业等提供技术性、知识性服务的业务活动,包括研发和技术服务、信息技术服务、文化创意服务、物流辅助服务、租赁服务、鉴证咨询服务、广播影视服务、商务辅助服务和其他现代服务。

7) 生活服务

生活服务,是指为满足城乡居民日常生活需求提供的各类服务活动,包括文化体育服务、教育医疗服务、旅游娱乐服务、餐饮住宿服务、居民日常服务和其他生活服务。

5. 销售无形资产

销售无形资产,是指转让无形资产所有权或者使用权的业务活动。无形资产,是指不具实物形态,但能带来经济利益的资产,包括技术、商标、著作权、商誉、自然资源使用权和其他权益性无形资产。

6. 销售不动产

销售不动产,是指转让不动产所有权的业务活动。不动产,是指不能移动或者移动后会引起性质、形状改变的财产,包括建筑物、构筑物等。

这里有以下几方面需要特别说明。

(1) 销售服务、无形资产或者不动产,是指有偿提供服务、有偿转让无形资产或者不动产,但属于下列非经营活动的情形除外。

① 行政单位收取的同时满足以下三个条件的政府性基金或者行政事业性收费。第一,由国务院或者财政部批准设立的政府性基金,由国务院或者省级人民政府及其财政、价格主管部门批准设立的行政事业性收费;第二,收取时开具省级以上(含省级)财政部门监(印)制的财政票据;第三,所收款项全额上缴财政。

② 单位或者个体工商户聘用的员工为本单位或者雇主提供取得工资的服务。

③ 单位或者个体工商户为聘用的员工提供服务。

④ 财政部和国家税务总局规定的其他情形。

(2) "境内"的含义。

在境内销售货物或者提供加工、修理修配劳务,是指:

① 销售货物的起运地或者所在地在境内;

② 提供的应税劳务发生在境内。

在境内销售服务、无形资产或者不动产,是指:

① 服务(租赁不动产除外)或者无形资产(自然资源使用权除外)的销售方或者购买方在境内;

② 所销售或者租赁的不动产在境内;

③ 所销售自然资源使用权的自然资源在境内;

④ 财政部和国家税务总局规定的其他情形。

但境外单位或者个人发生的下列行为不属于在境内销售服务或者无形资产:

① 境外单位或者个人向境内单位或者个人销售完全在境外发生的服务。

② 境外单位或者个人向境内单位或者个人销售完全在境外使用的无形资产。

③ 境外单位或者个人向境内单位或者个人出租完全在境外使用的有形动产。

④ 财政部和国家税务总局规定的其他情形:

- 为出境的函件、包裹在境外提供的邮政服务、收派服务;
- 向境内单位或者个人提供的工程施工地点在境外的建筑服务、工程监理服务;
- 向境内单位或者个人提供的工程、矿产资源在境外的工程勘察勘探服务;
- 向境内单位或者个人提供的会议展览地点在境外的会议展览服务。

3.2.2 征税范围的特殊规定

3.2.2.1 视同销售行为

纳税人的有些行为从民法上看可能不属于销售货物的行为,但在税法上基于保证税源不流失和平衡货物的税收负担的考虑,仍然将其视为销售货物的行为,应当征收增值税。根据现行税法的规定,单位或者个体工商户的下列行为视同销售行为:

① 将货物交付其他单位或者个人代销;

② 销售代销货物;

③ 设有两个以上机构并实行统一核算的纳税人,将货物从一个机构移送其他机构用于销售,但相关机构设在同一县(市)的除外;

④ 将自产或者委托加工的货物用于非增值税应税项目;

⑤ 将自产、委托加工的货物用于集体福利或者个人消费;

⑥ 自产、委托加工或者购进的货物作为投资,提供给其他单位或者个体工商户;

⑦ 将自产、委托加工或者购进的货物分配给股东或者投资者;

⑧ 将自产、委托加工或者购进的货物无偿赠送其他单位或者个人;

⑨ 单位或者个体工商户向其他单位或者个人无偿提供服务,但用于公益事业或者以社会公众为对象的除外;

⑩ 单位或者个人向其他单位或者个人无偿转让无形资产或者不动产,但用于公益事业或者以社会公众为对象的除外;

⑪ 财政部和国家税务总局规定的其他情形。

3.2.2.2 混合销售行为

对于纳税人而言,日常经营中,常常面临销售货物、劳务、服务、无形资产或者不动产的行为交织在一起的情况。在"营改增"全面铺开之后,增值税不同的税目对应13%、9%、6%等几档税率,同时还有3%、5%的征收率。由于我国对货物和服务分别征收不同税率的增值税,而在现实生活中有些销售行为同时涉及货物和服务,对此我国税法将其界定为混合销售行为或兼营行为,并对其概念和税务处理作出了明确的规定。

1) 混合销售行为的概念和特点

根据"营改增"的规定,一项销售行为如果既涉及服务又涉及货物,为混合销售行为。即界定"混合销售"行为的标准有两点:一是其销售行为必须是一项;二是该项行为必须既涉及服务又涉及货物,其"货物"是指增值税条例中规定的有形动产,包括电力、热力和气体;服务是指属于全面营改增范围的交通运输服务、建筑服务、金融保险服务、邮政服务、电信服务、现代服务、生活服务等。例如,商场销售空调并向客户提供有偿的运输劳务;某饮食服务企业在为顾客提供饮食服务的同时还销售食品、饮料的行为等都属于混合销售行为。

2) 混合销售行为的税务处理

(1) 从事货物的生产、批发或者零售的单位和个体工商户的混合销售行为,按照销售货物缴纳增值税。

(2) 其他单位和个体工商户的混合销售行为,按照销售服务缴纳增值税。

以上所称从事货物的生产、批发或者零售的单位和个体工商户,包括以从事货物的生产、批发或者零售为主,并兼营销售服务的单位和个体工商户在内。

这里需要注意的是,纳税人销售活动板房、机器设备、钢结构件等自产货物的同时提供建筑、安装服务,不属于混合销售,应分别核算货物和建筑服务的销售额,分别适用不同的税率或者征收率。

思考专栏

呼和浩特市东达塑钢门窗销售商店为一般纳税人,6月东达商店销售商品给某客户的同时又为其提供安装服务,收取价款为30 000元,另外又收取2 200元的安装费。

请思考:东达商店向客户收取的货款和安装费应如何进行税务处理?

3.2.2.3 兼营行为

根据《营业税改征增值税试点实施办法》(以下简称《试点实施办法》)和《营业税改征增值税试点有关事项的规定》(以下简称《试点有关事项的规定》)及"营改增"的规定,兼营行为不同于混合销售行为。

1) 兼营行为的概念和特点

纳税人兼营销售货物、劳务、服务、无形资产或者不动产,为兼营行为。兼营不同于混合销售,混合销售中涉及的货物和服务之间具有因果关系和内在联系,而兼营行为中,销售货物、劳务、服务、无形资产或者不动产之间没有这种因果关系和内在联系,即不发生在同一项销售行为中。例如,某企业既销售货物,又提供不动产的租赁服务,属于兼营行为。

2) 兼营行为的税务处理

纳税人销售货物、加工修理修配劳务、服务、无形资产或者不动产适用不同税率或者征收率的,应当分别核算适用不同税率或者征收率的销售额;未分别核算的,按照以下方法适用税率或者征收率。

(1) 兼有不同税率的销售货物、加工修理修配劳务、服务、无形资产或者不动产,从高适用税率。

(2) 兼有不同征收率的销售货物、加工修理修配劳务、服务、无形资产或者不动产,从高适用征收率。

(3) 兼有不同税率和征收率的销售货物、加工修理修配劳务、服务、无形资产或者不动产,从高适用税率。

相关链接

混合销售行为、兼营行为的联系和区别

混合销售行为和兼营行为都只涉及增值税。

经营行为	分类和特点	税务处理
混合销售	在同一项销售行为中存在两类经营项目的混合,有从属关系	依据"经营主业"划分,分别按照"销售货物"或"销售服务",即按照一种税率征税
兼营行为	同一纳税人存在不同类型的经营项目,但不是发生在同一项销售行为中,无从属关系	依据"核算水平",分别核算按增值税适用税率或者征收率,未分别核算的,一律从高适用税率或者征收率

思考专栏

某建筑材料有限公司(以下简称"A公司")为一般纳税人企业,经营范围包括钢材销售、建筑用脚手架租赁。2018年6月,A公司销售建筑材料给B公司,并提供有偿的运输服务收取运费。当月,A公司还向B公司出租脚手架,取得租金收入。

请问:A公司取得的各项收入应如何进行税务处理?

3.2.3 不征收增值税项目

根据《试点有关事项的规定》,下列项目不予征收增值税。

(1) 根据国家指令无偿提供的铁路运输服务、航空运输服务,属于《试点实施办法》第十四条规定的用于公益事业的服务。

(2) 存款利息。

(3) 被保险人获得的保险赔付。

(4) 房地产主管部门或者其指定机构、公积金管理中心、开发企业以及物业管理单位代收的住宅专项维修资金。

(5) 在资产重组过程中,通过合并、分立、出售、置换等方式,将全部或者部分实物资产以及与其相关联的债权、负债和劳动力一并转让给其他单位和个人,其中涉及的不动产、土地使用权转让行为。

3.3 增值税的纳税人

3.3.1 增值税纳税人的基本规定

根据《增值税暂行条例》《增值税暂行条例实施细则》《试点实施办法》的规定，增值税的纳税人是指在中国境内销售或者进口货物、提供应税劳务、销售服务、无形资产或者不动产的单位和个人。这里的"单位"是指企业、行政单位、事业单位、军事单位、社会团体及其他单位；"个人"是指个体工商户和其他个人。此外，税法还对纳税人、扣缴义务人及合并纳税作出了具体的规定。

（1）单位以承包、承租、挂靠方式经营的，承包人、承租人、挂靠人（以下统称承包人）以发包人、出租人、被挂靠人（以下统称发包人）名义对外经营并由发包人承担相关法律责任的，以该发包人为纳税人。否则，以承包人为纳税人。

（2）中华人民共和国境外的单位或者个人在境内提供应税劳务和应税服务，在境内未设有经营机构的，以其境内代理人为扣缴义务人；在境内没有代理人的，以购买方为扣缴义务人。

（3）两个或者两个以上的纳税人，经财政部和国家税务总局批准可以视为一个纳税人合并纳税。具体办法由财政部和国家税务总局另行制定。

3.3.2 增值税纳税人的划分与认定

为了征收的方便，我国采用国际通行办法以纳税人经营规模的大小和会计核算的健全程度为标准，把增值税纳税人分为一般纳税人和小规模纳税人两种。一般纳税人和小规模纳税人的计税方法有所不同：一般纳税人一般采用购进扣税法计算应纳税额；而小规模纳税人采用简易方法计算应纳税额。

1. 小规模纳税人的认定及管理

小规模纳税人是指年应征增值税销售额（以下简称年应税销售额）在规定标准以下，并且会计核算不健全的增值税纳税人。这里的"年应税销售额"，是指纳税人在连续不超过12个月或4个季度的经营期内累计应征增值税销售额，包括纳税申报销售额、稽查查补销售额、纳税评估调整销售额。所谓的会计核算不健全是指不能够按照规定设置账簿，根据合法、有效凭证记账进行核算。增值税小规模纳税人标准为年应征增值税销售额500万元及以下。

小规模纳税人发生应税行为适用简易计税方法计税。小规模纳税人一般情况下开具增值税普通发票，但在2020年2月1日以后，增值税小规模纳税人（其他个人除外）发生增值税应税行为，需要开具增值税专用发票的，可以自愿使用增值税发票管理系统自行开具。

2. 一般纳税人的登记及管理

一般纳税人是指年应征增值税销售额超过财政部、国家税务总局规定的小规模纳税人标准的企业和企业性单位。但应关注以下几点。

（1）从事货物销售或者提供应税劳务的，年应税销售额超过小规模纳税人标准的其他个人按小规模纳税人纳税；非企业性单位、不经常发生应税行为的企业则可选择按小规模纳税人纳税。

（2）销售服务、无形资产或者不动产的，年应税销售额超过小规模纳税人标准的其他个人按小规模纳税人纳税；年应税销售额超过规定标准但不经常发生应税行为的单位及个体工商户可选择按小规模纳税人纳税。

（3）年应税销售额未超过规定标准以及新开业的纳税人，有固定的生产经营场所且能够按照国家统一的会计制度规定设置账簿，根据合法、有效凭证核算，能够提供准确税务资料。可以向主管税务机关申请一般纳税人资格登记。

增值税一般纳税人资格实行登记制，由纳税人向其主管税务机关填报《增值税一般纳税人登记表》办理。增值税一般纳税人使用增值税发票管理新系统自行开具增值税专用发票和增值税普通发票；一般纳税人发生应税行为一般适用一般计税办法，但发生财政部和国家税务总局规定的特定应税行为，可以选择适用简易计税方法计税。

纳税人登记为一般纳税人后，不得转为小规模纳税人，国家税务总局另有规定的除外。

3.4　增值税的税率

从世界各国增值税的征税实践来看，确定增值税税率的基本原则是尽可能减小税率档次，即不宜采用过多税率，这是由增值税的购进扣税法的计税方法及中性税收的特征决定的。我国1994年年初实行的税制改革确定了我国的增值税设置了一档基本税率和一档低税率，此外还对出口的货物实行零税率。

3.4.1　我国增值税税率的一般规定

1. 基本税率

自2019年4月1日起，纳税人销售或者进口货物，除下述列举的低税率外，税率均为13%；提供加工、修理修配劳务的，提供有形动产租赁服务的，税率也为13%，这一税率就是增值税的基本税率。

2. 低税率

（1）自2019年4月1日起，纳税人销售或者进口下列货物，税率为9%：农产品（含粮食）、自来水、暖气、石油液化气、天然气、食用植物油、冷气、热水、煤气、居民用煤炭制品、食用盐、农机、饲料、农药、农膜、化肥、沼气、二甲醚、图书、报纸、杂志、音像制品、电子出版物。

（2）自2019年4月1日起，纳税人提供交通运输业服务、邮政业服务、基础电信服务、建筑服务、不动产租赁服务，销售不动产，转让土地使用权，税率为9%。

（3）提供现代服务、增值电信服务、金融服务、生活服务，销售无形资产（转让土地使用权除外），税率为6%。

3. 零税率

我国为鼓励货物出口，规定纳税人出口货物适用零税率。但是，国务院另有规定的除外。零税率使享受这一待遇的纳税人不负担任何税收,是真正地免除了增值税。这就意味着符合条件的纳税人在出口环节免税且退还以前纳税环节的已缴税款,从而使货物的整体税负为零。

根据"营改增"的规定,应税服务的零税率政策适用以下情形。

(1) 境内的单位和个人提供的国际运输服务、向境外单位提供的完全在境外消费的研发服务、合同能源管理服务、设计服务、广播影视节目(作品)的制作和发行服务、软件服务、电路设计及测试服务、信息系统服务、业务流程管理服务、离岸服务外包业务和转让技术。

(2) 财政部和国家税务总局规定的其他服务。

4. 增值税的征收率

1) 小规模纳税人适用的征收率

由于小规模纳税人经营规模小,且会计核算不健全,难以使用增值税专用发票抵扣进项税额,因此实行简易办法征税。修订后的《增值税暂行条例》规定,小规模纳税人增值税的征收率为3%,财政部和国家税务总局另有规定的除外。

2) 小规模纳税人经营下列项目适用征收率为5%

(1) 小规模纳税人(含其他个人)销售不动产(含自建以及其他方式取得)。

(2) 小规模纳税人出租不动产。

(3) 其他个人出租不动产(不含住房),按照5%的征收率计算应纳税额,向不动产所在地主管地税机关申报纳税。其他个人出租住房,按照5%的征收率减按1.5%计算应纳税额,向不动产所在地主管地税机关申报纳税。

(4) 选择差额计税方法提供劳务派遣服务。

3) 一般纳税人适用的征收率

(1) 一般纳税人销售自来水、寄售商店代销的寄售物品、典当业销售的死当物品、经国务院或国务院授权机关批准的免税商店零售的免税品等,按规定采用简易办法征税的,征收率为3%;

(2) 一般纳税人销售、出租其2016年4月30日前取得的不动产,房地产开发企业销售自行开发的房地产老项目等,一般纳税人选择简易计税方法提供劳务派遣服务,可以选择适用简易计税方法,依5%征收率计算应纳税额。

3.4.2 我国增值税适用税率的特殊规定

除了上述对增值税适用税率的一般规定外,税法还对税率的适用作了一些特殊的规定。

(1) 纳税人销售旧货,按照简易办法依照3%的征收率减按2%征收增值税。

(2) 纳税人销售自己使用过的物品,应区分不同情况按下述规定处理。

① 一般纳税人销售自己使用过的属于按规定不得抵扣且未抵扣进项税额的固定资产,以及按照"营改增"规定认定的一般纳税人,销售自己使用过的本地区试点实施之日以前购进或者自制的固定资产,依照3%的征收率减按2%征收增值税。

$$销售额=含税销售额/(1+3\%)$$
$$应纳税额=销售额\times2\%$$

② 小规模纳税人销售自己使用过的固定资产,减按2%的征收率征收增值税。

销售额＝含税销售额/(1+3%)
应纳税额＝销售额×2%

③ 小规模纳税人销售自己使用过的除固定资产以外的物品，应按3%的征收率征收增值税。

3.5 增值税应纳税额的计算

增值税应纳税额的计算比较复杂，具体分为3种情况：一是一般纳税人销售货物或者提供劳务，采用国际上通行的（购进）扣税法；二是小规模纳税人销售货物、提供应税劳务和应税服务或者一般纳税人提供财政部和国家税务总局规定的特定的销售货物、应税劳务、应税服务，适用简易计税方法计税；三是一般纳税人或小规模纳税人进口货物按进口货物的组成计税价格和规定的税率计算应纳税额。

3.5.1 一般纳税人应纳税额的计算

根据《增值税暂行条例》的规定，一般纳税人销售货物、劳务、服务、无形资产、不动产（以下统称应税销售行为），应纳税额为当期销项税额抵扣当期进项税额后的余额。应纳税额计算公式为：

应纳税额＝当期销项税额－当期进项税额

上述公式直观地反映了我国增值税的计算方法为间接计算法，即不是直接计算货物流转过程产生的增值额，而是首先计算货物的整体税负，然后从整体税负中扣除外购货物已纳的税额，这一计税方法体现了增值税只对货物或劳务价值中新增部分征税的基本原理。要计算增值税的应纳税额，首先要明确销项税额、进项税额、当期这3个因素。

3.5.1.1 销项税额的确定

销项税额是指纳税人发生应税销售行为，按照销售额和规定的税率计算并向购买方收取的增值税税额。销项税额的计算公式为：

销项税额＝销售额×适用税率

销项税额是销售方计算出来的整体税负，而不是销售方最终应纳的税额。正确计算销项税额，需要首先核算作为增值税计税依据的销售额。

1. 计税销售额的一般规定

销售额为纳税人发生应税销售行为向购买方收取的全部价款和价外费用，但是不包括收取的销项税额。销售额以人民币计算。纳税人以人民币以外的货币结算销售额的，应当折合成人民币计算。

这里的"价外费用"，是指价外向购买方收取的手续费、补贴、基金、集资费、返还利润、奖励费、违约金、滞纳金、延期付款利息、赔偿金、代收款项、代垫款项、包装费、包装物租金、储备费、优质费、运输装卸费及其他各种性质的价外收费。值得注意的是，下列价外费用项目不包括在内。

（1）受托加工应征消费税的消费品所代收代缴的消费税。

（2）同时符合以下条件的代垫运输费用：

① 承运部门的运输费用发票开具给购买方的；

② 纳税人将该项发票转交给购买方的。

（3）同时符合以下条件代为收取的政府性基金或者行政事业性收费：

① 由国务院或者财政部批准设立的政府性基金，由国务院或者省级人民政府及其财政、价格主管部门批准设立的行政事业性收费；

② 收取时开具省级以上财政部门印制的财政票据；

③ 所收款项全额上缴财政。

（4）销售货物的同时代办保险等而向购买方收取的保险费，以及向购买方收取的代购买方缴纳的车辆购置税、车辆牌照费。

为了堵塞税法的漏洞、防止纳税人以各种名目的价外收费减少销售额而逃避纳税，税法规定不论纳税人如何进行会计核算，各种性质的价外收费（特殊规定的除外）都要并入销售额计算征税，同时，需要说明的是，对增值税一般纳税人（包括纳税人自己或代其他部门）向购买方收取的价外费用，一般应视为含税收入，在征税时应换算成不含税收入计算。

2. 计税销售额的特殊规定

1）含税销售额的换算

增值税采用价外计税，即销售额中不含增值税税款。但在实际工作中，一般纳税人有时销售货物、加工修理修配劳务、服务、无形资产或者不动产时采用销售额和销项税额合并定价的方法，从而形成含税销售额（含税价）。为了防止增值税计税环节重复纳税的现象，必须将含税的销售额转换成不含税的销售额。计算公式为：

$$销售额 = 含税销售额 / (1+税率)$$

公式中的税率为销售货物、加工修理修配劳务、服务、无形资产或者不动产所适用的税率。

【例3-1】旺旺食品公司为增值税一般纳税人，本月销售给林林商场一批食品，取得不含税销售额为80 000元，开具了增值税专用发票，另向购买方收取包装费3 390元；同时销售给茵茵超市一批食品，开具普通发票上注明的价款为45 200元。请计算应税销售额。

【答案】应税销售额 = 80 000 + (3 390 + 45 200) / (1 + 13%) = 123 000（元）

2）核定应税销售额的情形与方法

需要税务机关核定销售额的情形及税务处理，《增值税暂行条例》及其实施细则和"营改增"中都作出了相应的规定，在实务中，应区分这两种情况分别处理。

（1）根据《增值税暂行条例》及其实施细则的规定，纳税人销售货物的价格明显偏低并无正当理由或者发生视同销售货物行为而无销售额者，主管税务机关有权按下列顺序确定销售额：

① 按纳税人当月同类货物的平均销售价格确定；

② 按纳税人最近时期同类货物的平均销售价格确定；

③ 按组成计税价格确定。组成计税价格的计算公式为：

$$组成计税价格 = 成本 \times (1+成本利润率)$$

属于应征消费税的货物，其组成计税价格中应加计消费税额。其组成计税价格计算公式为：

组成计税价格＝成本×(1+成本利润率)+消费税税额
组成计税价格＝成本×(1+成本利润率)/(1-消费税税率)

公式中的成本是指销售自产货物的为实际生产成本，销售外购货物的为实际采购成本。公式中的成本利润率由国务院税务主管部门确定。

（2）根据"营改增"的规定，纳税人发生应税行为价格偏低或者偏高且不具有合理商业目的的，或者发生视同销售服务、无形资产、不动产行为而无销售额的，主管税务机关有权按照下列顺序确定销售额：

① 按照纳税人最近时期销售同类服务、无形资产或者不动产的平均价格确定；
② 按照其他纳税人最近时期销售同类服务、无形资产或者不动产的平均价格确定；
③ 按照组成计税价格确定。组成计税价格的公式为：

组成计税价格＝成本×(1+成本利润率)

成本利润率由国家税务总局确定。

不具有合理商业目的，是指以谋取税收利益为主要目的，通过人为安排，减少、免除、推迟缴纳增值税税款，或者增加退还增值税税款。

【例3-2】 美依时装公司（一般纳税人）在2018年6月，将自产的针织内衣作为福利发给本厂职工，共发放A型内衣100件，当月A型内衣的销售价为每件15元（不含税），成本价为每件12元；发放B型内衣200件，无销售价，已知制作200件B型内衣的总成本为36 000元。已知国务院确定的内衣的成本利润率为10%，请计算美依时装公司本月的计税销售额。

【答案】 将自产的货物用于集体福利是税法规定的视同销售行为，视同销售行为应按最近时期同类货物的销售价格计算，无销售额的，按组成计税价格确定销售额。

因此，A型、B型内衣计税销售额＝100×15+36 000×(1+10%)＝41 100（元）。

3. 计税销售额的具体规定

根据《增值税暂行条例实施细则》和"营改增"的规定，对于不同销售形式下以及"营改增"后纳税人发生应税行为的销售额的确定作出了具体的规定。

（1）折扣方式销售。

在现实生活中，纳税人采取的折扣方式一般可分为折扣销售、销售折扣、销售折让3种方式，每种方式的税务处理是不同的。以下介绍前两种。

① 折扣销售。折扣销售（又称商业折扣）是指销售方在销售货物、提供应税劳务、销售服务、无形资产或者不动产时，因购买方购货数量较大等原因而给予购买方的价格优惠。例如，每件商品100元，如购买10件以上可享受折扣10%，购买20件以上可享受折扣20%。在这种情况下，由于折扣是在销售方实现销售的同时发生的。因此，税法规定：如果销售额和折扣额在同一张发票上分别注明，可按折扣后的余额作为销售额计算增值税；同时为了防止购买方通过多抵扣进项税额来偷逃税收，税法还规定了如果纳税人将折扣额另开发票，不论其在财务上如何处理，均不得从销售额中减除折扣额。这里需要注意两点：一是纳税人采取折扣方式销售货物，销售额和折扣额在同一张发票上分别注明是指销售额和折扣额在同一张发票上的"金额"栏分别注明的，可按折扣后的销售额征收增值税。未在同一张发票"金额"栏注明折扣额，而仅在发票的"备注"栏注明折扣额的，折扣额不得从销售

额中减除。二是折扣销售仅限于货物价格的折扣，如果销售方将自产、委托加工和购买的货物用于实物折扣的，则该实物款额不能从货物销售额中减除，且该实物应按增值税条例"视同销售货物"中的"无偿赠送他人"计算征收增值税。

② 销售折扣。销售折扣（又称现金折扣）是指销售方在销售货物或应税劳务后，为了鼓励购买方及早偿还货款而协议许诺给予购买方的一种折扣优待。例如，销售方在货物销售后，为及早地回笼资金，向购买方提出的信用条件为："2/10，1/20，n/30"，即10天内付款，可享受2%的折扣；10~20天内付款，可享受1%的折扣；20~30天内全价付款。由于销售折扣发生在销货之后，是一种融资性质的理财费用。因此，销售折扣不得从销售额中减除。

【例3-3】依恋时装公司销售给爱慕时装公司10 000件服装，每件不含税价格为20元，由于爱慕时装公司购买数量多，依恋时装公司按原价的8折优惠销售，并提供"2/10，n/20"的销售折扣。爱慕时装公司10日内付款，依恋时装公司将折扣部分与销售额开在同一张发票上，则依恋时装公司计算的销售额为多少？

【答案】计税销售额=20×10 000×80%＝160 000（元）

（2）以旧换新方式销售。

以旧换新是指纳税人在销售过程中，以折价方式收回同类旧货物，并以折价款冲抵货物价款的一种销售行为。由于销售货物与收购货物是两个不同的业务活动，销售额与收购额不能相互抵减，因此税法规定采取以旧换新方式销售货物的，应按新货物的同期销售价格确定销售额，不得扣减旧货物的收购价格。

值得注意的是，考虑到金银首饰以旧换新业务的特殊情况，对金银首饰以旧换新业务，可以按销售方实际收取的不含增值税的全部价款征收增值税。

【例3-4】厨霸煤气灶生产厂家"国庆"期间开展促销活动，购买新款煤气灶时，旧款煤气灶折价80元，活动期间以旧换新出售煤气灶400台，每台零售价452元，请计算该业务的应税销售额。

【答案】计税销售额=400×452/(1+13%)＝160 000（元）

（3）还本销售方式销售。

还本销售是指纳税人在销售货物后，到一定期限由销售方一次或分次退还给购买方全部或部分的价款。这种方式实际上是一种具有融资性质的理财行为。因此，税法规定采取还本销售方式销售货物，其销售额就是货物的销售价格，不得从销售额中减除还本支出。

（4）以物易物方式销售。

以物易物是一种较为特殊的购销活动，是指购销双方不是以货币结算，而是以同等价款的货物相互结算，实现货物购销的一种方式。以物易物销售，销售方取得了实物收入，应作为销售处理。税法明确规定了以物易物双方都应作购销处理，以各自发出的货物核算销售额并计算销项税额，以各自收到的货物按规定核算购货额并计算进项税额。应当注意的是，在以物易物活动中，应分别开具合法的票据，如收到的货物不能取得相应的增值税专用发票或其他合法票据的，则不能抵扣进项税额。

【例3-5】苁蓉卷烟厂销售卷烟400箱给各专卖店,取得不含税销售收入800万元;以卷烟40箱换回巨华建材公司价值80万元(不含税)的装饰材料,用于本厂办公楼建设,计算确定卷烟厂的销项税额。

【答案】销项税额=(800+80)×13%=114.4(万元)

(5)包装物押金收入的处理。

在实务中,纳税人在销售货物时为促使购买方及早退回包装物以便周转使用,在收取货款的同时还收取包装物押金。为此,税法规定,纳税人为销售货物而出租出借包装物收取的押金,单独记账核算的,不并入销售额征税,但对因逾期未收回包装物不再退还的押金,应按所包装货物的适用税率计算销项税额。这里的"逾期"是按合同约定实际逾期或以1年为期限,但对收取1年以上的押金,无论是否退还,均应并入销售额征税。同时需要注意的是,从1995年6月1日起,对销售除啤酒、黄酒以外的其他酒类产品而收取的包装物押金,无论是否返还及会计上如何核算,均应并入当期销售额征税。

【例3-6】2019年6月,金元酒厂销售粮食白酒和啤酒给小百花副食品公司,其中白酒开具增值税专用发票,收取不含税价款50 000元,另外收取包装物押金3 000元;啤酒开具普通发票,收取的价税合计款23 200元,另外收取包装物押金1 500元。小百花副食品公司按合同约定,于2019年12月将白酒、啤酒包装物全部退还给金元酒厂,并取回全部押金。就此项业务,计算金元酒厂2019年6月的增值税销项税额。

【答案】销项税额=(50 000+3 000/1.13+23 200/1.13)×13%=9 514.16(元)

(6)贷款服务和直接收费金融服务。

贷款服务,以提供贷款服务取得的全部利息及利息性质的收入为销售额。自2018年1月1日起,金融机构开展贴现、转贴现业务,以其实际持有票据期间取得的利息收入作为贷款服务销售额计算缴纳增值税。

直接收费金融服务,以提供直接收费金融服务收取的手续费、佣金、酬金、管理费、服务费、经手费、开户费、过户费、结算费、转托管费等各类费用为销售额。

(7)"营改增"差额征税业务的销售额。

根据"营改增"的规定,下列是属于差额确定销售额的项目。

① 金融商品转让,按照卖出价扣除买入价后的余额为销售额。

② 经纪代理服务,以取得的全部价款和价外费用,扣除向委托方收取并代为支付的政府性基金或者行政事业性收费后的余额为销售额。

③ 融资租赁和融资性售后回租。

● 经人民银行、银监会(现国家金融监督管理总局,下同)或者商务部批准从事融资租赁业务的试点纳税人,提供融资租赁服务,以取得的全部价款和价外费用,扣除支付的借款利息(包括外汇借款和人民币借款利息)、发行债券利息和车辆购置税后的余额为销售额。

● 经人民银行、银监会或者商务部批准从事融资租赁业务的试点纳税人,提供融资性售后回租服务,以取得的全部价款和价外费用(不含本金),扣除对外支付的借款利息(包括外汇借款和人民币借款利息）、发行债券利息后的余额作为销售额。

④ 客运站场服务，以其取得的全部价款和价外费用，扣除支付给承运方运费后的余额为销售额。

⑤ 旅游服务，可以选择以取得的全部价款和价外费用，扣除向旅游服务购买方收取并支付给其他单位或者个人的住宿费、餐饮费、交通费、签证费、门票费和支付给其他接团旅游企业的旅游费用后的余额为销售额。

⑥ 建筑服务，试点纳税人提供建筑服务适用简易计税方法的，以取得的全部价款和价外费用扣除支付的分包款后的余额为销售额。

⑦ 房地产开发企业中的一般纳税人销售其开发的房地产项目（选择简易计税方法的房地产老项目除外），以取得的全部价款和价外费用，扣除受让土地时向政府部门支付的土地价款后的余额为销售额。这里的房地产老项目，是指《建筑工程施工许可证》注明的合同开工日期在2016年4月30日前的房地产项目。

特别注意的是，试点纳税人按照规定从全部价款和价外费用中扣除的价款，应当取得符合法律、行政法规和国家税务总局规定的有效凭证。否则，不得扣除。

【例3-7】 A旅游公司为增值税一般纳税人，2019年6月收取单位和个人缴纳的旅游费用300万元，其中支付给B旅游地接公司的住宿费、餐馆费、交通费、门票费为194万元，地接公司开具了增值税发票。如A旅游公司选择了差额征税的方法，计算A公司6月的销项税额为多少？

【答案】 销项税额=[(300-194)/(1+6%)]×6%=6（万元）

4. 销项税额的时间界定

一般纳税人产生增值税应税行为后，在什么时间计算销项税额呢？为此税法规定了纳税义务发生时间，以防止其推迟纳税义务。具体规定为：

① 纳税人发生应税行为，为收讫销售款项或者取得索取销售款项凭据的当天；
② 先开具发票的，为开具发票的当天；
③ 进口货物，为报关进口的当天。

3.5.1.2 进项税额的确定

进项税额是与销项税额相对应的一个概念，它是纳税人在购进货物、劳务、服务、无形资产、不动产，支付或负担的增值税额。在开具增值税专用发票的情况下，销售方收取的销项税额同时就是购买方支付的进项税额。由于进项税额是一般纳税人计算应纳税额时可以抵扣的税额，对于纳税人应纳税额的多少起到重要的作用，并直接关乎国家的财政收入。因此，税法对于能够抵扣的进项税额作出了严格的规定，这也就意味着不是所有支付的进项税额都可以抵扣。

1. 准予抵扣的进项税额

根据《增值税暂行条例》《增值税暂行条例实施细则》以及"营改增"的规定，下列进项税额准予从销项税额中抵扣。

（1）从销售方或者提供方取得的增值税专用发票（含税控机动车销售统一发票，下同）上注明的增值税额。

(2) 从海关取得的海关进口增值税专用缴款书上注明的增值税额。

(3) 购进农产品,除取得增值税专用发票或者海关进口增值税专用缴款书外,按照农产品收购发票或者销售发票上注明的农产品买价和9%的扣除率计算。进项税额的计算公式为:

$$进项税额 = 买价 \times 扣除率$$

这里需要注意的是:

① 纳税人购进农产品,按照简易计税方法依照3%征收率计算缴纳增值税的小规模纳税人取得增值税专用发票的,以增值税专用发票上注明的金额和9%的扣除率计算进项税额;取得(开具)农产品销售发票或收购发票的,以农产品销售发票或收购发票上注明的农产品买价和9%的扣除率计算进项税额。

② 纳税人购进农产品用于生产销售或委托加工13%税率货物的,按照10%的扣除率计算进项税额。

③ 纳税人购进农产品既用于生产销售或委托受托加工13%税率货物又用于生产销售其他货物服务的,应当分别核算用于生产销售或委托受托加工13%税率货物和其他货物服务的农产品进项税额。未分别核算的,统一以增值税专用发票或海关进口增值税专用缴款书上注明的增值税额为进项税额,或以农产品收购发票或销售发票上注明的农产品买价和9%的扣除率计算进项税额。

④ 纳税人购进烟叶准予抵扣的增值税进项税额,按照《中华人民共和国烟叶税法》规定的收购烟叶实际支付的价款总额和烟叶税及法定扣除率计算。计算公式为:

$$烟叶税应纳税额 = 收购烟叶实际支付的价款总额 \times 税率$$

$$准予抵扣的进项税额 = (收购烟叶实际支付的价款总额 + 烟叶税应纳税额) \times 扣除率$$

⑤ 纳税人购进农产品,按照《农产品增值税进项税额核定扣除试点实施办法》抵扣进项税额的除外。

【例3-8】芃蓉卷烟厂(增值税一般纳税人)2019年6月从农业生产者处收购烟叶生产卷烟,收购凭证上注明价款50万元、支付价外补贴5万元。芃蓉卷烟厂6月份收购烟叶可抵扣进项税额是多少?

【答案】烟叶进项税额 =(收购金额+烟叶税)×10%
= (50+5)×(1+20%)×10%
= 6.6(万元)

【例3-9】某化妆品厂(增值税一般纳税人)2019年6月从农业生产者处收购一批自产农产品用于生产销售化妆品,收购凭证上注明价款100 000元,委托运输公司将该批货物运回企业,支付运费并取得增值税专用发票,运费金额1 200元,该企业当期可以抵扣的增值税进项税额是多少?

【答案】当期可以抵扣的增值税进项税额 = 100 000×10% + 1 200×9% = 10 108(元)

(4) 自境外单位或者个人购进劳务、服务、无形资产或者境内的不动产,从税务机关或者扣缴义务人取得的代扣代缴税款的完税凭证上注明的增值税额。

(5) 不动产及不动产在建工程的进项税额抵扣。

① 适用一般计税方法的试点纳税人，2016年5月1日后取得并在会计制度上按固定资产核算的不动产或者2016年5月1日后取得的不动产在建工程，其进项税额应自取得之日起分2年从销项税额中抵扣，第一年抵扣比例为60%，第二年抵扣比例为40%。自2019年4月1日起，纳税人取得不动产或者不动产在建工程的进项税额不再分2年抵扣。此前按照上述规定尚未抵扣完毕的待抵扣进项税额，可自2019年4月税款所属期起从销项税额中抵扣。

取得不动产，包括以直接购买、接受捐赠、接受投资入股、自建以及抵债等各种形式取得不动产，不包括房地产开发企业自行开发的房地产项目。

② 按照《试点实施办法》规定不得抵扣且未抵扣进项税额的固定资产、无形资产、不动产，发生用途改变，用于允许抵扣进项税额的应税项目，可在用途改变的次月按照下列公式计算可以抵扣的进项税额：

可以抵扣的进项税额＝[固定资产、无形资产、不动产净值/(1+适用税率)]×适用税率

（6）纳税人购进国内旅客运输服务，其进项税额允许从销项税额中抵扣。

纳税人未取得增值税专用发票的，暂按照以下规定确定进项税额：

① 取得增值税电子普通发票的，为发票上注明的税额；

② 取得注明旅客身份信息的航空运输电子客票行程单的，为按照下列公式计算进项税额：

航空旅客运输进项税额＝（票价+燃油附加费）÷（1+9%）×9%

③ 取得注明旅客身份信息的铁路车票的，为按照下列公式计算的进项税额：

铁路旅客运输进项税额＝票面金额÷（1+9%）×9%

④ 取得注明旅客身份信息的公路、水路等其他客票的，按照下列公式计算进项税额：

公路、水路等其他旅客运输进项税额＝票面金额÷（1+3%）×3%

2. 不得抵扣的进项税额

根据《增值税暂行条例实施细则》和"营改增"的规定，下列项目的进项税额不得从销项税额中抵扣。

（1）纳税人取得的增值税扣税凭证（即增值税专用发票、海关进口增值税专用缴款书、农产品收购发票、农产品销售发票和完税凭证）不符合法律、行政法规或者国家税务总局有关规定的，其进项税额不得从销项税额中抵扣。纳税人凭完税凭证抵扣进项税额的，应当具备书面合同、付款证明和境外单位的对账单或者发票。资料不全的，其进项税额不得从销项税额中抵扣。

（2）用于简易计税方法计税项目、免征增值税项目、集体福利或者个人消费的购进货物、劳务、服务、无形资产和不动产。其中涉及的固定资产、无形资产、不动产，仅指专用于上述项目的固定资产、无形资产（不包括其他权益性无形资产）、不动产。

纳税人的交际应酬消费属于个人消费。

（3）非正常损失的购进货物，以及相关的加工修理修配劳务和交通运输服务。

（4）非正常损失的在产品、产成品所耗用的购进货物（不包括固定资产）、加工修理修配劳务和交通运输服务。

（5）非正常损失的不动产，以及该不动产所耗用的购进货物、设计服务和建筑服务。

（6）非正常损失的不动产在建工程所耗用的购进货物、设计服务和建筑服务。纳税人新建、改建、扩建、修缮、装饰不动产，均属于不动产在建工程。

（7）购进的贷款服务、餐饮服务、居民日常服务和娱乐服务。

（8）财政部和国家税务总局规定的其他情形。

上述第（5）项、第（6）项所称货物，是指构成不动产实体的材料和设备，包括建筑装饰材料和给排水、采暖、卫生、通风、照明、通信、煤气、消防、中央空调、电梯、电气、智能化楼宇设备及配套设施。

上述所称的"非正常损失"，是指因管理不善造成货物被盗、丢失、霉烂变质，以及因违反法律、法规造成货物或者不动产被依法没收、销毁、拆除的情形。

3. 进项税额不得抵扣的其他规定

（1）有下列情形之一者，应当按照销售额和增值税税率计算应纳税额，不得抵扣进项税额，也不得使用增值税专用发票：

① 一般纳税人会计核算不健全，或者不能提供准确税务资料的；

② 应当申请办理一般纳税人资格登记而未申请的。

（2）适用一般计税方法的纳税人，兼营简易计税方法计税项目、免征增值税项目而无法划分不得抵扣的进项税额，按照下列公式计算不得抵扣的进项税额：

不得抵扣的进项税额＝当期无法划分的全部进项税额×（当期简易计税方法计税项目销售额＋免征增值税项目销售额）/当期全部销售额

主管税务机关可以按照上述公式依据年度数据对不得抵扣的进项税额进行清算。

（3）已抵扣进项税额的购进货物（不含固定资产）或接受应税劳务和应税服务，如果事后改变用途，如用于集体福利、个人消费或发生非正常损失时，应当将该项购进货物或者应税劳务和应税服务的进项税额从当期的进项税额中扣减；无法确定该项进项税额的，按当期实际成本计算应扣减的进项税额。

（4）已抵扣进项税额的固定资产、无形资产或者不动产，发生不得抵扣的情形的，按照下列公式计算不得抵扣的进项税额：

不得抵扣的进项税额＝固定资产、无形资产或者不动产净值×适用税率

固定资产、无形资产或者不动产净值，是指纳税人根据财务会计制度计提折旧或摊销后的余额。

4. 进项税额的加计抵减

自2019年4月1日至2021年12月31日，允许生产、生活性服务业纳税人按照当期可抵扣进项税额加计10%，抵减应纳税额（以下简称加计抵减10%政策）。为进一步降低生活服务业税收负担，2019年10月8日，财政部和税务总局发布《关于明确生活性服务业增值税加计抵减政策的公告》，规定自2019年10月1日至2021年12月31日，允许生活性服务业纳税人按照当期可抵扣进项税额加计15%，抵减应纳税额（以下称加计抵减15%政策）。

1）适用范围

生产、生活性服务业纳税人，是指提供邮政服务、电信服务、现代服务、生活服务（以下简称四项服务）取得的销售额占全部销售额的比重超过50%的纳税人。

（1）2019年3月31日前设立的纳税人，自2018年4月至2019年3月期间的销售额

（经营期不满12个月的，按照实际经营期的销售额）符合上述规定条件的，自2019年4月1日起适用加计抵减10%政策。

（2）2019年4月1日后设立的纳税人，自设立之日起3个月的销售额符合上述规定条件的，自登记为一般纳税人之日起适用加计抵减10%政策。

（3）2019年9月30日前设立的纳税人，自2018年10月至2019年9月期间的销售额（经营期不满12个月的，按照实际经营期的销售额）符合上述规定条件的，自2019年10月1日起适用加计抵减15%政策。

（4）2019年10月1日后设立的纳税人，自设立之日起3个月的销售额符合上述规定条件的，自登记为一般纳税人之日起适用加计抵减15%政策。

纳税人确定适用加计抵减政策后，当年内不再调整，以后年度是否适用，根据上年度销售额计算确定。

纳税人可计提但未计提的加计抵减额，可在确定适用加计抵减政策当期一并计提。

2）抵减额的计算

纳税人应按照当期可抵扣进项税额的10%或15%计提当期加计抵减额。按照现行规定不得从销项税额中抵扣的进项税额，不得计提加计抵减额；已计提加计抵减额的进项税额，按规定作进项税额转出的，应在进项税额转出当期，相应调减加计抵减额。计算公式为：

当期计提加计抵减额=当期可抵扣进项税额×10%（适用于加计抵减10%政策）
当期计提加计抵减额=当期可抵扣进项税额×15%（适用于加计抵减15%政策）
当期可抵减加计抵减额=上期末加计抵减额余额+当期计提加计抵减额-
当期调减加计抵减额

3）抵减的方法

纳税人应按照现行规定计算一般计税方法下的应纳税额（以下简称抵减前的应纳税额）后，区分以下情形加计抵减。

（1）抵减前的应纳税额等于零的，当期可抵减加计抵减额全部结转下期抵减。

（2）抵减前的应纳税额大于零，且大于当期可抵减加计抵减额的，当期可抵减加计抵减额全额从抵减前的应纳税额中抵减。

（3）抵减前的应纳税额大于零，且小于或等于当期可抵减加计抵减额的，以当期可抵减加计抵减额抵减应纳税额至零。未抵减完的当期可抵减加计抵减额，结转下期继续抵减。

4）加计抵减的例外情形

纳税人出口货物劳务、发生跨境应税行为不适用加计抵减政策，其对应的进项税额不得计提加计抵减额。

纳税人兼营出口货物劳务、发生跨境应税行为且无法划分不得计提加计抵减额的进项税额，按照以下公式计算：

不得计提加计抵减额的进项税额=当期无法划分的全部进项税额×当期出口货物劳务和
发生跨境应税行为的销售额/当期全部销售额

5. 进项税额的抵扣时间

增值税一般纳税人取得了增值税专用发票等法定的扣税凭证后，应当自其开具之日起，在规定的期限内到税务机关认证，并在规定的期限内向主管税务机关申报抵扣进项税额。未在规定的期限内到税务机关办理认证、申报抵扣或者申请稽核比对的，不得作为合法的增值税扣税凭证，不得计算进项税额抵扣。现行增值税扣税凭证抵扣期限的规定如下。

（1）自2019年3月1日起，将取消增值税发票认证的纳税人范围扩大至全部一般纳税人。一般纳税人取得增值税发票（包括增值税专用发票、机动车销售统一发票、收费公路通行费增值税电子普通发票，下同）后，可以自愿使用增值税发票选择确认平台查询、选择用于申报抵扣、出口退税或者代办退税的增值税发票信息。

（2）增值税一般纳税人取得的2017年7月1日及以后开具的海关进口增值税专用缴款书，应自开具之日起360日内向主管国税机关报送《海关完税凭证抵扣清单》，申请稽核比对。

3.5.1.3 应纳税额的计算

在确定了"销项税额""进项税额""当期"3个要素之后，可以明确地计算出一般纳税人当期应纳的增值税税额，其计算公式为：

$$应纳税额 = 当期销项税额 - 当期进项税额$$

此外，还需要注意以下特殊情况的处理。

1. 当期进项税额不足抵扣的处理

由于一般纳税人应纳税额的计算采用购进扣税法，有的企业当期购进货物或固定资产比较多时，就可能出现当期进项税额超过当期销项税额的情形。为此税法规定了当期销项税额小于当期进项税额而不足抵扣时，其不足部分可以结转下期继续抵扣。

2. 销货退回、折让、服务中止的处理

一般纳税人因销售货物退回或者折让而退还给购买方的增值税额，应从发生销售货物退回或者折让当期的销项税额中扣减；因购进货物退出或者折让而收回的增值税额，应从发生购进货物退出或者折让当期的进项税额中扣减。

一般纳税人销售货物或者应税劳务，开具增值税专用发票后，发生销售货物退回或者折让、开票有误等情形，应按国家税务总局的规定开具红字增值税专用发票。未按规定开具红字增值税专用发票的，增值税额不得从销项税额中扣减。

纳税人提供的适用一般计税方法计税的应税服务，因服务中止或者折让而退还给购买方的增值税额，应当从当期的销项税额中扣减；发生服务中止、购进货物退出、折让而收回的增值税额，应当从当期的进项税额中扣减。

【例3-10】某建筑企业为增值税一般纳税人，2019年6月发生以下业务。

（1）购进办公楼一幢，取得增值税专用发票，注明价款1 000万元，增值税税额90万元。

（2）购进钢材，取得增值税专用发票，注明价款8 700万元，增值税税额1 131万元。

（3）从农民手中购进农产品，收购发票注明价款3万元。

（4）从个体户处购进砂石料51.5万元，取得税务机关代开的增值税专用发票上注明的价税合计款为51.5万元。

（5）支付银行贷款利息100万元，支付私募债券利息200万元，支付来客用餐费用10万元。

（6）销售2018年5月开工的建筑服务，开具增值税专用发票，注明价款17 000万元、增值税 1 530 万元。

(7) 为敬老院无偿建造公寓，不含税价值为 400 万元。

(8) 销售建筑服务，开具增值税专用发票，价款 1 500 万元，增值税税额 135 万元。

(9) 在国外提供建筑服务，取得收入折合人民币 200 万元。

(其他相关资料：上述相关增值税专用发票均合规且在本月抵扣。)

计算该企业 2019 年 6 月应纳的增值税。

【答案】

业务 (1) 中购进办公楼当期可以抵扣的进项税额 90 万元。

业务 (2) 中购进钢材进项税额=1 131（万元）。

业务 (3) 中购进农产品进项税额=3×9%=0.27（万元）。

业务 (4) 中购进砂石料进项税额=[51.5/(1+3%)]×3%=1.5（万元）。

业务 (5) 中支付银行贷款利息和私募债券利息属于贷款服务，不得从销项税额中抵扣进项税额；另外来客用餐费用属于餐饮服务，不得抵扣进项税额。进项税额=90+1 131+0.27+1.5=1 222.77（万元）

业务 (6) 中 5 月开工的建筑服务销项税额=1 530（万元）。

业务 (7) 中为敬老院无偿建造公寓，属于公益事业，不属于视同销售行为，不缴纳增值税。

业务 (8) 中销项税额=135（万元）。

业务 (9) 中在国外提供建筑服务，属于工程项目在境外的建筑服务，免征增值税。

销项税额=1 530+135=1 665（万元）

应纳税额=1 665-1 222.77=442.23（万元）

3.5.2 简易计税方法应纳税额的计算

3.5.2.1 一般纳税人简易计税方法应纳税额的计算

1. 简易计税方法的适用范围

(1) 增值税一般纳税人销售自产的下列货物，可以选择按照简易方法计税。

① 县级及县级以下小型水力发电单位生产的电力。小型水力发电单位，是指各类投资主体建设的装机容量为 5 万千瓦以下（含 5 万千瓦）的小型水力发电单位。

② 建筑用和生产建筑材料所用的砂、土、石料。

③ 以自己采掘的砂、土、石料或其他矿物连续生产的砖、瓦、石灰（不含黏土实心砖、瓦）。

④ 用微生物、微生物代谢产物、动物毒素、人或动物的血液或组织制成的生物制品。

⑤ 自来水。

⑥ 商品混凝土（仅限于以水泥为原料生产的水泥混凝土）。

(2) 增值税一般纳税人销售货物属于下列情形之一的，暂按简易办法计税。

① 寄售商店代销寄售物品（包括居民个人寄售的物品在内）。

② 典当业销售死当物品。

③ 经国务院或国务院授权机关批准的免税商店零售的免税品。

(3) 营改增一般纳税人销售下列服务、不动产或者无形资产，可以选择适用简易计税方法。

① 公共交通运输服务。

② 经认定的动漫企业为开发动漫产品提供的动漫脚本编撰、形象设计、背景设计、动画设计、分镜、动画制作、摄制、描线、上色、画面合成、配音、配乐、音效合成、剪辑、字幕制作、压缩转码（面向网络动漫、手机动漫格式适配）服务，以及在境内转让动漫版权（包括动漫品牌、形象或者内容的授权及再授权）。

③ 电影放映服务、仓储服务、装卸搬运服务、收派服务和文化体育服务。

④ 以纳入营改增试点之日前取得的有形动产为标的物提供的经营租赁服务。

⑤ 在纳入营改增试点之日前签订的尚未执行完毕的有形动产租赁合同。

⑥ 一般纳税人以清包工方式、甲供工程方式提供的建筑服务以及为建筑工程老项目提供的建筑服务。

⑦ 非房地产企业增值税一般纳税人销售其2016年4月30日前取得（含自建）的不动产。

⑧ 房地产开发企业中的一般纳税人销售自行开发的房地产老项目。

⑨ 一般纳税人出租其2016年4月30日前取得的不动产。

⑩ 公路经营企业中的一般纳税人收取试点前开工的高速公路的车辆通行费。

2. 应纳税额的计算

简易计税方法的应纳税额，是指按照销售额和增值税征收率计算的增值税额，不得抵扣进项税额。应纳税额计算公式：

$$应纳税额 = 销售额 \times 征收率$$

公式中的销售额为不含税销售额，纳税人发生应税销售行为采用销售额和应纳税额合并定价方法的，按下列公式计算销售额：

$$销售额 = 含税销售额 / (1 + 征收率)$$

【例3-11】某建筑企业为增值税一般纳税人，2016年7月出租其2012年购入的不动产出租取得的租金收入为12.6万元，该纳税人选择简易计税办法征税。计算该企业当月此项业务应缴纳的增值税。

【答案】出租不动产应纳的增值税 = [12.6/(1+5%)] × 5% = 0.6（万元）

3.5.2.2 小规模纳税人应纳税额的计算

1. 一般规定

小规模纳税人发生应税销售行为，按简易计税方法计算，按照销售额和规定的征收率计算应纳税额，不得抵扣进项税额。

$$应纳税额 = 销售额 \times 征收率$$

【例3-12】李先生创办了一家小饰品销售企业，该企业为小规模纳税人，3月取得零售收入总额为154 500元，计算该企业3月应缴纳的增值税税额。

【答案】计税销售额 = 154 500/(1+3%) = 150 000（元）
应纳税额 = 150 000 × 3% = 4 500（元）

2. 特殊规定

（1）小规模纳税人销售其取得（不含自建）的不动产（不含个体工商户销售购买的住房和其他个人销售不动产），应以取得的全部价款和价外费用减去该项不动产购置原价或者取得不动产时的作价后的余额为销售额，按照5%的征收率计算应纳税额。

(2) 小规模纳税人销售其自建的不动产,应以取得的全部价款和价外费用为销售额,按照5%的征收率计算应纳税额。

【例3-13】 某旅店为小规模纳税人,2019年8月取得住宿收入总额为20.6万元,同时将2011年购入的不动产对外销售,取得销售收入156万元,该不动产购置原价为90万元,计算该企业2019年8月应缴纳的增值税税额。

【答案】提供住宿服务应纳增值税=[206 000/(1+3%)]×3%=6 000(元)

销售不动产应纳增值税=[(1 560 000-900 000)/(1+5%)]×5%=31 428.57(元)

应纳增值税额=6 000+31 428.57=37 428.57(元)

3.5.3 进口货物应纳税额的计算

对进口货物征税是国际上大多数国家的通行做法。但由于进口货物涉及的税收比较多,销售额的确定比较复杂,为此税法规定了不管是一般纳税人,还是小规模纳税人,均按进口货物的组成计税价格和规定的税率计算应纳税额,并且不能抵扣任何进项税额。进口货物的组成计税价格和应纳税额计算公式为:

组成计税价格=关税完税价格+关税+消费税
应纳税额=组成计税价格×税率

公式中的"关税完税价格"是指海关核定的关税计税价格。"关税"是按照关税完税价格和适用的关税税率所计算的应纳税额。如果进口的货物为应税消费品,其组成计税价格中还要包括进口环节已纳消费税税额。

【例3-14】 聚龙进出口公司2020年6月进口商品一批,海关核定的关税完税价格为500万元,当月在国内销售,取得不含税销售额1 400万元。该商品的关税税率为10%,增值税税率为13%。要求:计算聚龙进出口公司6月应纳的进口环节增值税和国内销售环节应纳的增值税。

【答案】关税=500×10%=50(万元)

应纳进口增值税=(500+50)×13%=71.5(万元)

当月应纳增值税=销项税额-进项税额=1 400×13%-71.5=110.5(万元)

3.5.4 扣缴计税方法

境外单位或者个人在境内提供应税服务,在境内未设有经营机构的,扣缴义务人按照下列公式计算应扣缴税额:

应扣缴税额=[接受方支付的价款/(1+税率)]×税率

【例3-15】 某房地产公司为增值税一般纳税人,委托某境外设计公司提供设计劳务,6月份支付合同设计费214万元。该境外设计公司未在境内设立经营机构,计算该房地产公司应扣缴的增值税税额。

【答案】该房地产公司应扣缴的增值税=[214/(1+6%)]×6%=12.11(万元)

3.6 增值税的税收优惠

增值税的税收优惠包括起征点的规定、减免税的规定及针对出口货物的退（免）税的相关规定。

3.6.1 增值税的起征点

根据《增值税暂行条例》及其实施细则的规定，个人销售额未达到国务院财政、税务主管部门规定的增值税起征点的，免征增值税；达到起征点的，依照规定全额计算缴纳增值税。增值税起征点不适用于认定为一般纳税人的个体工商户。起征点的具体规定为：

（1）按期纳税的，为月销售额5 000~20 000元；

（2）按次纳税的，为每次（日）销售额300~500元。

省、自治区、直辖市财政厅（局）和国家税务局应在规定的幅度内，根据实际情况确定本地区适用的起征点，并报财政部、国家税务总局备案。

为进一步支持小微企业发展，对月销售额10万元以下（含本数）的增值税小规模纳税人，免征增值税。

3.6.2 增值税的减（免）税

3.6.2.1 增值税的法定免税项目

依据现行税法的规定，增值税的减（免）权限高度集中于国务院，任何部门、地区均不得规定减（免）税项目。按照我国现行《增值税暂行条例》的规定，下列项目免征增值税。

（1）农业生产者销售的自产农产品，即从事种植业、养殖业、林业、牧业、水产业的生产的单位和个人销售的自产初级农业产品。初级农业产品的具体范围由财政部、国家税务总局确定。

（2）避孕药品和用具。

（3）古旧图书，即指向社会收购的古书和旧书。

（4）直接用于科学研究、科学试验和教学的进口仪器、设备。

（5）外国政府、国际组织无偿援助的进口物资和设备。

（6）由残疾人的组织直接进口供残疾人专用的物品。

（7）销售的自己使用过的物品。自己使用过的物品，是指其他个人自己使用过的物品。

需注意的是，纳税人兼营免税、减税项目的，应当分别核算免税、减税项目的销售额；未分别核算销售额的，不得免税、减税。

3.6.2.2 营业税改增值税试点期间的减免税政策

根据《营业税改征增值税试点过渡政策的规定》，下列项目免征增值税。

（1）托儿所、幼儿园提供的保育和教育服务。

（2）养老机构提供的养老服务。

（3）残疾人福利机构提供的养育服务。

（4）婚姻介绍服务。

(5) 殡葬服务。
(6) 残疾人员本人为社会提供的服务。
(7) 医疗机构提供的医疗服务。
(8) 从事学历教育的学校提供的教育服务。
(9) 学生勤工俭学提供的服务。
(10) 农业机耕、排灌、病虫害防治、植物保护、农牧保险以及相关技术培训业务，家禽、牲畜、水生动物的配种和疾病防治。
(11) 纪念馆、博物馆、文化馆、文物保护单位管理机构、美术馆、展览馆、书画院、图书馆在自己的场所提供文化体育服务取得的第一道门票收入。
(12) 寺院、宫观、清真寺和教堂举办文化、宗教活动的门票收入。
(13) 行政单位之外的其他单位收取的符合《试点实施办法》第十条规定条件的政府性基金和行政事业性收费。
(14) 个人转让著作权。
(15) 个人销售自建自用住房。
(16) 2018年12月31日前，公共租赁住房经营管理单位出租公共租赁住房。
(17) 台湾航运公司、航空公司从事海峡两岸海上直航、空中直航业务在大陆取得的运输收入。
(18) 纳税人提供的直接或者间接国际货物运输代理服务。
(19) 以下利息收入。
① 自2017年12月1日至2019年12月31日，金融机构向农户、小型企业、微型企业及个体工商户发放的小额贷款。
② 国家助学贷款。
③ 国债、地方政府债。
④ 人民银行对金融机构的贷款。
⑤ 住房公积金管理中心用住房公积金在指定的委托银行发放的个人住房贷款。
⑥ 外汇管理部门在从事国家外汇储备经营过程中，委托金融机构发放的外汇贷款。
⑦ 统借统还业务中，企业集团或企业集团中的核心企业以及集团所属财务公司按不高于支付给金融机构的借款利率水平或者支付的债券票面利率水平，向企业集团或者集团内下属单位收取的利息。
(20) 被撤销金融机构以货物、不动产、无形资产、有价证券、票据等财产清偿债务。
(21) 保险公司开办的一年期以上人身保险产品取得的保费收入。
(22) 下列金融商品转让收入。
① 合格境外投资者（QFII）委托境内公司在我国从事证券买卖业务。
② 香港市场投资者（包括单位和个人）通过沪港通买卖上海证券交易所上市A股。
③ 对香港市场投资者（包括单位和个人）通过基金互认买卖内地基金份额。
④ 证券投资基金（封闭式证券投资基金、开放式证券投资基金）管理人运用基金买卖股票、债券。
⑤ 个人从事金融商品转让业务。
(23) 金融同业往来利息收入。

（24）同时符合规定中6个条件的担保机构从事中小企业信用担保或者再担保业务取得的收入（不含信用评级、咨询、培训等收入）3年内免征增值税。

（25）国家商品储备管理单位及其直属企业承担商品储备任务，从中央或者地方财政取得的利息补贴收入和价差补贴收入。

（26）纳税人提供技术转让、技术开发和与之相关的技术咨询、技术服务。

（27）符合条件的合同能源管理服务。

（28）自2018年1月1日起至2020年12月31日，对科普单位的门票收入，以及县级及以上党政部门和科协开展科普活动的门票收入免征增值税。

（29）政府举办的从事学历教育的高等、中等和初等学校（不含下属单位），举办进修班、培训班取得的全部归该学校所有的收入。

（30）政府举办的职业学校设立的主要为在校学生提供实习场所并由学校出资自办、由学校负责经营管理、经营收入归学校所有的企业，从事《销售服务、无形资产或者不动产注释》中"现代服务"（不含融资租赁服务、广告服务和其他现代服务）和"生活服务"（不含文化体育服务、其他生活服务和桑拿、氧吧）业务活动取得的收入。

（31）家政服务企业由员工制家政服务员提供家政服务取得的收入。

（32）福利彩票、体育彩票的发行收入。

（33）军队空余房产租赁收入。

（34）为了配合国家住房制度改革，企业、行政事业单位按房改成本价、标准价出售住房取得的收入。

（35）将土地使用权转让给农业生产者用于农业生产。

（36）涉及家庭财产分割的个人无偿转让不动产、土地使用权。

（37）土地所有者出让土地使用权和土地使用者将土地使用权归还给土地所有者。

（38）县级以上地方人民政府或自然资源行政主管部门出让、转让或收回自然资源使用权（不含土地使用权）。

（39）随军家属就业。

① 为安置随军家属就业而新开办的企业，自领取税务登记证之日起，其提供的应税服务3年内免征增值税。

② 从事个体经营的随军家属，自办理税务登记事项之日起，其提供的应税服务3年内免征增值税。

（40）军队转业干部就业。

① 从事个体经营的军队转业干部，自领取税务登记证之日起，其提供的应税服务3年内免征增值税。

② 为安置自主择业的军队转业干部就业而新开办的企业，凡安置自主择业的军队转业干部占企业总人数60%（含）以上的，自领取税务登记证之日起，其提供的应税服务3年内免征增值税。

（41）自2018年1月1日起至2020年12月31日，免征图书批发、零售环节增值税。

3.6.2.3 支持疫情防控的减免税项目

自新冠肺炎疫情发生以来，为积极发挥税收职能作用，支持企业复工复产，服务经济社会发展，党中央、国务院陆续部署出台了一系列税费优惠政策。

（1）自 2020 年 1 月 1 日至 2020 年 12 月 31 日，对纳税人运输疫情防控重点保障物资取得的收入，免征增值税。

（2）自 2020 年 1 月 1 日至 2020 年 12 月 31 日，对纳税人提供公共交通运输服务、生活服务，以及为居民提供必需生活物资快递收派服务取得的收入，免征增值税。

（3）自 2020 年 1 月 1 日至 2020 年 12 月 31 日，对纳税人提供电影放映服务取得的收入免征增值税。

（4）自 2020 年 3 月 1 日至 2020 年 12 月 31 日，对湖北省增值税小规模纳税人，适用 3%征收率的应税销售收入，免征增值税；适用 3%预征率的预缴增值税项目，暂停预缴增值税。

（5）自 2020 年 3 月 1 日至 2020 年 12 月 31 日，除湖北省外，其他省、自治区、直辖市的增值税小规模纳税人，适用 3%征收率的应税销售收入，减按 1%征收率征收增值税，按以下公式计算销售额：销售额=含税销售额/（1+1%）；适用 3%预征率的预缴增值税项目，减按 1%预征率预缴增值税。

（6）自 2020 年 5 月 1 日至 2023 年 12 月 31 日，从事二手车经销的纳税人销售其收购的二手车，由原按照简易办法依 3%征收率减按 2%征收增值税，改为减按 0.5%征收增值税，并按以下公式计算销售额：销售额=含税销售额/（1+0.5%）。

3.6.2.4　其他减免税项目

个人将购买不足 2 年的住房对外销售的，按照 5%的征收率全额缴纳增值税；个人将购买 2 年以上（含 2 年）的住房对外销售的，免征增值税。上述政策适用于北京市、上海市、广州市和深圳市之外的地区。

个人将购买不足 2 年的住房对外销售的，按照 5%的征收率全额缴纳增值税；个人将购买 2 年以上（含 2 年）的非普通住房对外销售的，以销售收入减去购买住房价款后的差额按照 5%的征收率缴纳增值税；个人将购买 2 年以上（含 2 年）的普通住房对外销售的，免征增值税。上述政策仅适用于北京市、上海市、广州市和深圳市。

3.6.3　出口货物或者劳务和服务的退（免）税

3.6.3.1　出口货物退（免）税的基本政策

为了鼓励本国货物出口，增强本国产品的竞争力，各国政府普遍对出口货物实行了退（免）税政策。我国对出口货物在遵循"征多少、退多少""未征不退和彻底退税"基本原则的基础上，根据不同的企业和不同的货物制定了不同的税务处理办法。

1. 出口货物免税并退税

出口货物免税是指货物在出口销售环节不征增值税，出口货物退税是指对货物在出口前实际承担的税收负担，按规定的退税率计算后予以退还。一般情况下，出口货物免税并退税政策适用于出口货物以往环节纳过税而须退税的情况。

2. 出口免税不退税

出口免税与上述第 1 项含义相同，出口不退税是指适用这个政策的出口货物因在前一道生产、销售环节或进口环节是免税的，因此，出口时该货物的价格本身就不含税，也无须退税。一般情况下，出口货物免税不退税政策适用于出口货物以往环节未纳过税而无须退税的情况。

3. 出口不免税也不退税

出口不免税是指对国家限制或禁止出口的某些货物的出口环节视同内销环节，照常征税；出口不退税是指对这些货物出口不退还出口前其所负担的税款。一般情况下，出口货物不免税也不退税政策适用于国家限制、禁止货物出口而视同内销的情况。

3.6.3.2 出口货物和劳务退（免）税的具体适用范围

1. 适用增值税退（免）税政策的出口货物和劳务

（1）出口企业、出口货物。出口企业，是指依法办理工商登记、税务登记、对外贸易经营者备案登记，自营或委托出口货物的单位或个体工商户，以及依法办理工商登记、税务登记但未办理对外贸易经营者备案登记，委托出口货物的生产企业。出口货物，是指向海关报关后实际离境并销售给境外单位或个人的货物，分为自营出口货物和委托出口货物两类。

（2）出口企业或其他单位视同出口货物。

（3）对外提供加工修理修配劳务。

（4）一般纳税人提供适用增值税零税率的服务和无形资产。

① 国际运输服务。

② 航天运输服务。

③ 向境外单位提供的完全在境外消费的下列服务：研发服务、合同能源管理服务、设计服务、广播影视节目（作品）的制作和发行服务、软件服务、电路设计及测试服务、信息系统服务、业务流程管理服务、离岸服务外包业务。

④ 向境外单位转让完全在境外消费的技术。

2. 适用增值税免税政策的出口货物和劳务

（1）出口企业或其他单位出口规定的货物。

（2）出口企业或其他单位视同出口的货物和劳务。

（3）出口企业或其他单位未按规定申报或未补齐增值税退（免）税凭证的出口货物和劳务。

（4）境内的单位和个人销售的下列服务和无形资产免征增值税，但财政部和国家税务总局规定适用增值税零税率的除外。

① 下列服务：工程项目在境外的建筑服务，工程项目在境外的工程监理服务，工程、矿产资源在境外的工程勘察勘探服务，会议展览地点在境外的会议展览服务，存储地点在境外的仓储服务，标的物在境外使用的有形动产租赁服务，在境外提供的广播影视节目（作品）的播映服务，在境外提供的文化体育服务、教育医疗服务、旅游服务。

② 为出口货物提供的邮政服务、收派服务、保险服务。

③ 境外单位提供的完全在境外消费的下列服务和无形资产：电信服务、知识产权服务、物流辅助服务（仓储服务、收派服务除外）、签证咨询服务、专业技术服务、商务辅助服务、广告投放地在境外的广告服务、无形资产。

④ 以无运输工具承运方式提供的国际运输服务。

⑤ 为境外单位之间的货币资金融通及其他金融业务提供的直接收费金融服务，且该服务与境内的货物、无形资产和不动产无关。

⑥ 财政部和国家税务总局规定的其他服务。

3. 适用增值税征税政策的出口货物和劳务

（1）出口企业出口或视同出口财政部和国家税务总局根据国务院决定明确的取消出口退（免）税的货物。

(2) 出口企业或其他单位销售给特殊区域内的生活消费用品和交通运输工具。

(3) 出口企业或其他单位因骗取出口退税被税务机关停止办理增值税退（免）税期间出口的货物。

(4) 出口企业或其他单位提供虚假备案单证的货物。

(5) 出口企业或其他单位增值税退（免）税凭证有伪造或内容不实的货物。

(6) 出口企业或其他单位未在国家税务总局规定期限内申报免税核销以及经主管税务机关审核不予免税核销的出口卷烟。

(7) 出口企业或其他单位具有以下情形之一的出口货物和劳务。

① 将空白的出口货物报关单、出口收汇核销单等退（免）税凭证交由除签有委托合同的货代公司、报关行，或由境外进口方指定的货代公司（提供合同约定或者其他相关证明）以外的其他单位或个人使用的。

② 以自营名义出口，其出口业务实质上是由本企业及其投资的企业以外的单位或个人借该出口企业名义操作完成的。

③ 以自营名义出口，其出口的同一批货物既签订购货合同，又签订代理出口合同（或协议）的。

④ 出口货物在海关验放后，自己或委托货代承运人对该笔货物的海运提单或其他运输单据等上的品名、规格等进行修改，造成出口货物报关单与海运提单或其他运输单据有关内容不符的。

⑤ 以自营名义出口，但不承担出口货物的质量、收款或退税风险之一的，即出口货物发生质量问题不承担购买方的索赔责任（合同中有约定质量责任承担者除外）；不承担未按期收款导致不能核销的责任（合同中有约定收款责任承担者除外）；不承担因申报出口退（免）税的资料、单证等出现问题造成不退税责任的。

⑥ 未实质参与出口经营活动、接受并从事由中间人介绍的其他出口业务，但仍以自营名义出口的。

3.6.3.3 出口退税率

1. 退税率的一般规定

除财政部和国家税务总局根据国务院决定而明确的增值税出口退税率外，出口货物的退税率为其适用税率。2019年4月1日起，原适用16%税率且出口退税率为16%的出口货物劳务，出口退税率调整为13%；原适用10%税率且出口退税率为10%的出口货物、跨境应税行为，出口退税率调整为9%。适用13%税率的境外旅客购物离境退税物品，退税率为11%；适用9%税率的境外旅客购物离境退税物品，退税率为8%。

服务或无形资产的退税率为其按照销售服务或者无形资产规定适用的增值税税率。

对于适用不同退税率的货物、劳务及服务，应分开报关、核算并申报退（免）税，未分开报关、核算或划分不清的，从低适用退税率。

2. 退税率的特殊规定

(1) 外贸企业购进按简易办法征税的出口货物、从小规模纳税人购进的出口货物，其退税率分别为简易办法实际执行的征收率、小规模纳税人征收率。上述出口货物取得增值税专用发票的，退税率按照增值税专用发票上的税率和出口货物退税率孰低的原则确定。

(2) 出口企业委托加工修理修配货物，其加工修理修配费用的退税率，为出口货物的退税率。

3.6.3.4 出口货物退税额的计算

出口货物只有在适用既免税又退税的政策时，才会涉及如何计算退税的问题。由于各类出口企业对出口货物的会计核算办法不同，有对出口货物单独核算的，有对出口和内销的货物统一核算成本的。我国《出口货物退（免）税管理办法（试行）》规定了两种退税计算办法：第一种是"免、抵、退"办法，主要适用于自营和委托出口自产货物的生产企业；第二种是"先征后退"办法，目前主要用于收购货物出口的外（工）贸企业。

1. "免、抵、退"税的计算办法

实行免、抵、退税管理办法的"免"税是指对生产企业出口的自产货物免征本企业生产销售环节增值税；"抵"税是指生产企业出口自产货物所耗用的原材料、零部件、燃料、动力等所含应予退还的进项税额，抵顶内销货物的应纳税额；"退"税是指生产企业出口的自产货物在当月内应抵顶的进项税额大于应纳税额时，对未抵顶完的部分予以退税。

"免、抵、退"办法比较复杂，它的计算需要以下4个步骤。

（1）免，即出口货物外销不计算销项税额。

（2）剔，从全部进项税额中剔除不得免征和抵扣的税额。由于我国出口货物退税率和购进货物时的征税率可能不同，因此首先应将因为退税率低于征税率而不得在当期抵扣或退税的进项税额从当期全部进项税额中剔除，剔除部分的税额在会计上作进项税额转出处理，并计入出口货物的成本中。相应的计算公式为：

当期不得免征和抵扣税额 = 当期出口货物离岸价 × 外汇人民币折合率 ×（出口货物适用税率 − 出口货物退税率）− 当期不得免征和抵扣税额抵减额

当期不得免征和抵扣税额抵减额 = 当期免税购进原材料价格 ×（出口货物适用税率 − 出口货物退税率）

（3）抵，用内销货物销项税与全部进项税额相抵，同时剔除不得免征和抵扣的税额，进而得出应纳税额。计算公式为：

当期应纳税额 = 当期销项税额 −（当期进项税额 − 当期不得免征和抵扣税额）− 上期留抵税额

① 如果计算结果为正数，为当期应缴纳的税额，表明该出口货物当期不存在出口退税。

② 如果计算结果为负数，按下文所述步骤计算实际应向税务机关申请退税的数额。

（4）退，计算实际的出口退税额。

① 计算出口货物应退税总额。

当期免抵退税额 = 当期出口货物离岸价 × 外汇人民币折合率 × 出口货物退税率 − 当期免抵退税额抵减额

当期免抵退税额抵减额 = 当期免税购进原材料价格 × 出口货物退税率

上述公式也可合并为：

当期免抵退税额 =（当期出口货物离岸价 × 外汇人民币折合率 − 当期免税购进原材料价格）× 出口货物退税率

② 将应纳税额（当期期末留抵税额）与应退税额相比较，退两者之中较小的。

- 如当期期末留抵税额 ≤ 当期免抵退税额，则：

当期应退税额=当期期末留抵税额

当期免抵税额=当期免抵退税额-当期应退税额

- 如当期期末留抵税额>当期免抵退税额，则：

当期应退税额=当期免抵退税额

当期免抵税额=0

当期期末留抵税额根据当期《增值税纳税申报表》中的"期末留抵税额"确定。

【例3-16】某自营出口的生产企业为增值税一般纳税人，出口货物的征税税率为13%，退税税率为9%。2019年6月的有关经营业务为：购进原材料一批，取得的增值税专用发票注明的价款400万元，外购货物准予抵扣的进项税额52万元通过认证。上月月末留抵税款5万元，本月内销货物不含税销售额100万元，收款113万元存入银行，本月出口货物的销售额折合人民币500万元。试计算该企业当期的"免、抵、退"税额。

【答案】

(1) 当期免抵退税不得免征和抵扣税额=500×(13%-9%)=20（万元）

(2) 当期应纳税额=100×13%-(52-20)-5=-24（万元）

(3) 出口货物"免、抵、退"税额=500×9%=45（万元）

(4) 按规定，如当期期末留抵税额<当期免抵退税额，则：

当期应退税额=当期期末留抵税额

即

该企业当期应退税额=24（万元）

(5) 当期免抵税额=当期免抵退税额-当期应退税额，即

当期免抵税额=45-24=21（万元）

【例3-17】某自营出口的生产企业为增值税一般纳税人，出口货物的征税税率为13%，退税税率为9%。2019年5月有关经营业务为：购入原材料一批，取得的增值税专用发票注明的价款300万元，外购货物准予抵扣的进项税额39万元通过认证。上月末留抵税款4万元。本月内销货物不含税销售额100万元，收款113万元存入银行。本月出口货物的销售额折合人民币200万元。试计算该企业当期的"免、抵、退"税额。

【答案】

(1) 当期免抵退税不得免征和抵扣税额=200×(13%-9%)=8（万元）

(2) 当期应纳税额=100×13%-(39-8)-4=-22（万元）

(3) 出口货物"免、抵、退"税额=200×9%=18（万元）

(4) 按规定，如当期期末留抵税额>当期免抵退税额，则：

当期应退税额=当期免抵退税额

即

该企业当期应退税额=18（万元）

(5) 当期免抵税额=当期免抵退税额-当期应退税额，即

该企业当期免抵税额=18-18=0（万元）

(6) 期末留抵结转下期继续抵扣税额为4万元（22-18）

2. 免、退税办法

不具有生产能力的出口企业（即外贸企业）或其他单位出口货物和劳务，实行免、退税办法，即免征增值税，相应的进项税额予以退还。

（1）外贸企业出口委托加工修理修配货物以外的货物：

$$增值税应退税额 = 增值税退（免）税计税依据 \times 出口货物退税率$$

【例3-18】 天苑贸易有限公司2019年5月购入童装6 000套，取得增值税专用发票，价税合计237 300元，同月出口6 000套童装，离岸价46 000美元。童装增值税税率13%，退税率13%。计算其应退税额。

【答案】 应退增值税 = [(237 300/1.13)] × 13% = 27 300（元）

（2）外贸企业出口委托加工修理修配货物：

$$出口委托加工修理修配货物的增值税应退税额 = 委托加工修理修配的增值税退（免）税计税依据 \times 出口货物退税率$$

外贸企业出口委托加工修理修配货物增值税退（免）税的计税依据，为加工修理修配费用增值税专用发票注明的金额。外贸企业应将加工修理修配使用的原材料（进料加工海关保税进口料件除外）作价销售给受托加工修理修配的生产企业，受托加工修理修配的生产企业应将原材料成本并入加工修理修配费用开具发票。

【例3-19】 安信贸易公司（外贸企业）从某棉麻公司购进棉花50吨，取得的增值税专用发票上注明价款90万元、增值税8.1万元，委托某棉纱厂加工棉纱出口，合同约定需支付加工费30万元。已知棉纱的出口退税率为9%，计算该外贸企业应如何退税，应退税额是多少？

【答案】 该公司需将棉花作价销售给棉纱厂，收回棉纱时，取得将棉花成本并入加工费用的增值税专用发票，在棉纱报关出口后方可申请退税。

应退税额 = (900 000 + 300 000) × 9% = 108 000（元）

3.6.3.5 出口服务或者无形资产退（免）税额的计算

1. 出口服务或者无形资产增值税免抵退税的计算

1）零税率服务或者无形资产当期免抵退税额的计算

$$当期零税率应税服务免抵退税额 = 当期零税率应税服务免抵退税计税价格 \times 外汇人民币牌价 \times 零税率应税服务退税率$$

2）当期应退税额和当期免抵税额的计算

（1）当期期末留抵税额 ≤ 当期免抵退税额时，当期应退税额 = 当期期末留抵税额；当期免抵税额 = 当期免抵退税额 − 当期应退税额。

（2）当期期末留抵税额 > 当期免抵退税额时，当期应退税额 = 当期免抵退税额；当期免抵税额 = 0，"当期期末留抵税额"为当期《增值税纳税申报表》的"期末留抵税额"。

【例3-20】 翔龙国际运输有限公司为增值税一般纳税人，主要从事水路运输，具有国内运输经营许可证以及《国际船舶运输经营许可证》，并且经营范围中包括"国际运输"项目。该公司在2019年6月向国外运输货物，取得国际运输收入250 000欧元，当期人民币对欧元的汇率中间价为 7.5；取得国内运输收入 6 000 000 元，销项税额为 540 000 元，以上均在当月计入内外销销售收入。当月购进一艘小型货船（固定资产）4 500 000 元，进项税额 585 000 元。已知运输服务业征税率为 9%，国际运输适用退税率为 9%。计算翔龙国际运输公司的出口退税额。

【答案】本期免抵退税的计算如下：

当期应纳税额=销项税额-(进项税额-当期免抵退税不予抵扣税额)
= 540 000-(585 000-0)= -45 000（元）

当期的期末留抵税额=45 000（元）

当期国际运输收入免抵退税额=当期零税率应税服务免抵退税计税价格×外汇人民币牌价×零税率应税服务退税率
= 250 000×7.5×9% = 168 750（元）

由于期末留抵税额（45 000 元）小于免抵退税额（168 750 元），
当期应退税额=期末留抵税额=45 000（元）
当期免抵税额=168 750-45 000=123 750（元）

2. 出口服务或者无形资产免退税的计算

外贸企业外购服务或者无形资产出口实行免退税办法，外贸企业直接将服务或自行研发的无形资产出口，视同生产企业连同其出口货物统一实行免抵退税办法。

实行退（免）税办法的服务和无形资产，如果主管税务机关认定出口价格偏高的，有权按照核定的出口价格计算退（免）税，核定的出口价格低于外贸企业购进价格的，低于部分对应的进项税额不予退税，转入成本。

外贸企业外购服务或者无形资产增值税应退税额=购进应税服务或者无形资产的增值税专用发票上注明的金额×适用税率

【例3-21】信达公司是一家外贸企业，2019 年 5 月从国内外购甲公司设计服务 212 000 元（取得甲公司开具的增值税专用发票，注明价款 200 000 元，税额 12 000 元），然后信达公司以 250 000 元的价格出口到法国乙公司。计算信达公司出口退税的金额。

【答案】外贸企业出口服务应退税额=200 000×6% = 12 000（元）

3.7 增值税专用发票的使用及管理

我国增值税实行凭国家印发的增值税专用发票注明的税款进行抵扣的制度。增值税专用发票是由国家税务总局监制设计印制的，只限于增值税一般纳税人领购使用。实行增值税专用发票是增值税改革中很关键的措施，它与普通发票不同，既作为纳税人反映经济活动中的重要会计凭证，又是兼记销售方纳税义务和购买方进项税额的合法证明，具有完税凭证的作用，是增值税计算和管理中重要的、决定性的、合法的专用发票。因此，正确使用增值税专用发票是十分重要的。为了规范增值税专用发票的使用行为，国家税务总局重新修订了《增值税专用发票使用规定》，并于 2007 年 1 月 1 日起施行。为适应税收现代化建设需要，满足增值税一体化管理要求，国家税务总局决定自 2015 年 1 月 1 日起在全国范围推行增值税发票系统升级版。这标志着增值税发票管理又进入了新阶段。

3.7.1 增值税专用发票的基本规定

1. 增值税专用发票的含义

增值税专用发票（以下简称专用发票），是增值税纳税人销售货物、提供加工修理修配劳务和销售服务、无形资产或不动产时向购买方开具的发票，是购买方支付增值税额并可按照增值税有关规定据以抵扣增值税进项税额的凭证。纳税人应通过增值税防伪税控系统（以下简称防伪税控系统）使用专用发票。使用，包括领购、开具、缴销、认证纸质专用发票及其相应的数据电文。

2. 专用发票的联次

专用发票由基本联次或者基本联次附加其他联次构成，基本联次为三联：发票联、抵扣联和记账联。发票联作为购买方核算采购成本和增值税进项税额的记账凭证；抵扣联作为购买方报送主管税务机关认证和留存备查的凭证；记账联作为销售方核算销售收入和增值税销项税额的记账凭证。其他联次用途由一般纳税人自行确定。

3. 最高开票限额

增值税专用发票（增值税税控系统）实行最高开票限额管理。最高开票限额，是指单份专用发票或货运专票开具的销售额合计数不得达到的上限额度。

最高开票限额由一般纳税人申请，区县税务机关依法审批。一般纳税人申请最高开票限额时，需填报《增值税专用发票最高开票限额申请单》。主管税务机关受理纳税人申请以后，根据需要进行实地查验。实地查验的范围和方法由各省国税机关确定。

税务机关应根据纳税人实际生产经营和销售情况进行审批，保证纳税人生产经营的正常需要。

3.7.2 专用发票的领购和开具

1. 专用发票的领购

自 2020 年 2 月 1 日起，全行业增值税小规模纳税人都可以自开增值税专用发票，因此增值税一般纳税人和小规模纳税人均可以领购和开具使用增值税专用发票。但有下列情形之一的，不得使用增值税专用发票。

（1）会计核算不健全，不能向税务机关准确提供增值税销项税额、进项税额、应纳税额数据及其他有关增值税税务资料的。其他有关增值税税务资料的内容，由省、自治区、直辖市和计划单列市国家税务局确定。

（2）有《税收征管法》规定的税收违法行为，拒不接受税务机关处理的。

（3）有下列行为之一，经税务机关责令限期改正而仍未改正的：

① 虚开增值税专用发票；

② 私自印制专用发票；

③ 向税务机关以外的单位和个人买取专用发票；

④ 借用他人专用发票；

⑤ 未按本规定开具专用发票；

⑥ 未按规定保管专用发票和专用设备；
⑦ 未按规定申请办理防伪税控系统变更发行；
⑧ 未按规定接受税务机关检查。
有上列情形的，如已领购专用发票，主管税务机关应暂扣其结存的专用发票和 IC 卡。

2. 专用发票的开具

1）专用发票的开具范围

纳税人发生应税销售行为，应向购买方开具专用发票。属于下列情形的，不得开具专用发票。

（1）应税销售行为的购买方为消费者个人的。

（2）适用免征增值税规定的应税行为。

（3）提供经纪代理服务向委托方收取的政府性基金或者行政事业性收费，不得开具增值税专用发票。

（4）提供旅游服务，选择差额扣除的住宿费、餐饮费、交通费、签证费、门票费和支付给其他接团旅游企业的旅游费部分不得开具增值税专用发票，可以开具普通发票。

（5）金融商品转让，不得开具增值税专用发票。

（6）有形动产融资性售后回租服务的老合同，选择扣除本金部分后的余额为销售额时，向承租方收取的有形动产价款本金，不得开具增值税专用发票，可以开具普通发票。

2）专用发票的开具要求

（1）项目齐全，与实际交易相符。

（2）字迹清楚，不得压线、错格。

（3）发票联和抵扣联加盖发票专用章。

（4）按照增值税纳税义务的发生时间开具。

对不符合上列要求的专用发票，购买方有权拒收。

自 2018 年 1 月 1 日起，纳税人通过增值税发票管理新系统开具增值税发票（包括：增值税专用发票、增值税普通发票、增值税电子普通发票）时，商品和服务税收分类编码对应的简称会自动显示并打印在发票票面"货物或应税劳务、服务名称"或"项目"栏次中。

3.8 增值税的征收管理

3.8.1 增值税的纳税义务发生时间

增值税纳税义务发生时间是纳税人发生应税行为应当承担纳税义务的起始时间。纳税义务发生时间一经确定，必须按此时间缴纳税款。按照《增值税暂行条例》和《试点实施办法》的规定，纳税人发生应税行为并收讫销售款项或者取得索取销售款项凭据的当天；先开具发票的，为开具发票的当天。收讫销售款项，是指纳税人销售服务、无形资产、不动产过程中或者完成后收到款项。取得索取销售款项凭据的当天，是指书面合同确定的付款日期；未签订书面合同或者书面合同未确定付款日期的，为服务、无形资产转让完成的当天或者不动产权属变更的当天。按销售结算方式的不同，具体规定如下：

（1）销售货物的纳税义务发生时间。

① 采取直接收款方式销售货物，已将货物移送对方并暂估销售收入入账，但既未取得销售款或取得索取销售款凭据也未开具销售发票的，其增值税纳税义务发生时间为取得销售款或取得索取销售款凭据的当天；先开具发票的，为开具发票的当天。

② 采取托收承付和委托银行收款方式销售货物，为发出货物并办妥托收手续的当天。

③ 采取赊销和分期收款方式销售货物，为书面合同约定的收款日期的当天，无书面合同的或者书面合同没有约定收款日期的，为货物发出的当天。

④ 采取预收货款方式销售货物，为货物发出的当天，但生产销售生产工期超过12个月的大型机械设备、船舶、飞机等货物，为收到预收款或者书面合同约定的收款日期的当天。

⑤ 委托其他纳税人代销货物，为收到代销单位的代销清单或者收到全部、部分货款的当天；未收到代销清单及货款的，为发出代销货物满180天的当天。

⑥ 销售应税劳务，为提供劳务同时收讫销售款或者取得索取销售款的凭据的当天。

⑦ 纳税人发生的视同销售货物行为，除将货物交付其他单位或者个人代销及销售代销货物以外，均为货物移送的当天。

（2）纳税人提供建筑服务、租赁服务采取预收款方式的，其纳税义务发生时间为收到预收款的当天。

（3）纳税人从事金融商品转让的，为金融商品所有权转移的当天。

（4）纳税人发生视同销售服务、无形资产或者不动产的情形，其纳税义务发生时间为服务、无形资产转让完成的当天或者不动产权属变更的当天。

（5）增值税扣缴义务发生时间为纳税人增值税纳税义务发生的当天。

（6）纳税人进口货物的纳税义务发生时间为报关进口的当天。

3.8.2 增值税的纳税期限

纳税期限是指纳税人发生纳税义务后向国家缴纳税款的时间限度。我国增值税的纳税期限由税务机关依据不同的应税业务和应纳税额的数额大小等因素具体确定。

1. 销售业务纳税期限的确定

增值税的纳税期限分别为1日、3日、5日、10日、15日、1个月或者1个季度，纳税人的具体纳税期限由主管税务机关根据纳税人应纳税额的大小分别核定。纳税人以1个月或者1个季度为1个纳税期的，自期满之日起15日内申报纳税；以1日、3日、5日、10日或者15日为1个纳税期的，自期满之日起5日内预缴税款，于次月1日起15日内申报纳税并结清上月应纳税款。

纳税人不能按照固定期限纳税的，可以按次纳税。以1个季度为纳税期限的规定适用于小规模纳税人、银行、财务公司、信托投资公司、信用社，以及财政部和国家税务总局规定的其他纳税人。小规模纳税人的具体纳税期限，由主管税务机关根据其应纳税额的大小分别核定。

扣缴义务人解缴税款的期限，依照上述规定执行。

2. 进口业务纳税期限的确定

纳税人进口货物应当自海关填发海关进口增值税专用缴款书之日起15日内缴纳税款。

3.8.3 增值税的纳税地点

增值税的纳税地点是指纳税人应当缴纳增值税税款的地点。我国确定的增值税的纳税地点一般遵循属地主义原则，即在纳税人机构所在地申报纳税。

1. 销售业务纳税地点的确定

（1）固定业户应当向其机构所在地的主管税务机关申报纳税。总机构和分支机构不在同一县（市）的，应当分别向各自所在地的主管税务机关申报纳税；经国务院财政、税务主管部门或者其授权的财政、税务机关批准，可以由总机构汇总向总机构所在地的主管税务机关申报纳税。

（2）固定业户到外县（市）销售货物或者劳务，应当向其机构所在地的主管税务机关报告外出经营事项，并向其机构所在地的主管税务机关申报纳税；未报告的，应当向销售地或者劳务发生地的主管税务机关申报纳税；未向销售地或者劳务发生地的主管税务机关申报纳税的，由其机构所在地的主管税务机关补征税款。

（3）非固定业户销售货物或者应税劳务，应当向销售地或者劳务发生地的主管税务机关申报纳税；未向销售地或者劳务发生地的主管税务机关申报纳税的，由其机构所在地或者居住地的主管税务机关补征税款。

（4）其他个人提供建筑服务，销售或者租赁不动产，转让自然资源使用权，应向建筑服务发生地、不动产所在地、自然资源所在地主管税务机关申报纳税。

2. 进口业务纳税地点的确定

进口货物应当向报关地海关申报纳税。

3. 扣缴义务人纳税地点的确定

扣缴义务人应当向其机构所在地或者居住地的主管税务机关申报缴纳其扣缴的税款。

增值税综合案例

【案例分析3-1】创信电视机厂如何缴纳增值税？

2019年6月，创信电视机厂生产出最新型号的彩色电视机，每台不含税销售单价为8 800元。当月发生以下经济业务。

① 5日向各大商场销售电视机1 200台，对这些大商场在当月20天内付清1 200台电视机购货款均给予了5%的销售折扣。

② 8日将15台彩色电视机用于表彰本厂的"三八红旗手"。

③ 10日采取"以旧换新"方式向消费者销售新型号电视机100台，每台旧型号电视机折价为500元。

④ 12日发货给外省分支机构150台用于销售，并支付运输单位运费1 300元（不含税价），取得一般纳税人开具的增值税专用发票。

⑤ 13日购进生产电视机用原材料一批，取得防伪税控系统增值税专用发票上注明的价

款为 2 800 000 元，增值税税额为 364 000 元，材料已经验收入库。

⑥ 20 日向地震灾区赠送电视机 200 台。

⑦ 23 日从国外购进两台电视机检测设备，取得的海关开具的完税凭证上注明的增值税税额为 176 000 元。当日从国内购进 2 辆别克轿车，用于奖励企业优秀员工。取得增值税专用发票上注明的不含税价款为 500 000 元，税款为 65 000 元。

⑧ 26 日购进一座办公楼，当月取得增值税专用发票上注明的价款为 800 万元，税款为 72 万元。

⑨ 月末盘点时发现，上月企业外购材料由于管理不善发生毁损，损失材料的成本为 90 000 元（其中包括支付给运输企业运费 4 000 元）。

⑩ 月末转让一台使用过 11 年的小轿车，取得含税收入 10 000 元。

当月出租闲置厂房（2008 年取得），取得租金收入 200 000 元，纳税人选用简易计税方法。

已知：上月留抵税额 80 000 元。当月取得的增值税扣税凭证符合税法规定，并在当月申报抵扣。请计算创信电视机厂 6 月份应纳增值税税额。

【答案及解析】

① 销项税额=1 200×8 800×13%=1 372 800（元）。这里需要特别注意的是，销售 1 200 台电视机给予 5%的销售折扣，不应减少销售额和销项税。

② 销项税额=15×8 800×13%=17 160（元）。

③ 销项税额=100×8 800×13%=114 400（元）。这里需要特别注意的是，采取"以旧换新"方式销售货物，应以新货物的同期销售价格确定销售额计算销项税额，不得扣减旧货物的收购价格。

④ 发货给外省分支机构的 150 台电视机用于销售，应视同销售计算销项税额 150×8 800×13%=171 600（元）；运费可以抵扣的进项税额=1 300×9%=117（元）。

⑤ 进项税额为 364 000 元，因为取得税控系统开具的专用发票，当月申报抵扣。

⑥ 销项税额=200×8 800×13%=228 800（元），因为赠送的 200 台电视机应视同销售，按售价计算销项税额。

⑦ 取得了海关开具的进口增值税完税证明，可以抵扣进项税额 176 000 元，用于奖励员工的购进货物不得抵扣进项税额。

⑧ 一般纳税人 2019 年 4 月 1 日以后取得的不动产，可以一次性抵扣 720 000 元。

⑨ 原材料损毁应作为进项税额转出处理。因此，进项税额转出=(90 000-4 000)×13%+(4 000×9%)=11 540（元）。

⑩ 转让使用过的小轿车应纳的增值税=[10 000/(1+3%)]×2%=194.17（元）。

出租闲置厂房按简易计税方法应纳税额=[200 000/(1+5%)]×5%=9 523.81（元）。

当期销项税额=1 372 800+17 160+114 400+171 600+228 800=1 904 760（元）。

当期进项税额=364 000+117+176 000+720 000-11 540=1 248 577（元）。

综上所述，该企业 6 月份应纳增值税税额为：

1 904 760-1 248 577-80 000+194.17+9 523.81=585 900.98（元）。

【案例分析 3-2】美达商场应当如何缴纳增值税？

美达商场为增值税一般纳税人。2019 年 5 月份发生如下经济业务。

1) 销售业务情况

① 销售特种空调取得含税销售收入 171 760 元，同时提供空调的安装服务收取安装费 19 210 元。

② 采取以旧换新方式销售家用计算机 50 台，零售价格为 6 328 元/台，旧计算机收购价格为 500 元/台，实际收到零售收入 302 600 元；采取以旧换新方式销售金项链 40 条，每条新项链的零售价格为 4 800 元，每条旧项链作价 1 410 元，实际收到零售收入 13 560 元。

③ 向某批发企业销售电视机 100 台，不含税售价 4 000 元/台，售价共计 400 000 元，由于购买数量大，给予 10% 的商业折扣，折扣额与销售额开在同一张发票上。另给予对方现金折扣 "2/10"。

④ 销售大米、小米、白面等粮食，取得零售收入 264 000 元；销售蔬菜和水果，取得零售收入 396 000 元。

⑤ 向某图书城销售图书、杂志，货物已发出，并给图书城开具了货款为 277 500 元的增值税专用发票。直到月底，商场尚未收到货款。

⑥ 销售其他货物取得零售收入 867 840 元。

2) 购进情况

① 从农户手中购进蔬菜和水果，收购凭证上注明的收购价格为 200 000 元；支付运费，取得运输公司开具的增值税专用发票上注明的运费为 24 000 元。当月将收购的蔬菜和水果的 30% 用于商场职工的集体福利。从粮食收购站手中购买粮食，取得的增值税专用发票上注明的价款为 68 000 元，税款为 6 120 元。

② 购进办公设备一台，取得防伪税控系统开具增值税专用发票，发票上注明的支付货款为 210 000 元，税款为 27 300 元。

③ 从小规模纳税人手中购进各种包装物和低值易耗品，取得普通发票，发票上列明的金额为 82 000 元。

④ 购入一批日用品，取得防伪税控系统开具的增值税专用发票，发票上注明的货款为 600 000 元，税额为 78 000 元。支付不含税运费 11 800 元，取得增值税专用发票。

⑤ 从国外进口一批高档家用电器，海关审定的关税完税价格为 500 000 元，关税税率为 20%，按规定缴纳了增值税，并取得海关进口增值税专用缴款书。

已知：该商场的各项收入分别核算；其他货物适用的增值税率为 13%；上述相关增值税专用发票均合规且在本月抵扣。

要求：

（1）计算该商场 5 月份的销项税额、进项税额、应纳增值税税额。

（2）该商场提供空调安装服务属于什么行为？为什么？

【答案及解析】

（1）销项税额、进项税额、应纳税额的计算。

销项税额分别计算如下。

① 销售特种空调的销项税额 = [(171 760 + 19 210) / (1 + 13%)] × 13% = 21 970（元）。

② 以旧换新销售方式销售家用计算机，应以新计算机的价格计算销项税额；以旧换新方式销售项链，应以商场实际收到的零售收入计算销项税额；零售收入应转换为不含税收入计算。

销项税额＝[（50×6 328+40×3 390）/（1+13%）]×13%＝52 000（元）

③ 销售电视机，销售额和折扣额开在同一张发票上可以扣除折扣额，但现金折扣不得扣除。

销项税额＝400 000×（1-10%）×13%＝46 800（元）

④ 销售粮食、蔬菜和水果，应以不含税收入按照9%的税率计算销项税额。

销项税额＝[（264 000+396 000）/（1+9%）]×9%＝54 495.41（元）

⑤ 销售图书、杂志，先开票的已产生增值税的纳税义务，应以不含税收入按9%的税率计算销项税额。

销项税额＝277 500×9%＝24 975（元）

⑥ 销项税额＝[867 840/（1+13%）]×13%＝99 840（元）。

该商场本月销项税额＝21 970+52 000+46 800+54 495.41+24 975+99 840＝300 080.41（元）

进项税额分别计算如下。

① 所支付的运输费用，按运费的9%计算进项税额。但将外购的货物用于集体福利，不得抵扣进项税额。

进项税额＝（200 000×9%+24 000×9%）×70%+6 120＝20 232（元）

② 购买的固定资产也可以抵扣进项税额。

进项税额＝27 300（元）

③ 从小规模纳税人处取得的普通发票不得抵扣进项税额。

④ 进项税额＝78 000+11 800×9%＝79 062（元）

⑤ 进口货物取得海关进口增值税专用缴款书，应按组成计税价格计算抵扣进项税额。

进项税额＝500 000×（1+20%）×13%＝78 000（元）

该商场本月可以抵扣的进项税额＝20 232+27 300+79 062+78 000＝204 594（元）

当期应纳税额＝300 080.41-204 594＝95 486.41（元）

（2）该商场销售空调并提供空调安装服务属于混合销售行为。根据规定，从事货物的生产、批发或者零售的单位和个体工商户的混合销售行为，按照销售货物缴纳增值税。

课后练习题

 **牛刀小试**

一、选择题（含单选题和多选题，请用手机扫描下方二维码作答并查看正确答案）

二、思考探索题

1. 请思考为什么世界上大多数国家都开征了增值税，美国却迟迟没有引进增值税制度。
2. 请查阅国内增值税占我国税收收入的比重，并思考我国的增值税有何特点。
3. 我国原来实行的生产型增值税存在哪些问题？为什么要进行增值税的转型改革？与世界上其他国家

广泛实行的增值税制度相比较,我国的增值税与其有何区别?

4. 混合销售行为和兼营行为有何联系和区别?请你说出我国目前社会经济生活中广泛存在的混合销售行为。

5. 结合所学的税法知识和会计知识,试述9种不同的视同销售业务的税务与会计处理。

竞技场

一、选择题（含单选题和多选题,请用手机扫描下方二维码作答并查看正确答案）

二、案例分析题

1. 某生产性企业为增值税一般纳税人,增值税税率为13%,2021年5月经营业务如下。

① 销售货物一批,开出的增值税专用发票上注明销售额100万元,另收取包装费和售后服务费5万元。货物已经发出。购买方支付了50%的货款,其余款项约定在两个月后支付。

② 销售给某商场（小规模纳税人）货物一批,开出普通发票注明价款13.56万元。

③ 将自行开发生产的一批新产品用于广告样品,该产品无市场同类价格。已知其生产成本为10万元。

④ 购进一批生产用原材料,已支付货款,取得的增值税专用发票上注明的税款为7.8万元。

⑤ 购进一批零部件,已付款并验收入库,取得的增值税专用发票上注明价款为18万元,税款为2.34万元。

⑥ 从小规模纳税人处购买办公用品等1万元,取得普通发票。

⑦ 购进生产经营用固定资产,取得的增值税专用发票上注明的价款为33万元,增值税4.29万元。

⑧ 将企业闲置的厂房（2010年6月购入）出租,当月取得的租金收入为1万元,该企业选择简易办法征税。

已知：本月取得的票据符合税法的规定,并在当月申报抵扣。

要求：

(1) 计算该企业当期的销项税额;

(2) 计算该企业当期可抵扣的增值税进项税额;

(3) 计算该企业当期的应纳增值税税额;

(4) 该企业销售货物并出租闲置厂房属于何种行为?应该如何纳税?

2. 某服装公司为增值税一般纳税人,销售商品适用13%的税率,2019年4月发生以下业务：

① 购进原材料,取得的增值税专用发票上注明的价款为40万元,税额5.2万元;取得运费专用发票上注明的运费金额为1万元,税额0.09万元,款项通过银行支付;

② 本月向大型商场销售服装开具增值税专用发票,发票上注明的不含税价款为500万元,向个体经营者销售服装开具普通发票,发票上注明的价款为226万元;

③ 购进一项专利权,取得专用发票上注明的价款为50万元,税额3万元;

④ 购进一栋办公楼,取得专用发票上注明的价款为800万元,税额72万元;

⑤ 出租设备,租金收入开出增值税专用发票,金额50万元,税额6.5万元。

其他相关资料：本月取得的相关票据符合税法规定,并在当月申报抵扣。

要求：计算服装公司4月应缴纳的增值税。

3. 某自营出口的生产企业为增值税一般纳税人,出口货物的征税税率为13%,退税税率为9%。2019年5月的有关经营业务为：购进原材料一批,取得的增值税专用发票注明的价款为400万元,外购货物准予抵扣的进项税额52万元当月申报抵扣。上月月末留抵税款5万元,本月内销货物不含税销售额100万元,收款

113万元存入银行,本月出口货物的销售额折合人民币500万元。试计算该企业当期的"免、抵、退"税额。

4. A市某农机制造厂(增值税一般纳税人)2019年5月发生下列业务。

① 进口生产设备一台,关税完税价格20 000元(人民币),关税税率7%;进口一辆小轿车自用,关税完税价格80 000元,关税税率20%,消费税税率5%,上述进口业务缴纳进口环节相关税费后均取得了海关进口增值税专用缴款书。

② 购入农机零件一批,取得税控增值税专用发票注明不含增值税价款150 000元。

③ 销售农机零件取得不含税销售额10 000元;销售农机整机取得不含税销售额100 000元;以旧换新方式销售农机整机,共取得含税收入200 000元(已扣除旧货含税收购价款26 000元)。

④ 接受其他农机厂委托加工农机一台,对方提供材料成本5 000元,向对方收取不含税加工费2 000元。

⑤ 将一辆使用过2年的送货卡车捐赠给贫困地区,原值100 000元,账面净值70 000元。

⑥ 将一台使用过3年的设备转让,原值25 000元,账面净值15 000元,转让价为含税金额13 200元。

⑦ 出租位于本市的一幢4年前取得的办公用房,价税合计收取租金80 000元,选择简易计税方法。

其他相关资料:本月取得的相关票据符合税法规定,并在当月申报抵扣,纳税人销售自己使用过的固定资产,未放弃减税。

要求:根据上述资料,回答以下问题。

(1) 计算进口环节缴纳的增值税的合计数;
(2) 计算当期可抵扣的增值税的进项税额;
(3) 计算捐赠卡车和转让旧设备业务应缴纳的增值税的合计数;
(4) 计算该厂当期应向税务机关缴纳的增值税额。

5. 某文化创意公司为一般纳税人,2019年5月发生以下业务。

① 为客户提供设计服务,取得服务收入318万元,给对方开具了增值税专用发票,发票中注明服务费300万元,增值税税额18万元。

② 外购材料,取得增值税专用发票,注明价款40万元,进项税额5.2万元。

③ 外购用于职工福利的食品,取得增值税专用发票,注明价款10万元,进项税额1.3万元。

④ 外购5台设备,取得增值税专用发票,注明价款50万元,增值税6.5万元。

⑤ 销售自己使用过5年的技术设备,取得收入12万元,给对方出具普通发票。该设备的购进价30万元,累计折旧15万元。

要求:计算该公司当期应纳的增值税。

第 4 章

消费税法

思维导图

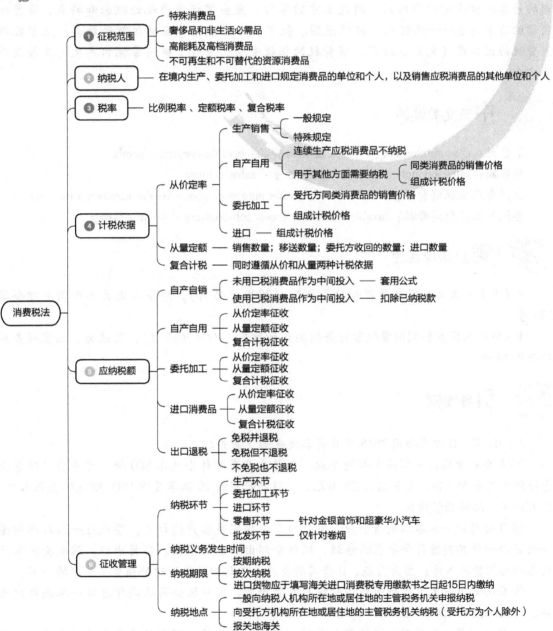

学习提示

消费税是政府向特定的消费品征收的税项,是典型的间接税,是在对货物普遍征收增值税的基础上选择少数消费品再征收的一个税种,主要是为了调节产品结构,引导消费方向,保证国家财政收入。消费税的征收范围具有选择性,征收环节具有单一性,征收方法具有灵活性,同时税负具有转嫁性。据统计,目前世界各国已有 120 多个国家普遍开征消费税,在各国的财政收入中,尤其是在发展中国家的财政收入中占有十分重要的地位。

本章主要介绍消费税的基本概念、特点、纳税人、征税对象、税目、税率、应纳税额的计算及征收管理等内容。通过本章的学习,应当掌握消费税的概念和特点,消费税法律的基本内容——纳税人、征税范围、税率、计税依据和应纳税额的计算;应当理解消费税的出口退(免)税政策、消费税的征收管理;应当了解消费税的产生与发展及改革方向。

 中英文关键词

消费税:consumption tax 　　　　应税消费品:taxable consumer goods
销售额:sales amount 　　　　　　销售数量:sales volume
自产自用应税消费品:self-produced taxable consumer goods for the taxpayer's own use
委托加工应税消费品:taxable consumer goods sub-contracted for processing

 重点法规速递

◆《中华人民共和国消费税暂行条例》(2008 年修订),中华人民共和国国务院令第 539 号

◆《中华人民共和国消费税暂行条例实施细则》(2008 年修订),财政部、国家税务总局令第 51 号

 引导案例

A、B、C、D 四家公司 2018 年 6 月各发生如下业务。

① A 公司是国内一家汽车制造企业,当月生产奔腾牌小汽车 800 辆,其中当月销售出奔腾牌小汽车 580 辆,每辆售价 25 万元,另将新研制的 10 辆华晨牌 CRV 赠送给关系客户,没有同类产品的销售价格。

② B 公司是一家卷烟制造企业,当月为了尽快完成客户的订单,委托另一家卷烟制造企业 E 公司代其制造符合要求的卷烟,烟丝全部由 B 公司提供。当月中旬,该批委托生产的卷烟已经验收入库;当月月底,B 公司将委托加工收回的卷烟对外销售了其中的一半。

③ C 公司是一家具有进出口经营权的外贸企业,当月该公司从国外进口一批高档化妆品,价值人民币 150 万元。

④ D 公司是一家注册登记的黄金首饰制造企业,主要从事各种黄金首饰的生产,但为

了降低成本，D 公司并没有建立自己的销售网络，而是将其产品全部出售给一家商业连锁企业——F 公司，再由 F 公司利用自己的销售网络对外销售。当月共生产了价值 1 200 万元的首饰，并通过 F 公司零售了 720 万元。

请描述 A、B、C、D 四家公司应如何缴纳消费税？

4.1 消费税概述

4.1.1 消费税的含义

在对消费税含义的认识上，理论界历来有两种不同的理论观点。一种观点认为，消费税是指以个人及家庭在某一段时间的综合性消费支出为课税基础，由商品和劳务的消费者或使用者缴纳的直接消费税。这种消费税的计税依据是支出的数额，即个人及家庭在某一段时间的所得额扣除所得税与储蓄额后的余额，也称消费支出税①。消费支出税是所得税的一种特殊形式，符合公平原则，具有鼓励储蓄投资的功能，且不会发生税负转嫁，但是对于消费支出的计算尚无定论，而且征管难度很大。除了 20 世纪 50 年代在印度和斯里兰卡小规模地试行过一段时间外，消费支出税至今仍停留在理论探讨阶段。另一种观点则认为，消费税是指对消费品或消费行为课征的税收，属于间接税的范畴，税收随价格及交易行为的完成，转嫁给消费者负担，销售者是纳税人，消费者是负税人②。这一含义的消费税源于英语中的 excise 一词。excise tax，可译为国内产品税、国内消费税或货物税等。这种消费税主要是以某些特定的消费品为课税对象，课税环节单一，课税范围根据各国国情不同而有所不同。目前，世界上开征消费税的国家中，大多采用的是这种含义的消费税。

我国的消费税是对在我国境内从事生产、委托加工和进口应税消费品的单位和个人，就其销售额或销售数量在特定环节征收的一种税。简而言之，消费税是对特定的消费品征收的一种税。可见，我国征收的消费税也采用了第二种观点。

消费税是对有选择的目标商品课征。按照应税范围的大小，可把消费税划分为普通消费税和特种消费税。普通消费税一般是指对大部分消费品征收的一种税，其征税范围涉及工业领域的绝大部分产品，品目种类较多，具有较强的组织财政收入的作用。特种消费税一般是指对特定的消费品（或消费行为）征收的一种税，其应税消费品品目的选择仅限于特定范围，品目种类较少，具有独特的调节生产、消费的作用。常见的商品有酒精饮料、烟草产品、石油产品和汽车等。所有这些商品一般都具有以下特征：需求弹性小，消费有"恶"的因素或者消费具有外部性③。我国目前开征的消费税属于特种消费税。诺贝尔经济学奖获得者保罗·萨缪尔森对消费税是这样评论的："一种新型税收是对污染和其他有害的外部效应征税，这些税被称为绿税，因为它们旨在改善环境，同时增加收入。"

---

① 李万甫. 商品课税经济分析. 北京：中国财政经济出版社，1998：212.
② 同①。
③ 瑟仁伊. 比较税法. 丁一，译. 北京：北京大学出版社，2006：328.

4.1.2 消费税的特性

消费税是流转税的一种，它除了具有流转税的共性特征以外，与其他流转税相比较而言，具有以下特点。

1. 征收范围具有选择性

消费税区别于其他所有税种的最本质特征就是，它能够体现特定的政策目标。目前世界各国的消费税并不是对所有的消费品和消费行为都征收消费税，而是基于调节消费、引导生产、节约资源、保护环境等方面的考虑，选择了一部分特定消费品和消费行为作为征税范围。各国的消费税征税项目虽然各不相同，但大多数国家的共同点都是把非必需品、奢侈品、高档消费品、高能耗消费品、不可再生的资源消费品等列入征收范围。税目大体上有：烟类、酒类、机动车辆、化妆品、贵重金属制品、珠宝、石油、音响设备、电视机、电器器具、娱乐消费税及赌博消费税等。我国目前消费税的征收范围主要包括了特殊消费品、奢侈品、高能耗消费品、不可再生的资源消费品。与国外消费税相比，我国未将特殊消费行为列入征税范围。

2. 征税环节的单一性

消费税实施一次课征制，即在生产、流通或消费的单一环节一次征收，而不是在消费品从生产到消费的全过程的各个环节多次征收。基于节约税收成本、提高征管效率、防止税收流失的考虑，世界各国对大多数消费品一般选择在生产环节征税，我国也是如此。

3. 征收方法和税率设计的灵活性

消费税针对不同的税目可以采用不同的征税方法。对一部分供求矛盾突出、价格变化较大，且便于按价格核算的应税消费品实行从价计征；对一部分供求基本平衡、价格变动较小，品种、规格比较单一的大宗消费品实行从量计征；而对特殊商品为达到"寓禁于征"和控制逃漏税的目的，实行从价和从量复合计征。我国目前对消费税也采用从价定率、从量定额和复合征税三种方法。

消费税是按照选定的消费品分别确定不同税率，项目之间的税负水平弹性很大、高低悬殊。这种多税率、差距大的特点，体现了国家特定政策的需要。例如，法国对粮食酒每100千克征收1 350法郎的重税，以抑制粮食酒的消费，达到节约粮食的目的；而对果酒每100千克只征收3~9法郎的轻税，以鼓励其消费。我国目前消费税法对小汽车根据排气量的大小，分别设计高低不同的税率，最低税率只有1%，而最高税率可达到40%，体现了国家对汽车领域的特定调节作用。

4. 财源集中，易于征管

消费领域的税源是十分丰富的。许多国家都选择那些生产集中、产销量大、财政收入充足的消费品作为消费税的征收对象。由于征收范围有限、税源集中、征收简便、成本低，因而聚财方便，而且聚财量非常可观。一些发达国家消费税的收入占各税总收入的比例为20%~30%，发展中国家为30%~40%，有的高达40%以上。在我国现行税收体系中，消费税是目前中央财政收入中仅次于增值税的第二大税种。

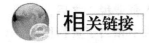

消费税和增值税的关系

联系：二者都是对货物征收，缴纳增值税的货物并不都缴纳消费税，而缴纳消费税的货物一定要缴纳增值税，即在某一指定的环节两个税是同时征收的。

区别如下。

（1）征税范围不同。增值税的征税范围较广，包括所有的应税销售行为；消费税仅限于增值税货物中的 15 类特定应税消费品。

（2）价税关系不同。增值税是价外税，消费税是价内税。

（3）纳税环节不同。增值税在多环节征收，同一货物在生产、批发、零售、进出口多环节征收；消费税除卷烟和超豪华小汽车外只在单一环节纳税。

（4）计税依据和计税方法不同。增值税的计税依据具有单一性，依据纳税人的性质实行不同的计税方法，但都是从价定率计税；消费税计税依据具有多样性，根据应税消费品选择不同的计税方法，包括从价征收、从量征收和复合征收三种。

4.1.3 消费税的产生和发展

消费税的征收历史悠久，远在古罗马帝国时代，随着城市的兴起与商业的繁荣，相继开征了诸如盐税、酒税、矿产品税、皮毛税等单项消费税性质的产品税，这就是消费税的雏形。其后，欧洲的中古到近古时代，产品税已发展成为西方各国财政收入的主要来源，在欧洲还出现了把产品税区分为对必需品课税和对奢侈品课税。工业革命后，随着国家财政需要的日益扩大，特别是为了筹措战争经费，各主要资本主义国家相继确立了流转税和消费税相结合，或商品销售税与消费税相结合的商品税制模式。随着商品货币经济的发展，消费税的课征范围不断扩大，消费税在各资本主义国家的税制结构和税收收入中占有越来越重要的地位。但在 19 世纪至 20 世纪初期间，由于民主政治的发展，量能课税学说的兴起，以及以所得税为代表的直接税制体系的发展，作为商品课税主要形式的消费税的主体税种地位一度受到削弱，在第一次世界大战前仅有为数不多的国家采行消费税。但第一次世界大战和第二次世界大战期间，由于各国战后财政困难且其他税源匮乏，各国又纷纷推行消费税。直至目前，消费税仍以其对经济的独特调节作用，成为世界各国不可或缺的一个重要税种。

我国早在周代就开征了"山泽之赋"。春秋战国时期，齐国管仲提出了"官山海"的主张，首创盐铁专卖。此后，盐税、铁税、酒税、茶税成为最主要的四大产品税。在不同的时期，这四大产品或实行专卖，或征税。但无论是实行专卖还是征税，这些具有消费税性质的产品税在我国封建时期历朝历代的政府收入来源中都占有举足轻重的地位。

我国现行的消费税前身是中华人民共和国成立初期开征的货物税和特种消费税，在此基础上经过半个多世纪的逐步发展和完善而形成消费税。1950 年颁布了《货物税暂行条例》，规定对烟、纤维、饮食品等 10 大类、51 个项目、1 136 个细目的产品征收货物税。同年，还开征了特种消费行为税，包含娱乐、筵席、冷食、旅馆 4 个税目，其后随着工商税制改革，特种消费行为税应税项目被并入各税种。但在 1953 年税制改革时特种消费行为税被取消,对电影、娱乐和戏剧三个行业改征文化娱乐税,其他税目则并入营业税。之后,我国1958年至1973年征收的工商统一税、1973年至1984年征收的工商税中相当于货物税的一部分、1984年至1993年征收的产品税和增值税都集中体现了对大量消费品(行为)的课税,但实质上是相当于或其中部分相当于消费税的性质,只不过我国一直未命名消费税。而我国在1983年征收的烧油特别税,1988年开征的筵席税,1989年对小轿车、彩电开征的特别消费税则具有强烈的消费税色彩。直至1994年我国实行全面的税制改革时,消费税才正式成为一个独立的税种。1993年12月13日国务院颁布《中华人民共和国消费税暂行条例》(以下简称《消费税暂行条例》),从1994年1月1日起正式施行。1993年12月25日,财政部、国家税务总局还发布了《中华人民共和国消费税暂行条例实施细则》(以下简称《消费税暂行条例实施细则》)。在增值税普遍征收的基础上,我国选定了11类需要特殊调节的消费品征收消费税,以贯彻国家产业政策和消费政策,从而形成了目前增值税普遍征收、消费税特殊调节、部分征税项目交叉的双层次征税结构。

2006年4月1日,我国对消费税进行了一次结构性调整,主要是扩大了资源品和奢侈品的范围。这次改革突出了促进环境保护和节约资源、合理引导消费和间接调节收入分配两个重点。改革之后的消费税税目由原来的11个调整为14个。

此后,由于2008年我国对《增值税暂行条例》作出了重要的修订,同时鉴于增值税和消费税、营业税之间存在较强的相关性,为了保持税种相关政策和征管措施之间的有效衔接,我国又适时地对消费税条例和营业税条例进行了相应修改。新修改的《消费税暂行条例》主要发生了两方面的变化。

(1) 将1994年以来出台的政策内容调整,更新到新修订的消费税条例中,如部分消费品(金银首饰、铂金首饰、钻石及钻石饰品)的消费税调整在零售环节征收,对卷烟和白酒增加复合计税办法,调整消费税税目税率等。

(2) 与增值税条例衔接,将纳税申报期限从10日延长至15日,对消费税的纳税地点等规定进行了调整。

同时,配合《消费税暂行条例》的修改,我国又于2008年12月18日修订通过了新的《消费税暂行条例实施细则》。

此后,消费税的征税范围和适用税率等一直在不断更新中。

相关链接

各国消费税政策一览

美国消费税。美国消费税的主要内容有3方面。① 联邦消费税:主要由联邦政府所征收,属于有限型消费税。美国联邦的消费税主要分为四类:第一类是对有害商品如酒精、烟草等征收的税,被称为"罪恶税";第二类是对于交通运输和通信设施征收的税,包括汽油税、其他燃料税、轮胎和运输车辆税以及对航空运输、电话等征收的税;第三类是对环境和资源所征的税,包括对捕鱼设施、煤和化学物品征收的税;第四类是对奢侈品所征的税,包括对珠宝、皮毛和高档小汽车征收的税。② 州、地方消费税:美国全国50个州和哥伦比亚特区均征收酒税、烟税、汽油税等消费税,许多州的地方政府也征收一些消费税。消费税的税率在各州和地方也有所不同。③ 一般销售税：美国有45个州和哥伦比亚特区征收一般销售税，其主要征税对象有公共事业服务的总收入（如电影戏剧入场费、电器煤气服务费等）、个人有形财产的出售收入、特别服务费收入（旅馆住宿、广告、印刷、浆洗、修缮等服务收入）等。对不动产转移立据征收单据印花税，也列入一般销售税。一般销售税采用比例税率，大多为4%～5%。

俄罗斯消费税。目前，俄罗斯规定征收消费税的商品有：① 用所有原料种类酿造的乙醇和含酒精溶液；② 酒类制品，如饮用酒精、伏特加、烈性甜酒类、白兰地、天然葡萄酒、特制葡萄酒、酒精含量超过1.5%的其他饮品；③ 啤酒和烟叶制品；④ 珠宝首饰制品；⑤ 石油，包括天然气凝析油；⑥ 汽车用汽油；⑦ 轻型汽车；⑧ 某些种类的矿物原料。

2012年，俄联邦委员会（议会上院）批准了《消费税法》草案，确定了消费税征收标准。根据该法案，2015年俄消费税将全面上涨。其中，含酒精产品为25%，雪茄为50%，烟草为20%，葡萄酒和啤酒为12.5%，汽油和柴油为10%。同时，对家用燃气新征消费税，税费为每吨7 735卢布（约合250美元）。

日本消费税。日本的消费税实质上是普遍意义上的增值税，其基本特点包括：一是采取宽税基，以强调税负公平；二是实行低税率，以鼓励国内消费，基础税率为5%，其中，4%为中央消费税，1%为地方消费税，是增值税税率最低的国家之一；三是允许扣除进项税额，以避免重复征税；四是设定起征点，以减轻中小企业负担；五是实行出口"零税率"，以鼓励出口贸易。与其他多数国家做法一样，日本对出口商品和服务实行"零税率"。

2013年3月30日，日本政府召开内阁会议，讨论通过了消费税增税法案。根据增税法案，2014年4月将现行的5%税率提高到8%，2015年10月提高到10%。增税所得用于年金、医疗、看护、育儿等社会保障领域。

4.2 消费税的征税范围和纳税人

4.2.1 消费税的征税范围

消费税的征税范围是指消费税法规定的征收消费税的消费品及消费行为的具体种类。根据各国征税范围的宽窄，可将消费税分为有限型、中间型、延伸型。有限型消费税征税范围不宽，征税对象主要是传统的消费品，税目一般有10～15种，例如，英国仅对酒精、烟草等征收消费税。中间型消费税征税范围较宽，除有限型消费税征税范围以外，还包括日用消费品、奢侈消费品及一些服务行业，世界上有30%左右的国家采用这种形式。延伸型消费税已经接近于无选择的消费税，除了上述两类包括的范围外，还将生产、生活资料列为消费税的征税对象，如韩国、意大利等。一国政府如何在上述三种类型的消费税中进行选择，主要取决于该国的经济发展状况、居民的消费水平和消费结构及征税传统，我国借鉴国外的成功经验和通行做法，实行的是有选择的有限型消费税，规定的征税范围是在中华人民共和国境内生产、委托加工和进口法定的"应税消费品"。应税消费品的确定具体包括四大类。

1. 特殊消费品

这些消费品若过度消费会对人类健康、社会秩序、生态环境等方面造成危害,因此对其征税可以起到抑制消费的作用。此类消费品包括烟,酒,鞭炮、焰火,电池,涂料五个税目。

2. 奢侈品和非生活必需品

通过对这些消费品征税,可以调节消费者的收入水平。此类消费品包括高档化妆品、贵重首饰及珠宝玉石、游艇、高档手表、高尔夫球及球具五个税目。

3. 高能耗及高档消费品

这类消费品不仅价格较高,而且消耗大量能源,对其征税体现了国家对高消费的一种特殊调节。此类消费品包括摩托车、小汽车两个税目。

4. 不可再生和不可替代的资源消费品

通过对这类消费品征税,体现了国家对稀缺资源的保护。此类消费品包括成品油、木制一次性筷子、实木地板三个税目。

4.2.2 消费税的纳税人

根据《消费税暂行条例》的规定,在中华人民共和国境内生产、委托加工和进口本条例规定的消费品的单位和个人,以及国务院确定的销售应税消费品的其他单位和个人,为消费税的纳税人。这里所说的"单位"是指国有企业、集体企业、私有企业、股份制企业、其他企业和行政单位、事业单位、军事单位、社会团体及其他单位。"个人"是指个体经营者及其他个人。"在中华人民共和国境内"是指生产、委托加工和进口应税消费品的起运地或所在地在境内。具体介绍如下。

(1) 生产销售(包括自产自用)应税消费品,以生产销售的单位和个人为纳税人,由生产者向税务机关申报纳税。

值得注意的是,工业企业以外的单位和个人的下列行为视为应税消费品的生产行为,按规定征收消费税:

① 将外购的消费税非应税产品以消费税应税产品对外销售的;

② 将外购的消费税低税率应税产品以高税率应税产品对外销售的。

(2) 生产销售金银首饰、钻石及钻石饰品,以从事金银首饰、钻石及钻石饰品零售业务的单位和个人为纳税人。经营单位兼营生产、加工、批发、零售业务的,应分别核算销售额,未分别核算销售额或者划分不清的,一律视同零售征收消费税。

(3) 委托加工除金银首饰以外的应税消费品,以委托加工的单位和个人为纳税人。为加强税收的源泉控制,简化税收征管手续,除受托方为个人外,由受托方在向委托方交货时代收代缴税款。但委托加工、委托代销金银首饰的,受托方为纳税人。

(4) 进口应税消费品,以进口的单位和个人为纳税人,由海关代征进口环节的消费税。

(5) 自 2009 年 5 月 1 日起,在我国境内从事卷烟批发业务的单位和个人也成为消费税的纳税人。

(6) 自 2016 年 12 月 1 日起,将超豪华小汽车销售给消费者的单位和个人为超豪华小汽车零售环节纳税人。

4.3 消费税的税目和税率

4.3.1 消费税的税目

我国现行的消费税设置 15 个税目，具体名称和内涵如下。

1. 烟

凡是以烟叶为原料生产的产品，不论使用何种辅料，均属于本税目的征税范围，包括卷烟（进口卷烟、白包卷烟、手工卷烟和未经国务院批准纳入计划的企业及个人生产的卷烟）、雪茄烟、烟丝和电子烟。

2. 酒

酒是酒精度在 1 度以上的各种酒类饮料。酒类包括白酒、黄酒、啤酒和其他酒。

3. 高档化妆品

自 2016 年 10 月 1 日起，取消对普通美容、修饰类化妆品征收消费税，将"化妆品"税目名称更名为"高档化妆品"。征收范围包括高档美容、修饰类化妆品、高档护肤类化妆品和成套化妆品。高档美容、修饰类化妆品和高档护肤类化妆品是指生产（进口）环节销售（完税）价格（不含增值税）在 10 元/毫升（克）或 15 元/片（张）及以上的美容、修饰类化妆品和护肤类化妆品。

4. 贵重首饰及珠宝玉石

本税目的具体征税范围包括凡以金、银、白金、宝石、珍珠、钻石、翡翠、珊瑚、玛瑙等高贵稀有物质及其他金属、人造宝石等制作的各种纯金银首饰及镶嵌首饰（含人造金银、合成金银首饰等）和经采掘、打磨、加工的各种珠宝玉石。对出国人员免税商店销售的金银首饰征收消费税。"金银首饰的范围"不包括镀金（银）、包金（银）首饰，以及镀金（银）、包金（银）的镶嵌首饰。

5. 鞭炮、焰火

本税目的具体征税范围包括各种鞭炮、焰火。体育上用的发令纸、鞭炮引线不按本税目征收。

6. 成品油

本税目的具体征税范围包括汽油、柴油、航空煤油、石脑油、溶剂油、润滑油、燃料油 7 个子目。航空煤油暂缓征收消费税。

7. 电池

电池，是一种将化学能、光能等直接转换为电能的装置，一般由电极、电解质、容器、极端，通常还有隔离层组成的基本功能单元，以及用一个或多个基本功能单元装配成的电池组。范围包括：原电池、蓄电池、燃料电池、太阳能电池和其他电池。

自 2015 年 2 月 1 日起，对电池征收消费税。但对无汞原电池、金属氢化物镍蓄电池（又称"氢镍蓄电池"或"镍氢蓄电池"）、锂原电池、锂离子蓄电池、太阳能电池、燃料电池和全钒液流电池免征消费税。

自 2015 年 12 月 31 日前对铅蓄电池缓征消费税；自 2016 年 1 月 1 日起，对铅蓄电池按

4%税率征收消费税。

8. 涂料

涂料是指涂于物体表面能形成具有保护、装饰或特殊性能的固态涂膜的一类液体或固体材料之总称。涂料由主要成膜物质、次要成膜物质等构成。按主要成膜物质涂料可分为油脂类、天然树脂类、酚醛树脂类、沥青类、醇酸树脂类、氨基树脂类、硝基类、过滤乙烯树脂类、烯类树脂类、丙烯酸酯类树脂类、聚酯树脂类、环氧树脂类、聚氨酯树脂类、元素有机类、橡胶类、纤维素类、其他成膜物类等。

9. 小汽车

小汽车是指由动力装置驱动,具有四个或四个以上车轮的非轨道承载的车辆车。小汽车的具体征税范围包括含驾驶员座位在内最多不超过9个座位(含)的、在设计和技术特性上用于载运乘客和货物的各类乘用车,以及含驾驶员座位在内的座位数在10至23座(含23座)的、在设计和技术特性上用于载运乘客和货物的各类中轻型商用客车。

用排气量小于1.5升(含)的乘用车底盘(车架)改装、改制的车辆属于乘用车的征税范围。用排气量大于1.5升的乘用车底盘(车架)或用中轻型商用客车底盘(车架)改装、改制的车辆属于中轻型商用客车的征税范围。

含驾驶员人数(额定载客)为区间值的(如8~10人、17~26人)小汽车,按其区间值下限人数确定征税范围。电动汽车不属于本税目的征税范围。

为了引导合理消费,促进节能减排,经国务院批准,自2016年12月1日起对超豪华小汽车加征消费税。即在"小汽车"税目下增设"超豪华小汽车"子税目。征收范围为每辆零售价格130万元(不含增值税)及以上的乘用车和中轻型商用客车,即乘用车和中轻型商用客车子税目中的超豪华小汽车。

10. 摩托车

本税目的具体征税范围包括轻便摩托车和摩托车。对最大设计车速不超过50千米/小时,发动机气缸总工作容量不超过50毫升的三轮摩托车不征收消费税。

11. 高尔夫球及球具

高尔夫球及球具是指从事高尔夫球运动所需的各种专用装备,包括高尔夫球、高尔夫球杆及高尔夫球包(袋)等。本税目的具体征税范围包括高尔夫球、高尔夫球杆、高尔夫球包(袋)及高尔夫球杆的杆头、杆身和握把。

12. 高档手表

高档手表是指销售价格(不含增值税)每只在10 000元(含)以上的各类手表。本税目的征税范围包括符合以上标准的各类手表。

13. 游艇

游艇是指长度大于8米、小于90米,船体由玻璃钢、钢、铝合金、塑料等多种材料制作,可以在水上移动的水上浮载体。本税目的征税范围包括艇身长度大于8米(含)、小于90米(含),内置发动机,可以在水上移动,一般为私人或团体购置,主要用于水上运动和休闲娱乐等非牟利活动的各类机动艇。

14. 木制一次性筷子

木制一次性筷子,又称卫生筷子,是指以木材为原料经过锯段、浸泡、旋切、刨切、烘干、筛选、打磨、倒角、包装等环节加工而成的各类一次性使用的筷子。本税目的征税范围包括各种规格的木制一次性筷子。未经打磨、倒角的木制一次性筷子属于本税目的征税范围。

15. 实木地板

实木地板是指以木材为原料，经锯割、干燥、刨光、截断、开榫、涂漆等工序加工而成的块状或条状的地面装饰材料。本税目的具体征税范围包括各种规格的实木地板、实木指接地板、实木复合地板，以及用于装饰墙壁、天棚的侧端面为榫、槽的实木装饰板和未经涂饰的素板。

4.3.2 消费税的税率

1. 税率的一般规定

消费税涉及的一个主要政策问题是税率：应该设置多高的税率，应该设计成定额税率还是从价税率。实践中，两种方法均有使用，有时是结合使用。根据我国现行的消费税制度，消费税实行比例税率、定额税率两种形式，以适应不同应税消费品的实际情况。基于用量大、计量单位规范、同类产品价格差异不大的考虑，我国消费税法对黄酒、啤酒和成品油实行定额税率；而对于大多数消费品则选择税价联动的比例税率；对卷烟、白酒则实行复合税率。消费税税目税率表如表4-1所示。

表 4-1 消费税税目税率表

税　　目	从量征税的计税单位	税率/税额
一、烟		
1. 卷烟		
定额税率	每支	0.003元
比例税率		
工业		
（1）甲类卷烟［调拨价70元/条以上（含70元）］		56%
（2）乙类卷烟（调拨价70元/条以下）		36%
商业批发	每支0.005元	11%
2. 雪茄烟		36%
3. 烟丝		30%
4. 电子烟		
（1）工业	每盒	36%
（2）商业批发	每盒	11%
二、酒		
1. 白酒		
定额税率	500克（毫升）	0.5元
比例税率		20%
2. 黄酒	吨	240元
3. 啤酒		
（1）甲类啤酒	吨	250元

续表

税　目	从量征税的计税单位	税率/税额	
（2）乙类啤酒	吨	220 元	
4. 其他酒		10%	
三、高档化妆品		15%	
四、贵重首饰及珠宝玉石			
1. 金银首饰、铂金首饰和钻石及钻石饰品		5%	
2. 其他贵重首饰和珠宝玉石		10%	
五、鞭炮、焰火		15%	
六、成品油			
1. 汽油	升	1.52 元	
2. 柴油	升	1.20 元	
3. 航空煤油	升	1.20 元	
4. 石脑油	升	1.52 元	
5. 溶剂油	升	1.52 元	
6. 润滑油	升	1.52 元	
7. 燃料油	升	1.20 元	
七、电池		4%	
八、涂料		4%	
九、小汽车		生产（进口）环节	零售环节
1. 乘用车	根据排气量确定税率		
（1）气缸容量（排气量，下同）在 1.0 升（含 1.0 升）以下的		1%	
（2）气缸容量在 1.0 升以上至 1.5 升（含 1.5 升）的		3%	
（3）气缸容量在 1.5 升以上至 2.0 升（含 2.0 升）的		5%	
（4）气缸容量在 2.0 升以上至 2.5 升（含 2.5 升）的		9%	
（5）气缸容量在 2.5 升以上至 3.0 升（含 3.0 升）的		12%	
（6）气缸容量在 3.0 升以上至 4.0 升（含 4.0 升）的		25%	

消费税法 **第4章**

续表

税　目	从量征税的计税单位	税率/税额
（7）气缸容量在 4.0 升以上的		40%
2. 中轻型商用客车		5%
3. 超豪华小汽车		按子税目 1 和子税目 2 的规定征收　10%
十、摩托车	根据排气量确定税率	
（1）气缸容量（排气量）在 250 毫升的		3%
（2）气缸容量在 250 毫升以上的		10%
十一、高尔夫球及球具		10%
十二、高档手表		20%
十三、游艇		10%
十四、木制一次性筷子		5%
十五、实木地板		5%

2. 税率的特殊规定

（1）纳税人兼营不同税率的应税消费品，应当分别核算不同税率应税消费品的销售额、销售数量；未分别核算销售额、销售数量，或者将不同税率的应税消费品组成成套消费品销售的，从高适用税率。

（2）对卷烟适用税率的规定。纳税人兼营卷烟批发和零售业务的，应当分别核算批发和零售环节的销售额、销售数量；未分别核算批发和零售环节销售额、销售数量的，按照全部销售额、销售数量计征批发环节消费税。

 思考专栏

某酒厂既生产税率为 20% 的粮食白酒，又生产税率为 10% 的其他酒，如药酒、果酒等。同时，该酒厂还生产白酒与其他酒组成的礼品套酒，该酒厂对上述销售行为并未分别核算。请问该酒厂应如何缴纳消费税？

4.4　消费税的计税依据

4.4.1　从价定率计税方法的计税依据

采用从价定率计税方法的应税消费品，消费税的计税依据是销售额。

1. 生产销售应税消费品销售额的确定

1) 计税销售额的一般规定

(1) 销售额的定义。按照《消费税暂行条例》和《消费税暂行条例实施细则》的规定,销售额为纳税人销售应税消费品向购买方收取的全部价款和价外费用。其中的"价外费用"是指价外收取的基金、集资费、返还利润、补贴、违约金(延期付款利息)和手续费、包装费、储备费、优质费、运输装卸费、代收款项、代垫款项及其他各种性质的价外收费,但下列款项不包括在内。

① 同时符合以下条件的代垫运费:
- 承运部门的运费发票开具给购买方的;
- 纳税人将该项发票转交给购买方的。

② 同时符合以下条件的代为收取的政府性基金或者行政事业性收费:
- 由国务院或者财政部批准设立的政府性基金,由国务院或者省级人民政府及其财政、价格主管部门批准设立的行政事业性收费;
- 收取时开具省级以上财政部门印制的财政票据;
- 所收款项全额上缴财政。

除此之外,其他价外费用,无论是否属于纳税人的收入,均应并入销售额计算征税。

(2) 销售额的换算。应税消费品在缴纳消费税的同时,还应缴纳增值税。按照消费税法的规定,应税消费品的销售额不包括应向购买方收取的增值税税款。如果纳税人应税消费品的销售额中未扣除增值税税款或者因不得开具增值税专用发票而发生价款和增值税税款合并收取的,在计算消费税时,应当换算为不含增值税税款的销售额。其换算公式为:

应税消费品的销售额=含增值税的销售额/(1+增值税税率或征收率)

在使用换算公式时,应根据纳税人的具体情况分别使用增值税税率或征收率。如果消费税的纳税人同时又是增值税一般纳税人,应适用13%的增值税税率;如果消费税的纳税人是小规模纳税人,应适用3%的征收率。

2) 计税销售额的特殊规定

(1) 包装物连同应税消费品销售时计税销售额的确定。根据消费税法的规定,应税消费品连同包装物销售的,无论包装物是否单独计价,也不论在会计上如何核算,均应并入应税消费品的销售额中征收消费税。这一规定与增值税的规定相同。

(2) 销售应税消费品的包装物收取押金时计税销售额的确定。根据现行消费税制度的相关规定,分为以下三种情况。

① 如果包装物不作价随同产品销售,而是收取押金,此项押金则不应并入应税消费品的销售额中征税。但对因逾期收回的包装物不再退还的和已收取一年以上的押金,应并入应税消费品的销售额,按照应税消费品的适用税率征收消费税。

② 对既作价随同应税消费品销售,又另外收取包装物的押金的,凡纳税人在规定的期限内不予退还的,均应并入应税消费品的销售额,按照应税消费品的适用税率征收消费税。

③ 酒类生产企业销售酒类产品(黄酒、啤酒除外)而收取的包装物押金,无论押金是否返还及在会计上如何核算,均应并入酒类产品销售额中征收消费税。

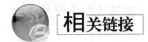

包装物押金的税务处理总结

押金种类	增值税处理		消费税处理	
一般应税消费品的包装物押金	收取时	×	收取时	×
	逾期时	√	逾期时	√
啤酒、黄酒包装物押金	收取时	×		×
	逾期时	√		
酒类产品包装物押金（除啤酒、黄酒外）	收取时	√	收取时	√
	逾期时	×	逾期时	×

（注："√"表示"缴税"；"×"表示"不缴税"。）

（3）发生视同对外销售时计税销售额的确定。纳税人用于换取生产资料和消费资料，投资入股和抵偿债务等方面的应税消费品，应当以纳税人同类应税消费品的最高销售价格作为计税依据计算消费税。

（4）纳税人通过自设非独立核算门市部销售的自产应税消费品，应当按照门市部对外销售额征收消费税。

（5）纳税人将自产的应税消费品与外购或自产的非应税消费品组成套装销售的，以套装产品的销售额（不含增值税）为计税依据。

【例4-1】 2019年4月一位客户向某汽车制造厂（增值税一般纳税人）订购自用汽车一辆，支付货款（含税）256 000，另付设计、改装费15 200元。该辆汽车计征消费税的销售额为多少元？

【答案】 计算消费税的销售额包括向购买方收取的全部价款和价外费用，但不包括收取的增值税销项税。

应税销售额 = (256 000+15 200)/(1+13%) = 240 000（元）

2. 自产自用应税消费品销售额的确定

在纳税人生产应税消费品中，有一种特殊的形式，即自产自用形式。所谓自产自用，就是纳税人生产应税消费品后，不是直接用于对外销售，而是用于自己连续生产应税消费品，或用于其他方面。这种自产自用形式，在实际经济生活中比较常见，比如有的企业把自己生产的应税消费品用于职工福利、赠送关系客户等，以为不是对外销售，不必计入销售额，不需纳税。这样就出现了漏缴税款的现象。因此，有必要界定这种行为并认真理解税法对自产自用应税消费品的有关规定。

（1）纳税人自产自用的应税消费品，用于连续生产应税消费品的，不纳税。

所谓"纳税人自产自用的应税消费品，用于连续生产应税消费品的"，是指这种消费品作为生产最终应税消费品的直接材料、并构成最终产品实体。也就是说，将自己生产的应税消费品用于连续生产应税消费品的，中间投入的应税消费品不需纳税，只对最终的应税消费品征税。这样的规定体现了税不重征和计税简便的原则，很好地避免了重复征税问题。例如，卷烟厂用自己生产出来的烟丝来连续生产卷烟，那么作为中间投入物的应税消费品烟丝不征税，只对生产的卷烟征收消费税。

（2）纳税人自产自用的应税消费品，用于其他方面的，于移送使用时纳税。

所谓"用于其他方面"，是指纳税人用于生产非应税消费品和在建工程、管理部门、非生产机构、提供劳务，以及用于馈赠、赞助、集资、广告、样品、职工福利、奖励等方面的应税消费品。这种视同销售行为也要依法缴纳消费税，主要是基于平衡外购应税消费品和自产应税消费品之间的税负的考虑，有利于公平税负，并保证财政收入。

在现实生活中，这样的情形也比比皆是。例如，原油加工厂用生产出的应税消费品汽油调和制成溶剂汽油（非应税消费品），白酒企业把自己生产出来的白酒以福利的形式发给职工，汽车制造厂把自己生产的汽车用于高级管理人员的奖励，等等。一言以蔽之，企业自产的应税消费品虽然没有用于销售或连续生产应税消费品，但只要在税法所规定的范围内都要视同销售，依法缴纳消费税。

（3）根据《消费税暂行条例》的规定，纳税人自产自用的应税消费品，凡用于其他方面的，按以下两种方法确定销售额。

① 有同类消费品的销售价格。按照纳税人生产的同类消费品销售价格计算纳税。这里所说的"同类消费品的销售价格"，是指纳税人或代收代缴义务人当月销售的同类消费品的销售价格，如果当月同类消费品各期销售价格高低不同，应按销售数量的加权平均计算。但销售的应税消费品有下列情况之一的，不得列入加权平均计算：销售价格明显偏低又无正当理由的；无销售价格的。如果当月无销售或者当月未完结，应按照同类消费品上月或最近月份的销售价格计算纳税。

② 没有同类消费品的销售价格。如果纳税人自产自用的应税消费品，在计算征收时没有同类消费品的销售价格，则按照组成计税价格计算纳税。实行从价定率办法计算纳税的组成计税价格计算公式为：

组成计税价格＝(成本＋利润)/(1－消费税比例税率)

在公式中，"成本"是指应税消费品的产品生产成本，"利润"是指根据应税消费品的全国平均成本利润率计算的利润。应税消费品的全国平均成本利润率由国家税务总局确定，如表4-2所示。

表4-2 应税消费品的全国平均成本利润率表　　　　　　　　　　　　　单位：%

货物名称	利润率	货物名称	利润率
1. 甲类卷烟	10	11. 贵重首饰及珠宝玉石	6
2. 乙类卷烟	5	12. 涂料	7
3. 雪茄烟	5	13. 摩托车	6
4. 烟丝	5	14. 高尔夫球及球具	10
5. 粮食白酒	10	15. 高档手表	20
6. 薯类白酒	5	16. 游艇	10
7. 其他酒	5	17. 木制一次性筷子	5
8. 电池	4	18. 实木地板	5
9. 高档化妆品	5	19. 乘用车	8
10. 鞭炮、焰火	5	20. 中轻型商用客车	5

【例 4-2】 红丰葡萄酒厂在节日期间将新研制的葡萄酒赠送给职工,该葡萄酒无同类的销售价格,其生产成本为 500 元,成本利润率为 5%,适用消费税税率为 10%。请问该葡萄酒是否需要缴纳消费税?如需缴纳,请计算计税销售额。

【答案】 按照消费税法规定,纳税人将自产的应税消费品用于馈赠的,在移送使用时纳税。应税消费品没有同类消费品销售价格的,依组成计税价格计算纳税。

组成计税价格 = 500×(1+5%)/(1−10%) = 583.33(元)

3. 委托加工应税消费品

随着社会分工的细化、专业化生产和协作的加强,企业、单位或个人由于设备、技术、人力等方面的限制,常常需要委托其他单位代为加工应税消费品,然后将加工好的应税消费品收回后自己使用或直接销售。例如,某企业将外购的木材提供给某木材加工厂,加工成实木地板后用于本单位管理层办公楼的豪华装修,则加工的实木地板需要缴纳消费税。为了加强对委托加工应税消费品的管理,税法对委托加工应税消费品作出了明确的规定。

1) 委托加工应税消费品的确定

根据消费税法的规定,作为委托加工的应税消费品,必须具备两个条件:其一是由委托方提供原材料和主要材料;其二是受托方只收取加工费和代垫部分辅料。无论是委托方,还是受托方,凡不符合规定条件的,都不能按委托加工应税消费品进行税务处理,只能按照销售自制应税消费品缴纳消费税。这样的规定是为了防止出现受托方压低计税价格,代收代缴消费税虚假和逃避自己自制应税消费品应缴纳消费税的责任。

2) 委托加工应税消费品的计税价格

根据消费税法的规定,委托加工的应税消费品按照受托方的同类消费品的销售价格计税。

委托加工的应税消费品没有受托方同类消费品的销售价格的,按照组成计税价格计算纳税。组成计税价格的计算公式为:

组成计税价格 =(材料成本+加工费)/(1−消费税比例税率)

这里的"材料成本",是指委托方所提供加工材料的实际成本。"加工费"是指受托方加工应税消费品向委托方所收取的全部费用(包括代垫辅助材料的实际成本,不包括增值税税金)。

【例 4-3】 泰格高尔夫球具厂接受舞姿俱乐部委托加工一批高尔夫球具,俱乐部提供主要材料的成本 12 000 元,球具厂收取的不含税的加工费为 4 012 元、代垫辅料费 188 元。球具厂没有同类球具的销售价格,消费税税率为 10%,请问此项经济业务中,谁应缴纳消费税?计税销售额是多少?

【答案】 该项经济业务为委托加工应税消费品业务,由球具厂代收代缴俱乐部应缴纳的消费税。

委托加工的应税消费品没有受托方同类消费品的销售价格的,按照组成计税价格计算纳税。组成计税价格的计算公式为:

组成计税价格 =(12 000+4 012+188)/(1−10%) = 18 000(元)

4. 进口应税消费品

为了平衡进口消费品与国内生产的同种消费品的税收负担，进口应税消费品以进口商品总值为计税依据，具体包括到岸价格、关税和消费税三部分内容。根据消费税法的规定，进口的应税消费品，实行从价定率办法计算应纳税额的，按照组成计税价格计算纳税。

实行从价定率办法计算纳税的组成计税价格计算公式为：

$$组成计税价格=(关税完税价格+关税)/(1-消费税比例税率)$$

公式中的"关税完税价格"是指海关核定的关税计税价格。

【例4-4】凯达商贸公司12月从国外进口一批应税消费品，已知关税完税价格为150 000元，按规定应缴纳关税30 000元，假定进口的应税消费品适用的消费税税率为10%。请计算该批消费品进口环节的计税价格。

【答案】组成计税价格=(150 000+30 000)/(1-10%)=200 000（元）

4.4.2 从量定额计税方法的计税依据

1. 应税消费品销售数量的确定

从量定额通常以每单位应税消费品的重量、容积或数量为计税依据，并按每单位应税消费品规定固定税额，这种固定税额即为定额税率。我国现行消费税仅对黄酒、啤酒和成品油实行定额税率，采用从量定额方法计税。具体规定如下。

（1）销售应税消费品的计税依据为应税消费品的销售数量。纳税人通过自设的非独立核算门市部销售自产应税消费品的，应当按照门市部对外销售数量征收消费税。

（2）自产自用应税消费品的计税依据为应税消费品的移送使用数量。

（3）委托加工应税消费品的计税依据为委托人收回的应税消费品数量。

（4）进口应税消费品的计税依据为海关核定的应税消费品进口征税数量。

2. 计量单位的换算标准

黄酒、啤酒是以吨为税额单位，成品油是以升为税额单位。但是，在实际销售过程中，一些纳税人往往将计量单位混用。为了规范不同产品的计量单位，《消费税暂行条例实施细则》中具体规定了吨与升两个计量单位的换算标准，如表4-3所示。

表4-3 吨、升换算表

货物名称	换算关系	货物名称	换算关系
啤酒	1吨=988升	汽油	1吨=1 388升
黄酒	1吨=962升	柴油	1吨=1 176升
石脑油	1吨=1 385升	溶剂油	1吨=1 282升
润滑油	1吨=1 126升	燃料油	1吨=1 015升
航空煤油	1吨=1 246升		

4.4.3 复合计税方法的计税依据

对卷烟、白酒征收消费税，实行从量定额与从价定率相结合的复合计税法或全部采用

消费税法 第4章

从量定额计税法的征收方法是国际上通用的做法。由于我国卷烟、白酒的级差较大，完全采用从量定额的方法不利于公平税负，因此，我国于2001年开始对卷烟、白酒实行从量定额与从价定率相结合的复合计税方法，即对卷烟、白酒先从量定额计征，然后再从价定率计征。

这里需要注意的是，自2009年5月1日起，对卷烟还要在批发环节加征一道从价税。① 即在境内从事卷烟批发业务的单位和个人，批发销售的所有牌号的卷烟，按其销售额（不含税）征收5%的从价税。自2015年5月10日起，从价税率由5%提高至11%，并按0.005元/支加征一道从量税②。纳税人应将卷烟销售额与其他商品销售额分开核算，未分开核算的，一并征收消费税。卷烟消费税在生产和批发两个环节征收后，批发企业在计算纳税时不得扣除已含的生产环节的消费税税款。

生产销售卷烟、白酒从量计征的依据为实际销售数量。自产自用，委托加工或进口卷烟、白酒从量计税的依据分别为移送使用数量、委托加工收回数量和进口征税数量。

卷烟从价定率计税办法的计税依据为调拨价格或核定价格。调拨价格是卷烟生产企业通过卷烟交易市场与购买方签订的卷烟交易价格。同时，为防止白酒行业利用关联交易实现避税的目的，法律规定了白酒生产企业销售给销售企业的白酒消费税的计税价格不得低于销售单位最终零售价格的70%，如果低于这一比例，税务机关将进行核定征收。③

4.5 消费税应纳税额的计算

在确定了消费税的计税依据和相应的适用税率后，就可以计算纳税人的应纳消费税税额。根据《消费税暂行条例》规定，消费税实行从价定率、从量定额，或者从价定率和从量定额复合计税（以下简称复合计税）的办法计算应纳税额。应纳税额计算公式为：

实行从价定率办法计算的应纳税额＝销售额×比例税率
实行从量定额办法计算的应纳税额＝销售数量×定额税率
实行复合计税办法计算的应纳税额＝销售额×比例税率＋销售数量×定额税率

4.5.1 生产者自产自销应税消费品的应纳税额的计算

在确定了生产者销售自产应税消费品的计税销售额或计税销售数量及适用的税率后，依据上述公式来计算应纳消费税税额。值得注意的是，在计算自产自销应税消费品的应纳税额时，应首先区分最终销售的应税消费品是否是用已税消费品作为中间投入物生产的。对此，我国消费税法作了如下的规定。

1. 未用已税消费品作为中间投入物生产的应税消费品

纳税人自产自销没有使用已税消费品生产的应税消费品，可直接套用上述公式。

---

① 《关于调整烟产品消费税政策的通知》（财税〔2009〕84号）。
② 《关于调整卷烟消费税的通知》（财税〔2015〕60号）。
③ 《关于加强白酒消费税征收管理的通知》（国税函〔2009〕380号）。

【例4-5】 某药酒生产企业为增值税一般纳税人。2019年4月销售药酒,开具增值税专用发票,取得不含增值税销售额50万元,增值税额6.5万元;向某零售商销售药酒一批,开具的普通发票上注明的含增值税销售额为33.9万元。计算该药酒生产企业当月应缴纳的消费税。

【答案】 药酒的应税销售额 = 50 + 33.9/(1+13%) = 80(万元)

应缴纳的消费税额 = 80×10% = 8(万元)

【例4-6】 云中果酒生产公司,生产果酒按10%税率交消费税。销售果酒100万元,2018年6月该公司用200吨果酒换取生产资料。本月果酒的最高售价为每吨200元,最低售价为每吨180元,中间平均价为每吨190元。请计算云中果酒生产公司应缴纳的增值税和消费税。

【答案】 云中果酒生产公司应缴纳的消费税:

100×10% + (200×200/10 000)×10% = 10.40(万元)

云中果酒生产公司应缴纳的增值税:

100×13% + (200×190/10 000)×13% = 13.494(万元)

【例4-7】 星月啤酒厂2019年5月销售乙类啤酒50吨,每吨出厂价格2 600元。另外收取包装物押金1.13万元。计算5月份星月啤酒厂应缴纳的消费税。已知:乙类啤酒适用单位税额220元。

【答案】 应纳税额 = 50×220 = 11 000(元)

【例4-8】 纯粮酒业公司为增值税一般纳税人,8月份销售粮食白酒50吨,取得不含增值税的销售额150万元。计算纯粮酒业公司8月应缴纳的消费税额。

【答案】 白酒适用比例税率20%,定额税率每500克0.5元。

应纳税额 = 50×2 000×0.000 05 + 150×20% = 35(万元)

2. 用已税消费品作为中间投入物生产的应税消费品

为避免重复征税,纳税人使用外购或委托加工收回的应税消费品继续生产应税消费品销售的,可以将外购应税消费品和委托加工收回的应税消费品已缴纳的消费税给予扣除。扣除范围包括:

(1) 已税烟丝生产的卷烟;

(2) 已税高档化妆品生产的高档化妆品;

(3) 已税珠宝玉石生产的贵重首饰及珠宝玉石;

(4) 已税鞭炮、焰火生产的鞭炮焰火;

(5) 已税杆头、杆身和握把为原料生产的高尔夫球杆;

(6) 已税木制一次性筷子为原料生产的木制一次性筷子;

(7) 已税实木地板为原料生产的实木地板;

(8) 已税汽油、柴油、石脑油、燃料油、润滑油用于连续生产应税成品油;

(9) 从葡萄酒生产企业购进、进口葡萄酒连续生产应税葡萄酒。

1) 外购应税消费品已纳税款的扣除

由于某些应税消费品是用外购已缴纳消费税的应税消费品连续生产出来的,在对这些连续生产出来的应税消费品计算征税时,税法规定应按当期生产领用数量计算准予扣除外购应税消费品已纳的消费税税款。

上述列举的扣除范围内的应税消费品当期准予扣除外购应税消费品已纳消费税税款的计算公式为：

当期准予扣除的外购应税消费品已纳税款＝当期准予扣除的外购应税消费品买价×外购应税消费品适用税率

当期准予扣除的外购应税消费品买价＝期初库存的外购应税消费品买价＋当期购进的应税消费品买价－期末库存的外购应税消费品买价

公式中外购应税消费品买价是指购货发票上注明的销售额（不包括增值税税款）。

应当注意的是，纳税人用外购的已税珠宝玉石生产的改在零售环节征收消费税的金银首饰（镶嵌首饰），在计税时一律不得扣除外购珠宝玉石的已纳税款。

从商业企业购进应税消费品连续生产应税消费品，符合抵扣条件的，准予扣除外购应税消费品已纳消费税税款。

【例4-9】云昆卷烟厂6月用外购已税烟丝生产卷烟，当月销售额为180万元（每标准条不含增值税调拨价格为180元，共计40标准箱），当月月初库存外购烟丝账面余额为100万元，当月购进烟丝80万元，月末库存外购烟丝账面余额为120万元。请计算该厂当月销售卷烟应纳消费税税款（卷烟适用比例税率为56%，定额税率为150元/标准箱，烟丝适用比例税率为30%，上述款项均不含增值税）。

【答案】当月应纳消费税额＝180×56%+40×0.015＝101.4（万元）

当月准予扣除外购烟丝已纳税款＝（100+80-120）×30%＝18（万元）

当月销售卷烟实际应交纳消费税＝101.4-18＝83.4（万元）

2）委托加工收回的应税消费品已纳税款的扣除

委托加工的应税消费品因为已由受托方代收代缴消费税，因此，委托方收回货物后用于连续生产应税消费品的，其已纳税款准予按照规定从连续生产的应税消费品应纳消费税税额中抵扣。

上述列举的扣除范围内的应税消费品当期准予扣除委托加工收回的应税消费品已纳消费税税款的计算公式为：

当期准予扣除的委托加工应税消费品已纳税款＝期初库存的委托加工应税消费品已纳税款＋当期收回的委托加工应税消费品已纳税款－期末库存的委托加工应税消费品已纳税款

应当注意的是，纳税人用委托加工收回的已税珠宝玉石生产的改在零售环节征收消费税的金银首饰，在计税时一律不得扣除委托加工收回的珠宝玉石的已纳消费税税款。

【例4-10】甲企业委托乙企业生产烟丝一批，甲企业提供的加工材料成本为8 000元，乙企业收取加工费3 900元（不含增值税）。对于受托加工的烟丝，乙企业没有同类消费品的销价可作参考。乙企业在向甲企业交货时，代收代缴消费税。甲企业收回委托加工烟丝后用于继续生产卷烟，已知该企业期初库存的委托加工烟丝价值50 000元，期末库存的委托加工烟丝价值20 000元，计算乙企业代收代缴的消费税和甲企业当期可抵扣的消费税？

【答案】乙企业没有同类消费品的销价可作参考,因此,应按税法规定的组成计税价格计算代收代缴的消费税。甲企业收回烟丝用于连续生产卷烟,可按当月生产领用烟丝数量计算可抵扣的消费税税额。

乙企业代收代缴消费税:

代收代缴消费税=[(材料成本+加工费)/(1-消费税税率)]×消费税税率
=[(8 000+3 900)/(1-30%)]×30%=17 000×30%=5 100(元)

甲企业当期准予抵扣的烟丝税额为:50 000×30%-20 000×30%+5 100=14 100(元)

相关链接

外购和委托加工收回的应税消费品扣税规则的联系

(1) 从允许抵扣税额的税目大类上看,不包括酒类(葡萄酒除外)、小汽车、摩托车、高档手表、游艇、电池、涂料;从允许抵扣项目的子目上看不包括雪茄烟、溶剂油、航空煤油。所以,可用排除法记忆允许抵扣的项目。

(2) 允许扣税的只涉及同一大税目中的应税消费品的连续加工,不能跨税目抵扣。

(3) 按生产领用数量扣税,不同于增值税按购进数量全额扣税。

4.5.2 生产者自产自用应税消费品的应纳税额的计算

前已述及,生产者使用自己生产的应税消费品,如果是用于连续生产应税消费品的,不纳税;如果是用于其他方面的,在移送使用时缴纳消费税。纳税人自产自用的应税消费品,凡用于其他方面,应当纳税的,按照纳税人生产的同类消费品的销售价格计算纳税。同类消费品的销售价格是指纳税人当月销售的同类消费品的销售价格,如果当月同类消费品各期销售价格高低不同,应按销售数量加权平均计算。没有同类消费品销售价格的,按照组成计税价格计算纳税。根据《消费税暂行条例》规定,计算公式如下。

(1) 实行从价定率办法计算纳税的组成计税价格计算公式为:

组成计税价格=(成本+利润)/(1-比例税率)

由上可知,从价定率计税,增值税和消费税的组成计税价格是一致的。

(2) 实行复合计税办法计算纳税的组成计税价格计算公式为:

组成计税价格=(成本+利润+自产自用数量×定额税率)/(1-比例税率)

应纳税额=组成计税价格×适用税率+自产自用数量×定额税率

【例4-11】五铃摩托车厂2019年6月将2辆自产的摩托车奖励给本厂的优秀职工,2辆摩托车的成本为8 000元,该摩托车无同类产品市场销售价格,但已知其成本利润率为6%,消费税税率为10%。请问五铃摩托车厂此项业务是否需要缴纳增值税和消费税?如需缴纳,税额是多少?

【答案】将自产的应税消费品用于奖励属于视同销售行为,需要缴纳增值税和消费税。摩托车没有同类销售价格的,按照组成计税价格计税。

组成计税价格=8 000×(1+6%)/(1-10%)=9 422.22（元）

应纳消费税=9 422.22×10%=942.22（元）

增值税销项税额=9 422.22×13%=1 224.89（元）

【例4-12】南江黄酒厂2019年5月将新产的5吨黄酒赠送给关系客户，其成本为4 200元/吨，每吨税额240元。请问此项业务是否需要缴纳增值税和消费税？如需缴纳，税额是多少？

【答案】将自产的应税消费品用于馈赠属于视同销售行为，需要缴纳增值税和消费税。

应纳消费税=5×240=1 200（元）

增值税组成计税价=4 200×5×(1+10%)+1 200=24 300（元）

增值税销项税额=24 300×13%=3 159（元）

【例4-13】水井酒厂2019年5月以自产特制粮食白酒2 000斤用于厂庆庆祝活动，每斤白酒成本12元，无同类产品售价。消费税税率为20%，每斤0.5元。粮食白酒的成本利润率为10%，请计算应缴纳的增值税和消费税。

【答案】（1）从量征收的消费税=2 000×0.5=1 000（元）

从价征收的消费税组成计税价格=[12×2 000×(1+10%)+1 000]/(1-20%)
=34 250（元）

从价征收的消费税=34 250×20%=6 850（元）

应纳消费税=1 000+6 850=7 850（元）

（2）应纳增值税=[12×2 000×(1+10%)+7 850]×13%=34 250×13%
=4 452.5（元）

4.5.3 委托加工应税消费品的应纳税额的计算

委托加工的应税消费品，除受托方为个人外，由受托方在向委托方交货时代收代缴税款。委托加工的应税消费品直接出售的，不再缴纳消费税。

财政部、国家税务总局明确解释：自2012年9月1日起，委托方将收回的应税消费品，以不高于受托方的计税价格出售的，为直接出售，不再缴纳消费税；委托方以高于受托方的计税价格出售的，不属于直接出售，需按照规定申报缴纳消费税，在计税时准予扣除受托方已代收代缴的消费税。

（1）对于实行从量定额征收的应税消费品，应按纳税人收回的应税消费品的数量和规定的单位税额计算应纳税额。其应纳税额的计算公式为：

应纳税额=委托加工收回的数量×单位税额

（2）对于实行从价定率征收的应税消费品分为以下两种情况。

① 受托方有同类消费品销售价格的，其应纳税额的计算公式为：

应纳税额=同类消费品销售单价×委托加工数量×适用税率

② 受托方没有同类消费品销售价格的，其应纳税额的计算公式为：

应纳税额=组成计税价格×适用税率

（3）对于实行复合计税的应税消费品分为以下两种情况。

① 受托方有同类消费品销售价格的，其应纳税额的计算公式为：

应纳税额＝委托加工收回的数量×单位税额＋
同类消费品销售单价×委托加工数量×适用税率

② 受托方没有同类消费品销售价格的，其应纳税额的计算公式为：

应纳税额＝委托加工收回的数量×单位税额＋组成计税价格×适用税率

其中：组成计税价格＝（材料成本＋加工费＋委托加工数量×定额税率）/（1－比例税率）

【例4-14】甲企业委托乙企业加工一批应税消费品，甲企业为乙企业提供原材料等，实际成本为7 000元，支付乙企业加工费为2 000元，其中包括乙企业代垫的辅助材料500元。已知适用消费税税率为10%，受托方无同类消费品的销售价格。请计算应纳消费税税额。

【答案】组成计税价格＝(7 000＋2 000)/(1－10%)＝10 000（元）
应纳税额＝10 000×10%＝1 000（元）

4.5.4 进口应税消费品的应纳税额的计算

纳税人进口应税消费品，按照组成计税价格和规定的税率计算应纳税额。

1. 从价定率计征应纳税额的计算

组成计税价格＝(关税完税价格＋关税)/(1－消费税税率)
应纳税额＝组成计税价格×消费税税率

2. 从量定额计征应纳税额的计算

应纳税额＝应税消费品数量×消费税单位税额

3. 从价定率和从量定额复合计征应纳税额的计算

应纳税额＝组成计税价格×消费税税率＋应税消费品数量×消费税单位税额
组成计税价格＝(关税完税价格＋关税＋进口数量×消费税定额税率)/
(1－消费税比例税率)

进口环节消费税除国务院另有规定者外，一律不得给予减税、免税。

【例4-15】奥莱摩托车厂2019年6月进口一批摩托车，海关审定的关税完税价格为28万元，关税税率为40%。当月在国内全部销售，开具的增值税专用发票上注明的价款、增值税税款分别为71万元、9.23万元。要求：计算奥莱摩托车厂6月应纳的增值税和消费税。

【答案】进口消费税＝[28×(1＋40%)/(1－10%)]×10%＝4.36（万元）
进口增值税＝[28×(1＋40%)/(1－10%)]×13%＝5.66（万元）
国内销售应纳增值税＝71×13%－5.66＝3.57（万元）

4.5.5 消费税出口退税的计算

我国借鉴国际惯例，对纳税人出口的应税消费品免征消费税，但国家限制出口的产品除外。出口应税消费品同时涉及退（免）增值税和消费税，且退（免）消费税与出口货物退（免）增值税在退（免）税范围的限定、退（免）税办理程序、退（免）税审核及管理上都有许多一致的地方。下面仅就出口应税消费品退（免）消费税某些不同于出口货物退（免）增值税的特殊规定加以阐述。

1. 出口应税消费品退（免）税政策

出口应税消费品退（免）税政策有以下3种情况。

1) 出口免税并退税

出口企业出口或视同出口适用增值税退（免）税的货物，免征消费税。如果属于购进出口的货物，退还前一环节对其已征的消费税。

2) 出口免税但不退税

出口企业出口或视同出口适用增值税免税政策的货物，免征消费税，但不退还其以前环节已征的消费税，且不允许在内销应税消费品应纳消费税款中抵扣。

3) 出口不免税也不退税

出口企业出口或视同出口适用增值税征税政策的货物，应按规定缴纳消费税，不退还其以前环节已征的消费税，且不允许在内销应税消费品应纳消费税款中抵扣。

2. 出口退税率的规定

计算出口应税消费品应退消费税的税率或单位税额，依据《消费税暂行条例》所附《消费税税目税率（税额）表》执行。这是退（免）消费税与退（免）增值税的一个重要区别。当出口的货物是应税消费品时，其退还增值税要按规定的退税率计算；其退还消费税则按该应税消费品所适用的消费税税率计算。企业应将不同消费税税率的出口应税消费品分开核算和申报，凡划分不清适用税率的，一律从低适用税率计算应退消费税税额。

3. 出口应税消费品的计税依据和应纳税额的计算

出口货物的消费税应退税额的计税依据，按购进出口货物的消费税专用缴款书和海关进口消费税专用缴款书确定。

(1) 从价定率计征消费税的应税消费品，计税依据为已征且未在内销应税消费品应纳税额中抵扣的购进出口货物金额：

应退消费税税款＝购进金额×税率

(2) 从量定额计征消费税的，计税依据为已征且未在内销应税消费品应纳税额中抵扣的购进出口货物数量：

应退消费税税款＝购进数量×定额税率

属于复合计征消费税的，按从价定率和从量定额的计税依据分别确定：

应退消费税税款＝购进金额×比例税率＋购进数量×定额税率

【例4-16】兰星公司（增值税一般纳税人）是一家具有出口经营权的外贸公司，主要从事各种高尔夫球及球具的进口和出口。2019年6月，兰星公司从生产企业购进了一批高尔夫球杆，取得的增值税专用发票上注明的价值为120万元，税款15.6万元。当月兰星公司将该批高尔夫球杆全部报关出口，报关价格为25万欧元（设汇率为1:7.4），随后向税务机关申请退税。

已知：高尔夫球杆消费税税率为10%，增值税税率为13%，出口退税率为13%，请计算兰星公司2019年6月的增值税、消费税应退税额。

【答案】税法规定，对于收购货物出口的外贸企业，采用"先征后退"的方法计算应退增值税税额。则：

$$应退增值税税额 = 120 \times 13\% = 15.6（万元）$$

兰星公司是具有出口经营权的外贸企业，可以享受消费税的退税政策。

$$兰星公司应退消费税税额 = 120 \times 10\% = 12（万元）$$

4. 出口应税消费品办理退（免）税后的管理

出口的应税消费品办理退税后，发生退关，或者国外退货进口时予以免税的，报关出口者必须及时向其所在地主管税务机关申报补缴已退的消费税税款。

纳税人直接出口的应税消费品办理免税后发生退关或国外退货，进口时已予以免税的，经所在地主管税务机关批准，可暂不办理补税，待其转为国内销售时，再向其主管税务机关申报补缴消费税。

增值税与消费税出口退税的比较

增值税与消费税出口退税的比较如表 4-4 所示。

表 4-4　增值税与消费税出口退税的比较

比较项目	增值税出口退税	消费税出口退税
总政策	零税率	免税
退税比率	使用退税率计算退税	使用征税率计算退税
生产自产产品自营出口或委托外贸企业代理出口	采用免抵退政策	采用免税但不退税政策；不计算退税
外贸企业收购货物出口	采用先征后退政策；用不含增值税的收购价款和规定退税率计算退税	采用免税并退税政策；用不含增值税的收购价款和规定征税率计算退税

4.6　消费税的征收管理

4.6.1　消费税的纳税环节

我国现行消费税实行的是一次课税制度，其征收并不是像增值税那样在商品流通的每一个环节都进行征税，而是只在某一个环节进行征税。一般而言，消费税在生产环节征收。具体而言，包括以下几种情况。

（1）生产环节。纳税人生产的应税消费品，由生产者于销售时纳税。其中，自产自用的应税消费品用于本企业连续生产的不纳税；用于其他方面的，于移送使用时纳税。

（2）委托加工环节。委托加工的应税消费品，由受托方在向委托方交货时代收代缴税款。委托个人加工的应税消费品，由委托方收回后缴纳消费税。

（3）进口环节。进口的应税消费品，由进口人或者其代理人于报关进口时申报纳税。

(4) 零售环节。金银首饰在零售环节征收消费税。超豪华小汽车在生产和零售环节征收消费税。

(5) 批发环节。卷烟在生产环节和批发环节纳税。

4.6.2 消费税的纳税义务发生时间

1. 生产销售应税消费品的纳税义务发生时间

纳税人销售应税消费品的，纳税义务发生时间按不同的销售结算方式分别为：

(1) 采取赊销和分期收款结算方式的，为书面合同约定的收款日期的当天，书面合同没有约定收款日期或者无书面合同的，为发出应税消费品的当天；

(2) 采取预收货款结算方式的，为发出应税消费品的当天；

(3) 采取托收承付和委托银行收款方式的，为发出应税消费品并办妥托收手续的当天；

(4) 采取其他结算方式的，为收讫销售款或者取得索取销售款凭据的当天。

2. 其他应税行为的纳税义务发生时间

(1) 纳税人自产自用应税消费品的，为移送使用的当天；

(2) 纳税人委托加工应税消费品的，为纳税人提货的当天；

(3) 纳税人进口应税消费品的，为报关进口的当天。

4.6.3 消费税的纳税期限

消费税的纳税期限分别为1日、3日、5日、10日、15日、1个月或者1个季度。纳税人的具体纳税期限，由主管税务机关根据纳税人应纳税额的大小分别核定；不能按照固定期限纳税的，可以按次纳税。

纳税人以1个月或者1个季度为1个纳税期的，自期满之日起15日内申报纳税；以1日、3日、5日、10日或者15日为1个纳税期的，自期满之日起5日内预缴税款，于次月1日起15日内申报纳税并结清上月应纳税款。纳税人进口应税消费品，应当自海关填发海关进口消费税专用缴款书之日起15日内缴纳税款。

4.6.4 消费税的纳税地点

1. 纳税地点的一般规定

纳税人销售的应税消费品及自产自用的应税消费品，除国务院财政、税务主管部门另有规定外，应当向纳税人机构所在地或者居住地的主管税务机关申报纳税。

委托加工的应税消费品，除受托方为个人外，由受托方向机构所在地或者居住地的主管税务机关解缴消费税税款。

2. 纳税地点的具体规定

(1) 纳税人到外县（市）销售或者委托外县（市）代销自产应税消费品的，于应税消费品销售后，向机构所在地或者居住地主管税务机关申报纳税。

(2) 纳税人的总机构与分支机构不在同一县（市）的，应当分别向各自机构所在地的主管税务机关申报纳税；经财政部、国家税务总局或者其授权的财政、税务机关批准，可以由总机构汇总向总机构所在地的主管税务机关申报纳税。

(3) 委托个人加工的应税消费品，由委托方向其机构所在地或者居住地主管税务机关申报纳税。

（4）进口的应税消费品，由进口人或者其代理人向报关地海关申报纳税。

（5）固定业户到外县（市）临时销售金银首饰，应当向其机构所在地主管税务局申请开具外出经营活动税收管理证明，回其机构所在地向主管税务局申报纳税。未持有其机构所在地主管税务局核发的外出经营活动税收管理证明的，销售地主管税务局一律按规定征收消费税。其在销售地发生的销售额，回机构所在地后仍应按规定申报纳税，在销售地缴纳的消费税款不得从应纳税额中扣减。

4.6.5 消费税的征收机关与申报缴纳

我国现行的消费税属于中央税，由国家税务机关负责征收，进口的应税消费品的消费税由海关代征。个人携带或者邮寄进境的应税消费品的消费税，连同关税一并计征。

纳税人申报缴纳消费税的方法，由所在地主管税务机关视不同情况，从下列方法中确定一种。

（1）纳税人按期向税务机关填报纳税申报表，并填开纳税缴款书，按期向其所在地税务机关填报纳税申报表，并填开纳税缴款书，向其所在地代理金库的银行缴纳税款。

（2）纳税人按期向税务机关填报纳税申报表，由税务机关审核后填发缴款书，纳税人按期缴纳税款。

（3）对会计核算不健全的小型业户，税务机关可根据其产销情况，按季或按年核定其应纳税款，由纳税人分月缴纳。

消费税综合案例

【案例分析 4-1】丽人化妆品公司应如何纳税？

丽人化妆品公司为增值税一般纳税人，主要从事高档化妆品的生产、进口和销售业务，2019 年 6 月发生以下经济业务。

① 6 月 3 日，从国外进口一批高档化妆品，海关核定的关税完税价格为 196 万元，公司按规定向海关缴纳了关税、消费税和进口环节增值税，并取得了海关开具的完税凭证。

② 6 月 19 日，将进口高档化妆品的 60% 重新加工制作成套装高档化妆品，当月销售给某商场并开具增值税专用发票，取得不含税的销售额 376 万元；直接销售给消费者个人，开具普通发票，取得含税销售额 40.68 万元。

③ 6 月 21 日，将公司一批新研发的高档化妆品无偿赠送给关系客户，该批化妆品账面成本为 60 万元，没有同类可比的市场销售价格。

④ 6 月 23 日，委托雅黛公司加工一批高档化妆品，提供的材料成本为 105 万元，支付雅黛公司加工费 21 万元；当月收回该批委托加工的高档化妆品，雅黛公司没有同类消费品销售价格。

⑤ 6 月 28 日，将委托加工收回的高档化妆品一半用于直接销售（售价不高于受托方的计税价格），另外一半用于连续生产加工高档化妆品，将生产的高档化妆品全部销售给某贸易公司，化妆品的不含税售价为 168 万元。

⑥ 6月30日，发出高档香水500瓶换取生产资料60公斤，取得对方开具的普通发票。已知当月该类香水的最高零售价格为1 000元/瓶，平均零售价格为900元/瓶。

已知：高档化妆品的成本利润率为5%，适用的消费税税率为15%，关税税率为25%。

要求（答案中的金额单位为万元）：

(1) 计算该公司当月进口环节应缴纳的消费税税额。
(2) 计算该公司当月将进口高档化妆品加工销售后应缴纳的消费税税额。
(3) 计算该公司当月赠送关系客户的高档化妆品应缴纳的消费税税额。
(4) 计算雅黛公司当月受托加工的高档化妆品在交货时应代收代缴的消费税税额。
(5) 计算该公司当月委托加工收回的高档化妆品销售应缴纳的消费税税额。
(6) 计算该公司当月发出香水应缴纳的消费税税额。

【答案及解析】

(1) 关税=完税价格×税率=196×25%=49（万元）
　　组成计税价格=（完税价格+关税）/（1-消费税税率）
　　　　　　　　=（196+49）/（1-15%）=288.24（万元）
　　进口环节应纳消费税税额=组成计税价格×消费税税率=288.24×15%=43.24（万元）

(2) 进口高档化妆品加工销售后应纳消费税税额=[376+40.68/（1+13%）]×
　　　　　　　　　　　　　　　　　　　　　　15%-43.24×60%
　　　　　　　　　　　　　　　　　　　　　=61.8-25.94=35.86（万元）

(3) 自产应税消费品的组成计税价格=成本×（1+成本利润率）/（1-消费税税率）
　　　　　　　　　　　　　　　　=60×（1+5%）/（1-15%）=74.12（万元）
　　应纳消费税税额=74.12×15%=11.12（万元）

(4) 委托加工应税消费品组成计税价格=（材料成本+加工费）/（1-消费税税率）
　　　　　　　　　　　　　　　　　=（105+21）/（1-15%）=148.24（万元）
　　雅黛公司在交货时代收代缴的消费税=组成计税价格×消费税税率
　　　　　　　　　　　　　　　　　　=148.24×15%=22.24（万元）

(5) 委托加工的应税消费品直接出售的，不缴纳消费税；用于连续加工应税消费品后销售的，在出厂销售环节缴纳消费税，同时可按生产领用的数量将委托加工收回的应税消费品的已纳税款进行扣除（高档化妆品属于扣除范围）。
　　应纳消费税税额=168×15%-22.24×50%=14.08（万元）

(6) 将高档化妆品换取生产资料，属于以物易物行为，香水已发出，应以当月同类货物的最高销售价格确定消费税销售额。
　　应纳消费税税额=[500×1 000/（1+13%）]×15%/10 000=6.64（万元）

【案例分析4-2】白酒企业如何缴纳消费税和增值税？（CPA试题改编）

甲酒厂为增值税一般纳税人，主要经营粮食白酒的生产与销售，2019年6月发生以下业务。

① 以自产的10吨A类白酒换入企业乙的蒸汽酿酒设备，取得企业乙开具的增值税专用发票上注明价款20万元，增值税2.6万元。已知该批白酒的生产成本为1万元/吨，不含增值税平均销售价格为2万元/吨，不含增值税最高销售价格为2.5万元/吨。

② 移送50吨B类白酒给自设非独立核算门市部，不含增值税售价为1.5万元/吨，门

市部对外不含增值税售价为3万元/吨。

③ 受企业丙委托加工20吨粮食白酒,双方约定由企业丙提供原材料,成本为30万元,开具增值税专用发票上注明的加工费8万元、增值税1.04万元。甲酒厂同类产品售价为2.75万元/吨。

(其他相关资料:白酒消费税税率为20%加0.5元/500克,粮食白酒成本利润率为10%。)

要求:根据上述资料,按照下列序号回答问题,如有计算需计算出合计数。

(1) 计算业务①应缴纳的消费税税额和增值税额。
(2) 计算业务②应缴纳的消费税税额。
(3) 说明业务③的消费税纳税义务人和计税依据及应缴纳的消费税。

【答案及解析】

(1) 业务①应缴纳的消费税=2.5×10×20%+(10×2 000×0.5)/10 000=6(万元)
(2) 业务②应缴纳的消费税=3×50×20%+(50×2 000×0.5)/10 000=35(万元)
(3) 纳税人为丙企业,计税依据为酒厂同类产品售价。应缴纳的消费税=2.75×20×20%+(20×2 000×0.5)/10 000=13(万元)

课后练习题

牛刀小试

一、选择题(含单选题和多选题,请用手机扫描下方二维码作答并查看正确答案)

二、思考探索题

1. 简述消费税与增值税的关系。
2*. 结合所学的税务知识和会计知识,分析委托加工的应税消费品用于连续生产应税消费品和直接销售的税务和会计处理有何不同。
3. 哪些应税消费品准予从应纳消费税税额中扣除原料已纳消费税税款?具体应当如何操作?
4. 查阅资料,思考我国目前消费税税收制度存在的问题,试述我国消费税应当如何完善。

竞技场

一、选择题(含单选题和多选题,请用手机扫描下方二维码作答并查看正确答案)

二、案例分析题

1. 某卷烟厂2019年6月发生以下业务。
① 销售甲类卷烟500标准箱,取得不含税收入900万元。

② 销售乙类卷烟60标准箱，取得含税销售收入90万元。
③ 将10箱甲类卷烟以福利形式发给职工。
④ 将5箱甲类卷烟换取某企业生产的原材料20吨，每吨不含税价格为0.4万元。卷烟厂生产的甲类卷烟当月不含税销售价格分别为每大箱1.6万元及1.8万元。
⑤ 该厂期初库存已税烟丝40万元，本期购进已税烟丝60万元，期末库存已税烟丝35万元。
其他相关资料：烟丝消费税比例税率为30%；甲类卷烟消费税比例税率为56%；乙类卷烟消费税比例税率为36%；定额税率为每标准箱150元。
要求：请计算该企业2019年6月应纳消费税。

2. 某汽车制造厂为增值税一般纳税人，2019年7月该企业发生以下业务。
① 外购钢材一批，从供货方取得的增值税专用发票上注明的价、税款分别为100万元、13万元。此外，为购进这批钢材，取得运输公司开具的增值税专用发票上注明的价款、税款为8万元、0.72万元。该企业将本月外购钢材的40%用于装饰职工宿舍。
② 从美国进口用于生产小汽车的零部件一批，已验收入库。从海关取得的完税凭证上注明的关税完税价格100万元、关税20万元。
③ 采取直接收款方式销售小汽车一批，已收到全部车价款（含增值税）226万元，给购车方开具了增值税专用发票，并于当日将"提车单"交给购车方自行提货。7月31日购车方尚未将该批车提走。
④ 采取托收承付方式销售公司小汽车一批，车价款（不含增值税）为300万元，另外向买方收取了10万元的手续费。该批汽车于7月20日发出并向银行办妥了托收手续，7月31日尚未收到该批车款。
⑤ 将自已生产的一批特制汽车无偿赠送给北京奥组委，该批汽车的成本为100万元，无同类产品的售价。税务机关核定的成本利润率为10%。
已知：小汽车适用的消费税税率为12%，小汽车适用的增值税税率为13%，期初留抵税额为10万元，上述相关增值税专用发票均合规且在本月抵扣。
要求：根据上述资料，回答下列问题。
（1）计算7月份应纳增值税税额。
（2）计算7月份应纳消费税税额。

3. 某市甲木制品厂为增值税一般纳税人，2019年8月发生以下业务。
① 从某林场收购自产原木一批，收购凭证上注明收购价款150 000元。
② 该厂将收购的原木从收购地直接运往县城的乙加工厂生产加工实木地板，实木地板加工完毕，收回实木地板并支付了加工费，取得乙加工厂开具的增值税专用发票，注明加工费80 000元，代垫辅料价值19 600元，乙加工厂当地无同类产品市场价格。收回实木地板验收入库。
③ 本月将委托加工收回的实木地板全部直接批发售出，开具增值税专用发票注明销售额400 000元；将自产的一种新型实木地板用于赠送关系客户，成本16 000元，甲木制品厂没有同类产品售价。
④ 从另一木制品厂购入未经涂饰的素地板一批，取得对方开具的增值税专用发票上注明价款为500 000元，全部加工成漆饰木地板出售，取得不含税收入900 000元。
⑤ 本月销售用实木地板的下脚料生产木制一次性筷子10箱，每箱不含税销售额5 000元；采取预收款方式销售自产实木地板一批，不含税售价36 000元，合同约定，于9月15日发货。
（实木地板的消费税税率是5%，成本利润率是5%；木制一次性筷子的消费税税率是5%。）
要求：根据上述资料回答下列问题。
（1）计算乙加工厂应代收代缴的消费税；
（2）计算将新型实木地板赠送应纳的消费税；
（3）计算销售木制一次性筷子应纳的消费税；
（4）计算甲木制品厂8月应向税务机关缴纳的消费税。

4. 甲地板厂系增值税一般纳税人，2019年7月发生以下业务。

① 进口实木地板 A 一批，海关审定的关税完税价格为 8 万元。

② 从乙实木地板厂购进未经涂饰的素板，取得的增值税专用发票上注明价款 5 万元，增值税 0.65 万元。当月领用进口实木地板 A 的 20% 和未经涂饰素板的 70% 用于继续生产实木地板 B，生产完成后全部对外出售，取得不含税销售收入 32 万元。

③ 采取赊销方式向某商场销售一批实木地板 B，不含税销售额 150 万元，合同约定当月 15 日付款，由于商场资金周转不开，实际于下月 20 日支付该笔货款。

④ 将自产的一批实木地板 C 作价 200 万元投资给某商店，该批实木地板的最低不含增值税销售价格为 160 万元，平均不含增值税销售价格为 180 万元，最高不含增值税销售价格为 200 万元。

⑤ 将新生产的豪华实木地板赠送给重要客户，该批实木地板成本为 90 万元，市场上无同类产品的销售价格。

（其他相关资料：实木地板消费税税率为 5%、成本利润率为 5%、进口关税税率为 30%。）

要求：根据上述相关资料，按顺序回答下列问题，如有计算，每问需计算出合计数。

（1）计算甲地板厂应缴纳的进口环节增值税和消费税。

（2）计算甲地板厂应向税务机关缴纳的消费税。

5. 甲企业为高尔夫球及球具生产厂家，是增值税一般纳税人。2019 年 8 月发生以下业务。

① 购进一批原材料 A，取得增值税专用发票上注明价款 5 000 元、增值税税款 650 元，委托乙企业将其加工成 20 个高尔夫球包，支付加工费 10 000 元、增值税税款 1 300 元，取得乙企业开具的增值税专用发票；乙企业同类高尔夫球包销售价格为 450 元/个。甲企业收回时，乙企业代收代缴了消费税。

② 从生产企业购进高尔夫球杆的杆头，取得增值税专用发票，注明货款 17 200 元、增值税 2 236 元；购进高尔夫球杆的杆身，取得增值税专用发票，注明货款 23 600 元、增值税 3 068 元；购进高尔夫球握把，取得增值税专用发票，注明货款 1 040 元、注明增值税 135.2 元；当月领用外购的杆头、握把、杆身各 90%，加工成高尔夫球杆 20 把。

③ 当月将自产的高尔夫球杆 2 把对外销售，取得不含税销售收入 10 000 元；另将自产的高尔夫球杆 5 把赞助给高尔夫球大赛。

④ 将自产的 3 把高尔夫球杆移送至非独立核算门市部销售，当月门市部对外销售了 2 把，取得价税合计金额 22 148 元。

（其他相关资料：高尔夫球及球具消费税税率为 10%，成本利润率为 10%。）

要求：根据上述相关资料，按顺序回答下列问题，如有计算，每问需计算出合计数。

（1）计算乙企业应代收代缴的消费税。

（2）计算甲企业应自行向税务机关缴纳的消费税。

第 5 章

关 税 法

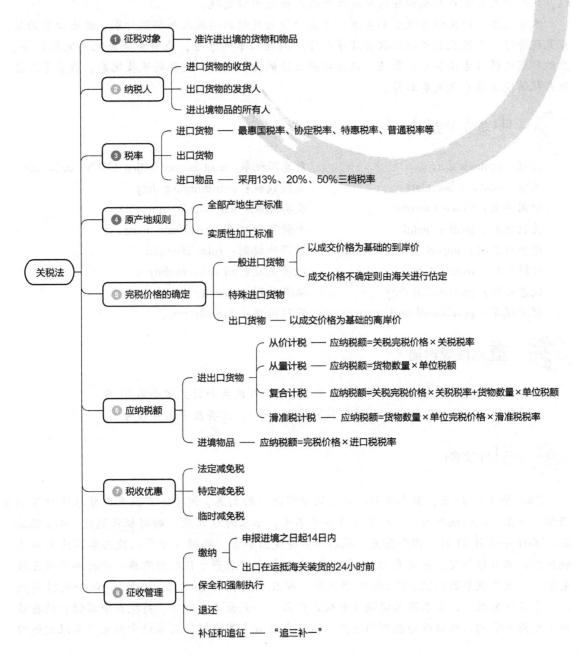

学习提示

关税是以进出关境的货物或物品的流转额为征税对象的一种税,是一国主权的体现。关税在各国一般属于国家最高行政单位指定税率的高级税种,对于对外贸易发达的国家而言,关税往往是国家税收乃至国家财政的主要收入。关税和非关税措施是衡量一个国家市场开放度的主要标志。关税的征税基础是关税完税价格;进口货物以海关审定的成交价值为基础的到岸价格为关税完税价格;出口货物以该货物销售于境外的离岸价格减去出口税后,经过海关审查确定的价格为完税价格。目前世界各国普遍征收的是进口关税,出口则一般实行免税,只对少数资源产品及部分原材料及半成品征收出口关税。

本章主要介绍关税的概念和特点、进出口货物关税的纳税人和征税对象、进出口货物关税完税价格的确定及关税的征收管理等内容。通过本章的学习,应当掌握关税的完税价格、应纳税额的计算方法和征收管理;应当理解我国的关税制度、关税的税收优惠;应当了解关税开征的现实意义及发展趋势。

中英文关键词

关税:customs duty	最惠国税率:most favored nation(MFN)tariff rate
关境:customs boundary	反倾销税:anti-dumping duty
中国海关:China Customs	反补贴税:anti-subsidy duty
关税税则:tariff schedule	关税配额税率:tariff rate quota
进出口关税:import and export duty	原产地规则:rules of origin
过境关税:transit duty	从价关税:ad valorem duty
优惠关税:preferential duty	从量关税:specific duty
暂定税率:provisional tariff rate	完税价格:dutiable price

重点法规速递

◆《中华人民共和国海关法》(2021年),中华人民共和国主席令第81号
◆《中华人民共和国进出口关税条例》(2017年),国务院令第676号

引导案例

2001年4月23日,日本政府决定对从中国进口的大葱、鲜蘑等产品采取紧急进口限制措施,即在一定的额度内,保持原关税水平不变;如果超过额度,则将征收高达260%的关税。2001年6月21日,国务院关税税则委员会发出公告:根据《中华人民共和国进出口关税条例》第6条规定,决定自2001年6月22日起,对原产于日本的汽车、手持和车载无线电话机、空气调节器加征100%的特别关税,即在原关税的基础上,再加征100%的特别关税。在这种情况下,日本商用空调最大生产厂家——大金工业宣布,将把在中国销售的楼房用大型商用空调由出口改为在中国生产,以此来应对中国为报复日本对中国农产品限制进口

而采取的对空调进口加征的100%的特别关税。

请结合上述资料谈谈你对关税的认识。

5.1 关税概述

5.1.1 关税的沿革

关税是我国历史上最为悠久、开征最早的税种之一。早在周代,《周礼·地官》中就有"关市之赋"的记载。关市之赋的征税主体是商贾,课税对象是出入关的货物(征收关税)和上市交易的货物(征收市税)。征税的主要目的是满足统治阶级的财政需要和有效地实施抑商政策。到了唐代,所设立的"市舶司"专门负责对国外来华贸易货物和船舶征收关税。到了清代康熙年间才在沿海设立了"粤、闽、浙、江"四个"海关",对进出口的货物征收船钞和货税。这时的关税概念仍包括内地关税和边境关税。19世纪后,鸦片战争及随后帝国主义国家的侵华战争强加给我国许多不平等条约和通商章程,海关大权落入外人之手,引进了近代的关税制度,过境关税才与内地关税有所区别。此后,中国的关税就仅指出口税和进口税。对进出国境的货物只在进出境时才征收关税。

中华人民共和国成立后,我国建立了完全独立自主的关税制度。1949年10月设立海关总署,统一领导全国海关机构和业务。1951年颁布的《中华人民共和国海关进出口税则》和《海关进出口税则暂行条例》,形成了关税的基本法规,使我国关税制度逐步统一,走上正常轨道。

党的十一届三中全会以来,随着我国经济日新月异的发展,1985年,国务院颁布了新的《中华人民共和国海关进出口关税条例》和《中华人民共和国海关进出口税则》,系统地规定了关税的一些重大政策、基本制度和纳税人的权利义务等。1987年1月第六届全国人民代表大会常务委员会第十九次会议通过了《中华人民共和国海关法》(以下简称《海关法》)。1987年和1992年先后两次修订《中华人民共和国海关进出口关税条例》(以下简称《海关进出口关税条例》)。之后,《海关法》经历了2000年的第一次修正,2012年的第二次修正,2013年的第三次修正,2016年的第四次修正,2017年第五次修正,2021年的第六次修正。2003年10月29日国务院第26次常务会议通过了新的《中华人民共和国进出口关税条例》(以下简称《进出口关税条例》,自2004年1月1日起施行。同时,国务院税则委员会审定并报国务院批准,颁布了《海关进出口税则》和《中华人民共和国入境旅客行李物品和个人邮递物品征收进口税办法》;2007年1月我国实施新的《海关进出口税则》,使我国的关税制度更加规范化和法治化。经国务院关税税则委员会审定并报国务院批准,2009年1月1日起,我国进一步修订了《海关进出口税则》,履行了我国加入世界贸易组织的承诺,也更好地发挥了关税的经济杠杆作用。之后,《进出口关税条例》经历了2011年的第一次修订,2013年的第二次修订,2016年的第三次修订和2017年的第四次修订。

相关链接

古代的雄关与关税

"关"是古代在交通险要或边境出口的地方设置的守卫处所,遗留至今仍有山海关、嘉峪关、玉门关等地名。在古时"关"还是南来北往商贾的必经之地和互市之处,也成了官府征收过往关税(商品通过税)的重要场所。

我国古代关税最早始于西周后期。据《周礼》记载,"关市之赋"属于当时的"九赋"之一;同时,为了管理"关门货贿(财物)出入之征",还出现了专司关税的官吏——"司关"。

秦始皇统一中国后,制定了《秦律》,当时的《关市律》是专门用于规范关税、市税征管的法律。

汉朝初期汉高祖刘邦实行休养生息的政策,"轻徭薄赋",免征关税,史记中记载当时"开关梁,弛(开)山泽之禁,是以富商大贾周流天下"。公元前101年,汉武帝复征关税,供守关吏卒之用,但税负较轻。

至隋唐前期,赋税政策比较宽松,不征关税。据《唐六典》记载:全国廿六关,"凡关,呵(呵斥禁品)而不征,司(管理)货贿之出入"。但经过安史之乱以后,国力衰败,财政困乏,唐肃宗时开始下诏在水陆要道设置关卡征收商品通过税,税率为2%,其中竹木茶漆等,税率为10%,从此商税便取代了关税。

至明清时期,朝廷除征收商税外,户部和工部又分别在运河、长江等重要河道设立"户关""工关"征税。在明朝"户关税"是按船的大小征收的船税,到清朝又增加了正税、商税等。而"工关税"是征收的实物税,主要针对贩运竹木等经营活动,税款征稽后用于工部建造和修缮船只。清朝雍正至乾隆年间,工关税率为5%。至乾隆时,共有户关45个、工关15个。清朝后期,在鸦片战争失败后,我国被迫签订不平等条约,开放五口通商,设立海关,"关税"成了海关税的专用名词,而原来意义上的内地关税改称为"常关税"。

5.1.2 关税的概念和特点

关税是海关依法对进出境货物、物品征收的一种税。关税的内涵有广义和狭义之分。现代广义的关税是包括进出口环节由海关征收的关税和在进出口环节海关代征的其他国内税、费;狭义的关税仅指进出口环节的关税,即海关代表国家,依据国家规定的有关税法及进出口税则,对进出关境的货物和物品征收的一种特殊的流转税。本章所讲的关税就是现代狭义的关税。

上述定义中所称的"境"指关境,又称"海关境域"或"关税领域",是国家《海关法》全面实施的领域。在通常情况下,一国关境与国境是一致的,包括国家全部的领土、领海、领空。但当某一国家在国境内设立了自由港、自由贸易区等,这些区域就进出口关税而言处在关境之外,这时该国家的关境小于国境。例如,我国的香港和澳门保持自由港地位,为我国单独的关税地区,即单独关境区。单独关境区是不适用该国海关法律、法规或实施单独海关管理制度的区域。当几个国家结成关税同盟,组成一个共同的关境,实施统一的关税法令和统一的对外税则,这些国家彼此之间货物进出国境不征收关税,只对来自或运往其他国家的货物进出共同关境时征收关税，显然，关境已超出一个主权国家的领土范围，关境大于同盟国各成员国各自的国境，如欧洲联盟就属于这种情形。关税属流转税体系中的一个独立的税种，同其他国内流转税相比，具有以下特点。

1. 关税的征税对象只限于进出关境的有形货物和物品

这里有两层含义：其一是货物或物品只有在进出关境时，才征收关税。也就是说，对于在境内流转的商品，只能征收国内税，而不能征收关税。其二是进出境的贸易性的商品和用于个人消费的非贸易性商品通常是有形的实物商品，对于无形商品海关则无法单独征收关税，只能在它们的价值体现在某种实物进境时，对有关的实物和其载体征收关税。

2. 关税在货物或物品进出关境的环节一次性征收

关税按照全国统一的进出口关税条例和税则在进出口环节单一环节课征。进出关境的货物在进出境环节一次性征收关税后，在国内流通的任何环节均不再征收关税。

3. 关税的计税依据为关税的完税价格

关税的完税价格是关税法中特有的概念，关税的计税依据——完税价格通常为到岸价格或离岸价格，不能确定到岸价格或离岸价格时，则由海关估定。

4. 关税具有涉外性

关税的种类与税率高低直接影响国际贸易价格，因此关税经常被主权国家运用为对外政治、经济斗争的手段，关税构成有关国际条约的重要调整对象。关税是贯彻对外贸易政策的重要手段，它在调节国民经济和对外贸易、增加国家财政收入、保护民族产业、防止国外的经济侵袭等方面发挥了重要的作用。

5. 关税是由海关专门负责征收

各类国内税收一般均由税务机关负责征管，而关税则由海关依法征收。根据我国《海关法》的规定，海关是设在关境上的国家行政管理机构，海关依照法律规定监管进出境的运输工具、货物、行李物品、邮递物品和其他物品，征收关税和其他税、费，查缉走私，并编制海关统计和办理其他海关业务。在我国，海关除征收关税外，还要代征进口环节货物应缴纳的增值税和消费税。

5.1.3 关税的分类

1. 以征税对象的流向分类

1）进口关税

它是指海关对进口货物和物品所征收的关税，是关税中最主要的一种征税形式，是保护关税政策的主要手段，在各国财政收入中占一定的地位。进口税有正税和附税之分。正税是按照税则中法定税率征收的进口税；附税则是在征收进口正税的基础上额外加征关税，主要是为了在保护本国生产和增加财政收入两个方面，用以补充正税的不足，属于临时性的限制进口措施，包括反倾销税、报复性关税等。

2）出口关税

它是指海关对出口货物和物品所征收的关税，通常是在本国出口商品出离关境时征收。为了鼓励出口、追求贸易顺差和获取最大限度的外汇收入，许多国家，特别是西方发达国家已不再征收出口税。亚当·斯密在《国富论》中批评了从重征收出口关税的危害，他认为高额关税会阻滞劳动成果与国外的交流，限制对这些货物的消费，使得国内人们的勤劳动机减弱，从而妨碍国内产业的发展。为了更好地发挥关税调节经济的作用，我国仅对一小部分关系到国计民生的重要出口商品征收出口税。

3）过境关税

它是指对过境货物征收的关税，称为过境税。过境货物指由境外起运，通过境内继续运往境外的货物。由于征收过境税会产生多方面的负面影响，因而当今各国一般均不征收过境税。中国海关对过境货物的具体要求：① 对同我国签有过境货物协定的国家的过境货物，或属于同我国签有铁路联运协定的国家收、发货的，按有关协定准予过境；② 未同我国签有协定的国家的过境货物，应当经国家运输主管部门批准并向入境地海关备案后准予过境。

2. 以征税的目的分类

1）财政关税

它是指以增加国家财政收入为主要目的而课征的关税。在历史上关税产生以后的一个很长时期内，征收关税的目的主要是保证统治阶级或国家的财政收入。随着经济的不断发展和竞争的日益激烈化，财政关税逐步让位于保护关税。财政关税的征税对象应该是进口数量大、消费量大、税负力强的商品，而且应该是本国非生活必需品或非生产必需品，以便既有稳定的税源，又不致影响国内生产和人民生活。

2）保护关税

它是指以保护本国工农业生产为主要目的而课征的关税。保护关税一般把那些本国需要发展但尚不具备国际竞争力的产品列入征税范围，通过设置合理的关税税率使关税税额等于或略高于进口商品成本与本国同类商品成本之间的差额。不同的商品需要保护的程度不同，往往采用差别税率。在进口方面，对进口的需要增加保护程度的商品征收高额的进口关税，可提高进口商品的成本和价格，从而削弱其竞争能力，保护本国同类产品的生产和销售；而对本国紧缺或本国尚不能生产的产品、生活必需品可通过低税率或免税方法鼓励进口。在出口方面，为了鼓励本国商品出口，一般免征出口税；但对本国生产所需的重要原料等，则征收关税以限制输出。我国现行的关税仍然属于保护关税。

3. 以征税的标准分类

按征税的标准分类，可将关税分为从量税、从价税。此外各国常用的征税标准还有复合税、选择税及滑准税。

1）从量关税

将征税对象的计量单位作为征税标准，以每一计量单位应纳的关税金额作为税率的关税，称为从量关税。目前世界各国多以货物的重量为标准计征关税。从量关税具有计征手续简便、通关便利等特点。另外，由于计税依据不受商品价格的影响，还能起到抑制质次价廉商品或者故意低瞒价格商品的进口。但从量关税由于不随进出口货物与物品价格的变化而变化，容易造成税负不合理的现象。尤其是在物价上涨时期，从量税难以发挥保护国内产业的作用。

2）从价关税

将征税对象的价格作为征税标准，根据一定比例的税率进行计征的关税。其关税收入和关税负担具有随着商品价格的变化而变化的特点。因而，从价关税有利于发挥关税的财政作用和保护作用。

3）复合关税

它是对一种进口货物同时制订出从价、从量两种方式，征税时既采用从量又采用从价两种税率计征税款的关税。复合关税既可以发挥从量关税抑制低价商品进口的特点，又可以发挥从价关税税负合理、稳定的优点。

4）选择关税

在税则的同一税目中，订有从价和从量两种税率，征税时由海关选择其中一种计征的称为选择关税。当物价上涨时，采用从价关税；当物价下跌时，采用从量关税。这样，不仅能保证国家的财政收入，还可较好地保护本国产业的发展。

5）滑准关税

在税则中预先按产品的价格高低分档制定若干不同的税率，然后根据进出口商品价格的变动而增减进出口税率的一种关税。当商品价格上涨，采用较低税率；而商品价格下跌，则采用较高税率。采用滑准税的目的是维护该种商品在国内市场上价格的稳定性，不受周边国家和国际市场价格波动的影响。

4. 以关税的差别分类

1）优惠关税

优惠关税是对特定受惠国在税收上给予的一种优惠待遇，即按照比普通税率低的优惠税率来征税。具体来说，优惠关税又可分为 4 种。

（1）互惠关税。在国与国之间的贸易中，双方协商签订协议，对进出口货物征收较低的关税直至免税。

（2）特惠关税。一个国家或某一经济集团对某些特定国家的全部进口货物或部分货物单方面给予低关税或免税待遇的特殊优惠。

（3）最惠国待遇关税。它规定缔约国双方相互间现在和将来所给予任何第三国的优惠待遇，同样适用于对方。

（4）普遍优惠制关税。指发达国家对从发展中国家或地区输入的产品，特别是制成品和半制成品普遍给予优惠关税待遇的一种制度。目的是增加其财政收入，促使发展中国家工业化，加速其经济增长速度。

2）歧视关税

歧视关税指对某些国家的进口货物按照较普通税率更高的税率征收的关税，它是保护一国产业所采取的特别手段。一般包括反倾销关税、反补贴税、报复性关税和保障性关税。

（1）反倾销关税。进口国海关发现进口商品构成倾销时，对倾销商品除按海关税则中规定的税率征收一般进口税以外，附加征收的关税。其目的是抵制外国产品倾销，保护国内生产和国内市场。

（2）反补贴税。是输入国对凡接受政府补贴或奖励的他国输入产品，课征与补贴、津贴或奖励相等的反补贴税，以抵消别国输入货物的竞争优势。

（3）报复性关税。他国政府以不公正、不平等、不友好的态度对待本国输出的货物时，为维护本国利益，报复该国对本国输出货物的不公正、不平等、不友好，对该国输入本国的货物加重征收的关税。

（4）保障性关税。在国外进口货物剧增并对本国产业造成损害的情况下，采取临时保障措施而需提高的关税。

5.2 关税的征税对象和纳税人

5.2.1 关税的征税对象

关税的征税对象是准许进出境的货物和物品。货物是指贸易性商品；物品指入境旅客随身携带的行李物品、个人邮递物品，各种运输工具上的服务人员携带的进口的自用物品、馈赠物品及其他方式进境的个人物品。

5.2.2 关税的纳税人

进口货物的收货人、出口货物的发货人、进出境物品的所有人，是关税的纳税人。进出口货物的收、发货人是依法取得对外贸易经营权，并进口或者出口货物的法人或者其他社会团体。进出境物品的所有人包括该物品的所有人和推定为所有人的人。一般情况下，对于携带进境的物品，推定其携带人为所有人；对分离运输的行李，推定相应的进出境旅客为所有人；对以邮递方式进境的物品，推定其收件人为所有人；以邮递或其他运输方式出境的物品，推定其寄件人或托运人为所有人。

5.3 关税的税则和税率

5.3.1 关税的税则

关税的税则又称海关税则，它是一国政府根据国家关税政策和经济政策，通过一定的立法程序制定公布实施的进出口货物和物品应税的关税税率表。《海关进出口税则》是根据世界海关组织发布的《商品名称及编码协调制度》（HS）而制定的。税率表作为海关税则的主体，包括税则商品分类目录和税率栏两大部分。

（1）税则商品分类目录是把种类繁多的商品加以综合，按照其不同特点分门别类简化成数量有限的商品类目。分别编号，按序排列，称为税则号列并逐号列出该号中应列入的商品名称。商品分类的原则即归类规则，包括归类总规则和各类、章、目的具体注释。

（2）税率栏是按商品分类目录逐项定出的税率栏目。

为进一步落实有关税收和产业政策，适应科学技术进步和加强进出口管理的需要，在符合世界海关组织《商品名称及编码协调制度》（HS）列目原则的前提下，2022年我国对进出口税则中的部分税则税目、注释做了进一步的调整，调整后我国2022年进出口税则税目总数为8 930个。

5.3.2 关税的税率

关税的税率是关税法的核心内容，也是关税政策的重要体现。根据国际惯例和我国的对外贸政策,关税的税率会不断地进行调整。为履行加入 WTO 组织的降税承诺,我国自 2001 年 12 月 11 日正式加入世界贸易组织以来,关税总水平逐年降低。2008 年,关税总水平由 2002 年的 15.3% 降至 9.8%。经国务院批准,《2015 年关税实施方案》于 2015 年 1 月 1 日实施。商务部统计的数据显示,2016—2021 年,我国关税总水平由 9.8% 降到 7.4%。

5.3.2.1 进口货物的税率

根据《海关进出口关税条例》的规定,进口关税设置最惠国税率、协定税率、特惠税率、普通税率、暂定税率、关税配额税率等税率。对进口货物在一定期限内可以实行暂定税率。

1. 最惠国税率

最惠国税率适用原产于与我国共同适用最惠国待遇条款的 WTO 成员的进口货物,或原产于与我国签订有相互给予最惠国待遇条款的双边贸易协定的国家或地区的进口货物,以及原产于我国境内的进口货物。

2. 协定税率

协定税率适用于原产于与中华人民共和国签订含有关税优惠条款的区域性贸易协定的国家或地区的进口货物。目前我国对原产于东盟十国、智利、巴基斯坦、新西兰、新加坡、韩国、印度、斯里兰卡、孟加拉国等国的部分商品实施比最惠国税率更优惠的协定税率。

3. 特惠税率

特惠税率适用于原产于与中华人民共和国签订含有特殊关税优惠条款的贸易协定的国家或地区的进口货物。根据我国与有关国家或地区签署的贸易或关税优惠协定、双边换文情况以及国务院有关决定,对原产于孟加拉国和老挝的部分商品实施亚太贸易协定项下特惠税率。

4. 普通税率

普通税率则适用于原产于上述以外的其他国家或地区的进口货物,以及原产地不明的进口货物。

5. 暂定税率

暂定税率是根据国家需要在一定时期内实行的一种进口关税税率。其适用原则是:适用最惠国税率的进口货物有暂定税率的,应当适用暂定税率;适用协定税率、特惠税率的进口货物有暂定税率的,应当从低适用税率;适用普通税率的进口货物,不适用暂定税率。

6. 关税配额税率

按照国家规定实行关税配额管理的进口货物,关税配额内的,适用关税配额税率;关税配额外的,其税率的适用按照上述第 1~5 条的规定执行。

7. 特别关税税率

按照有关法律、行政法规的规定对进口货物采取反倾销、反补贴、保障措施的,其税率的适用按照《中华人民共和国反倾销条例》《中华人民共和国反补贴条例》《中华人民共和国保障措施条例》的有关规定执行。

8. 报复性关税税率

任何国家或者地区违反与中华人民共和国签订或者共同参加的贸易协定及相关协定，对中华人民共和国在贸易方面采取禁止、限制、加征关税或者其他影响正常贸易的措施的，对原产于该国家或地区的进口货物可以征收报复性关税，适用报复性关税税率。

5.3.2.2 出口货物的税率

我国出口关税税率为一栏税率，即出口税率。我国征收出口关税的总的原则是：既要服从于鼓励出口的政策，又要做到能够控制一些商品的盲目出口。因此国家仅对少数资源性产品及易于竞相杀价、盲目出口、需要规范出口秩序的半制成品征收出口关税。

与进口暂定税率一样，出口暂定税率优先适用于出口税则中规定的出口税率。

5.3.2.3 进口物品的关税税率

对非贸易性物品所适用的税率根据《关于入境旅客行李物品和个人邮递物品征收进口税办法》所附的税率表确定。为进一步完善进境物品进口税收政策，经国务院批准，自2019年4月9日起，对进境物品税目税率进行了调整。调整后税率表采用三档税率，如表5-1所示。

表5-1 中华人民共和国进境物品进口税率表

税号	物品名称	税率
1	书报、刊物、教育用影视资料；计算机、视频摄录一体机、数字照相机等信息技术产品；食品、饮料；金银；家具；玩具，游戏品、节日或其他娱乐用品	13%
2	运动用品（不含高尔夫球及球具）、钓鱼用品；纺织品及其制成品；电视摄像机及其他电器用具；自行车；税目1、3中未包含的其他商品	20%
3	烟、酒、贵重首饰及珠宝玉石；高尔夫球及球具；高档手表；化妆品	50%

5.3.3 原产地规则

进出口关税不同税率的适用是以货物的原产地为标准，因此货物的原产地的确定直接关系到进口货物税率的适用，进而影响关税税额的计算。世贸组织《原产地规则协议》为能迅速、有效和公正解决有关货物原产地的争端而达成了一个公开、透明的框架性协议。虽然各国具体情况有区别，但各国都按照其基本原则来确定各自的原产地原则。我国政府参照国际惯例，结合我国具体情况，制定了"全部产地生产标准"和"实质性加工标准"两种国际上通用的标准。

1. 全部产地生产标准

全部产地生产标准是指对完全在一个国家（地区）获得的货物，以该国（地区）为原产地。这里的完全在一个国家（地区）获得的货物，是指：

（1）在该国（地区）出生并饲养的活的动物；

（2）在该国（地区）野外捕捉、捕捞、搜集的动物；
（3）从该国（地区）的活的动物获得的未经加工的物品；
（4）在该国（地区）收获的植物和植物产品；
（5）在该国（地区）采掘的矿物；
（6）在该国（地区）获得的除第（1）～（5）项范围之外的其他天然生成的物品；
（7）在该国（地区）生产过程中产生的只能弃置或者回收用作材料的废碎料；
（8）在该国（地区）收集的不能修复或者修理的物品，或者从该物品中回收的零件或者材料；
（9）由合法悬挂该国旗帜的船舶从其领海以外海域获得的海洋捕捞物和其他物品；
（10）在合法悬挂该国旗帜的加工船上加工本条第（9）项所列物品获得的产品；
（11）从该国领海以外享有专有开采权的海床或者海床底土获得的物品；
（12）在该国（地区）完全从上述第（1）～（11）项所列物品中生产的产品。

2. 实质性加工标准

实质性加工标准是适用于确定有两个或两个以上国家参与生产的产品的原产地的标准，其基本含义是：两个以上国家（地区）参与生产的货物，以最后完成实质性改变的国家（地区）为原产地。实质性改变的确定标准，以税则归类改变为基本标准；税则归类改变不能反映实质性改变的，以从价百分比、制造或者加工工序等为补充标准。具体标准由海关总署会同商务部、国家质量监督检验检疫总局制定。

我国入世谈判代表在《中国加入工作组报告》中承诺的确定实质性改变的标准是：
（1）在进出口税则中四位数税号一级的税则归类发生变化；
（2）加工增值部分所占新产品总值的比例已超过30%及以上的。

5.4 关税完税价格的确定

我国对进出口货物征收关税，除从量征收的计税方法外，其余计税方式均涉及"完税价格"的确定，因而关税完税价格的确定是计算关税的基本前提。根据我国《海关法》及《进出口关税条例》的规定，进出口货物的完税价格，由海关以该货物的成交价格为基础审查确定。成交价格不能确定时，完税价格由海关依法估定。

5.4.1 一般进口货物的完税价格

1. 一般进口货物：以成交价格为基础的完税价格

1）进口货物的完税价格的界定

进口货物的完税价格由海关以符合《进出口关税条例》确定的成交价格及该货物运抵中华人民共和国境内输入地点起卸前的运输及其相关费用、保险费为基础审查确定。进口货物的成交价格是指卖方向中华人民共和国境内销售该货物时买方为进口该货物向卖方实付、应付，并按照《进出口关税条例》规定调整后的价款总额，包括直接支付的价款和间接支付的价款。

 相关链接

FOB、CFR、CIF 的基本含义

进口货物的成交价格，因有不同的成交条件而有不同的价格形式，常用的价格条款有 FOB、CFR 和 CIF 三种。

FOB 的含义是"船上交货"的价格术语简称。这一价格术语是指卖方在合同规定的装运港把货物装上买方指定的船上，并负责货物装到船上为止的一切费用和风险，又称"离岸价格"。

CFR 的含义是"成本加运费"的价格术语简称，又称"离岸加运费价格"。这一价格术语是指卖方负责将合同规定的货物装上买方指定运往目的港的船上，负责货物装到船上为止的一切费用和风险，并支付运费。

CIF 的含义是"成本加运费、保险费"的价格术语简称，习惯上又称"到岸价格"。这一价格术语是指卖方负责将合同规定的货物装上买方指定运往目的港的船上，办理保险手续，并负责支付运费和保险费。

2）进口货物成交价格的基本要求

（1）对买方处置或者使用该货物不予限制，但法律、行政法规规定实施的限制、对货物转售地域的限制和对货物价格无实质性影响的限制除外。

（2）该货物的成交价格没有因搭售或者其他因素的影响而无法确定。

（3）卖方不得从买方直接或者间接获得因该货物进口后转售、处置或者使用而产生的任何收益，或者虽有收益但能够按照本条例的规定进行调整。

（4）买卖双方没有特殊关系，或者虽有特殊关系但未对成交价格产生影响。

3）计入关税完税价格的费用

按照《海关进出口关税条例》的规定，下列费用计入关税完税价格。

（1）由买方负担的购货佣金以外的佣金和经纪费。购货佣金是指购买方为购买进口货物向自己的采购代理人支付的劳务费用。经纪费指购买方为购买进口货物向代表买卖双方利益的经纪人支付的劳务费用。

（2）负担的在审查确定完税价格时与该货物视为一体的容器的费用。

（3）由买方负担的包装材料费用和包装劳务费用。

（4）与该货物的生产和向中华人民共和国境内销售有关的，由买方以免费或者以低于成本的方式提供并可以按适当比例分摊的料件、工具、模具、消耗材料及类似货物的价款，以及在境外开发、设计等相关服务的费用。

（5）作为该货物向中华人民共和国境内销售的条件，买方必须支付的、与该货物有关的特许权使用费。

（6）卖方直接或者间接从买方获得的该货物进口后转售、处置或者使用的收益。

4）不得计入关税完税价格的费用

进口时在货物的价款中列明的下列税收、费用，不计入该货物的完税价格。

（1）厂房、机械、设备等货物进口后进行建设、安装、装配、维修和技术服务的费用。

(2) 进口货物运抵境内输入地点起卸后的运输及其相关费用、保险费。
(3) 进口关税、进口环节海关代征税及其他国内税。
(4) 为在境内复制进口货物而支付的费用。
(5) 境内外技术培训及境外考察费用。
(6) 符合条件的为进口货物而融资产生的利息费用。

2. 一般进口货物：海关估定的完税价格

进口货物的成交价格不符合本条例规定条件的，或者成交价格不能确定的，海关经了解有关情况，并与纳税人进行价格磋商后，依次以下列价格估定该货物的完税价格。

(1) 相同货物成交价格方法。即指与该货物同时或者大约同时向中华人民共和国境内销售的相同货物的成交价格。

(2) 类似货物成交价格方法。即指与该货物同时或者大约同时向中华人民共和国境内销售的类似货物的成交价格。

(3) 倒扣价格方法。即指与该货物进口的同时或者大约同时，将该进口货物、相同或者类似进口货物在第一级销售环节销售给无特殊关系买方最大销售总量的单位价格为基础估定的完税价格。在估定进口货物的完税价格时，应当扣除下列项目：

① 同等级或者同种类货物在中华人民共和国境内第一级销售环节销售时通常的利润和一般费用及通常支付的佣金；
② 进口货物运抵境内输入地点起卸后的运输及其相关费用、保险费；
③ 进口关税及国内税收。

(4) 计算价格方法。即指按照下列各项总和计算的价格估定完税价格，包括：

① 生产该货物所使用的料件成本和加工费用；
② 向中华人民共和国境内销售同等级或者同种类货物通常的利润和一般费用；
③ 该货物运抵境内输入地点起卸前的运输及其相关费用、保险费。

(5) 以合理方法估定的价格。

【例5-1】天锐公司从法国进口一批货物共300吨，货物以境外口岸离岸价格成交，折合人民币为每吨30 000元，买方承担包装费每吨600元，另向卖方支付佣金为每吨800元人民币。另向自己的采购代理人支付佣金5 000元人民币，已知该货物运抵中国海关境内输入地起卸前的包装、运输、保险和其他劳务费用为每吨1 000元人民币，进口后另发生国内运输和装卸费用500元人民币，计算该批原料的完税价格。

【答案】进口货物完税价格包括货价、支付的佣金、买方负担的包装费和容器费、进口途中的运费，但不包括买方向自己采购代理人支付的购货佣金和进口后发生的运输装卸费。

关税完税价格=(30 000+600+800+1 000)×300=9 720 000（元）

5.4.2 特殊进口货物的完税价格

1. 以租赁方式进口货物的完税价格

以租赁方式进口的货物，以海关审查确定的该货物的租金作为完税价格。纳税人要求一次性缴纳税款的，纳税人可以选择按照规定估定完税价格，或者按照海关审查确定的租金总额作为完税价格。

2. 复运进境的境外加工货物的完税价格

运往境外加工的货物，出境时已向海关报明并在海关规定的期限内复运进境的，应当以境外加工费、料件费及复运进境的运输及其相关费用和保险费审查确定完税价格。

3. 复运进境的境外修理货物的完税价格

运往境外修理的机械器具、运输工具或其他货物，出境时已向海关报明并在海关规定的期限内复运进境的，应当以境外修理费和料件费审查确定完税价格。

4. 留购的进口货样的完税价格

对于境内留购的进口货样、展览品和广告陈列品，以海关审定的留购价格作为完税价格。

5. 予以补税的减免税货物

减税或免税进口的货物需予补税时，应当以海关审定的该货物原进口时的价格，扣除折旧部分价值作为完税价格，计算公式为：

完税价格＝海关审定的该货物原进口时的价格×
[1－申请补税时实际已使用的时间(月)/(监管年限×12)]

6. 以其他方式进口的货物

以易货贸易、寄售、捐赠、赠送等其他方式进口的货物，应当按照一般进口货物估价办法的规定，估定完税价格。

> 【例5-2】某企业2015年将以前年度进口的设备运往境外修理，设备进口时成交价格为150万元，发生境外运费和保险费共计12万元；在海关规定的期限内复运进境，进境时同类设备价格200万元；发生境外修理费30万元、料件费12万元，境外运输费和保险费共计10万元，该设备进口关税税率为15%。请计算该仪器复运进境时应缴纳的进口关税。
>
> 【答案】运往境外修理的机械器具、运输工具或其他货物，出境时已向海关报明，并在海关规定期限内复运进境的，应当以海关审定的境外修理费和料件费为完税价格。
>
> 运往境外修理的设备报关进口时应纳关税＝(30+12)×15%＝6.3（万元）

思考专栏

2013年6月1日，某科研所由于承担国家重要工程项目，经批准免税进口了一套电子设备。使用3年后项目完工，2016年5月31日公司将该设备出售给了国内另一家企业，被海关发现后要求补税20万元，该科研所不服提出申诉。已知该电子设备的到岸价格为500万元，关税税率为10%，海关规定的监管年限为5年。请问海关的处理是否正确？

5.4.3 出口货物的完税价格

1. 出口货物完税价格的确定

出口货物的完税价格由海关以该货物的成交价格及该货物运至中华人民共和国境内输出地点装载前的运输及其相关费用、保险费为基础审查确定。

出口货物的成交价格是指该货物出口时卖方为出口该货物应当向买方直接收取和间接收取的价款总额。出口关税不计入完税价格。

> 【例5-3】 北京某进出口公司向美国出口矿石一批，成交价格为 CIF 美国 USD8 000，其中运费 USD720，保险费 USD80；计税日外汇汇率为：USD100＝RMB700。计算该矿石的完税价格。（已知该矿石的出口关税税率为20%）
>
> 【答案】 完税价格＝（8 000−720−80）×7/（1+20%）＝42 000（元）

2. 出口货物完税价格的估定

出口货物的成交价格不能确定的，海关经了解有关情况，并与纳税人进行价格磋商后，依次以下列价格估定该货物的完税价格。

（1）与该货物同时或者大约同时向同一国家或者地区出口的相同货物的成交价格。

（2）与该货物同时或者大约同时向同一国家或者地区出口的类似货物的成交价格。

（3）按照下列各项总和计算的价格：境内生产相同或者类似货物的料件成本、加工费用，通常的利润和一般费用，境内发生的运输及其相关费用、保险费。

（4）以合理方法估定的价格。

5.4.4 完税价格相关费用的核定

1. 以一般陆运、空运、海运方式进口的货物

在进口货物的运输及相关费用、保险费计算中，应按下列办法计算。

（1）海运进口货物，计算至该货物运抵境内的卸货口岸；如果该货物的卸货口岸是内河（江）口岸，则应当计算至内河（江）口岸。

（2）陆运进口货物，计算至该货物运抵境内的第一口岸；如果运输及其相关费用、保险费支付至目的地口岸，则计算至目的地口岸。

（3）空运进口货物，计算至该货物运抵境内的第一口岸；如果该货物的目的地为境内的第一口岸外的其他口岸，则计算至目的地口岸。

（4）陆运、空运和海运进口货物的运费和保险费，应当按照实际支付的费用计算。如果进口货物的运费无法确定或未实际发生，海关应当按照该货物进口同期运输行业公布的运费率（额）计算运费；按照"货价加运费"两者总额的3‰计算保险费。

2. 以其他方式进口的货物

邮运的进口货物，应当以邮费作为运输及其相关费用、保险费；以境外边境口岸价格条件成交的铁路或公路运输进口货物，海关应当按照货价的1%计算运输及其相关费用、保险费；作为进口货物的自驾进口的运输工具，海关在审定完税价格时可以不另行计入运费。

3. 出口货物

出口货物的销售价格如果包括离境口岸至境外口岸之间的运输、保险费的，该运费、保险费应当扣除。

5.5 关税应纳税额的计算

5.5.1 进出口货物应纳税额的计算

根据《进出口关税条例》的规定，进出口货物关税，以从价计征、从量计征或者国家规定的其他方式征收。

1. 从价税应纳税额的计算

$$应纳税额 = 关税完税价格 \times 关税税率$$

【例5-4】某外贸公司2019年5月进口一批高档化妆品，到岸货价及运输费、保险费80 000欧元，另支付包装费6 000欧元、支付自己采购代理人佣金2 000欧元、港口到厂区公路运费3 000元人民币，取得国际货物运输发票。当期欧元与人民币汇率为1∶10，关税税率适用最惠国税率，为10%；消费税税率为15%。计算外贸公司在进口环节缴纳的各项税金。

【答案】应纳关税 = (80 000 + 6 000) × 10 × 10% = 860 000 × 10% = 86 000（元）

应纳消费税 = [(860 000 + 86 000)/(1 - 15%)] × 15% = 1 112 941.18 × 15%
= 166 941.18（元）

应纳增值税 = [(860 000 + 86 000)/(1 - 15%)] × 13% = 1 112 941.18 × 13%
= 144 682.35（元）

2. 从量税应纳税额的计算

$$应纳税额 = 货物数量 \times 单位税额$$

【例5-5】某公司进口美国产"蓝带"牌啤酒600箱，每箱30瓶，每瓶容积500毫升，价格为CIF4 500美元。征税日人民币与美元的外汇折算率为1∶7（已知啤酒适用优惠税率为3元/升）。请计算该公司的应纳关税税额。

【答案】应纳关税税额 = [(600 × 30 × 500)/1 000] × 3 = 27 000（元）

3. 复合税应纳税额的计算

我国目前实行的复合税都是先计征从量税，再计征从价税。

$$关税税额 = 应税进(出)口货物数量 \times 单位货物税额 + 应税进(出)口货物数量 \times 单位完税价格 \times 税率$$

【例5-6】某公司从日本进口5台电视摄像机，每台价格为CIF7 500美元，已知：征税日美元与人民币的外汇折算率为1∶7，摄像机适用优惠税率为：每台完税价格高于5 000美元的，从量税为每台13 280元人民币，再征从价税3%计算应纳关税。请计算该公司的应纳关税税额。

【答案】应纳关税税额 = 5 × 13 280 + 7 500 × 5 × 7 × 3% = 66 400 + 7 875 = 74 275（元）

4. 滑准税应纳税额的计算

$$关税税额 = 应税进(出)口货物数量 \times 单位完税价格 \times 滑准税税率$$

5.5.2 进境物品应纳税额的计算

海关总署规定数额以内的个人自用进境物品，免征进口税。超过海关总署规定数额但仍在合理数量以内的个人自用进境物品，由进境物品的纳税人在进境物品放行前按照规定缴纳进口税。进口税采用从价计征的方法。

$$进口税税额＝完税价格×进口税税率$$

【例5-7】 海外华侨李女士准备回国探亲，准备花费1 500美元购买礼品，其中购买500美元的贵重首饰和1 000美元的数码照相机。已知：贵重首饰适用的关税税率为50%，数码照相机适用的关税税率为13%。1美元＝6.86元人民币，请计算李女士应纳的关税税额。

【答案】 应纳关税税额＝(500×50%×6.86)+(1 000×13%×6.86)＝1 715+891.8
＝2 606.8（元）

5.6 关税的税收优惠

5.6.1 法定减免税

关税的法定减免是指税法中明确规定的减税或者免税。符合税法规定可予减免税的进出口货物，纳税人无须提出申请，海关可按规定直接予以减免税。海关对法定减免税货物一般不进行后续管理。

1. 减征或免征关税项目

下列进出口货物、进出境物品，减征或者免征关税：

(1) 关税税额在人民币50元以下的一票货物；
(2) 无商业价值的广告品和货样；
(3) 外国政府、国际组织无偿赠送的物资；
(4) 在海关放行前遭受损坏或者损失的货物；
(5) 进出境运输工具装载的途中必需的燃料、物料和饮食用品；
(6) 规定数额以内的物品；
(7) 中华人民共和国缔结或者参加的国际条约规定减征、免征关税的货物、物品；
(8) 法律规定减征、免征关税的其他货物、物品。

2. 暂免征税项目

经海关批准暂时进境或者暂时出境的下列货物，在进境或者出境时纳税人向海关缴纳相当于应纳税款的保证金或者提供其他担保的，可以暂不缴纳关税，并应当自进境或者出境之日起6个月内复运出境或者复运进境。具体包括以下项目：

(1) 在展览会、交易会、会议及类似活动中展示或者使用的货物；
(2) 文化、体育交流活动中使用的表演、比赛用品；
(3) 进行新闻报道或者摄制电影、电视节目使用的仪器、设备及用品；
(4) 开展科研、教学、医疗活动使用的仪器、设备及用品；
(5) 在上述所列活动中使用的交通工具及特种车辆；

(6) 货样；
(7) 供安装、调试、检测设备时使用的仪器、工具；
(8) 盛装货物的容器；
(9) 其他用于非商业目的的货物。

但是上述暂准进境货物在规定的期限内未复运出境的，或者暂准出境货物在规定的期限内未复运进境的，海关应当依法征收关税。

5.6.2 特定减免税

特定减免税也称政策性减免税。在法定减免税之外，国家按照国际通行规则和我国实际情况，制定发布的有关进出口货物减免关税的政策，称为特定或政策性减免税。特定减免税货物一般有地区、企业和用途的限制，海关需要进行后续管理，也需要减免税统计。

现行的特定减免税主要包括对科教用品、残疾人专用品、扶贫、慈善性捐赠物资、加工贸易产品、边境贸易进口物资、保税区进出口货物、出口加工区进出口货物、进口设备、特定行业或用途的减免税政策。

5.6.3 临时减免税

临时减免是国家根据国内生产和国际市场行情变化，确定对某一类和几种商品在一定时限内临时降低或取消关税。

5.7 关税的征收管理

5.7.1 关税的缴纳

进口货物自运输工具申报进境之日起14日内，出口货物在货物运抵海关监管区后装货的24小时以前，应由进出口货物的纳税人向货物进（出）境地海关申报，海关根据税则归类和完税价格计算应缴纳的关税和进口环节代征税，并填发税款缴款书。纳税人应当自海关填发税款缴款书之日起15日内，向指定银行缴纳税款。纳税人未在规定的期限内缴纳税款的，自关税缴纳期限届满滞纳之日起，至纳税人缴纳关税之日止，按滞纳税款万分之五的比例按日征收，周末或法定节假日不予扣除。具体计算公式为：

$$关税滞纳金金额 = 滞纳关税税额 \times 滞纳金征收比率 \times 滞纳天数$$

关税纳税人因不可抗力或者在国家税收政策调整的情形下，不能按期缴纳税款的，经海关总署批准，可以延期缴纳税款，但最长不得超过6个月。

5.7.2 关税的保全和强制执行

为保证海关征收关税决定的有效执行和国家财政收入的及时入库，《海关法》规定了关税的保全和强制执行措施。

进出口货物的纳税人在规定的纳税期限内有明显的转移、藏匿其应税货物及其他财产迹象的，海关可以责令纳税人提供担保；纳税人不能提供纳税担保的，经直属海关关长或者其授权的隶属海关关长批准，海关可以采取下列税收保全措施。

（1）书面通知纳税人开户银行或者其他金融机构暂停支付纳税人相当于应纳税款的存款。

（2）扣留纳税人价值相当于应纳税款的货物或者其他财产。

纳税人在规定的纳税期限内缴纳税款的，海关必须立即解除税收保全措施；纳税人、担保人自缴纳税款期限届满之日起超过3个月仍未缴纳税款的，经直属海关关长或者其授权的隶属海关关长批准，海关可以书面通知纳税人开户银行或者其他金融机构从其暂停支付的存款中扣缴税款，或者依法变卖所扣留的货物或者价值相当于应纳税款的其他财产，以变卖所得抵缴税款。

5.7.3 关税的退还

关税的退还是指关税纳税人按海关核定的税额缴纳关税后，因某种原因的出现，海关将实际征收多于应当征收的税额（称为溢征关税）退还给原纳税人的一种行政行为。海关发现多征税款的，应当立即通知纳税人办理退还手续。

有下列情形之一的，纳税人自缴纳税款之日起1年内，可以以书面形式要求海关退还多缴的税款并加算银行同期活期存款利息：

（1）已征进口关税的货物，因品质或者规格原因，原状退货复运出境的；

（2）已征出口关税的货物，因品质或者规格原因，原状退货复运进境，并已重新缴纳因出口而退还的国内环节有关税收的；

（3）已征出口关税的货物，因故未装运出口，申报退关的。

纳税人应当以书面形式向海关说明理由，提供原缴款凭证及相关资料。海关应当自受理退税申请之日起30日内查实并通知纳税人办理退还手续。纳税人应当自收到通知之日起3个月内办理有关退税手续。

5.7.4 关税的补征和追征

关税的补征和追征是海关在关税纳税人按海关核定的税额缴纳关税后，发现实际征收税额少于应当征收的税额（称为短征关税）时，责令纳税人补缴所差税款的一种行政行为。《海关法》根据短征关税的原因，将海关征收短征关税的行为分为补征和追征两种。由于纳税人违反海关规定造成短征关税的，称为关税的追征；非因纳税人违反海关规定造成短征关税的，称为关税的补征。

根据《进出口关税条例》的规定，进出口货物放行后，海关发现少征或者漏征税款的，应当自缴纳税款或者货物放行之日起1年内，向纳税人补征税款。但因纳税人违反规定造成少征或者漏征税款的，海关可以自缴纳税款或者货物放行之日起3年内追征税款，并从缴纳税款或者货物放行之日起按日加收少征或者漏征税款万分之五的滞纳金。

【例5-8】某公司进口一批货物，海关于2019年6月1日填发税款缴款书，经审核货物的到岸价折合人民币800万元，但公司迟至6月27日才缴清了税款。已知：海关应征收关税的税率为10%，增值税率为13%。

【答案】应缴纳的关税=800×10%=80（万元）

应缴纳的增值税=（800+80）×13%=114.4（万元）

应缴纳的税款的滞纳金=（80+114.4）×0.5‰×12=1.17（万元）

关税综合案例

【案例分析 5-1】蓝洋进出口公司进口环节应该如何缴税？

蓝洋进出口公司从美国进口一批货物，货物的成交价（离岸价）折合人民币 12 000 万元，其中成交价包括货物的包装费 20 万元、进口后装配调试费用 120 万元，以及向境外采购代理人支付的买方佣金 60 万元。但不包括使用该货物而向境外支付的专利权使用费 50 万元、向卖方支付的佣金 15 万元。此外，蓝洋公司支付货物运抵我国海关地之前的运费 200 万元、保险费 110 万元。货物运抵我国口岸后，该公司在未经批准缓缴税款的情况下，于海关填发税款缴纳证之日起 25 天才缴纳税款，假设该货物适用的关税税率为 100%、增值税税率为 13%、消费税税率为 20%。

要求：分别计算该公司应缴纳的关税、消费税、增值税和税款的滞纳金。

【答案及解析】

首先确定关税的完税价格，这是本题的关键所在。

结合本题，关税的完税价格应包括由买方负担的除购货佣金以外的佣金和经纪费、货物的包装费、与货物有关的特许权使用费及货物运抵我国海关之前的运费和保险费用，但不包括支付自己的采购代理人的买方佣金及进口后的安装调试费用。

关税的完税价格 = 12 000 + 50 + 15 + 200 + 110 − 120 − 60 = 12 195（万元）

关税 = 12 195 × 100% = 12 195（万元）

进口货物应缴纳的消费税和增值税的计税依据为组成计税价格。

组成计税价格 = (12 195 + 12 195) / (1 − 20%) = 30 487.5（万元）

消费税 = 30 487.5 × 20% = 6 097.5（万元）

增值税 = 30 487.5 × 13% = 3 963.38（万元）

税款的滞纳金 = (12 195 + 6 097.5 + 3 963.38) × 0.5‰ × 10 = 111.28（万元）

【案例分析 5-2】恒昌外贸公司如何缴税？

恒昌外贸公司为增值税一般纳税人，具有进出口经营权。2019 年 6 月发生相关经营业务如下。

① 从国外进口高档化妆品一批，支付买价为 250 万元，国外的经纪费 5 万元，支付运抵我国海关前的运输费用 25 万元、装卸费用和保险费用 12 万元；委托国内某运输企业将化妆品运往外贸公司的运输费用 5 万元，取得了运输公司开具的增值税专用发票。向海关缴纳了相关税款，并取得了完税凭证。

② 国内销售进口的全部化妆品，取得含税销售收入为 678 万元。

③ 国内销售其他货物，取得不含税销售收入为 380 万元。

④ 国内购进服装一批，取得的增值税专用发票上列明的价款和税款分别为 100 万元、13 万元。

⑤ 出口销售上月国内购进的钟表一批，出口销售额折合人民币 65 万元。该批钟表在购进时已取得增值税专用发票，专用发票上注明的价款、税款分别为 32 万元、4.16 万元。

已知高档化妆品的进口关税税率为 15%，消费税税率为 15%，增值税率为 13%，钟表的出口退税率为 13%，购进各种货物时取得了法定扣税凭证并已通过税务机关的认证。

要求：根据上述资料，计算下列问题。

(1) 恒昌外贸公司在进口环节应纳的关税及缴纳方法。
(2) 恒昌外贸公司在进口环节应纳的增值税、消费税及缴纳方法。
(3) 恒昌外贸公司在国内销售环节应缴纳的增值税和消费税及缴纳方法。
(4) 恒昌外贸公司的出口退税额。

【答案及解析】

(1) 计算应纳的关税。高档化妆品的完税价格应包括买价、经纪费用及货物运抵我国海关前发生的运输费用、保险费用。但将高档化妆品运回该公司的运输费用、保险费用不计入关税完税价格。因此，关税的计算如下。

$$关税的完税价格 = 250 + 5 + 25 + 12 = 292（万元）$$
$$关税 = 292 \times 15\% = 43.8（万元）$$

进口环节关税由海关负责征收，纳税人应当自海关填发税款缴款书之日起15日内缴纳税款。

(2) 计算应缴纳的增值税。

$$组成计税价格 = (292 + 43.8) / (1 - 15\%) = 395.06（万元）$$
$$进口环节应纳的增值税 = 395.06 \times 13\% = 51.36（万元）$$
$$进口环节应纳的消费税 = 395.06 \times 15\% = 59.26（万元）$$

进口环节增值税、消费税由海关负责征收，纳税人应当自海关填发税款缴款书之日起15日内缴纳税款。

(3) 国内销售环节应缴纳的增值税。在计算国内销售环节应纳的增值税时，进口化妆品在进口环节缴纳的增值税可以作为进项税额抵扣。同时，对于进口化妆品运回该公司所支付的运输费用，可以按照10%的税率计算抵扣进项税额。

$$销项税额 = 380 \times 13\% + [678/(1+13\%)] \times 13\% = 49.4 + 78 = 127.4（万元）$$
$$进项税额 = 13 + 51.36 + 5 \times 9\% = 64.81（万元）$$
$$应纳增值税税额 = 127.4 - 64.81 = 62.59（万元）$$

因为消费税在单一环节征税，因而内销环节不再征收消费税。

国内销售环节的增值税由企业所在地的主管税务机关负责征收，一般由企业于次月15日前申报纳税。

(4) 计算出口环节应退的增值税额。

出口钟表应退的增值税，应按国内购进所取得的专用发票上列明的不含税金额和法定的退税率计算。

$$应退增值税额 = 32 \times 13\% = 4.16（万元）$$

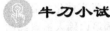

课后练习题

一、选择题（含单选题和多选题，请用手机扫描下方二维码作答并查看正确答案）

二、思考探索题

1. 请查阅文献，了解世界各国政府为应对全球经济衰退采取的贸易壁垒措施。
2. 一般贸易方法下进口货物的完税价格如何确定？
3. 请查阅文献，了解欧盟国家如何征收"差价税"。
4. 关税的补征和追征有何不同？简述二者的相关法律规定。

竞技场

一、选择题（含单选题和多选题，请用手机扫描下方二维码作答并查看正确答案）

二、案例分析题

1. 上海某进出口公司2018年6月从美国进口货物一批，货物以离岸价格成交，成交价折合人民币为1 410万元（包括单独计价并经海关审查属实的向境外采购代理人支付的买方佣金10万元，但不包括使用该货物而向境外支付的软件费50万元、向卖方支付的佣金15万元），另支付货物运抵我国上海港的运费、保险费等35万元。假设该货物适用关税税率为20%；海关填发税款缴纳证日期为2018年6月10日，该公司于6月28日缴纳税款。

要求：

（1）请分别计算该公司应纳关税；

（2）计算关税的滞纳金。

2. 有进出口经营权的某外贸公司，6月发生以下经营业务。

① 经有关部门批准从境外进口小轿车30辆，每辆小轿车货价15万元，运抵我国海关前发生的运输费用、保险费用无法确定，经海关查实其他运输公司相关业务的运输费用占货价的比例为2%。向海关缴纳了相关税款，并取得了完税凭证。

公司委托运输公司将小轿车从海关运回本单位，支付运输公司运输费用9万元，取得了运输公司开具的普通发票。当月售出24辆，每辆取得含税销售额40.6万元，公司自用2辆并作为本企业固定资产。

② 月初将上月购进的价值40万元的库存材料经海关核准委托境外公司加工一批货物，月末该批加工货物在海关规定的期限内复运进境供销售，支付给境外公司的加工费为20万元、进境前的运输费和保险费共3万元。向海关缴纳了相关税款，并取得了完税凭证。

已知：小轿车关税税率50%、货物关税税率20%、增值税税率13%、消费税税率8%。

要求：

（1）计算小轿车在进口环节应缴纳的关税、消费税和增值税；

（2）计算加工货物在进口环节应缴纳的关税、增值税；

（3）计算国内销售环节6月份应缴纳的增值税。

3. 某市具有进出口经营权的甲化妆品企业系增值税一般纳税人，2021年6月进口一批高档化妆品，成交价格为100万元（折合人民币，下同），支付境内技术培训费共计2万元。运抵我国境内输入地点起卸前的运保费无法确定，海关按同类货物同城运输费估定运费为5万元。缴纳进口税金后海关放行，甲企业将此批高档化妆品从海关运往企业，支付运输公司（一般纳税人）不含税运费1万元，并取得增值税专用发票。当月将此批高档化妆品全部销售，取得含税销售额232万元。

已知：该批高档化妆品进口关税税率为15%，消费税税率为15%；本月取得的票据均能在当月申报抵扣。

要求：
(1) 计算其关税完税价格；
(2) 计算其进口环节应纳关税；
(3) 计算其进口环节应纳的税金合计；
(4) 计算内销环节实际应缴纳的各项税金及附加合计。

第6章 企业所得税法

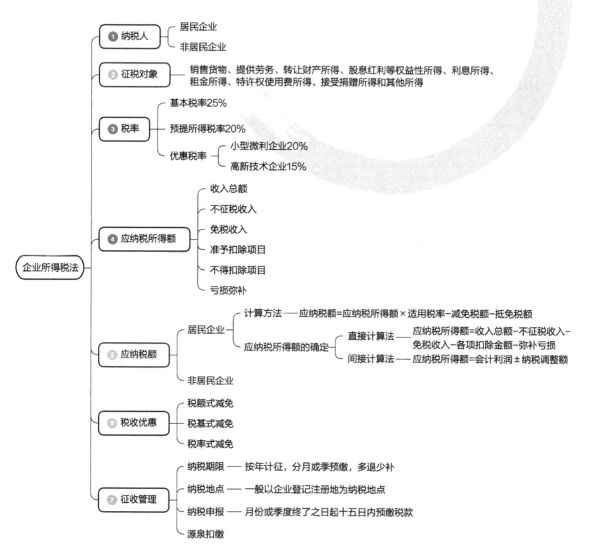

学习提示

企业所得税是以企业为纳税人,以企业一定期间的应税所得额为计税依据而征收的一种税。由于世界各国大都将企业的法律形式分为独资企业、合伙企业、公司三类,对前两类企业所得一般征收个人所得税,而不征收企业所得税,所以企业所得税一般也称为公司所得税。企业所得税在各国税收中占据重要地位,是国家参与企业利润分配、正确处理国家与企业分配关系的一个重要税种。1994年税制改革在结束了我国内资企业所得税三税并立的格局后,又形成了内外有别的两套企业所得税制,2007年我国开始进行的企业所得税制改革对内外资企业所得税进行了大幅度的变革,使内外资企业能够平等竞争,翻开了我国企业所得税历史新的一页。

本章主要介绍企业所得税的基础知识和我国企业所得税法律制度的相关规定。本章学习应当重点掌握企业所得税的概念和特点,企业所得税法律的基本内容,包括企业所得税的纳税人和征税对象、税率、应纳税所得额和应纳税额的计算方法;应当理解资产的税务处理、税收优惠和特别纳税调整、源泉扣缴和征收管理;应当了解企业所得税制度的产生与发展及改革的背景。

中英文关键词

综合所得税制:unitary income tax system
分类所得税制:scheduled income tax system
混合所得税制:mixed income tax system
企业所得税:enterprise income tax
居民企业:resident enterprise
非居民企业:non-resident enterprise
不征税收入:non-taxable income

免税收入:tax-exempted income
应纳税所得额:taxable income
重复征税:double taxation
关联企业:affiliate enterprise
特别纳税调整:special tax payment adjustment
税收优惠:preferential tax treatment
源泉扣缴:tax withheld at source

重点法规速递

◆《中华人民共和国企业所得税法》(2018年修正),中华人民共和国主席令第63号
◆《中华人民共和国企业所得税法实施条例》(2019年修订),中华人民共和国国务院令第714号

引导案例

深圳市一家新办企业2018年度经营业务如下。

收入情况:销售收入2 500万元,营业外收入90万元。

成本费用情况:销售成本1 300万元,销售费用600万元,管理费用480万元(其中业务招待费30万元),财务费用80万元,销售税金180万元(其中增值税130万元),营业外支出100万元(含工商机关罚款12万元,税收滞纳金10万元)。

该企业计算的会计利润为-20万元，在申报企业所得税时，该企业认为企业当年利润为零，没有利润，不需要缴纳企业所得税。

请思考：企业的会计利润只有大于零才需要缴纳企业所得税吗？会计利润是否是企业所得税的计税依据？本章将揭示这一问题。

6.1 企业所得税概述

6.1.1 所得税的基本理论知识

6.1.1.1 所得税的概念

所得税是以所得为征税对象并由获取所得的主体缴纳的一类税的总称，又称所得课税、收益税。该税种创始于英国，18世纪末正值英法战争时期，时任英国首相的威廉·皮特为解决战争带来的财政困难，设计并开征了一种名为"三类合成税"的新税，实际上就是英国所得税的雏形，但因这种税的漏洞较多，皮特1799年将其改为所得税。他把纳税人所得划分为四类，由其自行申报纳税，这已经显现出税收支付能力原则的印记。1802—1803年英法战争暂停片刻后再次爆发，英国的所得税也经历了废止又开征的过程。1803年在艾亭顿的主持下，开征了一种新的所得税，引入"从源征收"制度，采用累进税率。1816年随着战争结束，该税再次被废止。1842年，印度掀起反抗英国殖民统治的斗争，财政大臣罗伯特·皮尔再度开征了所得税，他沿用了艾亭顿的设计，引入比例税率，并建立了纳税人的咨询和复议申请、对不申报所得的纳税人处以罚款等相关制度，到1874年，所得税成为英国一个稳定的税种。由于这种税以所得的多少为负担能力的标准，比较符合公平、普遍的原则，并具有经济调节功能，所以被大多数西方经济学家誉为"良税"，得以在世界各国迅速推广。进入19世纪以后，大多数资本主义国家相继开征了所得税，逐渐成为大多数发达国家的主体税种。在国际上通常将所得税分为公司所得税和个人所得税两类。

我国的所得税主要包括企业所得税和个人所得税。在中华人民共和国成立初期，由于社会主义改造，使我国企业所有制形式相对简单，以全民所有制为主，集体所有制为辅。全民所有制通过国家所有制体现，政治权与财产所有权合二为一，由一个权力主体行使，国家与企业间基本不存在界限，当时为了保证财政收入的稳定，国家只对国有企业征收工商税，而不征收所得税。因此，在中华人民共和国成立后的很长一段时间内，所得税收入在我国税收收入中的比重极小，作用微乎其微，但随着我国企业体制改革的实行和建设有中国特色社会主义市场经济发展战略的确立，所得税逐渐在我国各税种中显现出越来越重要的地位和作用。

相关链接

世界上最早的"所得税"

现代税收理论大都认为所得税创立于18世纪末的英国，但如果分析历史上的各种税赋会发现早在 2 000 多年前的中国西汉末期,篡夺汉室皇权的王莽就曾经推行过具有所得税性质的税种——"贡",这恐怕是世界上最早的"所得税"了。

公元 8 年,西汉大司马王莽篡位,改国号为"新"。公元 9 年,王莽在推行经济改革措施时,设立了针对工商业者的纯经营利润额征税的税种——"贡"。据《汉书·食货志下》中记载:"诸取众物鸟兽鱼鳖百虫于山林水泽及畜牧者,殡妇桑蚕织纺绩补缝,工匠医巫卜视及它方技商贩贾人,货肆列里区谒舍,皆多自占所为于其所在之其官,除其本、计其得,十一分之,而以其一为贡,敢不自占,自占不以实者,尽没入所采取,而作县官一岁。"其大意是规定从事采集、狩猎、捕捞、畜牧、养蚕、纺织、缝纫、织补、医疗、卜卦算命之人、其他艺人及商贾经营者,按照从经营收入中扣除成本的办法计算纯利润,再按纯利润额的十分之一纳税。纳税自由申报,但由官吏核实,如审查出不报或报而不实者,要被没收全部收入,同时还要拘捕违犯者,并罚服劳役苦工一年。分析"贡"的要素,包括纳税人为从经营活动中取得纯收入的经营者,课税对象为扣除成本费用后的纯利润,税率采取比例税率,基本具备了所得税的特征。但由于王莽的"贡"征收范围太广,征收方法复杂,在当时的税收征管技术条件下无法操作,引起了人民的群起反抗,加速了王莽时代的终结,但其创建的"贡"的确应当是世界上最早的所得税性质的税收了,比英国 1799 年开征的所得税早了 1 700 多年。

6.1.1.2 所得税的特点

1. 所得税与宏观经济波动联系最紧密

所得税是与宏观经济状况联系最为紧密的税种,西方理论界把所得税称为经济的自动稳定器:当经济处于繁荣阶段时,国民收入增加,税收收入也随之增加,且在累进所得税率的作用下,税收增加的幅度要大于国民收入增加的幅度,可在一定程度上抑制经济过分扩张,从而延缓经济危机的发生;当经济处于衰退阶段时,国民收入减少,税收收入也随之减少,且在累进所得税率的作用下,税收减少的幅度要大于国民收入减少的幅度,从而抑制经济的进一步下滑①。即在经济过热时,所得税就增加,可以抑制消费的膨胀;而在经济衰退时,所得税就会相应减少,可以刺激经济尽快复苏。

2. 征税对象是所得,计税依据是纯所得额

作为所得税征税对象的所得,主要有四类:一是经营所得,或称营业利润、事业所得,是纳税人从事各类生产、经营活动所取得的纯收益;二是劳务所得,是指因从事劳务活动所获取的报酬,因而也称劳务报酬;三是投资所得,即纳税人通过直接或间接投资而获得的利息、股息、红利、特许权使用费等收入;四是资本利得,是纳税人通过财产的拥有或销售所获取的收益。

3. 所得税是直接税

所得税一般由企业或个人作为纳税人履行纳税义务,又由企业或个人最终承担税负。由于纳税人和负税人是同一主体,税负不能转嫁,因此一般来讲,所得税是直接税。

4. 征税以量能负担为原则

量能课税是宪法平等原则在税法上的具体化,是使所得的纳税人按其实质负担赋税能

---

① 赵惠敏. 所得课税理论创新与中国所得课税优化设计. 北京:中国财政经济出版社,2003:172.

力，负担其应负的赋税。所得税的负担轻重与纳税人所得的多少有着内在联系，征税以纳税能力为依据，凡具有相同的纳税能力者应负担相同的税收。所得多、纳税能力强者应多纳税，所得少、纳税能力弱者可少纳税，无所得、没有纳税能力者则不纳税。

5. 比例税率与累进税率并用

流转税大多采用比例税率，所得税中为了体现税收公平和量能课税原则，一般采用累进税率来调节收入的差距，尤其体现在个人所得税领域的累进税率中。除此以外所得税法中大多采用了比例税率，有利于提高征税效率。因此，目前大多数国家所得税税率的设计是比例税率和超额累进税率并用。

6. 计税较为复杂

所得税的征税对象是纳税人的应税所得，应税所得通常都是纳税主体的纯所得，是纳税人获得的各项收入在扣除成本费用之后的余额。关于应税收入和税前扣除的成本费用各国税法都作出了不同的、详尽的规定，因此所得税的计税会非常复杂。另外，由于所得税的覆盖面广，流转税覆盖到的领域所得税都覆盖到了，流转税没有覆盖到的领域所得税也覆盖到了，这也给征收工作带来了很大难度。征收所得税客观上要求整个社会有较好的信息、核算和管理基础。

7. 在税款缴纳上实行总分结合

所得税的应税所得额到年终才能最终确定，因而在理论上所得税应当在年终确定应税所得额后才能缴纳。但是，由于国家的财政收入必须均衡及时，因而在现实中所得税一般实行总分结合，即先分期预缴，到年终再汇算清缴，多退少补，以满足国家财政收入的需要。

6.1.1.3 所得税制度的基本模式

1. 分类所得税制

分类所得税制是指把所得依来源的不同分为若干类别，对不同类别的所得分别计税的所得税制度。分类所得税制的立法依据是纳税人获得不同性质的所得时，所要付出的劳动也不同，因而应在课税时对不同性质的所得，确定不同的税率，实行差别待遇。但分类所得税制也存在所得来源日益复杂从而加大税收成本的问题，而且由于多种所得同时并存、分别征税，不符合量能课税的原则。

2. 综合所得税制

综合所得税制是指对纳税人各种类型的所得，按照同一征收方式和同一税率征收的法律制度。综合所得税制的立法依据是既然所得税是对个人收入征税，那么就应综合考虑纳税人的全部所得，才最能体现纳税人的实际负担水平，才最有利于实现税收公平。该模式是以纳税人的总所得为课税基础，有利于增加国家的税收收入，并且按累进税率征税，对具有同等收入的纳税人而言，具有相同的税收负担；对不同收入的纳税人而言，多收多缴、少收少缴，能很好地体现"量能负担"原则，可以发挥所得税调节社会经济的作用。但这种模式也存在计税依据的确定较为复杂，征税成本较高，不便实现源泉扣缴的缺点。

3. 混合所得税制

混合所得税制是分类所得税制和综合所得税制的结合，先将纳税人的收入划分为不同的项目按不同的费用扣除标准、不同的税率、不同的征税方法征税，实行源泉扣缴；然后将纳税人的各种收入汇总进行纳税，要求纳税人自行申报，这等于对纳税人的收入课税实行"双保险"，同时又体现了对纳税人的"区别对待"和"量能负担"的原则。从理论上讲，混合所得税制可以较好地发挥增加财政收入和调节收入分配的功能，但它在实践中由于征管手续极其复杂，因而对征管技术和征纳双方主体都提出了很高的要求。

6.1.2 企业所得税的概念和特点

我国的企业所得税是国家以企业和其他组织取得的收入为征税对象所征收的一种税。现行的企业所得税的法律依据主要来源于自2008年1月1日起施行的《中华人民共和国企业所得税法》（以下简称《企业所得税法》）和《中华人民共和国企业所得税法实施条例》（以下简称《企业所得税法实施条例》）。

我国现行的企业所得税除了具有所得税的一般特点以外，还具有以下4个特点。

1. 更好地体现税收的公平原则

税收公平原则是"法律面前人人平等"思想在税法中的体现和发展，成为当今世界各国制定税收制度的首要准则。我国学者的主要观点是，税收公平是指不同纳税人之间税收负担程度的比较：纳税人条件相同的纳同样的税，条件不同的纳不同的税。在原来的所得税模式下，内资企业与外资企业之间存在差别待遇，即在适用税率、税前扣除标准、税收优惠等方面均存在差异，严重地违反税收的公平原则。现行的《企业所得税法》体现了"四个统一"，即内资企业、外资企业适用统一的企业所得税法；统一并适当降低企业所得税税率；统一和规范税前扣除办法和标准；统一税收优惠政策。从微观上实现了所有纳税主体的平等纳税。

2. 将纳税人分为居民纳税人和非居民纳税人

在纳税主体上，现行的《企业所得税法》对纳税人的身份认定，摒弃了长期以来内资企业、外商投资企业和外国企业的老标准，而是采用了规范的"居民企业"和"非居民企业"新标准。《企业所得税法》第2条明确了该新标准的具体判断规则，即企业登记地标准和企业实际管理机构所在地标准。其中，居民企业是指依法在中国境内成立，或者依照外国（地区）法律成立但实际管理机构在中国境内的企业；非居民企业是指依照外国（地区）法律成立且实际管理机构不在中国境内，但在中国境内设立机构、场所的，或者在中国境内未设立机构、场所，但有来源于中国境内所得的企业。这意味着在企业所得税的管辖权上，我国实行了和个人所得税一样的双重管辖权标准，强调地域管辖权与居民管辖权的结合，从而更好地维护国家税收利益。

3. 通过特别纳税调整，体现实质课税的原则

特别纳税调整是税务机关关于实施反避税目的而对纳税人特定纳税事项所做的税务调整。为打击和制止企业有违于政府意图的各种避税行为，现行的《企业所得税法》借鉴国际惯例，增加了有关纳税调整的内容。如果某项交易戴着商业目的的面具，但实质上却是利用虚假交易来达到减低税负的真正目的时，对此项交易事实的评价应当根据诚实信用的原则和商业实质，而不能拘泥于法律形式。

4. 贯彻可持续发展的核心思想

十七大以后，"可持续发展"成为经济发展工作的核心理念，现行的《企业所得税法》也正是在此基础上构建起"产业优惠为主，地区优惠为辅"的新型优惠政策体系。其优惠政策由原先偏重地区间的差异向偏重产业间的差异转变，对于基础设施、环境保护与节约能源、安全生产、公益事业、高新技术等领域的项目给予税收优惠，有利于产业结构的升级换代，促进科技进步，保持国民经济的健康发展和可持续发展。同时对西部地区、"老少边穷"地区给予税收优惠有利于缩小地区间差异，符合建设和谐社会的理论观念。同时还注重了国际税收环境比较，我国降低后的企业所得税税率，比周边国家均低，这也大大利于外资的流入。

6.1.3 企业所得税的沿革和发展

中华人民共和国成立以前，1936 年国民党政府曾公布《所得税暂行条例》，并于 1937 年正式实施，因此税收理论界一般认为 1937 年 1 月 1 日是中国企业所得税诞生日。中华人民共和国成立后我国并没有设立企业所得税，而是设立工商业税。改革开放后我国的企业所得税制建设进入了一个新的发展时期，经历了四个非常重要的阶段。

1. 中华人民共和国成立至改革开放前的企业所得税

1950 年，政务院发布了《全国税政实施要则》，规定全国设置 14 种税收，其中涉及对所得征税的有工商业税（所得税部分）、存款利息所得税和薪给报酬所得税 3 种税收。

工商业税（所得税部分）自 1950 年开征以后，主要征税对象是私营企业、集体企业和个体工商户的应税所得。国有企业因政府有关部门直接参与经营和管理，其财务核算制度也与一般企业差异较大，所以国有企业实行利润上缴制度，而不缴纳所得税。1958 年随着我国对资本主义工商业的社会主义改造基本完成，私营企业不复存在，城乡个体工商户也基本消失。因此，1958 年我国的工商业税改革，将所得税从工商业税中分离出来，成为一个独立的税种，称为"工商所得税"。这种税制是计划经济体制的产物，随着我国经济体制改革的不断深入，越来越不适应经济形势的需要，亟待改革。

2. 改革开放后的企业所得税

改革开放以后，1980 年 9 月第五届全国人民代表大会第三次会议通过了《中华人民共和国中外合资经营企业所得税法》并公布施行。1981 年 12 月第五届全国人民代表大会第四次会议通过了《中华人民共和国外国企业所得税法》，标志着与中国特色社会主义有计划的市场经济体制相适应的所得税制度改革开始起步。1983 年国务院决定在全国试行国有企业"利改税"，1984 年 9 月国务院发布了《中华人民共和国国营企业所得税条例（草案）》和《国营企业调节税征收办法》。1985 年 4 月发布了《中华人民共和国集体企业所得税暂行条例》，原来对集体企业征收的工商税（所得税部分）同时停止执行。1988 年 6 月，发布了《中华人民共和国私营企业所得税暂行条例》。国有企业"利改税"和集体企业、私营企业所得税制度的出台，重新确定了国家与企业的分配关系，使我国的企业所得税制建设进入健康发展的新阶段。

3. 税制改革后的企业所得税

这种按企业所有制性质确立的"三足鼎立"的所得税制度的做法，其弊端和矛盾也显而易见：一是税率不统一，税负不公平，不利于企业间公平竞争；二是名义税率高，实际税率低，名实不符；三是国有大中型企业缴纳所得税、调节税后，还要上缴"两金"（国家能源交通重点建设基金、国家预算调节基金），总体税负偏重。为适应中国建立社会主义市场经济体制的新形势，国家先后完成了外资企业所得税的统一和内资企业所得税的统一。

1991 年 4 月，第七届全国人民代表大会将《中华人民共和国中外合资经营企业所得税法》与《中华人民共和国外国企业所得税法》合并，制定了《中华人民共和国外商投资企业和外国企业所得税法》，并于同年 7 月 1 日起施行。1993 年 12 月 13 日，国务院将《中华人民共和国国营企业所得税条例（草案）》《国营企业调节税征收办法》《中华人民共和国集体企业所得税暂行条例》《中华人民共和国私营企业所得税暂行条例》进行整合，制定了《中华人民共和国企业所得税暂行条例》，自1994年1月1日起施行。企业所得税的纳税人为中国境内的国有企业、集体企业、私营企业、联营企业、股份制企业和其他组织，征税对象为纳税人来源于中国境内、境外的生产、经营所得和其他所得。上述改革标志着中国的所得税制度改革向着法治化、科学化和规范化的方向迈出了重要的步伐。

4. 两税合一后的企业所得税

内资企业和外资企业税率档次多，使企业税负差距较大。要求制定企业所得税法，统一内资企业和外资企业所得税的呼声越来越高。2007年3月16日，第十届全国人民代表大会第五次会议审议通过了《中华人民共和国企业所得税法》，该法于2008年1月1日起施行。2007年11月28日经国务院第197次常委会通过了《中华人民共和国企业所得税法实施条例》，自2008年1月1日起施行，宣告我国内外资企业所得税合并工作成功完成，是我国企业所得税制改革新的里程碑。

6.2 企业所得税的纳税人、征税对象和税率

6.2.1 纳税人

1. 纳税人的一般规定

企业所得税的纳税人是指，在中华人民共和国境内的企业和其他取得收入的组织（以下统称企业）。《企业所得税法》除个人独资企业、合伙企业外，依照中国法律、行政法规在中国境内成立的企业、事业单位、社会团体及其他取得收入的组织都是企业所得税的纳税人。

2. 纳税人的具体界定

按照国际通行的惯例，企业所得税法将企业分为居民企业和非居民企业。

（1）居民企业是指依法在中国境内成立，或者依照外国（地区）法律成立但实际管理机构在中国境内的企业。可见，凡是在中国境内注册的企业，不管是内资企业还是外商投资企业，都是我国税法上的居民企业；凡是依照外国（地区）法律成立的企业，尽管其属于外国企业，但只要其从事跨国经营，且实际管理机构在我国境内，也是我国税法规定的居民企业。这里所称的"实际管理机构"，是指对企业的生产经营、人员、账务、财产等实施实质性全面管理和控制的机构。

（2）非居民企业，相对于上述居民企业，是指依照外国（地区）法律成立且实际管理机构不在中国境内，但在中国境内设立机构、场所的，或者在中国境内未设立机构、场所，但有来源于中国境内所得的企业。根据《企业所得税法实施条例》的规定，"机构、场所"是指在中国境内从事生产经营活动的机构、场所，包括：

① 管理机构、营业机构、办事机构；

② 工厂、农场、开采自然资源的场所；

③ 提供劳务的场所；

④ 从事建筑、安装、装配、修理、勘探等工程作业的场所；

⑤ 其他从事生产经营活动的机构、场所。

综上所述，居民企业与非居民企业的划分，采用了"登记注册地标准"和"实际管理机构地标准"两个衡量标准。之所以区分居民企业和非居民企业，主要是二者承担的纳税义务，即征税范围有很大的区别。按照税法制度通例，居民企业承担全面纳税义务，就其来自世界各地的"环球所得"纳税；而非居民企业承担有限的纳税义务，一般仅就其来源于东道国境内的所得纳税，即只就其来源于中国境内的所得缴纳企业所得税。

某民办非企业单位取得了应税所得，但没有缴纳企业所得税。税务机关要求该单位缴纳企业所得税时，该单位负责人说："只有企业才需要缴纳企业所得税，我们并不是企业，为什么要缴纳企业所得税？"该单位负责人的看法是否正确呢？

请思考：

（1）不是居民企业就是非居民企业吗？

（2）只有企业才缴纳企业所得税吗？

6.2.2 征税对象

1. 征税对象的一般规定

企业所得税的征税对象是指企业的生产、经营所得和其他所得，包括来源于中国境内、境外的所得，即销售货物所得、提供劳务所得、转让财产所得、股息红利等权益性投资所得、利息所得、租金所得、特许权使用费所得、接受捐赠所得和其他所得。

2. 居民企业和非居民企业的征税对象

居民企业应就其来源于中国境内、境外的所得缴纳企业所得税。

非居民企业在中国境内设立机构、场所的，应当就其所设机构、场所取得的来源于中国境内的所得，以及发生在中国境外但与其所设机构、场所有实际联系的所得，缴纳企业所得税。

非居民企业在中国境内未设立机构、场所的，或者虽设立机构、场所但取得的所得与其所设机构、场所没有实际联系的，应当就其来源于中国境内的所得缴纳企业所得税。

3. 所得来源的判断标准

判断所得的性质是来源于中国境内的所得，还是来源于中国境外的所得，按照以下原则确定。

（1）销售货物所得按照交易活动发生地确定。

（2）提供劳务所得按照劳务发生地确定。

（3）转让财产所得、不动产转让所得按照不动产所在地确定；动产转让所得按照转让动产的企业或者机构、场所所在地确定；权益性投资资产转让所得按照被投资企业所在地确定。

（4）股息、红利等权益性投资所得按照分配所得的企业所在地确定。

（5）利息所得、租金所得、特许权使用费所得，按照负担、支付所得的企业或者机构、场所所在地确定，或者按照负担、支付所得的个人的住所地确定。

（6）其他所得由国务院财政、税务主管部门确定。

6.2.3 税率

我国企业所得税税率采用比例税率。但是根据企业所得税的纳税人是居民纳税人还是非居民纳税人，在税率规定上有一定的差别。

1. 基本税率

基于保证国家财政收入、加强宏观调控的力度、保持利益格局不做大的调整、世界税率水平四方面的因素，《企业所得税法》规定企业所得税的基本税率由原来的33%改为25%，适应了世界化的减税趋势。该税率适用于居民企业和在中国境内设有机构、场所且取得的所得与机构、场所有联系的非居民企业。

2. 低税率

在中国境内未设立机构、场所的，或者虽设立机构、场所，但取得的所得与其所设机构、场所没有实际联系的非居民企业，适用20%的预提所得税率。但实际征税时适用10%的税率。

表6-1列出了企业所得税纳税人、税收管辖权、征税对象及税率的关系。

表6-1 企业所得税纳税人、税收管辖权、征税对象及税率一览表

企业所得税纳税人			税收管辖权	征税对象	税 率
居民企业			居民管辖权，就其世界范围所得征税	居民企业、非居民企业在华机构的生产经营所得和其他所得	基本税率25%
非居民企业	在我国境内设立了机构、场所	取得的所得与设立机构、场所有联系的			
		取得的所得与设立机构、场所没有实际联系的	地域管辖权，仅就其来自我国境内的所得征税	来源于我国的所得	低税率20%（实际减按10%的税率征收）
	未在我国境内设立机构、场所，但有来源于我国的所得				

3. 两档优惠税率

国家为了重点扶持和鼓励发展特定的产业和企业，还规定了两档优惠税率。

（1）符合条件的小型微利企业，减按20%的税率征收企业所得税。

（2）国家需要重点扶持的高新技术企业，减按15%的税率征收企业所得税。

思考专栏

奔马汽车制造厂是一家国有大中型企业，以销售汽车和提供汽车修理劳务为主，2018年全年应纳税所得额为6 000万元。中关高科技公司由五位博士创立，以开发IT软件为主，2018年被认定为国家重点扶持的高新技术企业，全年取得应税所得额为2 500万元。两位90后姐妹2018年创建了楚天机电设备有限公司，2018年全年应税所得为15万元。肯皮特

公司是中国公民张某在美国设立的一家软件开发公司,2018年肯皮特公司将其一项专利权转让给中国的一家外商投资企业,取得收入280万元。

请思考:以上四家公司应适用何种税率?

6.3 企业所得税应纳税所得额的确定

企业所得税以企业应纳税所得额为计税依据。所谓应纳税所得额,是企业每一纳税年度的收入总额,减除不征税收入、免税收入、各项扣除及允许弥补的以前年度亏损后的余额。

应纳税所得额的正确计算直接关系到国家财政收入和企业的税收负担,并且同成本、费用核算关系密切。因此,企业所得税法对应纳税所得额计算作了明确规定,主要内容包括收入总额、准予扣除项目、不得扣除项目、资产的税务处理、亏损弥补等。

 相关链接

应纳税所得额和会计利润的关系

应纳税所得额与企业会计利润是两个不同的概念。两者既有联系,又有区别。应纳税所得额是一个税法上的概念,它的确定是按照企业所得税法的规定计算出来的。而会计利润则是一个会计核算概念,是从利润账户和损益表反映出来的企业于一定时期内生产经营的财务成果。它关系到企业的经营成果、投资者的权益及企业与职工的利益。会计利润是确定应纳税所得额的基础,但是不能等同于应纳税所得额。凡是企业财务制度规定的列支标准和税法规定有抵触的,要按税法规定进行纳税调整。企业按照财务会计制度的规定进行核算得出的会计利润,根据税法规定做相应的调整后,才能作为企业的应纳税所得额。

6.3.1 收入总额的确定

收入总额是企业以货币形式和非货币形式从各种来源取得的收入。企业取得收入的货币形式,包括现金、银行存款、应收账款、应收票据、准备持有至到期的债券投资及债务的豁免等。企业取得收入的非货币形式,包括固定资产、生物资产、无形资产、股权投资、存货、不准备持有至到期的债券投资、劳务及有关权益等。企业以非货币形式取得的收入,应当按照公允价值确定收入额。这里的"公允价值"是指按照市场价格确定的价值。

6.3.1.1 一般收入的确认

(1) 销售货物收入:指企业销售商品、产品、原材料、包装物、低值易耗品及其他存货取得的收入。

(2) 劳务收入:指企业从事建筑安装、修理修配、交通运输、仓储租赁、金融保险、邮电通信、咨询经纪、文化体育、科学研究、技术服务、教育培训、餐饮住宿、中介代理、卫生保健、社区服务、旅游、娱乐、加工及其他劳务服务活动取得的收入。

(3) 财产转让收入：指企业转让固定资产、生物资产、无形资产、股权、债权等财产取得的收入。

(4) 股息、红利等权益性投资收益：指企业因权益性投资从被投资方取得的收入。股息、红利等权益性投资收益，除国务院财政、税务主管部门另有规定外，按照被投资方作出利润分配决定的日期确认收入的实现。

(5) 利息收入：指企业将资金提供他人使用但不构成权益性投资，或者因他人占用企业资金取得的收入，包括存款利息、贷款利息、债券利息、欠款利息等收入。利息收入按照合同约定的债务人应付利息的日期确认收入的实现。

(6) 租金收入：指企业提供固定资产、包装物或者其他有形财产的使用权取得的收入。租金收入按照合同约定的承租人应付租金的日期确认收入的实现。

(7) 特许权使用费收入：指企业提供专利权、非专利技术、商标权、著作权及其他特许权的使用权而取得的收入。特许权使用费收入按照合同约定的特许权使用人应付特许权使用费的日期确认收入的实现。

(8) 接受捐赠收入：指企业接受的来自其他企业、组织或者个人无偿给予的货币性资产、非货币性资产。接受捐赠收入按照实际收到的捐赠资产的日期确认收入的实现。

(9) 其他收入：指企业取得的除以上收入外的其他收入，包括企业资产溢余收入、逾期未退包装物押金收入、确实无法偿付的应付款项、已作坏账损失处理后又收回的应收款项、债务重组收入、补贴收入、违约金收入、汇兑收益等。

值得注意的是，企业取得财产（包括各类资产、股权、债权等）转让收入、债务重组收入、接受捐赠收入、无法偿付的应付款收入等，无论是以货币形式、还是非货币形式体现，除另有规定外，均应一次性计入确认收入的年度计算缴纳企业所得税。

6.3.1.2 特殊收入的确认

(1) 以分期收款方式销售货物的，按照合同约定的收款日期确认收入的实现。

(2) 企业受托加工制造大型机械设备、船舶、飞机，以及从事建筑、安装、装配工程业务或者提供其他劳务等，持续时间超过12个月的，按照纳税年度内完工进度或者完成的工作量确认收入的实现。

(3) 采取产品分成方式取得收入的，按照企业分得产品的日期确认收入的实现，其收入额按照产品的公允价值确定。

(4) 企业发生非货币性资产交换，以及将货物、财产、劳务用于捐赠、偿债、赞助、集资、广告、样品、职工福利或者利润分配等用途的，应当视同销售货物、转让财产或者提供劳务，但国务院财政、税务主管部门另有规定的除外。

捐赠的税务处理

企业将货物用于捐赠，一方面要视同销售，计算货物的公允价格与该资产成本之间的差额（视同毛利）计入计税所得；另一方面按规定衡量该捐赠是公益性捐赠还是非公益性捐赠，如果是公益性捐赠则要进一步计算计入营业外支出的捐赠支出是否超过了规定的捐赠限额。

6.3.1.3 处置资产收入的确认[1][2]

实践中，企业当中还广泛存在将资产用于内部使用和外部移送企业情况的发生。为此，税法也作出了详尽的规定。

（1）当企业发生下列情形的处置资产，除将资产转移至境外以外，由于资产所有权属在形式和实质上均不发生改变，可作为内部处置资产，不视同销售确认收入。

① 将资产用于生产、制造、加工另一产品。
② 改变资产形状、结构或性能。
③ 改变资产用途（如自建商品房转为自用或经营）。
④ 将资产在总机构及其分支机构之间转移。
⑤ 上述两种或两种以上情形的混合。
⑥ 其他不改变资产所有权属的用途。

（2）企业将资产移送他人的下列情形，因资产所有权属已发生改变而不属于内部处置资产，应按规定视同销售确定收入。

① 用于市场推广或销售。
② 用于交际应酬。
③ 用于职工奖励或福利。
④ 用于股息分配。
⑤ 用于对外捐赠。
⑥ 其他改变资产所有权属的用途。

（3）企业发生上述第（2）条规定情形时，除另有规定外，应按照被移送资产的公允价值确定销售收入。

6.3.2 不征税收入

《企业所得税法》中规定的不征税收入，主要目的是对部分非经营活动或非营利活动带来的经济利益流入从应税总收入中排除。目前，我国组织形式具有多样化的特点，除企业外，还包括事业单位、社会团体、民办非企业性单位，等等。这些机构一般是不以营利活动为目的，其收入的形式主要靠财政拨款及为承担行政职能所收取的行政事业性收费，等等。因而对这些机构取得的收入征税没有实际意义，从所得税原理上不应列为应税收入的范畴。根据法律的规定，下列收入为不征税收入。

1. 财政拨款

指各级人民政府对纳入预算管理的事业单位、社会团体等组织拨付的财政资金，但国务院和国务院财政、税务主管部门另有规定的除外。

2. 依法收取并纳入财政管理的行政事业性收费、政府性基金

行政事业性收费是指依照法律法规等有关规定，按照国务院规定程序批准，在实施社会公共管理，以及在向公民、法人或者其他组织提供特定公共服务过程中，向特定对象收取并纳入财政管理的费用。政府性基金，是指企业依照法律、行政法规等有关规定，代政府收取

---

[1] 《关于企业处置资产所得税处理问题的通知》（国税函〔2008〕828号）。
[2] 《关于企业所得税有关问题的公告》（国家税务总局公告2016年第80号）。

的具有专项用途的财政资金。

3. 国务院规定的其他不征税收入

指企业取得的,由国务院财政、税务主管部门规定专项用途并经国务院批准的财政性资金。设置"不征税收入"这一兜底条款,主要是为了适应社会发展的需要,可能会随时增加一些新的不征税收入。

6.3.3 免税收入

免税收入指属于企业的应税所得但税法规定免予征收企业所得税的收入。它不同于不征税收入,是纳税人应税收入的重要组成部分,只是国家为了实现某些经济和社会目标,在特定时期和对特定项目取得的经济利益给予的税收优惠,而在一定时期又有可能恢复征税。按照企业所得税法的规定,下列收入为免税收入。

1. 国债利息收入

国债利息收入是指企业持有国务院财政部门发行的国债取得的利息收入。国债是国家发行的债券,其资金主要用于支持国家基本建设和重点项目。因此,对企业投资于国债取得的利息收入给予免税待遇,可以鼓励企业投资于国债市场,从而促进国债市场的完善。

2. 符合条件的居民企业之间的股息、红利等权益性投资收益

这里的"符合条件的居民企业之间的股息、红利等权益性投资收益",是指居民企业直接投资于其他居民企业取得的投资收益。但不包括连续持有居民企业公开发行并上市流通的股票不足12个月取得的投资收益。由于投资方企业取得的股息、红利等权益性投资收益是被投资方企业税后分配的,为了避免重复征税,加重纳税人的负担,我国税法规定这部分收益可予以免税。

3. 在中国境内设立机构、场所的非居民企业从居民企业取得与该机构、场所有实际联系的股息、红利等权益性投资收益

同样,这部分股息、红利等权益性投资收益也不包括连续持有居民企业公开发行并上市流通的不足12个月取得的投资收益。对这部分收益予以免税,其目的也是在于避免双重征税。

4. 符合条件的非营利组织的收入

符合条件的非营利组织是指:

(1) 依法履行非营利组织登记手续;

(2) 从事公益性或者非营利性活动;

(3) 取得的收入除用于与该组织有关的、合理的支出外,全部用于登记核定或者章程规定的公益性或者非营利性事业;

(4) 财产及其孳生息不用于分配;

(5) 按照登记核定或者章程规定,该组织注销后的剩余财产用于公益性或者非营利性目的,或者由登记管理机关转赠给予该组织性质、宗旨相同的组织,并向社会公告;

(6) 投入人对投入该组织的财产不保留或者享有任何财产权利;

(7) 工作人员工资福利开支控制在规定的比例内,不变相分配该组织的财产;

(8) 国务院财政、税务主管部门规定的其他条件。

符合条件的非营利组织的收入，不包括非营利组织从事营利性活动取得的收入，但国务院财政、税务主管部门另有规定的除外。

对符合条件的非营利组织的收入予以免税，其目的在于鼓励非营利组织更好、更广泛地提供公共服务，促进社会的和谐发展。

5. 财政部、国家税务总局规定的其他免税收入

6.3.4 准予扣除项目

相对于收入而言，企业所得税中允许扣除的法定项目则比较复杂。企业计算利润时发生的成本费用损失是据实扣除的，而所得税法律制度依托税收对纳税人的制约作用对可以在所得税前扣除的项目作出了明确而具体的规定。税法对现实发生的与获得收入有必然联系同时又是合理的费用允许进行扣除，但是对于一些浪费的、不必要的费用或过高的费用则不允许据实扣除，这样既有利于督促纳税人降低成本费用，也有利于保证稳定的税源。因此企业所得税法律制度中对扣除项目作出了详尽的规定，既包括准予扣除的项目，同时也规定扣除的方法或者扣除的标准。

6.3.4.1 准予扣除项目的一般原则

企业申报的扣除项目和金额要真实、合法。所谓真实，是指能提供证明有关支出确属已经实际发生；合法是指符合国家税法的规定，若其他法规规定与税收法规规定不一致，应以税收法规的规定为标准。除税收法规另有规定外，企业所得税税前扣除一般应遵循以下原则。

（1）权责发生制原则。指企业费用应在发生的所属期扣除，而不是在实际支付时确认扣除。

（2）配比原则。指企业发生的费用应当与收入配比扣除。除特殊规定外，企业发生的费用不得提前或滞后申报扣除。

（3）相关性原则。企业可扣除的费用从性质和根源上必须与取得应税收入直接相关。

（4）确定性原则。企业可扣除的费用不论何时支付，其金额必须是确定的。

（5）合理性原则。符合生产经营活动常规，应当计入当期损益或者有关资产成本的必要和正常的支出。

6.3.4.2 准予扣除项目的范围

企业实际发生的与取得收入有关的、合理的支出，包括成本、费用、税金、损失和其他支出，准予在计算应纳税所得额时扣除。根据《企业所得税法实施条例》的规定，在企业计算准予扣除的项目时，还应注意三个方面的内容。① 企业发生的支出应当区分收益性支出和资本性支出。收益性支出是指企业支出的效益仅给予本纳税年度的支出；资本性支出是指企业支出的效益给予本纳税年度和以后纳税年度的支出。因此，二者的税务处理不同。收益性支出在发生当期直接扣除，资本性支出则不得在发生当期直接扣除，应当分期扣除或者计入有关资产成本。② 企业的不征税收入用于支出所形成的费用或者财产，不得扣除或者计算对应的折旧、摊销扣除。③ 除企业所得税法和本条例另有规定外，企业实际发生的成本、费用、税金、损失和其他支出，不得重复扣除。为了避免多次扣除而侵蚀企业所得税的税基，企业在一般情况下，对于同一项成本、费用、税金、损失和其他支出，只能扣除一次。

1. 成本

成本是指企业在生产经营活动中发生的销售成本、销货成本、业务支出及其他耗费，即企业销售商品（产品、材料、下脚料、废料、废旧物资等）、提供劳务、转让固定资产、无形资产（包括技术转让）的成本。

2. 费用

费用是指企业每一个纳税年度为生产、经营商品和提供劳务等所发生的销售（经营）费用、管理费用和财务费用。已计入成本的有关费用除外。

（1）销售费用是指应由企业负担的为销售商品而发生的费用，包括广告费、运输费、装卸费、包装费、展览费、保险费、销售佣金（能直接认定的进口佣金调整商品进价成本）、代销手续费、经营性租赁费及销售部门发生的差旅费、工资、福利费等费用。

（2）管理费用是指企业的行政管理部门为管理组织经营活动提供各项支援性服务而发生的费用，包括研究开发费、劳动保护费、业务招待费、工会经费、职工教育经费、股东大会或董事会费、印花税等税金，以及向总机构支付的与本身营利活动有关的合理的管理费等。

（3）财务费用是指企业筹集经营性资金而发生的费用，包括利息净支出、汇兑净损失、金融机构手续费及其他非资本化支出。

3. 税金

税金是指企业发生的除企业所得税和允许抵扣的增值税以外的企业缴纳的各项税金及其附加，即企业按规定缴纳的消费税、城市维护建设税、关税、资源税、土地增值税、房产税、车船税、土地使用税、印花税、教育费附加等产品销售税金及附加。这些已纳税金准予税前扣除。准许扣除的税金有两种方式：一是在发生当期扣除，如计入"税金及附加"科目核算的企业经营活动发生的消费税、城市维护建设税、资源税、教育费附加及房产税、土地使用税、车船税、印花税等相关税费；[①] 二是在发生当期计入相关资产的成本，如车辆购置税等计入资产成本后，在以后各期分摊扣除。

【例6-1】青城公司当期销售应税消费品实际缴纳增值税35万元、消费税20万元、城建税3.85万元、教育费附加1.65万元，还缴纳房产税1.5万元、土地使用税0.5万元、印花税0.6万元，车船税0.4万元。企业当期所得税前可扣除的税金是多少？

【答案】企业当期所得税前可扣除的税金合计为：

$$20+3.85+1.65+1.5+0.5+0.6+0.4=28.5（万元）$$

4. 损失

损失是指企业在生产经营活动中发生的固定资产和存货的盘亏、毁损、报废损失，转让财产损失，呆账损失，坏账损失，自然灾害等不可抗力因素造成的损失及其他损失。

（1）企业发生的损失减除责任人赔偿和保险赔款后的余额，依照国务院财政、税务主管部门的规定扣除。

（2）企业已经作为损失处理的资产，在以后纳税年度又全部收回或者部分收回时，应

[①]《财政部关于印发〈增值税会计处理规定〉的通知》（财会〔2016〕22号）。

当计入当期收入。

5. 扣除的其他支出

扣除的其他支出是指除成本、费用、税金、损失外,企业在生产经营活动中发生的与生产经营活动有关的、合理的支出。

6.3.4.3 准予扣除项目的标准

企业所得税法对一些特定项目还规定了扣除的标准,会引起税法和会计的差异,是在会计利润基础上进行纳税调整的重要项目。

1. 工资、薪金支出

工资、薪金支出是企业每一纳税年度支付给在本企业任职或与其有雇佣关系的员工的所有现金或非现金形式的劳动报酬,包括基本工资、奖金、津贴、补贴、年终加薪、加班工资,以及与任职或者受雇有关的其他支出,但不包括与职工劳动没有实际联系的为职工承担的职工福利费、职工教育经费、工会经费及养老保险费、医疗保险费、失业保险费、工伤保险费、生育保险费等社会保险费和住房公积金。企业发生的合理的工资、薪金支出准予据实扣除。这里的"合理的工资、薪金支出"是指企业按照股东大会、董事会、薪酬委员会或相关管理机构制定的工资薪金制度规定实际发放给员工的工资薪金。属于国有性质的企业,其工资薪金,不得超过政府有关部门给予的限定数额;超过部分,不得计入企业工资薪金总额,也不得在计算企业应纳税所得额时扣除。

税法与新会计准则中对工资薪金的规定

税法中的工资薪金支出不同于新会计准则中的职工薪酬的概念。新会计准则中的职工薪酬的内容要大于税法中的工资薪金支出,如准则中的职工薪酬包括工会经费、职工教育经费、社会保险等。

2. 职工福利费、工会经费、职工教育经费

企业发生的职工福利费、工会经费、职工教育经费按标准扣除,未超过标准的按实际数扣除,超过标准的只能按标准扣除。企业发生的职工福利费支出,不超过工资薪金总额14%的部分准予扣除,超过部分不得扣除;企业拨缴的工会经费,不超过工资薪金总额2%的部分凭工会组织开具的《工会经费收入专用收据》在企业所得税税前扣除,超过部分不得扣除;除国务院财政、税务主管部门另有规定外,企业发生的职工教育经费支出,不超过工资薪金总额8%的部分准予扣除,超过部分准予结转以后纳税年度扣除。可见,在三项经费中,只有职工教育经费支出准予往以后纳税年度无限制结转,这实际上是允许企业发生的职工教育经费支出全额扣除,只是在扣除时间上作了相应递延,可以鼓励企业加大对职工的教育投入,从而有利于促进企业的技术创新。

【例6-2】蒙元公司2018年为本公司雇员支付工资400万元、奖金50万元、地区补贴30万元、家庭财产保险20万元。假定蒙元公司的工资薪金支出符合合理标准,当年职工福利费、工会经费和职工教育经费可在税前列支的限额是多少?

【答案】当年可以税前扣除的工资总额=400+50+30=480（万元）

其当年可以在所得税前列支的职工福利费限额为：480×14%=67.2（万元）。若蒙元公司当年实际发生额小于67.2万元，可以据实扣除；实际发生额大于67.2万元，税前只能扣除67.2万元，超过标准的部分则不得扣除。

其当年可以在所得税前列支的职工工会经费限额为：480×2%=9.6（万元）。若蒙元公司当年实际发生额小于9.6万元，可以据实扣除；实际发生额大于9.6万元，税前只能扣除9.6万元，超过标准的部分则不得扣除。

其当年可以在所得税前列支的职工教育经费限额为：480×8%=38.4（万元），若蒙元公司当年实际发生额小于38.4万元，可以据实扣除；实际发生额大于38.4万元，税前只能扣除38.4万元，超过标准的部分当年不得扣除，但准予结转以后纳税年度扣除。

3. 保险费

企业依照国务院有关主管部门或者省级人民政府规定的范围和标准为职工缴纳的"五险一金"，即基本养老保险费、基本医疗保险费、失业保险费、工伤保险费、生育保险费等基本社会保险费和住房公积金准予扣除；此外，企业参加财产保险，按照规定缴纳的保险费，属于与企业取得收入有关的支出，符合企业所得税税前扣除的真实性原则，应准予扣除。为了增强企业的凝聚力和竞争力，完善国家多层次保障体系，企业为投资者或者职工支付的补充养老保险费、补充医疗保险费，分别在不超过职工工资总额5%标准内的部分准予扣除，超过的部分不予扣除。考虑到一些特殊行业的企业中从事特定工种的职工的职业特征，税法还规定了企业依照国家有关规定为特殊工种职工支付的人身安全保险费和符合国务院财政、税务主管部门规定可以扣除的商业保险费准予扣除。但基于国家税收利益上的考虑，以及从实践中的可操作性等角度出发，企业所得税暂行条例中规定企业为投资者或者职工支付的商业保险费，不得扣除。

4. 利息费用

企业在生产经营活动中为筹集资金，往往会形成两种性质的资金来源，即权益资金和负债资金。无论是哪种资金，都要付出一定的代价。负债资金的形式主要包括银行借款、发行债券、商业信用。它的成本主要体现为利息支出。为此，税法对于利息费用的扣除作出了下列规定。

（1）非金融企业向金融企业借款的利息支出、金融企业的各项存款利息支出和同业拆借利息支出、企业经批准发行债券的利息支出准予全额据实扣除。

（2）非金融企业向非金融企业借款的利息支出，不超过按照金融企业同期同类贷款利率计算的数额的部分。

（3）关联企业利息费用的扣除。

① 企业如果能够按照税法及其实施条例的有关规定提供相关资料，并证明相关交易活动符合独立交易原则的；或者该企业的实际税负不高于境内关联方的，其实际支付给境内关联方的利息支出，在计算应纳税所得额时准予扣除。

② 在计算应纳税所得额时，企业实际支付给关联方的利息支出，不超过以下规定比例

和税法及其实施条例有关规定计算的部分,准予扣除,超过的部分不得在发生当期和以后年度扣除。企业实际支付给关联方的利息支出,除符合上述规定①外,其接受关联方债权性投资与其权益性投资比例:金融企业为5:1;其他企业为2:1。

(4) 企业向自然人借款利息支出的扣除。

① 企业向股东或其他与企业有关联关系的自然人借款的利息支出,应根据企业所得税法第四十六条及《财政部 国家税务总局关于企业关联方利息支出税前扣除标准有关税收政策问题的通知》(财税〔2008〕121号)规定的条件,计算企业所得税扣除额。

② 企业向除上述规定以外的内部职工或其他人员借款的利息支出,其借款情况同时符合以下条件的,其利息支出在不超过按照金融企业同期同类贷款利率计算的数额的部分,准予扣除。

- 企业与个人之间的借贷是真实、合法、有效的,并且不具有非法集资目的或其他违反法律、法规的行为;
- 企业与个人之间签订了借款合同。

【例6-3】超越公司2011年度"财务费用"账户中的利息,含有以年利率7%向银行借入的6个月期的生产用400万元贷款的借款利息;也包括5万元的向本企业职工(非关联方)借入与银行同期的生产用100万元资金的借款利息。超越公司2011年度可在计算应纳税所得额时扣除的利息费用是多少?

【答案】可在计算应纳税所得额时扣除的银行利息费用=(400×7%/12)×6=14(万元)
向本企业职工借入款项可扣除的利息费用限额=(100×7%/12)×6=3.5(万元)
该企业支付给职工的利息超过同类同期银行贷款利率,只可按照限额扣除。
超越公司2011年度可在计算应纳税所得额时扣除的利息费用=14+3.5=17.5(万元)

5. 借款费用

根据2006年发布的《企业会计准则第17号——借款费用》的有关规定,所谓借款费用,是指企业因借款而发生的利息及其他相关成本,包括借款利息、折价或者溢价的摊销、辅助费用及因外币借款而发生的汇兑差额。其中,借款利息,是指企业向其他组织、个人借用资金而支付的利息,包括企业向银行或者其他金融机构等借入资金发生的利息、发行公司债券发生的利息等。关于借款费用的扣除,税法作出了以下规定。

(1) 企业在生产经营活动中发生的合理的不需要资本化的借款费用,准予扣除。

(2) 企业为购置、建造固定资产、无形资产和经过12个月以上的建造才能达到预定可销售状态的存货发生借款的,在有关资产购置、建造期间发生的合理的借款费用,应予以资本化,作为资本性支出计入有关资产的成本;有关资产交付使用后发生的借款利息,可在发生当期扣除。

【例6-4】亿立矿业公司向银行借款400万元用于建造厂房,借款期从2011年1月1日至12月31日,支付当年全年借款利息36万元,厂房于2011年8月31日达到可使用状态交付使用,9月30日完成完工结算。亿立矿业公司当年税前可扣除的利息费用是多少?

【答案】固定资产购建期间合理的利息费用应予以资本化,交付使用后发生的利息,可在发生当期扣除。
亿立矿业公司当年税前可扣除的利息费用=(36/12)×4=12(万元)

6. 业务招待费

由于业务招待费支出是各国公司税法中滥用扣除最严重的领域，管理难度大，各国一般都强调对业务招待费税前扣除的管理。借鉴国外许多国家的做法，我国对业务招待费的扣除标准作出了相应的修改，企业发生的与其生产、经营业务有关的业务招待费支出，按照发生额的60%扣除，但最高不得超过当年销售（营业）收入的5‰。即业务招待费按照两个上限孰小的原则来进行扣除。值得注意的是，这里的当年"销售（营业）收入"包括企业对外处置资产时取得的视同销售（营业）收入。

对从事股权投资业务的企业（包括集团公司总部、创业投资企业等），其从被投资企业所分配的股息、红利及股权转让收入，可以按规定的比例计算业务招待费扣除限额。

【例6-5】安然工业公司2011年度全年销售收入为1 500万元，房屋出租收入100万元，提供加工劳务收入50万元，转让无形资产所有权收入30万元，当年发生业务招待费15万元。安然工业公司2011年度所得税前可以扣除的业务招待费用是多少？

【答案】安然工业公司发生的与生产经营活动有关的业务招待费支出，按照发生额的60%扣除，但最高不得超过当年销售（营业）收入的5‰。

业务招待费扣除限额 = (1 500+100+50)×5‰ = 8.25（万元）< 15×60% = 9（万元），因此可以扣除8.25万元。

7. 广告费和业务宣传费

关于广告费和业务宣传费的扣除，企业所得税法作出了重大调整，取消了原内资企业分类扣除和原外资企业据实扣除的政策，首先是统一了内资、外资企业在广告费和业务宣传费方面的扣除规定，使内资、外资企业享受公平待遇，同时规定了一个统一的、较高的扣除比例，并允许超过扣除比例的部分往以后纳税年度结转。企业发生的符合条件的广告费和业务宣传费支出，除国务院财政、税务主管部门另有规定外，不超过当年销售（营业）收入15%的部分，准予扣除；超过部分，准予在以后纳税年度结转扣除。同样，这里的当年"销售（营业）收入"包括企业对外处置资产时取得的视同销售（营业）收入。广告费要符合3个条件：

（1）广告是通过工商部门批准的专门机构制作的；
（2）已实际支付费用并已取得相应发票；
（3）通过一定的媒体传播。

企业在筹建期间，发生的广告费和业务宣传费，可按实际发生额计入企业筹办费，可按上述规定在税前扣除。

自2016年1月1日起至2020年12月31日止，对化妆品制造或销售、医药制造和饮料制造（不含酒类制造）企业发生的广告费和业务宣传费支出，不超过当年销售（营业）收入30%的部分，准予扣除；超过部分，准予在以后纳税年度结转扣除。

烟草企业的烟草广告费和业务宣传费支出，一律不得在计算应纳税所得额时扣除。

相关链接

广告费、业务招待费计算税前扣除限额

广告费、业务招待费计算税前扣除限额的依据是相同的，计算的基数都是销售（营业）

收入。销售（营业）收入包括销售货物收入、劳务收入、出租财产收入、转让无形资产使用权收入、视同销售收入等，即由会计核算中的"主营业务收入""其他业务收入"和税法规定的"视同销售收入"三部分组成。

广告费和业务宣传费支出的超过部分，准予结转以后纳税年度扣除。这与职工教育经费处理一致。

【例6-6】仕吉服装公司2011年加工收入2 000万元，出租闲置车间收取的租金为500万元，转让机器设备的收入为50万元。公司实际发生的广告费支出500万元、业务宣传费50万元、赞助费80万元，则计算应纳税所得额时可以税前扣除的广告费和业务宣传费是多少？

【答案】广告费和业务宣传费扣除标准=（2 000+500）×15%=375（万元）

广告费和业务宣传费实际发生额=500+50=550（万元）

超标准的部分=550-375=175（万元）

超标准的部分当年不得扣除，但是可以在以后纳税年度结转扣除。

8. 公益性捐赠

公益性捐赠，是指企业通过公益性社会组织或者县级以上人民政府及其部门，用于符合法律规定的慈善活动、公益事业的捐赠。新的企业所得税法借鉴世界各国税制改革惯例，统一规定了企业当年发生以及以前年度结转的公益性捐赠支出，不超过年度利润总额12%的部分，准予扣除；超过年度利润总额12%的部分，准予结转以后三年内在计算应纳税所得额时扣除。对企业通过公益性社会团体、县级以上人民政府及其部门向汶川地震灾后重建、举办北京奥运会和上海世博会等特定事项的捐赠可以全额扣除。公益性社会团体，是指同时符合下列条件的基金会、慈善组织等社会团体：

（1）依法登记，具有法人资格；

（2）以发展公益事业为宗旨，且不以营利为目的；

（3）全部资产及其增值为该法人所有；

（4）收益和劳动结余主要用于符合该法人设立目的的事业；

（5）终止后的剩余财产不归属任何个人或者营利组织；

（6）不经营与其设立目的无关的业务；

（7）有健全的财务会计制度；

（8）捐赠者不以任何形式参与社会团体财产的分配；

（9）国务院财政、税务主管部门会同国务院民政部门等登记管理部门规定的其他条件。

 相关链接

关于公益性捐赠的理解

（1）这里所说的公益性捐赠，必须符合对象和渠道这两个条件。

① 对象，即必须是企业向教育、民政等公益事业和遭受自然灾害等地区的捐赠。也就是说，如果是非公益性捐赠，则不允许在税前扣除。

② 渠道，即必须通过县级以上人民政府及其部门或公益性社会团体进行捐赠，如果是

直接捐赠，也不允许在税前扣除。

（2）扣除限额的计算基数是年度利润总额，它是指企业按照国家统一会计制度的规定计算的年度会计利润总额。

（3）公益性捐赠的扣除方法是选择扣除限额与实际发生额中的较小者，超标准的公益性捐赠准予向以后年度结转扣除，但结转年限最长不超过3年。企业在对公益性捐赠支出计算扣除时，应先扣除以前年度结转的捐赠支出，再扣除当年发生的捐赠支出。

思考专栏

篷篷塑料制品公司将自制的一批帐篷通过中国红十字会捐赠给灾区，该批帐篷的账面成本50万元，同类市场价格70万元（不含税）。已知该企业当年实现的利润总额为500万元。

请思考：篷篷塑料制品公司发生的以上业务应如何进行税务处理？

9. 租赁费用的扣除

租赁是指在约定的期间内，出租人将资产使用权让与承租人以获取租金的协议。在市场经济条件下，租赁业务作为企业融资的重要形式，需求日益增长，越来越多的企业通过租赁的形式获取相关资产的使用权。按租赁双方对租赁物所承担的风险和报酬为标准，可将租赁分为融资租赁和经营租赁。

税法对于租赁费用的扣除，作了不同的规定。

（1）以经营租赁方式租入固定资产而发生的租赁费，按租赁年限均匀扣除。

（2）以融资租赁方式租入固定资产发生的租赁费，按规定计入租入固定资产的价值，并提取折旧费用，予以分期扣除。

【例6-7】博马贸易公司2011年4月1日，以经营租赁方式租入固定资产使用，租期1年，按独立纳税人交易原则支付租金2.4万元；6月1日以融资租赁方式租入机器设备一台，租期2年，当年支付租金3.6万元。计算当年博马贸易公司应纳税所得额应扣除的租赁费用是多少？

【答案】当年博马贸易公司应纳税所得额应扣除的租赁费用=(2.4/12)×9=1.8（万元）

10. 环境保护专项资金

为体现国家对环境保护、生态恢复等的扶持和鼓励功能，更好地激励企业的社会责任意识，企业依照法律、行政法规有关规定提取的用于环境保护、生态恢复等方面的专项资金，准予扣除。但上述专项资金提取后改变用途的，不得扣除。

11. 劳动保护费

为了鼓励企业加大劳动保护投入，支持安全生产，维护职工合法权益，企业发生的合理的劳动保护支出，如高温冶炼企业职工、道路施工企业职工的防暑降温品，采煤工人的手套、头盔等用品可以据实扣除。

12. 汇兑损失

企业在货币交易中及纳税年度终了时将人民币以外的货币性资产、负债按照期末即期人民币汇率中间价折算为人民币时产生的汇兑损失，除已经计入有关资产成本及与向所有者进行利润分配相关的部分外,准予扣除。

13. 有关资产的费用

企业转让各类固定资产发生的费用,允许扣除。企业按规定计算的固定资产折旧费、无形资产和递延资产的摊销费,准予扣除。

14. 非居民企业支付给总机构的管理费用

非居民企业在中国境内设立的机构、场所,就其中国境外总机构发生的与该机构、场所生产经营有关的费用,能够提供总机构出具的费用汇集范围、定额、分配依据和方法等证明文件,并合理分摊的,准予扣除。

15. 资产损失

(1) 企业当期发生的固定资产和流动资产盘亏、毁损净损失,由其提供清查盘存资料,经主管税务机关审核后,准予扣除。

(2) 企业因存货盘亏、毁损、报废等原因不得从销项税金中抵扣的进项税金,应视同企业财产损失,准予与存货损失一起在所得税前按规定扣除。

16. 手续费及佣金支出

根据财政部、国家税务总局于2009年颁布的《关于企业手续费及佣金支出税前扣除政策的通知》规定如下。

(1) 企业发生与生产经营有关的手续费及佣金支出,不超过以下规定计算限额以内的部分,准予扣除;超过部分,不得扣除。

① 保险企业:保险企业发生与其经营活动有关的手续费及佣金支出,不超过当年全部保费收入扣除退保金等后余额的18%(含本数)的部分,在计算应纳税所得额时准予扣除;超过的部分,允许结转以后年度扣除。

② 其他企业:按与具有合法经营资格中介服务机构或个人(不含交易双方及其雇员、代理人和代表人等)所签订服务协议或合同确认的收入金额的5%计算限额。

(2) 除委托个人代理外,企业以现金等非转账方式支付的手续费及佣金不得在税前扣除。企业为发行权益性证券支付给有关证券承销机构的手续费及佣金不得在税前扣除。

(3) 企业不得将手续费及佣金支出计入回扣、业务提成、返利、进场费等费用。

(4) 企业已计入固定资产、无形资产等相关资产的手续费及佣金支出,应当通过折旧、摊销等方式分期扣除,不得在发生当期直接扣除。

(5) 企业支付的手续费及佣金不得直接冲减服务协议或合同金额,并如实入账。

6.3.5 不得扣除的项目

根据《企业所得税法》的规定,在计算应纳税时,下列支出不得扣除。

1. 向投资者支付的股息、红利等权益性投资收益款项

按照投资的性质分类,投资包括债权性投资和权益性投资。利息是投资方持有债权投资的经济回报,向投资者支付的权益性投资收益款项主要体现为股息、红利等权益性投资所得。由于股息、红利是对被投资者税后利润的分配,本质上不是企业取得经营收入的正常的费用支出,因此不允许在税前扣除;各国的所得税法对向投资者支付的权益性投资收益款项均不允许在税前扣除,应遵循国际惯例。

2. 企业所得税税款

企业所得税依据应纳税所得额乘以适用税率计算。如果允许企业所得税在税前扣除，则会出现计算企业所得税税款时循环倒算的问题。同时，企业所得税是国家参与企业经营成果分配的一种形式，与取得的经营收入无关，因而也不能作为企业的成本费用在税前扣除。

3. 税收滞纳金

税收滞纳金是税务机关对未按规定期限缴纳税款的纳税人按比例附加征收的，具有一定的惩罚性，如果允许其作为可以扣除的项目，则会变相地允许企业推迟纳税。因此，税法对其作出明确规定，不允许在税前扣除。

4. 罚金、罚款和被没收财物的损失

（1）罚金是指人民法院判处犯罪分子强制向国家缴纳一定数额金钱的刑罚方法，主要适用于破坏经济秩序和其他牟取非法利益有联系的犯罪，以及少数较轻的犯罪。

（2）没收财产是指将犯罪人的财物、现金、债权等财产收归国家所有，以弥补因其犯罪造成的损失，同时断绝其犯罪活动的经济来源。没收财产，属于财产刑事处罚，可以单处也可以并处。

（3）罚款是行政处罚的一种，是指行为人的行为没有违反刑法的规定，而是违反了治安管理、工商、行政、税务等各行政法规的规定，行政执法部门依据行政法规的规定和程序决定对行为人采取的一种行政处罚。罚款不由人民法院判决，因此在性质上与没收财产、罚金有本质上的区别。

这里需要注意的是，罚款分为经营性罚款和行政性罚款两类。对于经营性罚款，都是企业间在经营活动中的罚款（如合同违约金、逾期归还银行贷款的罚款、罚息），在计算应纳税所得额时准予扣除；但对于行政性罚款，都是因纳税人违反相关法规被政府处以的罚款（如税收罚款、工商局罚款、交通违章罚款等），在计算应纳税所得额时不得扣除。

5. 非公益性的捐赠及超过标准的公益性捐赠

由于捐赠支出本身并不是与取得收入有关的正常的、合理的支出，但为了不影响企业公益性捐赠的积极性，因此对于公益性捐赠税法规定了扣除的限额，而对于非公益性的捐赠及超过标准的公益性捐赠则不得在税前扣除。

6. 赞助支出

赞助支出是企业发生的与生产经营活动无关的非广告性质的支出，不符合企业所得税税前扣除的基本原则，因此也不允许在税前扣除。

7. 未经核定的准备金支出

未经核定的准备金支出指不符合国务院财政、税务主管部门规定的各项资产减值准备、风险准备等准备金支出。企业会计制度规定，基于资产的真实性和谨慎性原则考虑，为防止企业虚增资产或虚增利润，保证企业因市场变化、科学技术的进步，或者经营管理不善等原因导致资产实际价值的变动能够客观真实地得以反映，要求企业合理地预计各项资产可能发生的损失，提取准备金。

企业提取的资产跌价准备金或减值准备金，尽管在税法中明确不得税前扣除，但在企业资产损失实际发生时，则允许在实际发生年度扣除，体现了企业所得税据实扣除和确定性的原则。

8. 企业之间支付的管理费、企业内营业机构之间支付的租金和特许权使用费，以及非银行企业内营业机构之间支付的利息

现行市场经营活动中，企业之间的分工日益精细化和专门化、专业化，从节约企业成本等角度考虑，对于企业的特定生产经营活动，委托其他企业或者个人来完成，较之企业自己去完成，可能更为节约，所以就出现了企业之间提供管理或者其他形式的服务这种现象。但是企业之间支付的管理费，既有总、分机构之间因总机构提供管理服务而分摊的合理管理费，也有独立法人的母、子公司等集团之间提供的管理费。由于企业所得税法采取法人所得税，对于总、分机构之间因总机构提供管理服务而分摊的合理管理费，企业内营业机构之间相互支付租金、特许权使用费、利息都会通过总、分机构汇总纳税得到解决；对于属于不同独立法人的母子公司之间，确实发生提供管理服务的管理费，应按照独立企业之间公平交易原则确定管理服务的价格，作为企业正常劳务费用进行税务处理，不得再采用分摊管理费用的方式在税前扣除，以避免重复扣除。

9. 与取得收入无关的其他支出

一般而言，与取得收入无关的其他支出都不允许在税前扣除。

6.3.6 亏损弥补

亏损是指企业依照《企业所得税法》及其实施条例的规定将每一纳税年度的收入总额减除不征税收入、免税收入和各项扣除后小于零的数额。可见，税法中的亏损和财务会计中的亏损含义是不同的。财务会计上的亏损是指当年总收益小于当年总支出。

根据税法规定，企业某一纳税年度发生的亏损可以用下一年度的所得弥补，下一年度的所得不足以弥补的，可以逐年延续弥补，但最长不得超过5年。

为支持高新技术企业和科技型中小企业发展，自2018年1月1日起，当年具备高新技术企业或科技型中小企业资格的企业，其具备资格年度之前5个年度发生的尚未弥补完的亏损，准予结转以后年度弥补，最长结转年限由5年延长至10年。

另外，税法规定企业在汇总计算缴纳企业所得税时，其境外营业机构的亏损不得抵减境内营业机构的盈利。这一规定是对原内资、外资税法的一个改进和完善。这样规定的主要目的是更好地保证国内税基，维护国家的税收利益。如果允许境外亏损弥补境内盈利，由于对境外营业机构的税收管理难度相对较大，则很容易引发企业通过非正常手段虚增境外亏损的动机，从而对国内税基造成侵蚀。

【例6-8】 下表为经税务机关审定的某国有工业企业7年应纳税所得额情况，则该企业7年间需缴纳企业所得税是多少？

单位：万元

年　　度	2013	2014	2015	2016	2017	2018	2019
应纳税所得额情况	-100	10	-20	40	10	30	350

【答案】 2014年至2018年，所得弥补2013年亏损，未弥补完但已到5年抵亏期满；2019年所得弥补2015年亏损后还有余额330万元，要计算纳税额，该企业应纳税额=330×25%=82.5（万元）。

6.4 相关业务的税务处理

6.4.1 资产的税务处理

为了正确核算企业资产的成本和支出，有必要根据税收征管上的要求，对企业资产的计税基础和折旧、摊销等提取办法等作出相应规定，以区别资本性支出与收益性支出，确定准予扣除的项目与不得扣除的项目，正确计算企业的应纳税所得额。

税法规定，纳入税务处理范围的资产包括固定资产、生物资产、无形资产、长期待摊费用、投资资产、存货等都以历史成本为计税基础。历史成本，是指企业取得该项资产时实际发生的支出。计税基础也是暂行条例中的一个新概念。按照《企业会计准则第18号——所得税》规定，企业收回资产账面价值的过程中，计算应纳税所得额时按税法规定可以从应纳税所得中扣除的金额，称作该项资产的计税基础。之所以以历史成本作为资产的计税基础，首先是考虑到历史成本原则本身在会计上的可靠性和优势性，其次是考虑到税收征管实践的需要，因为只有历史成本是固定的，征管成本比较低。

另外，为了减少企业随意调整资产的计税价值的情形，从而侵蚀企业所得税的税基，法律明确规定了企业持有各项资产期间资产增值或者减值，除国务院财政、税务主管部门规定可以确认损益外，不得调整该资产的计税基础。

6.4.1.1 固定资产的税务处理

1. 固定资产的界定

企业为生产产品、提供劳务、出租或者经营管理而持有的、使用时间超过12个月的非货币性资产，包括房屋、建筑物、机器、机械、运输工具及其他与生产经营活动有关的设备、器具、工具等。

2. 固定资产的计税基础

按照《企业所得税法实施条例》的规定，固定资产按照以下方法确定计税基础。

（1）外购的固定资产，以购买价款和支付的相关税费为计税基础。

（2）自行建造的固定资产，以竣工结算前发生的支出为计税基础。

（3）融资租入的固定资产，以租赁合同约定的付款总额和承租人在签订租赁合同过程中发生的相关费用为计税基础；租赁合同未约定付款总额的，以该资产的公允价值和承租人在签订租赁合同过程中发生的相关费用为计税基础。

（4）盘盈的固定资产，以同类固定资产的重置完全价值为计税基础。

（5）通过捐赠、投资、非货币性资产交换、债务重组等方式取得的固定资产，以该资产的公允价值和支付的相关税费为计税基础。

（6）改建的固定资产，除已足额提取折旧的固定资产和租入的固定资产以外的其他固定资产，以改建过程中发生的改建支出增加计税基础。

3. 固定资产折旧的范围

在计算应纳税所得额时，企业按照规定计算的固定资产折旧，准予扣除。下列固定资产不得计算折旧扣除。

（1）房屋、建筑物以外未投入使用的固定资产。
（2）以经营租赁方式租入的固定资产。
（3）以融资租赁方式租出的固定资产。
（4）已足额提取折旧仍继续使用的固定资产。
（5）与经营活动无关的固定资产。
（6）单独估价作为固定资产入账的土地。
（7）其他不得计算折旧扣除的固定资产。

4. 固定资产折旧的计提方法和折旧年限

固定资产按照直线法计算的折旧，准予扣除。企业应当自固定资产投入使用月份的次月起计提折旧；停止使用的固定资产，应当从停止使用月份的次月起停止计提折旧。

企业应当根据固定资产的性质和使用情况，合理确定固定资产的预计净残值。固定资产的预计净残值一经确定，不得变更。

除国务院财政、税务主管部门另有规定外，固定资产计算折旧的最低年限如下：

（1）房屋、建筑物，为20年。
（2）飞机、火车、轮船、机器、机械和其他生产设备，为10年。
（3）与生产经营活动有关的器具、工具、家具等，为5年。
（4）飞机、火车、轮船以外的运输工具，为4年。
（5）电子设备，为3年。

这里需要注意的是：根据《国家税务总局公告2014年第29号》的要求，企业固定资产会计折旧年限如果短于税法规定的最低折旧年限，其按会计折旧年限计提的折旧高于按税法规定最低折旧年限计提的折旧部分，应调增当期应纳税所得额；企业固定资产会计折旧年限已期满且会计折旧已提足，但税法规定的最低折旧年限尚未到期且税收折旧尚未足额扣除，其未足额扣除的部分准予在剩余的税收折旧年限继续按规定扣除。企业固定资产会计折旧年限如果长于税法规定的最低折旧年限，其折旧应按会计折旧年限计算扣除，税法另有规定的除外。

石油、天然气开采企业在计提油气资产折耗（折旧）时，由于会计与税法规定计算方法不同导致的折耗（折旧）差异，应按税法规定进行纳税调整。

5. 房屋、建筑物固定资产改扩建的税务处理

企业对房屋、建筑物固定资产在未足额提取折旧前进行改扩建的，如属于推倒重置的，该资产原值减除提取折旧后的净值，应并入重置后的固定资产计税成本，并在该固定资产投入使用后的次月起，按照税法规定的折旧年限，一并计提折旧；如属于提升功能、增加面积的，该固定资产的改扩建支出，并入该固定资产计税基础，并从改扩建完工投入使用后的次月起，重新按税法规定的该固定资产折旧年限计提折旧，如该改扩建后的固定资产尚可使用的年限低于税法规定的最低年限的，可以按尚可使用的年限计提折旧。

6. 固定资产一次性扣除的规定

企业在2018年1月1日至2020年12月31日期间新购进的设备、器具，单位价值不超过500万元的，允许一次性计入当期成本费用在计算应纳税所得额时扣除，不再分年度计算折旧；单位价值超过500万元的，仍按企业所得税法实施条例、《财政部 国家税务总局关于完善固定资产加速折旧企业所得税政策的通知》（财税〔2014〕75号）、《财政部 国家税务总局关于进一步完善固定资产加速折旧企业所得税政策的通知》（财税〔2015〕106号）等相关规定执行。

6.4.1.2 无形资产的税务处理

1. 无形资产的界定

企业为生产产品、提供劳务、出租或者经营管理而持有的、没有实物形态的非货币性长期资产，包括专利权、商标权、著作权、土地使用权、非专利技术、商誉等。

2. 无形资产的计税基础

按照《企业所得税法实施条例》的规定，无形资产按照以下方法确定计税基础。

（1）外购的无形资产，以购买价款和支付的相关税费，以及直接归属于使该资产达到预定用途发生的其他支出为计税基础。

（2）自行开发的无形资产，以开发过程中该资产符合资本化条件后至达到预定用途前发生的支出为计税基础。

（3）通过捐赠、投资、非货币性资产交换、债务重组等方式取得的无形资产，以该资产的公允价值和支付的相关税费为计算基础。

3. 无形资产的摊销范围

（1）自行开发的支出已在计算应纳税所得额时扣除的无形资产。

（2）自创商誉。

（3）与经营活动无关的无形资产。

（4）其他不得计算摊销费用扣除的无形资产。

4. 无形资产的摊销方法

无形资产的摊销采取直线法计算。无形资产的摊销年限不得低于10年。作为投资或者受让的无形资产，有关法律规定或者合同约定了使用年限的，可以按照规定或者约定的使用年限分期摊销。外购商誉的支出，在企业整体转让或者清算时准予扣除。

6.4.1.3 生产性生物资产的税务处理

1. 生产性生物资产的界定

根据企业会计准则的有关规定，生物资产是指有生命的动物和植物，分为消耗性生物资产、生产性生物资产和公益性生物资产。其中，生产性生物资产是指为产出农产品、提供劳务或者出租等目的而持有的生物资产，包括经济林、薪炭林、产畜和役畜等。

2. 生产性生物资产的计税基础

按照《企业所得税法实施条例》的规定，生产性生物资产按照以下方法确定计税基础。

（1）外购的生产性生物资产，以购买价款和支付的相关税费为计税基础。

（2）通过捐赠、投资、非货币性资产交换、债务重组等方式取得的生产性生物资产，以该资产的公允价值和支付的相关税费为计税基础。

3. 生产性生物资产的折旧方法和折旧年限

生产性生物资产按照直线法计算的折旧，准予扣除。企业应当自生产性生物资产投入使用月份的次月起计算折旧；停止使用的生产性生物资产应当自停止使用月份的次月起停止计算折旧。

企业应当根据生产性生物资产的性质和使用情况，合理确定生产性生物资产的预计净残值。生产性生物资产的预计净残值一经确定,不得变更。

生产性生物资产计算折旧的最低年限如下。

(1) 林木类生产性生物资产,为10年。

(2) 畜类生产性生物资产,为3年。

6.4.1.4 长期待摊费用的税务处理

1. 长期待摊费用的界定

长期待摊费用是指企业发生的应在一个年度以上或几个年度进行摊销的费用。

2. 长期待摊费用的分类及摊销

在计算应纳税所得额时,企业发生的下列支出作为长期待摊费用,按照规定进行摊销的,准予扣除。

(1) 已足额提取折旧的固定资产的改建支出(改变房屋或者建筑物结构、延长使用年限等发生的支出),按照固定资产预计尚可使用年限分期摊销。

(2) 租入固定资产的改建支出,按照合同约定的剩余租赁期限分期摊销。

(3) 固定资产的大修理支出,按照固定资产尚可使用年限分期摊销。这里的大修理支出应同时符合以下两个条件:

① 修理支出达到取得固定资产时的计税基础50%以上;

② 修理后固定资产的使用年限延长2年以上。

(4) 其他应当作为长期待摊费用的支出,自支出发生月份的次月起,分期摊销,摊销年限不得低于3年。

6.4.1.5 存货的税务处理

1. 存货的界定

关于存货的界定,采用了企业会计准则上关于存货的概念。存货是指企业持有以备出售的产品或者商品、处在生产过程中的在产品、在生产或者提供劳务过程中耗用的材料和物料等,如企业的产成品、商品、原材料、在产品、半成品、周转材料。

2. 存货的计税基础

存货成本构成了企业生产经营成本的重要组成部分,按照税法的规定,存货按照以下方法确定成本。

(1) 通过支付现金方式取得的存货,以购买价款和支付的相关税费为成本。

(2) 通过支付现金以外的方式取得的存货,以该存货的公允价值和支付的相关税费为成本。

(3) 生产性生物资产收获的农产品,以产出或者采收过程中发生的材料费、人工费和分摊的间接费用等必要支出为成本。

3. 存货的成本计算方法

企业使用或者销售的存货的成本计算方法,可以在先进先出法、加权平均法、个别计价法中选用一种。计价方法一经选用,不得随意变更。这一规定与企业会计准则的有关规定一致,减少了企业所得税与会计准则的差异,从而减少了企业的遵从成本。

6.4.1.6 投资资产的税务处理

1. 投资资产的界定

投资资产是指企业对外进行权益性投资和债权性投资而形成的资产。

2. 投资资产的计税基础

按照《企业所得税法实施条例》的规定,投资资产按照以下方法确定计税基础。

(1) 以现金方式支付取得的投资资产,以购买价款为成本。

(2) 以现金以外的方式支付取得的投资资产,以该资产的公允价值和支付的相关税费为成本。

3. 投资资产成本的扣除方法

企业对外投资期间,投资资产的成本在计算应纳税所得额时不得扣除,企业在转让或者处置投资资产时,投资资产的成本准予扣除。

4. 投资企业撤回或减少投资的税务处理

投资企业从被投资企业撤回或减少投资,其取得的资产中,相当于初始出资的部分,应确认为投资收回;相当于被投资企业累计未分配利润和累计盈余公积按减少实收资本比例计算的部分,应确认为股息所得;其余部分确认为投资资产转让所得。

被投资企业发生的经营亏损,由被投资企业按规定结转弥补;投资企业不得调整减低其投资成本,也不得将其确认为投资损失。

6.4.1.7 资产转让的税务处理

企业转让资产,该项资产的净值准予在计算应纳税所得额时扣除。财产净值是指有关资产、财产的计税基础减除已经按照规定扣除的折旧、折耗、摊销、准备金等以后的余额。

除国务院财政、税务主管部门另有规定外,企业在重组过程中,应当在交易发生时确认有关资产的转让所得或者损失,相关资产应当按照交易价格重新确定计税基础。

值得注意的是,在企业计算应纳税所得额时,当企业财务、会计处理办法与税收法律、行政法规的规定不一致的,应当依照税法的规定进行调整。

6.4.2 关联企业特别纳税调整

在国际上,关联企业利用转移定价、资本弱化、避税港等方法转移利润进行避税的情况比较普遍;在我国利用关联企业之间的交易来转移利润进行避税的情况也在与日俱增。针对关联企业的特别纳税调整是新颁布实施的企业所得税法中的一个亮点。特别纳税调整是相对于一般纳税调整而言,是税务机关出于反避税目的而对纳税人特定纳税事项所做的税务调整,即税务机关认定关联企业之间的交易减少了关联方应纳税收入或者所得额的,税务机关可以按照合理方法调整。

 思考专栏

2003年上半年,广州市国税局依法调增广州宝洁企业应纳税所得额共5.96亿元,补缴企业所得税8 149万元。这是一起跨国公司的"转让定价"案例:2002年,P&G(宝洁集因）在华子公司广州宝洁从广东某银行获得高达20亿元左右的巨额贷款，然后从中拨出巨资以无息借贷的方式借给关联企业使用。无独有偶，2004年8月11日，摩托罗拉公司在提交给美国证券交易委员会的季度报告中称，由于美国国税局不赞同它在不同国家分公司之间分配利润的方法，它可能要为1996年至2000年多交5亿美元的税款。

请思考：上述现象说明什么问题？

6.4.2.1 关联方的认定

关联方是指与企业有下列关联关系之一的企业、其他组织或者个人，具体指：

（1）在资金、经营、购销等方面存在直接或者间接的控制关系；
（2）直接或者间接地同为第三者控制；
（3）在利益上具有相关联的其他关系。

关联关系的界定十分重要，因此税法还对此作出了具体的规定。

① 一方直接或间接持有另一方的股份总和达到25%以上，或者双方直接或间接地同为第三方所持有的股份达到25%以上。

② 一方与另一方（独立金融机构除外）之间借贷资金占一方实收资本50%以上，或者一方借贷资金总额的10%以上是由另一方（独立金融机构除外）担保。

③ 一方半数以上的高级管理人员（包括董事会成员和经理）或至少一名可以控制董事会的董事会高级成员是由另一方委派，或者双方半数以上的高级管理人员（包括董事会成员和经理）或至少一名可以控制董事会的董事会高级成员同为第三方委派。

④ 一方半数以上的高级管理人员（包括董事会成员和经理）同时担任另一方的高级管理人员（包括董事会成员和经理），或者一方至少一名可以控制董事会的董事会高级成员同时担任另一方的董事会高级成员。

⑤ 一方的生产经营活动必须由另一方提供的工业产权、专有技术等特许权才能正常进行。

⑥ 一方的购买或销售活动主要由另一方控制。

⑦ 一方接受或提供劳务主要由另一方控制。

⑧ 一方对另一方的生产经营、交易具有实质控制，或者双方在利益上具有相关联的其他关系，包括虽未达到第①项持股比例，但一方与另一方的主要持股方享受基本相同的经济利益，以及家族、亲属关系等。

6.4.2.2 防范关联企业避税的具体措施

1. 独立交易原则

《企业所得税法》确立了关联企业间的独立交易原则作为税务调整的基本原则，明确规定：企业与其关联方之间的业务往来，不符合独立交易原则而减少企业或者其关联方应纳税收入或者所得额的，税务机关有权按照合理方法调整。企业与其关联方共同开发、受让无形资产，或者共同提供、接受劳务发生的成本，在计算应纳税所得额时应当按照独立交易原则进行分摊。这里的"独立交易原则"是指没有关联关系的交易各方，按照公平成交价格和营业常规进行业务往来应遵循的原则。

税务机关因纳税人在业务往来时不按照独立交易原则而减少应纳税收入或者所得额进行调整时，可以采用的合理方法包括下列几种。

（1）可比非受控价格法：指按照没有关联关系的交易各方进行相同或者类似业务往来的价格进行定价的方法。

（2）再销售价格法：指按照从关联方购进商品再销售给没有关联关系的交易方的价格，减除相同或者类似业务的销售毛利进行定价的方法。

（3）成本加成法：指按照成本加合理的费用和利润进行定价的方法。

（4）交易净利润法：指按照没有关联关系的交易各方进行相同或者类似业务往来取得的净利润水平确定利润的方法。

（5）利润分割法：指将企业与其关联方的合并利润或者亏损在各方之间采用合理标准进行分配的方法。

（6）其他符合独立交易原则的方法。

2. 预约定价安排

预约定价安排是指，企业就其未来年度关联交易的定价原则和计算方法向税务机关提出申请，与税务机关按照独立交易原则协商、确认后达成的协议。这种方法是目前国际上为解决转让定价而积极推行的一种管理制度。对于税务机关而言，通过达成预约定价安排，可以提高税务当局的工作效率，缩短反避税工作的调查审计时间；对于纳税人而言，通过达成预约定价安排，可以增加未来年度经营的确定性，避免双重征税。

3. 核定应纳税所得额

企业向税务机关报送年度企业所得税纳税申报表时，应当就其与关联方之间的业务往来，附送年度关联业务往来报告表。税务机关在进行关联业务调查时，企业及其关联方，以及与关联业务调查有关的其他企业，应当按照规定提供相关资料。企业不提供与其关联方之间业务往来资料，或者提供虚假、不完整资料，未能真实反映其关联业务往来情况的，税务机关有权依法核定其应纳税所得额。核定应纳税所得额的方法包括下列几种。

（1）参照同类或者类似企业的利润率水平核定。

（2）按照企业成本加合理的费用和利润的方法核定。

（3）按照关联企业集团整体利润的合理比例核定。

（4）按照其他合理方法核定。

企业对税务机关按照上述方法核定的应纳税所得额有异议的，应当提供相关证据，经税务机关认定后，调整核定的应纳税所得额。

4. 防范避税地避税

《企业所得税法》规定，由居民企业或者由居民企业和中国居民控制的设立在实际税负明显低于企业所得税规定税率（25%）50%的国家（地区）的企业，并非由于合理的经营需要而对利润不作分配或者减少分配的，上述利润中应归属于该居民企业的部分，应当计入该居民企业的当期收入。这一规定是针对设在避税港的企业避税采取的对策。

5. 防范资本弱化

资本弱化是指企业通过加大借贷款（债权性投资）而减少股份资本（权益性投资）比例的方式增加税前扣除，以降低企业税负的一种行为。资本弱化在税收上的主要结果是增加利息的所得税前的扣除，同时减少就股息收入征收的所得税。

《企业所得税法》规定：企业从其关联方接受的债权性投资与权益性投资的比例超过规定标准而发生的利息支出，不得在计算应纳税所得额时扣除。这一规定可以防范资本弱化。

债权性投资是指企业直接或者间接从关联方获得的、需要偿还本金和支付利息，或者需要以其他具有支付利息性质的方式予以补偿的融资。权益性投资是指企业接受的不需要偿还本金和支付利息，投资人对企业净资产拥有所有权的投资。

6. 一般反避税条款

企业实施其他不具有合理商业目的的安排而减少其应纳税收入或者所得额的，税务机关有权按照合理方法调整。这里的"不具有合理商业目的"，是指以减少、免除或者推迟缴纳税款为主要目的。

根据税法的规定，企业与其关联方之间的业务往来，不符合独立交易原则，或者企业实施其他不具有合理商业目的的安排的，税务机关有权在该业务发生的纳税年度起10年内，进行纳税调整。

7. 补征税款并加收利息

税务机关根据税收法律、行政法规的规定，对企业作出特别纳税调整的，应当对补征的税款，自税款所属纳税年度的次年6月1日起至补缴税款之日止的期间，按日加收利息。对于加收的利息，不得在计算应纳税所得额时扣除。

利息应当按照税款所属纳税年度中国人民银行公布的与补税期间同期的人民币贷款基准利率加5个百分点计算。但如果企业依照规定提供有关资料的，可以只按人民币贷款基准利率计算利息。

6.5 企业所得税应纳税额的计算

6.5.1 居民企业应纳税额的计算

按照《企业所得税法》的规定，居民企业应纳税额等于应纳税所得额乘以适用税率，减除依照本法关于税收优惠的规定减免和抵免的税额后的余额。基本计算公式为：

$$应纳税额 = 应纳税所得额 \times 适用税率 - 减免税额 - 抵免税额$$

这里需要注意的是，将企业的应纳税所得额乘以适用税率得出的金额，并非企业的应纳税额，还应减去企业享受的可以减免和抵免税额的优惠数额。减免税额是指在企业所得税法中税收优惠里规定的，企业享受的直接减免税额。抵免税额是指在企业所得税法中税收优惠里规定的投资抵免优惠和国际税收抵免。

因此，一般情况下，居民企业应纳税额的多少，主要取决于应纳税所得额、适用税率两个因素。在实践中，应纳税所得额的计算一般有两种基本的计算方法。

1. 直接计算法

在直接计算法下，居民企业每一纳税年度的收入总额减除不征税收入、免税收入、各项扣除及允许弥补的以前年度亏损后的余额为应纳税所得额。计算公式为：

$$应纳税所得额 = 收入总额 - 不征税收入 - 免税收入 - 各项扣除金额 - 弥补亏损$$

2. 间接计算法

间接计算法是在会计利润总额的基础上加或减按照税法规定调整的项目金额后，即为应纳税所得额。计算公式为：

应纳税所得额=会计利润总额+纳税调整增加额−纳税调整减少额

税收调整项目金额包括两方面的内容：一是企业的财务会计处理和税收规定不一致的应予以调整的金额；二是企业按税法规定准予扣除的税收金额。

【例6-9】晴田公司2018年的经营业务如下。
(1) 取得销售收入4 000万元。
(2) 销售成本2 430万元。
(3) 发生销售费用820万元（其中广告费620万元），管理费用600万元（其中业务招待费75万元），财务费用98万元。
(4) 销售税金360万元（含增值税280万元）。
(5) 营业外收入280万元，营业外支出160万元（含通过公益性社会团体向贫困山区捐款30万元，支付税收滞纳金10万元，赞助汽车拉力赛的支出50万元）。
(6) 计入成本、费用中的实发工资总额300万元、拨缴职工工会经费7万元、支出职工福利费45万元、职工教育经费20万元。

要求：计算晴田公司本年度实际应纳的企业所得税。

【答案】
(1) 会计利润总额=4 000+280−2 430−820−600−98−(360−280)−160=92（万元）
(2) 广告费调增应纳税所得额=620−4 000×15%=20（万元）
(3) 4 000×5‰=20（万元）<75×60%=45（万元）
　　业务招待费调增所得额=75−20=55（万元）
(4) 捐赠支出应调增所得额=30−92×12%=18.96（万元）
税收滞纳金和非广告性的赞助支出不得在税前扣除，应全额调增。
(5) 工会经费应调增所得额=7−300×2%=1（万元）
　　职工福利费应调增所得额=45−300×14%=3（万元）
职工教育费实际支出20（万元）<300×8%=24（万元），不予调整。
(6) 应纳税所得额=92+20+55+18.96+10+50+(1+3)=249.96（万元）
(7) 应纳所得税额=249.96×25%=62.49（万元）

6.5.2 境外所得的税额抵免

对于纳税人同一项所得重复征税，是双重征税。这种现象扩展到国际范围，就形成了国际双重征税的问题。国际双重征税的存在是世界各国普遍重视的，它一方面违背了税负公平原则，增加了纳税人的税收负担；另一方面又会阻碍跨国资本间的流动。因此，各国政府在企业所得税法律制度中通常都会制定相应的降低或者避免双重征税的措施。税额抵免是指居住国政府对其居民企业来自国内外的所得一律汇总征税，但允许抵扣该居民企业在国外已纳的税额，以避免国际重复征税。税额抵免包括全额抵免和限额抵免。借鉴国际通行做法，我国采用限额抵免的方法，来缓解和消除企业中可能存在的国际重复征税的问题。

1. 税额抵免的范围

税法规定，企业取得的下列所得适用税额抵免的规定。

（1）居民企业来源于中国境外的应税所得。

（2）非居民企业在中国境内设立机构、场所，取得发生在中国境外但与该机构、场所有实际联系的应税所得。

（3）居民企业从其直接或者间接控制的外国企业分得的来源于中国境外的股息、红利等权益性投资收益，外国企业在境外实际缴纳的所得税税额中属于该项所得负担的部分，可以作为该居民企业的可抵免境外所得税税额，在企业所得税税法规定的抵免限额内抵免。这里的"直接控制"，是指居民企业直接持有外国企业20%以上的股份。这里的"间接控制"，是指居民企业以间接持股方式持有外国企业20%以上的股份。

（4）纳税人在与中国缔结避免双重征税协定的国家，按所在国税法及政府规定获得的减免税，经税务机关审核后，视同已缴所得税进行抵免。

2. 税额抵免的基本规定

企业取得的已在境外缴纳的所得税税额，可以从其当期应纳税额中抵免，抵免限额为该项所得依照本法规定计算的应纳税额；超过抵免限额的部分，可以在以后5个年度内，用每年度抵免限额抵免当年应抵税额后的余额进行抵补。

（1）已在境外缴纳的所得税税额是指企业来源于中国境外的所得依照中国境外税收法律及相关规定应当缴纳并已经实际缴纳的企业所得税性质的税款。企业进行税额抵免时，应当提供中国境外税务机关出具的税款所属年度的有关纳税凭证。

（2）抵免限额，是指企业来源于中国境外的所得，依照《企业所得税法》及其实施条例规定计算的应纳税额。其计算公式为：

抵免限额＝中国境内、境外所得依照《企业所得税法》及其实施条例规定计算的应纳税总额×来源于某国（地区）的应纳税所得额／中国境内、境外应纳税所得总额

公式中有两个需要注意的关键问题。

① "中国境内、境外所得依照《企业所得税法》及其实施条例规定计算的应纳税总额"是按25%的法定税率计算的应纳税总额。但对于符合条件的高新技术企业，在计算境外抵免限额时，可按照15%的优惠税率计算境内外应纳税总额。

② "来源于某国（地区）的应纳税所得额"是来源于同一国家（地区）的不同应税所得的合计，而且是税前利润。如果是税后利润，不能直接用上述公式计算，而需还原成税前利润再运用公式，还原方法为：境外分回的税后利润／[1-来源国（地区）公司所得税税率]。

3. 税额抵免的扣除方法

依照税法规定，自2017年1月1日起，企业可选择"分国（地区）不分项"或者"不分国（地区）不分项"计算抵免限额。上述方式一经选择，5年内不得改变。

【例6-10】丰华股份有限公司2011年度境内应纳税所得额为1 000万元，该公司在A、B两国设有分支机构，A国分支机构当年应纳税所得额400万元，其中生产经营所得300万元，A国规定税率为20%；特许权使用费所得100万元，A国规定的税率为30%。B国分支机构当年应纳税所得额200万元，其中生产经营所得150万元，B国规定的税率为30%；租金所得50万元，B国规定的税率为20%。请计算丰华公司当年度

境内外所得汇总缴纳的企业所得税。已知该公司选择"分国（地区）不分项"的方法计算抵免限额。

【答案】丰华公司当年境内外应纳税所得额=1 000+400+200=1 600（万元）

A国分支机构在境外实际缴纳的税额=300×20%+100×30%=90（万元）

在A国的分支机构境外所得的税收扣除限额=400×25%=100（万元）

B国分支机构在境外实际缴纳的税额=150×30%+50×20%=55（万元）

在B国的分支机构境外所得的税收扣除限额=200×25%=50（万元）

A、B两国分支机构境外所得可从应纳税额中扣除的税额分别为90万元和50万元。

全年应纳税额=1 600×25%-90-50=260（万元）

相关链接

税额抵免的三种方法

对于同一性质的税收抵免，各国的具体做法不尽一致，主要有免税法、扣除法、限额抵免法三种方法。

所谓免税法，是指一国政府对本国居民的国外所得免予征税，而仅对其来源于国内的所得征税。在免税法下，居民国完全放弃了对本国居民源于国外所得的征税权，因而能够较为彻底地消除国际重复征税，但意味着企业所在国放弃了征税权，不利于保护企业所在国的税收利益，目前世界上法国、瑞典等国家在其国内法中规定可以有条件地适用免税法。

所谓扣除法，是指一国政府对本国居民源于国外的所得征税时，允许其将该项所得已在境外缴纳的所得税税款作为一项费用，可以在计算企业来源于境内外的应纳税所得额时予以扣除，从而对扣除后的余额征税。这种方法虽然能够保证企业所在国的税收利益，但并不能彻底解决重复征税问题。为此，联合国和经济组织的两个税收协定范本都不主张在税收协定中采用此法，但在美国、德国、荷兰等国家的国内立法中允许在一定条件下采用扣除法。

所谓限额抵免法，是指允许企业来源于境外的所得将已在境外缴纳的所得税税额在一定限度内予以抵免，较好地兼顾了保护企业所在国税收利益与消除国际重复征税的需要，既保证企业所在国税收利益不受过大损失，又有利于在较大程度上消除重复征税的问题。因此，它是一种相对较优的方法，联合国和经济组织的两个税收协定范本都将其推荐为避免重复征税的重要方法，许多国家在本国的立法中把它规定为一种重要的避免重复征税的方法。

6.5.3 居民企业核定征收应纳税额的计算

1. 核定应纳税额的适用范围

纳税人具有下列情形之一的，核定征收企业所得税：

（1）依照法律、行政法规的规定可以不设置账簿的；

（2）依照法律、行政法规的规定应当设置但未设置账簿的；

(3) 擅自销毁账簿或者拒不提供纳税资料的;

(4) 虽设置账簿,但账目混乱或者成本资料、收入凭证、费用凭证残缺不全,难以查账的;

(5) 发生纳税义务,未按照规定的期限办理纳税申报,经税务机关责令限期申报,逾期仍不申报的;

(6) 申报的计税依据明显偏低,又无正当理由的。

2. 核定应纳税额的计算方法

税务机关应根据纳税人的具体情况,对核定征收企业所得税的纳税人,核定应税所得率或者核定应纳所得税额。采用应税所得率方式核定征收企业所得税的,应纳所得税额计算公式如下:

$$应纳所得税额 = 应纳税所得额 \times 适用税率$$
$$应纳税所得额 = 应税收入额 \times 应税所得率$$

或

$$应纳税所得额 = [成本(费用)支出额/(1-应税所得率)] \times 应税所得率$$

6.5.4 非居民企业应纳税额的计算

为行使收入来源地管辖权,税法对非居民企业来源于境内的所得应纳税额的计算也作出了相应的规定:对在中国境内未设立机构、场所,或者虽设立机构、场所但取得的所得与其所设机构、场所没有实际联系的非居民企业,其来源于中国境内的所得,按照下列方法计算其应纳税所得额。

(1) 股息、红利等权益性投资收益和利息、租金、特许权使用费所得,以收入全额为应纳税所得额。

(2) 转让财产所得,以收入全额减除财产净值后的余额为应纳税所得额。

(3) 其他所得,参照前两项规定的方法计算应纳税所得额。

【例6-11】A公司是依照日本法律在日本注册成立的企业,在中国境内未设立机构、场所。2011年度,A公司将其专利权授权中国境内的B公司使用,B公司支付专利权使用费600万元,相关的图纸资料费和技术服务费100万元,人员培训费60万元,请计算A公司转让该项专利权应当向中国缴纳的企业所得税,B公司实际应当向A公司支付多少货币?

【答案】由于A公司是非居民企业,但是取得来源于中国境内的所得,依税法规定,该项所得属于特许权使用费收入,应按收入全额纳税,由支付人作为扣缴义务人,在支付时代扣代缴。

A公司转让该项专利权的应纳税额 = (600+100+60)×10% = 76(万元)
B公司应当向A公司支付的货币 = 600+100+60-76 = 684(万元)

6.6 企业所得税的税收优惠

税收优惠是国家为促进和扶持某些重要产业和部门的发展,运用税收政策在税收法律、行政法规中规定对特定纳税人、征税对象给予减征或免征所得税的措施,是国家宏观调控的一种重要手段。现行的《企业所得税法》根据国民经济和社会发展的需要,借鉴国际通行做法,按照"简税制、宽税基、低税率、严征管"要求,对现行税收优惠政策进行了调整,由以往以"区域优惠为主"的格局,转为以"产业优惠为主,区域优惠为辅"的新的税收优惠格局。税法规定的企业所得税的税收优惠方式包括免税、减税、减计收入、加计扣除、税额抵免等。

6.6.1 居民企业税收优惠

6.6.1.1 税额式减免

1. 企业从事下列项目所得免征企业所得税

(1) 蔬菜、谷物、薯类、油料、豆类、棉花、麻类、糖料、水果、坚果的种植;
(2) 农作物新品种的选育;
(3) 中药材的种植;
(4) 林木的培育和种植;
(5) 牲畜、家禽的饲养;
(6) 林产品的采集;
(7) 灌溉、农产品初加工、兽医、农技推广、农机作业和维修等农、林、牧、渔服务业项目;
(8) 远洋捕捞;
(9) 以"公司+农户"经营模式从事农、林、牧、渔业项目生产的企业。

2. 企业从事下列项目的所得减半征收企业所得税

(1) 花卉、茶及其他饮料作物和香料作物的种植;
(2) 海水养殖、内陆养殖。

3. 从事国家重点扶持的公共基础设施项目投资经营的所得

国家重点扶持的公共基础设施项目,是指《公共基础设施项目企业所得税优惠目录》规定的港口码头、机场、铁路、公路、城市公共交通、电力、水利等项目。

企业从事前款规定的国家重点扶持的公共基础设施项目投资经营的所得,自项目取得第一笔生产经营收入所属纳税年度起,第一年至第三年免征企业所得税,第四年至第六年减半征收企业所得税。

企业承包经营、承包建设和内部自建自用本条规定的项目,不得享受本条规定的企业所得税优惠。

4. 从事符合条件的环境保护、节能节水项目的所得

符合条件的环境保护、节能节水项目,包括公共污水处理、公共垃圾处理、沼气综合开发利用、节能减排技术改造、海水淡化等。项目的具体条件和范围由国务院财政、税务主管部门商国务院有关部门制订,报国务院批准后公布施行。

企业从事前款规定的符合条件的环境保护、节能节水项目的所得,自项目取得第一笔生产经营收入所属纳税年度起,第一年至第三年免征企业所得税,第四年至第六年减半征收企业所得税。

对符合条件的节能服务公司实施合同能源管理项目,符合企业所得税税法有关规定的,自项目取得第一笔生产经营收入所属纳税年度起,第一年至第三年免征企业所得税,第四年至第六年减半征收企业所得税。

5. 符合条件的技术转让所得

一个纳税年度内,居民企业技术转让所得不超过 500 万元的部分,免征企业所得税;超过 500 万元的部分,减半征收企业所得税。为进一步推动技术转化为生产力,充分发挥税收优惠政策的积极作用,国家税务总局发布《关于许可使用权技术转让所得企业所得税有关问题的公告》,规定自 2015 年 10 月 1 日起,全国范围内的居民企业转让 5 年(含,下同)以上非独占许可使用权取得的技术转让所得,纳入享受企业所得税优惠的技术转让所得范围。居民企业的年度技术转让所得不超过 500 万元的部分,免征企业所得税;超过 500 万元的部分,减半征收企业所得税。

6. 购置用于环境保护、节能节水、安全生产等专用设备的投资额

企业购置并实际使用《环境保护专用设备企业所得税优惠目录》《节能节水专用设备企业所得税优惠目录》《安全生产专用设备企业所得税优惠目录》规定的环境保护、节能节水、安全生产等专用设备的,该专用设备的投资额的 10% 可以从企业当年的应纳税额中抵免;当年不足抵免的,可以在以后 5 个纳税年度结转抵免。税额抵免时,如增值税进项税额允许抵扣,其专用设备投资额不再包括增值税进项税额;如增值税进项税额不允许抵扣,其专用设备投资额应为增值税专用发票上注明的价税合计金额。企业购买专用设备取得普通发票的,其专用设备投资额为普通发票上注明的金额。

企业享受税额抵免优惠的专用设备应当是实际购置并自身实际投入使用的专用设备;企业购置上述专用设备在 5 年内转让、出租的,应当停止享受企业所得税优惠,并补缴已经抵免的企业所得税税款。

7. 民族自治地方的自治机关对本民族自治地方的企业应缴纳的企业所得税中属于地方分享的部分,可以决定减征或者免征

自治州、自治县决定减征或者免征的,须报省、自治区、直辖市人民政府批准。

6.6.1.2 税基式减免

1. 减计收入优惠

企业综合利用资源,生产符合国家产业政策规定的产品所取得的收入,可以在计算应纳税所得额时减计收入。

所谓减计收入,是指企业以《资源综合利用企业所得税优惠目录》规定的资源作为主要原材料,生产国家非限制和禁止并符合国家和行业相关标准的产品取得的收入,减按 90% 计入收入总额。前述所称原材料占生产产品材料的比例不得低于《资源综合利用企业所得税优惠目录》规定的标准。

2. 加计扣除优惠

1)研究开发费用

为进一步激励企业加大研发投入,更好地支持科技创新,企业开展研发活动中实际发生的研发费用,未形成无形资产计入当期损益的,在按规定据实扣除的基础上,自 2023 年 1 月 1 日起,再按照实际发生额的 100% 在税前加计扣除;形成无形资产的,自 2023 年 1 月 1 日起,按照无形资产成本的 200% 在税前摊销。

2) 安置残疾人员及国家鼓励安置的其他就业人员所支付的工资

企业安置残疾人员的,在按照支付给残疾职工工资据实扣除的基础上,按照支付给残疾职工工资的100%加计扣除。残疾人员的范围适用《中华人民共和国残疾人保障法》的有关规定。

企业安置国家鼓励安置的其他就业人员所支付的工资的加计扣除办法,由国务院另行规定。

3. 加速折旧优惠

企业的固定资产由于技术进步等原因,确需加速折旧的,可以缩短折旧年限或者采取加速折旧的方法。可采用以上折旧方法的固定资产是指:

(1) 由于技术进步,产品更新换代较快的固定资产;

(2) 常年处于强震动、高腐蚀状态的固定资产;

(3) 生物药品制造业,专用设备制造业,铁路、船舶、航空航天和其他运输设备制造业,计算机、通信和其他电子设备制造业,仪器仪表制造业,信息传输、软件和信息技术服务业等行业企业2014年1月1日后购进的固定资产(包括自行建造)。

采取缩短折旧年限方法的,最低折旧年限不得低于规定折旧年限的60%;采取加速折旧方法的,可以采取双倍余额递减法或者年数总和法。企业按税法规定实行加速折旧的,其按加速折旧办法计算的折旧额可全额在税前扣除。

为落实国务院完善固定资产加速折旧政策,促进企业技术改造,支持创业创新,根据《国家税务总局关于固定资产加速折旧税收政策有关问题的公告》的要求,企业在2014年1月1日后购进并专门用于研发活动的仪器、设备,单位价值不超过100万元的,可以一次性在计算应纳税所得额时扣除;单位价值超过100万元的,允许按不低于企业所得税法规定折旧年限的60%缩短折旧年限,或选择采取双倍余额递减法或年数总和法进行加速折旧。

为进一步完善固定资产加速折旧企业所得税政策,根据《国家税务总局关于进一步完善固定资产加速折旧企业所得税政策有关问题的公告》的要求,对轻工、纺织、机械、汽车等四个领域重点行业(以下简称四个领域重点行业)企业2015年1月1日后新购进的固定资产(包括自行建造,下同),允许缩短折旧年限或采取加速折旧方法。为进一步支持制造业企业加快技术改造和设备更新,自2019年1月1日起,适用固定资产加速折旧优惠的行业范围,扩大至全部制造业领域。

对四个领域重点行业小型微利企业2015年1月1日后新购进的研发和生产经营共用的仪器、设备,单位价值不超过100万元(含)的,允许在计算应纳税所得额时一次性全额扣除;单位价值超过100万元的,允许缩短折旧年限或采取加速折旧方法。

为引导企业加大设备、器具投资力度,企业在2018年1月1日至2020年12月31日期间新购进的设备、器具,单位价值不超过500万元的,允许一次性计入当期成本费用在计算应纳税所得额时扣除,不再分年度计算折旧。

4. 创业投资企业优惠

创业投资企业从事国家需要重点扶持和鼓励的创业投资,可以按投资额的一定比例抵扣应纳税所得额。具体规定如下。

(1) 公司制创业投资企业采取股权投资方式直接投资于种子期、初创期科技型企业

（以下简称初创科技型企业）满2年（24个月，下同）的，可以按照投资额的70%在股权持有满2年的当年抵扣该公司制创业投资企业的应纳税所得额；当年不足抵扣的，可以在以后纳税年度结转抵扣。

① 有限合伙制创业投资企业（以下简称合伙创投企业）采取股权投资方式直接投资于初创科技型企业满2年的，该合伙创投企业的合伙人分别按以下方式处理：

② 法人合伙人可以按照对初创科技型企业投资额的70%抵扣法人合伙人从合伙创投企业分得的所得；当年不足抵扣的，可以在以后纳税年度结转抵扣。

（2）个人合伙人可以按照对初创科技型企业投资额的70%抵扣个人合伙人从合伙创投企业分得的经营所得；当年不足抵扣的，可以在以后纳税年度结转抵扣。

（3）天使投资个人采取股权投资方式直接投资于初创科技型企业满2年的，可以按照投资额的70%抵扣转让该初创科技型企业股权取得的应纳税所得额；当期不足抵扣的，可以在以后取得转让该初创科技型企业股权的应纳税所得额时结转抵扣。

6.6.1.3 税率式减免

1. 符合条件的小型微利企业优惠

符合条件的小型微利企业减按20%的税率征收企业所得税。"符合条件的小型微利企业"是指，从事国家非限制和禁止行业，并符合下列条件的企业：① 工业企业，年度应纳税所得额不超过30万元，从业人数不超过100人，资产总额不超过3 000万元；② 其他企业，年度应纳税所得额不超过30万元，从业人数不超过80人，资产总额不超过1 000万元。

为了进一步加大企业所得税优惠力度，支持小微企业发展，财政部、税务总局发布《关于实施小微企业普惠性税收减免政策的通知》，该通知规定自2019年1月1日至2021年12月31日，从事国家非限制和禁止行业，且同时符合年度应纳税所得额不超过300万元、从业人数不超过300人、资产总额不超过5 000万元等三个条件的企业，对其年应纳税所得额不超过100万元的部分，减按25%计入应纳税所得额，按20%的税率缴纳企业所得税；对年应纳税所得额超过100万元但不超过300万元的部分，减按50%计入应纳税所得额，按20%的税率缴纳企业所得税。

2. 国家重点支持的高新技术企业优惠

国家重点支持的高新技术企业减按15%的税率征收企业所得税。国家重点支持的高新技术企业是指，拥有核心自主知识产权，并同时符合下列条件的企业：

（1）产品（服务）属于《国家重点支持的高新技术领域》规定的范围；

（2）研究开发费用占销售收入的比例不低于规定比例；

（3）高新技术产品（服务）收入占企业总收入的比例不低于规定比例；

（4）科技人员占企业职工总数的比例不低于规定比例；

（5）《高新技术企业认定管理办法》规定的其他条件。

3. 符合条件的技术先进型服务企业优惠

自2017年1月1日起，对经认定的技术先进型服务企业，减按15%的税率征收企业所得税。享受企业所得税优惠税率政策的技术先进型服务企业必须同时符合以下条件：

（1）在中国境内（不包括港、澳、台地区）注册的法人企业；

（2）从事《技术先进型服务业务认定范围（试行）》中的一种或多种技术先进型服务

业务，采用先进技术或具备较强的研发能力；

（3）具有大专以上学历的员工占企业职工总数的50%以上；

（4）从事《技术先进型服务业务认定范围（试行）》中的技术先进型服务业务取得的收入占企业当年总收入的50%以上；

（5）从事离岸服务外包业务取得的收入不低于企业当年总收入的35%。

4. 海南自由贸易港建设的鼓励类产业优惠

为支持海南自由贸易港建设，自2020年1月1日起执行至2024年12月31日，对注册在海南自由贸易港并实质性运营的鼓励类产业企业，减按15%的税率征收企业所得税。

6.6.2 非居民企业税收优惠

非居民企业在中国境内未设立机构、场所但取得来源于中国境内的所得，或者虽设立机构、场所但取得的与其所设机构、场所没有实际联系的所得，该项所得减按10%的税率征收企业所得税。

下列所得可以免征企业所得税：

（1）外国政府向中国政府提供贷款取得的利息所得；

（2）国际金融组织向中国政府和居民企业提供优惠贷款取得的利息所得；

（3）经国务院批准的其他所得。

6.7 企业所得税的征收管理

6.7.1 纳税期限

企业所得税按年计征，分月或者分季预缴，年终汇算清缴，多退少补。

企业所得税的纳税年度，自公历每年1月1日起至12月31日止。企业在一个纳税年度的中间开业，或者由于合并、关闭等原因终止经营活动，使该纳税年度的实际经营期不足12个月的，应当以其实际经营期为一个纳税年度。企业清算时，应当以清算期间作为一个纳税年度。

分月或分季预缴所得税时，应当按照月度或者季度的实际利润额预缴；按照月度或者季度的实际利润额预缴有困难的，可以按照上一纳税年度应纳税所得额的月度或者季度平均额预缴，或者按照经税务机关认可的其他方法预缴。预缴方法一经确定，该纳税年度内不得随意变更。

企业应当自年度终了之日起5个月内，向税务机关报送年度企业所得税纳税申报表，并汇算清缴，结清应缴应退税款。

企业在年度中间终止经营活动的，应当自实际经营终止之日起60日内，向税务机关办理当期企业所得税汇算清缴。

6.7.2 纳税地点

（1）除税收法律、行政法规另有规定外，居民企业以企业登记注册地为纳税地点；但登记注册地在境外的,以实际管理机构所在地为纳税地点。企业登记注册地是指企业依照国家有关规定登记注册的住所地。

(2) 居民企业在中国境内设立不具有法人资格的营业机构的,应当汇总计算并缴纳企业所得税。

(3) 在中国境内设立机构、场所的非居民企业,其所设机构、场所取得来源于中国境内的所得,以及发生在中国境外但与其机构、场所有实际联系的所得,以机构、场所所在地为纳税地点。

非居民企业在中国境内设立两个或者两个以上机构、场所的,经税务机关审核批准,可以选择由其主要机构、场所汇总缴纳企业所得税。这里的"主要机构、场所"应当同时符合两个条件:

① 对其他各机构、场所的生产经营活动负有监督管理责任;

② 设有完整的账簿、凭证,能够准确反映各机构、场所的收入、成本、费用和盈亏情况。

(4) 非居民企业在中国境内未设立机构、场所的,或者虽设立机构、场所但取得的与其所设机构、场所没有实际联系的所得,以扣缴义务人所在地为纳税地点。

(5) 除国务院另有规定外,企业之间不得合并缴纳企业所得税。

6.7.3 纳税申报

企业所得税分月或者分季预缴,由税务机关具体核定。企业应当自月份或者季度终了之日起十五日内,向税务机关报送预缴企业所得税纳税申报表,并预缴税款。企业在报送企业所得税纳税申报表时,应当按照规定附送财务会计报告和其他有关资料。

企业在纳税年度内无论盈利或者亏损,都应当依照前述规定的期限,向税务机关报送预缴企业所得税纳税申报表、年度企业所得税纳税申报表、财务会计报告和税务机关规定应当报送的其他有关资料。

企业所得以人民币以外的货币计算的,在预缴企业所得税时应当按照月度或者季度最后一日的人民币汇率中间价,折合成人民币计算应纳税所得额。年度终了汇算清缴时,对已经按照月度或者季度预缴税款的不再重新折合计算,只就该纳税年度内未缴纳企业所得税的部分,按照纳税年度最后一日的人民币汇率中间价,折合成人民币计算应纳税所得额。

6.7.4 源泉扣缴

为了有效保护税源,降低纳税遵从成本,防止偷漏税,简化纳税手续,税法规定了对非居民企业取得来源于中国境内所得,由支付人在支付时从该款项中预先扣除该款项所应承担的所得税税款的制度,即实施源泉扣缴。

1. 扣缴义务人的三种扣缴方式

1) 法定扣缴

对非居民企业在中国境内未设立机构、场所但取得来源于中国境内的所得,或者虽设立机构、场所但取得的与其所设机构、场所没有联系的所得,其应纳的所得额实行源泉扣缴,以支付人为扣缴义务人。税款由扣缴义务人在每次支付或者到期应支付时,从支付或者到期应支付的款项中扣缴。这里的"支付人",是指依照有关法律规定或者合同约定对非居民企业直接负有支付相关款项义务的单位或者个人。

2)指定扣缴

对非居民企业在中国境内取得工程作业和劳务所得应缴纳的所得税,税务机关可以指定工程价款或者劳务费的支付人为扣缴义务人。可以指定扣缴义务人的情形,包括:

(1)预计工程作业或者提供劳务期限不足一个纳税年度,且有证据表明不履行纳税义务的;

(2)没有办理税务登记或者临时税务登记,且未委托中国境内的代理人履行纳税义务的;

(3)未按照规定期限办理企业所得税纳税申报或者预缴申报的。

扣缴义务人由县级以上税务机关指定,并同时告知扣缴义务人所扣税款的计算依据、计算方法、扣缴期限和扣缴方式。

3)特定扣缴

扣缴义务人未依法扣缴或者无法履行扣缴义务的,由纳税人在所得发生地缴纳。纳税人未依法缴纳的,税务机关可以从该纳税人在中国境内其他收入项目的支付人应付的款项中,追缴该纳税人的应纳税款。上述所称"所得发生地",是指依照税法规定的原则确定的所得发生地。在中国境内存在多处所得发生地的,由纳税人选择其中之一申报缴纳企业所得税。所称"该纳税人在中国境内其他收入",是指该纳税人在中国境内取得的其他各种来源的收入。税务机关在追缴该纳税人应纳税款时,应当将追缴理由、追缴数额、缴纳期限和缴纳方式等告知该纳税人。

2. 扣缴税款的解缴

扣缴义务人每次代扣的税款,应当自代扣之日起 7 日内缴入国库,并向所在地的税务机关报送扣缴企业所得税报告表。

  企业所得税综合案例

【案例分析 6-1】外商投资企业应当如何缴纳企业所得税?

美日有限公司是 2000 年在深圳特区设立的外商投资企业,2018 年财务资料显示如下。

① 销售产品收入 2 500 万元。

② 转让一项专利权,取得营业外收入 60 万元。

③ 取得债券利息收入 80 万元(其中含国债的利息收入 20 万元)。

④ 全年销售成本 1 200 万元。

⑤ 全年销售费用 600 万元,含广告费 480 万元;全年管理费用 360 万元,含招待费 100 万元,新产品开发费用 70 万元;全年财务费用 180 万元。

⑥ 销售税金及附加为 18 万元。

⑦ 全年营业外支出 80 万元,其中含通过政府部门对希望工程捐款 28 万元,向另一合作企业的赞助费 10 万元,违反政府规定被环保部门罚款 5 万元,向供货方支付的违约金 8 万元。

⑧ 取得了直接投资其他居民企业的权益性收益 40 万元,已在投资方所在地按 25%的税

率缴纳了所得税。

⑨ 当年购置《安全生产专用设备企业所得税优惠目录》中的安全生产专用设备200万元,购置完毕即投入使用。

要求:根据上述资料,按下列问题计算。

(1)美日有限公司的会计利润总额。
(2)美日有限公司对投资收益的纳税调整额。
(3)美日有限公司对广告费用的纳税调整额。
(4)美日有限公司对招待费、新产品开发费用的纳税调整额合计数。
(5)美日有限公司对营业外支出的纳税调整额。
(6)美日有限公司的应纳税所得额。
(7)美日有限公司的应纳所得税额。

【答案及解析】
(1)美日有限公司的会计利润总额

企业账面利润=2 500+60+80+40-1 200-600-360-180-18-80=242(万元)

(2)美日有限公司对投资收益的纳税调整额

20万元国债利息和40万元的投资其他居民企业的权益性收益属于免税收入,应调减应纳税所得额60万元。

(3)美日有限公司对广告费用的纳税调整额

$$广告费限额=2\ 500\times15\%=375(万元)$$
$$广告费超支=480-375=105(万元)$$

调增应纳税所得额为105万元。

(4)美日有限公司对招待费、新产品开发费用的纳税调整额合计数

招待费限额计算:① $100\times60\%=60$(万元);② $2\ 500\times5‰=12.5$(万元)。

招待费限额为12.5万元,超支87.5万元。

新产品开发费用加扣所得 $70\times75\%=52.5$(万元);合计调增应纳税所得额 $87.5-52.5=35$(万元)。

(5)美日有限公司对营业外支出的纳税调整额

$$捐赠限额=242\times12\%=29.04(万元)$$

美日有限公司28万元公益性捐赠可以扣除;各种赞助支出不得扣除;行政罚款不得扣除。

对营业外支出的纳税调整额为15万元。

(6)美日有限公司的应纳税所得额=242-60+105+35+15=337(万元)

(7)美日有限公司的应纳所得税额

安全生产专用设备投资额的10%可以从企业当年的应纳税额中抵免。

$$境内所得应纳所得税额=337\times25\%-200\times10\%=64.25(万元)$$

【案例分析6-2】科技型中小企业如何缴纳企业所得税?

某企业2018年起被认定为科技型中小企业,2018年度取得主营业务收入9 600万元、其他业务收入400万元,投资收益100万元,发生主营业务成本5 000万元、其他业务成本200万元、税金及附加800万元,管理费用600万元,销售费用2 000万元,财务费用200

万元，资产减值损失 300 万元，营业外支出 160 万元，实现年度利润总额 840 万元，当年发生的相关具体业务如下：

① 广告费支出 1 600 万元；
② 业务招待费支出 70 万元；
③ 实发工资 1 200 万元，拨缴职工工会经费 30 万元，发生职工福利费 180 万元、职工教育经费 32 万元；
④ 专门用于新产品研发的费用 400 万元，独立核算管理；
⑤ 计提资产减值损失准备金 300 万元，该资产减值损失准备金未经税务机关核定；
⑥ 公司取得的投资收益中包括国债利息收入 40 万元，购买某上市公司股票分得股息 60 万元，该股票持有 8 个月后卖出；
⑦ 向民政部门捐款 160 万元用于救助贫困儿童。

（其他相关资料：各扣除项目均已取得有效凭证，相关优惠已办理必要手续）

要求：根据相关资料，按顺序计算回答问题，如有计算需计算出合计数。

（1）计算广告费支出应调整的应纳税所得额。
（2）计算业务招待费支出应调整的应纳税所得额。
（3）计算工会经费、职工福利费和职工教育经费应调整的应纳税所得额。
（4）计算研发费用应调整的应纳税所得额。
（5）计算资产减值损失准备金应调整的应纳税所得额并说明理由。
（6）计算投资收益应调整的应纳税所得额。
（7）计算向民政部门捐赠应调整的应纳税所得额。
（8）计算该公司 2018 年应缴纳企业所得税税额。

【答案及解析】

（1）销售（营业）收入 = 9 600+400 = 10 000（万元）。

广告费扣除限额 = 10 000×15% = 1 500（万元）<实际发生额 1 600 万元，广告费应调增的应纳税所得额 = 1 600-1 500 = 100（万元）。

（2）业务招待费扣除限额 1 = 70×60% = 42（万元）；业务招待费扣除限额 2 = 10 000×5‰ = 50（万元）。

税前准予扣除的业务招待费 = 42 万元

业务招待费支出应调增的应纳税所得额 = 70-42 = 28（万元）

（3）工会经费扣除限额 = 1 200×2% = 24（万元）<实际拨缴金额 30 万元，纳税调增 6 万元。

职工福利费扣除限额 = 1 200×14% = 168（万元）<实际发生额 180 万元，纳税调增 12 万元。

职工教育经费扣除限额 = 1 200×8% = 96（万元）>实际发生金额 32 万元，无须纳税调整。

工会经费、职工福利费和职工教育经费应调增的应纳税所得额 = 6+12+0 = 18（万元）

（4）科技型中小企业开展研发活动中实际发生的研发费用，未形成无形资产计入当期损益的，在按规定据实扣除的基础上，再按照实际发生额的 75% 在税前加计扣除。因此研发费用应调减的应纳税所得额 = 400×75% = 300（万元）。

（5）资产减值损失准备金应调增的应纳税所得额=300万元。税法规定，未经税务机关核定计提的资产减值损失准备金不得在税前扣除。

（6）投资收益应调减的应纳税所得额=40万元。

（7）公益性捐赠扣除限额=840×12%=100.8（万元）<实际发生额160万元，向民政部门捐赠应调增应纳税所得额=160-100.8=59.2（万元）。

（8）应纳税所得额=840+100+28+18-300+300-40+59.2=1 005.2（万元）。

该公司应缴纳企业所得税税额=1 005.2×25%=251.3（万元）。

课后练习题

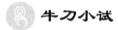 牛刀小试

一、选择题（含单选题和多选题，请用手机扫描下方二维码作答并查看正确答案）

二、思考探索题

1. 所得税有何特点，与流转税有何不同？
2. 简述企业所得税中规定的不征税收入和免税收入。
3. 企业所得税法对于企业在生产经营过程中的哪些费用采用限额扣除，这些规定对于企业降低税收负担有何启示？
4*. 结合所学的税法知识和会计知识，试分析《企业所得税法》与《企业会计准则》存在哪些差异？如何做纳税调整？

  竞技场

一、选择题（含单选题和多选题，请用手机扫描下方二维码作答并查看正确答案）

二、案例分析题（答案中的金额单位用万元表示）

1. 某企业2017年度境内应纳税所得额为1 000万元，适用25%的企业所得税税率。另外，该企业分别在A、B两国设有分支机构（我国与A、B两国已经缔结避免双重征税协定），在A国分支机构的应纳税所得额为400万元，其中生产经营所得280万元，适用税率为40%；租金所得120万元，适用税率为20%。在B国的分支机构的应纳税所得额为200万元，其中生产经营所得150万元，适用税率为20%；财产转让所得50万元，适用税率为15%。

要求：请依据企业所得税法有关规定，计算该企业汇总时在我国应缴纳的企业所得税税额。

2. 某工业企业为居民企业，2019年发生经营业务如下：

全年取得产品销售收入为5 600万元，发生产品销售成本4 000万元；其他业务收入800万元，其他业务成本660万元；取得购买国债的利息收入40万元；缴纳非增值税税金及附加300万元；发生的管理费用

760万元，其中新技术的研究开发费用为60万元、业务招待费用70万元；发生财务费用200万元；取得直接投资其他居民企业的权益性收益34万元（已在投资方所在地按15%的税率缴纳了所得税）；取得营业外收入100万元，发生营业外支出250万元（其中含公益捐赠38万元）。

要求：计算该企业2019年应缴纳的企业所得税。

3. 某纺织品生产企业2019年汇算清缴年度企业所得税时，对有关收支项目进行纳税调整后，将全年会计利润500万元按税法规定调整为全年应税所得650万元。税务部门在税务检查时，发现企业以下几项业务尚未进行调整。

① 6月，该企业购进研发专用设备，购置总价为80万元，企业当年计入成本费用的折旧费用为4万元。

② 8月，企业为解决职工子女上学问题，直接向某小学捐赠80万元，在营业外支出中列支。在计算应纳税所得额时未做纳税调整。

③ 12月，该企业向关联企业支付管理费10万元。在计算应纳税所得额时未做纳税调整。

④ 12月，该企业购进环境保护专用设备一台，购置价格为200万元。该设备符合设备抵免的相关规定。

要求：根据上述资料及所得税法律制度的有关规定，回答下列问题。

（1）计算该企业当年购进的研发专用设备的纳税调整金额。

（2）该企业直接向小学的捐款是否属于公益性捐赠？在计算所得税时纳税调整的金额是多少？

（3）该企业当年向关联企业支付的管理费在计算应纳税所得额时是否准予扣除？在计算所得税时纳税调整的金额是多少？

（4）计算该企业当年的应纳税所得额。

（5）计算该企业当年的应纳所得税额。

4. 某居民企业（增值税一般纳税人）是国家需要重点扶持的高新技术企业，2018年取得商品销售收入5 500万元，营业外收入50万元，投资收益80万元；发生商品销售成本2 200万元，税金及附加120万元，发生销售费用1 900万元，管理费用960万元，财务费用180万元，营业外支出100万元，实现利润总额170万元，企业自行计算缴纳企业所得税＝170×15%＝25.5（万元）。经注册会计师审核，发现2018年该企业存在以下问题。

① 12月购进一台符合《安全生产专用设备企业所得税优惠目录》规定的安全生产专用设备，取得增值税专用发票上注明价款30万元、增值税4.8万元，当月投入使用，企业将该设备购买价款30万元一次性在成本中列支。该设备生产的产品全部在当月销售，相关成本已结转。

② 管理费用中含业务招待费80万元。

③ 销售费用中含广告费800万元、业务宣传费300万元。

④ 财务费用中含支付给银行的借款利息60万元（借款费用1 000万元，期限1年）；支付给关联方借款利息60万元（借款费用1 000万元，期限1年），已知关联方的权益性投资为400万元，此项交易活动不符合独立交易原则且该企业实际税负高于境内关联方。

⑤ 营业外支出中含通过公益性社会团体向灾区捐款65万元，因违反合同约定支付给其他企业违约金30万元，因违反工商管理规定被工商局处以罚款5万元。

⑥ 投资收益中含国债利息收入10万元；从境外A国子公司分回税后收益45万元，A国政府规定的所得税税率为20%；从境外B国子公司分回税后投资收益25万元，B国政府规定的所得税税率为10%。

⑦ 已计入成本、费用中的全年实发合理的工资总额为400万元，实际拨缴的工会经费6万元，发生职工福利费60万元、职工教育经费37万元。

要求：根据上述资料，回答下列问题。

（1）计算该居民企业准予在企业所得税前扣除的业务招待费金额。

（2）计算该居民企业准予在企业所得税前扣除的广告费和业务宣传费金额。

（3）计算该居民企业准予在企业所得税前扣除的利息费用。

（4）计算该居民企业准予在企业所得税前扣除的营业外支出金额。

（5）计算该居民企业在计算应纳税所得额时，工资总额、工会经费、职工福利费和职工教育经费应调整的应纳税所得额。

（6）计算该居民企业2018年度境内应纳税所得额。

（7）计算该居民企业境外所得应在我国补缴的企业所得税。

（8）计算该居民企业应补（退）企业所得税税额。

第7章

个人所得税法

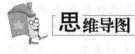

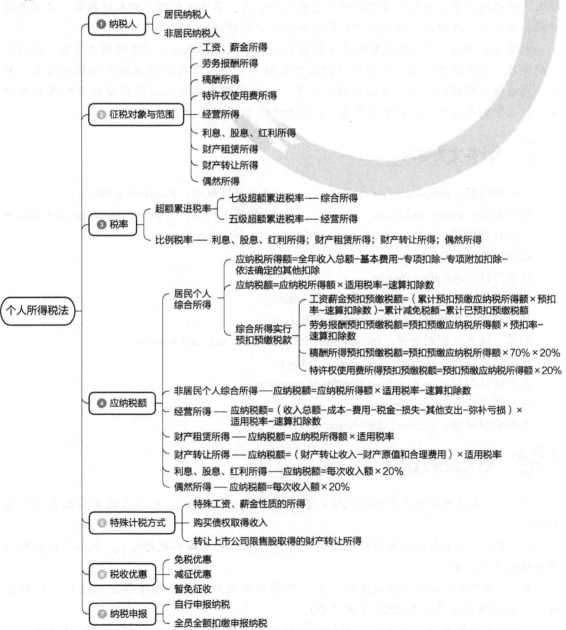

学习提示

个人所得税是针对自然人（含个体工商户）所得征收的一类税收，所得的含义比较广泛，包括工资薪金、劳务收入、股息、红利、偶然所得，等等。目前世界上有140多个国家和地区都开征了个人所得税，并大多将其作为税收制度中的主体税种。在发达国家，个人所得税税收收入一般占到税收总收入的30%~40%，而发展中国家此比例则通常在15%左右。我国个人所得税制度的发展相对较慢，2018年度全国个人所得税收入占税收总收入的比重为8.9%，远远低于发达国家和发展中国家的平均水平。但随着我国经济的迅猛发展，国民收入水平迅速上涨，个人所得税的税源也在不断扩大，鉴于我国庞大的人口基数、极大丰富的社会劳动力，我国个人所得税的发展前景应当是非常好的。

本章主要介绍了个人所得税的基础知识和我国个人所得税法律制度的相关规定。通过本章的学习，应当掌握我国个人所得税的概念和特点、个人所得税的纳税人和征税对象、税率、应纳税所得额的确定、应纳税额的计算；应当理解我国个人所得税法的修改思路及趋势；应当了解个人所得税制度的产生、发展和个人所得税制的三种模式。

 中英文关键词

个人所得税：individual income tax　　　超额累进税率：progressive rate
税前扣除：pretax deduction　　　　　　工资薪金所得：income from wages and salaries
劳务报酬所得：income from remuneration for providing services
综合所得：comprehensive income
经营所得：operating income
稿酬所得：income from author's remuneration
特许权使用费所得：income from royalties
利息、股息、红利所得：income from interest, dividends and bonuses
财产租赁所得：income from lease of property
财产转让所得：income from transfer of property
偶然所得：accidental income
自行纳税申报：personal declaration

 重点法规速递

◆《中华人民共和国个人所得税法》（2018年第七次修正），中华人民共和国主席令第48号

◆《中华人民共和国个人所得税法实施条例》（2018年第四次修订），中华人民共和国国务院令第707号

◆《国家税务总局关于修订发布〈个人所得税专项附加扣除操作办法（试行）〉的公告》，（国家税务总局公告2022年第7号）

◆《国家税务总局关于发布〈个人所得税扣缴申报管理办法（试行）〉》的公告，国

家税务总局公告2018年第61号

引导案例

李先生是中国某外商投资企业的高级经理。2019年1—6月,李先生每月取得工资收入60 000元,另外,李先生还投资于国库券,3月获得利息收入6 000元。4月因李先生家已迁入新居,另将自己原有住房转让他人,获得房屋转让收入160万元,房屋原值为50万元。5月李先生购买体育彩票中特等奖,奖品为桑塔纳轿车一辆。李先生曾向某杂志社投稿,6月该杂志社通知李先生其稿已被采用,并寄去稿酬5 000元。

请思考:李先生取得的上述所得是否应当纳税?如果纳税,应当怎样纳税?

7.1 个人所得税概述

7.1.1 个人所得税的概念

个人所得税是政府针对个人收入的强制征收,是目前世界各国都普遍征收的一种税收。作为征税对象的所得,有狭义和广义之分。狭义的个人所得,仅限于每年经常、反复发生的所得。广义的个人所得,是个人通过各种来源获得的一切利益,而不论这种利益是偶然的,还是长期的;是货币形式的,还是实物形式的。目前,包括我国在内的世界各国实行的个人所得税,都是针对广义上的所得而征收。

7.1.2 个人所得税法的产生与发展

个人所得税于1799年首创于英国,此后世界各国相继开征了这个税种。到目前为止,世界上已有140多个国家和地区开征了个人所得税。历经两个世纪的发展和完善,个人所得税在组织政府财政收入、调节收入分配、创建公平和谐社会等方面越来越凸显出重要作用,大多数国家均将其作为国家税制中的主体税种。在大多数发达国家,每年由个人所得税聚敛的税收收入占政府税收总收入的30%~40%,个别国家甚至达到了50%以上。因个人所得税在调节收入、促进公平方面的先天特性,国际社会的经济学者送给其"经济内在调节器"和"社会减压阀"的美誉。

我国的个人所得税征收历史比较短,虽然早在1950年政务院就在《税政实施要则》中列举了对个人所得课税的税种,当时定名为"薪金报酬所得税",但由于当时我国生产力和人均收入水平比较低,因此设立了这个税种却一直没有开征。1950年我国政府还曾开征过存款利息所得税,但1959年该税因政府降低存款利率被取消。

党的十一届三中全会以后,外资企业与外籍人士越来越多地进入我国,并在我国国内取得收入。同时我国在外从事经济活动和其他劳务的人员也在逐渐增加,个人收入的情况发生了很大变化,居民已经具备了一定的税收负担能力。为了适应对外开放和对内搞活的需要,调节个人收入间差距,1980年9月10日第五届全国人民代表大会第三次会议审议通过了《个人所得税法》,确定了个人所得税每月800元的起征点。同年12月14日,财政部颁布了《中华人民共和国个人所得税法实施细则》，但当时中国本国国民的月收入能够达到 800 元起征点的可以说是屈指可数的，包括当时参与制定这部法律的全体人员中都没有一人的收入可以达到起征点。因此个人所得税法的起草基点完全是针对外籍人士，这也造成在以后很长一段时间内我国建立的个人所得税制度采用了分类所得税制。之后为了适应国内个体经济发展需要，调节个体工商户的收入分配差距，1986 年 1 月国务院发布了《中华人民共和国城乡个体工商户所得税暂行条例》，适用于城乡个体工商户。为了适应我国经济体制改革后国内个人收入发生重大变化的情况，1986 年 9 月国务院发布了《中华人民共和国个人收入调节税暂行条例》，对个人收入达到应税标准的中国公民征收个人收入调节税，这也就意味着原个人所得税法从 1987 年 1 月 1 日起只适用于外籍个人了。至此个人所得税、个人收入调节税、个体工商户所得税三项税收法律、法规制度共同构建起极具中国特色的个人所得税制。

《个人所得税法》《中华人民共和国城乡个体工商户所得税暂行条例》《中华人民共和国个人收入调节税暂行条例》三个税收法律、法规的施行，在当时我国由计划经济阶段向社会主义市场经济阶段过渡时期，起到了非常重要的作用。但是，随着社会主义市场经济体制的不断发展和改革开放的不断深化，这三个税收法律、法规逐渐不能适应形势发展变化的要求，需要加以调整和完善。

1992 年，我国税种达到了 34 个，许多人大代表、政协委员都针对税种繁多、税收混乱的情况发出合并税种的呼声。《个人所得税法》的第一次修订在此背景下应运而生了，1993 年 10 月 31 日第八届全国人民代表大会第四次会议将原先的个人所得税、个人收入调节税、个体工商户所得税三税合一，统一开征个人所得税。1994 年 1 月 1 日起修订后的《个人所得税法》施行。1999 年 8 月 30 日第九届全国人民代表大会常务委员会第十一次会议对《个人所得税法》进行了第二次修订，恢复对储蓄存款利息所得征收个人所得税。2005 年 10 月 27 日第十届全国人民代表大会常务委员会第十八次会议对《个人所得税法》进行了第三次修订，将工资、薪金所得的费用扣除标准由每月 800 元提高至每月 1 600 元，并从 2006 年 1 月起施行。2007 年 6 月 29 日第十届全国人民代表大会常务委员会第二十八次会议对《个人所得税法》进行了第四次修订，明确规定"对储蓄存款利息所得开征、减征、停征个人所得税及其具体办法，由国务院规定"。2007 年 12 月 29 日第十届全国人民代表大会常务委员会第三十一次会议对《个人所得税法》进行了第五次修订，将个人所得税的工资、薪金所得减除费用标准由每月 1 600 元提高至每月 2 000 元；个体工商户、个人独资企业和合伙企业的个人投资者，费用扣除标准统一为每年 24 000 元，并从 2008 年 3 月 1 日起正式施行。2011 年 6 月 30 日第十一届全国人民代表大会第二十一次会议对《个人所得税法》进行第六次修订，将个人所得税的工资、薪金所得减除费用标准由每月 2 000 元提高至每月 3 500 元；个体工商户、个人独资企业和合伙企业的个人投资者，费用扣除标准统一为每年 42 000 元，并从 2011 年 9 月 1 日起正式施行。2018 年 8 月 31 日第十三届全国人民代表大会常务委员会第五次会议通过了《全国人民代表大会常务委员会关于修改〈中华人民共和国个人所得税法〉的决定》。这是个人所得税法自 1980 年出台以来的第七次修正，也开启了我国个人所得税税制的一次根本性变革。这次修正完善了有关纳税人的规定，对居民个人取得的部分劳动性所得实行综合征税，优化调整综合所得与经营所得的税率结构，提高综合所得基本减除费用标准，设立专项附加扣除，并增加反避税条款，明确非居民个人征税办法，健全个人所得税征管制度。这标志着我国朝着建立综合与分类相结合的个人所得税制度目标迈出了重要一步。

7.1.3 个人所得税的特点

1. 实行综合与分类相结合的税制

世界各国采用的个人所得税制大体上可分为三类，即分类所得税制、综合所得税制和混合所得税制。我国目前个人所得税制采用的是综合与分类相结合的税制。综合与分类相结合的税制，也称混合所得税制，是对综合部分项目所得适用累进税率征收，对另外一些项目所得则按不同的比例税率征收，可以较好地兼顾税收公平和效率。2018年新《个人所得税法》将居民个人取得的工资薪金所得、劳务报酬所得、稿酬所得、特许权使用费所得计入综合所得，按年征收、分月分次预扣预缴；对财产转让所得、财产租赁所得、利息股息红利所得、偶然所得等仍实行分类征收。

2. 实行超额累进税率和比例税率两种税率形式

我国现行的个人所得税制根据所得性质的不同，适用于不同的税率。比例税率计算简便，有利于源泉扣缴；超额累进税率则可以更好地调节收入、体现税收公平。在各种所得来源中，综合所得和经营所得适用于超额累进税率，而财产转让所得、财产租赁所得、利息股息红利所得、偶然所得等适用于比例税率。从实际情况看，我国的超额累进税率设计不够科学，主要是级距过多，国际上一般通行做法只设定3档左右的级距，而我国却设置了7档，但实践中绝大部分纳税人只适用3%～20%的税率，25%以上的税率设置没有太大意义。此外，最高边际税率45%设定过高，这反而会从一定角度促使高收入群体产生逃税的动机。

3. 实行不同的费用扣除形式

我国现行个人所得税制根据所得性质的不同，费用扣除形式也不尽相同，主要包括定额扣除、定率扣除、会计核算扣除和无费用扣除4种形式。具体而言，对于居民个人综合所得和取得经营所得的个人没有综合所得的采用定额扣除的形式；对于劳务报酬所得、稿酬所得、特许权使用费所得实行20%的定率扣除；对于财产租赁所得，则实行定额扣除或定率扣除；对于经营所得和财产转让所得实行会计核算扣除；而对于利息、股息、红利所得以及偶然所得则不得扣除任何费用。

相比于我国较为简单的个人所得税费用扣除方法，发达国家在这方面的规定较为具体。美国常规个人所得税共有5种申报状态，即单身申报、夫妻联合申报、丧偶家庭申报、夫妻单独申报及户主申报。英国在个人所得税征收中设定多种类别的税收宽免，如个人宽免、已婚夫妇宽免、盲人宽免等，而且规定主要类别宽免额是可变化的，要求其提高幅度与前一年度零售物价指数上涨幅度保持一致。我国个人所得税制在费用扣除方面应更多地借鉴这些做法，以期更好地实现税收公平。

4. 实行自行申报纳税和全员扣缴申报纳税两种方式

现行的个人所得税在申报缴纳上采取由纳税人自行申报和全员全额扣缴申报纳税两种方法。为了防止税收流失，降低征管成本，控制税源，我国个人所得税制中的大部分应税所得采用由支付所得的单位预扣或者代扣税款的方式。同时在混合所得税制下，对于纳税人取得综合所得需要办理汇算清缴，取得应税所得没有扣缴义务人等情形下需要纳税人自行申报纳税。两种征税方式的结合使用，有利于增强纳税人的纳税意识，也便于税收的征管。

相关链接

世界部分国家个人所得税的特点

美国：多收入多交税，收入低的先交税后退税

税收是美国政府赖以生存的财政基础，而个人所得税则是美国政府财政的重要来源。因此，上到美国总统，下到平民百姓，纳税成为每个人的义务和职责。美国是根据个人收入情况逐步提高税率，从而以此来减少低收入者的负担和控制高收入者的收入过快增长。最基本的原则是多收入多交税，收入低的先交税后退税。以下两点特别值得指出：一是美国缴纳个人所得税不仅考虑个人的收入，而且十分重视家庭其他成员尤其儿童的数量情况；二是高收入者是美国个人所得税纳税的主体。据统计，年收入在10万美元以上的群体所缴纳的税款每年占美国全部个人税收总额的60%以上，是美国税收最重要的来源。

美国人纳税采取个人报税制度。每年的4月15日是美国人申报上一年收入和纳税情况的最后截止日。此前，可以领取表格根据自己的实际收入情况向政府报税，也可以通过计算机网络向政府报税。

日本：征税考虑到家庭负担

在日本，个税征收非常人性化，充分考虑纳税人的家庭负担。日本的个税根据个人所得多少而定，扣除必要的成本及各种免税项目和税前扣除项目，剩下的按一定税率交个税。收入越高缴税越多。所得扣除分为两大类：一类是对人的扣除，包括基础扣除、配偶扣除、抚养扣除、残疾人扣除等；另一类是对事的扣除，包括医疗费扣除、保险费扣除、杂费扣除及捐赠扣除等。

日本个税的起征点根据家庭成员的人数多少而不同。许多日本人尽管年收入相同，但如果抚养的子女人数不一、需要赡养的老人数量不同，需缴纳的所得税税款也就有很大不同。

澳大利亚：税号让纳税人难逃"税网"

在澳大利亚，每个纳税人都有一个税号，在税务局或网上登记就可以获得税号。纳税人在投资或受雇的时候都要向雇主或银行提交税号。如果纳税人交不出税号，雇主或银行在发工资或者付利息时就要根据法律按照最高个人税率对其扣税，纳税人必须通过申请才能领回多扣的税款。在享受医疗、教育等福利时，纳税人也都得出示税号。引入税号制度主要是为了方便税务局把从银行等方面得到的资料和纳税人所填报的收入进行核对，防止纳税人漏报收入。

目前，澳大利亚对个人所得税实行五级超额累进税率，共有免税、17%、30%、42%和47%五个级别，另加1.5%的医疗保健税。澳大利亚居民依其所有来源所得纳税，非居民仅就来源于澳大利亚境内的所得纳税。澳大利亚个人所得税的征收采取自行申报和税务局抽查相结合的方式，如果纳税人的申报与实际相差太远或确实存在漏报行为，税务局将予以追究且"从重处罚"。

7.2 个人所得税的纳税人

根据《个人所得税法》的规定，我国个人所得税的纳税人是指在中国境内有住所，或者无住所而在境内居住满183天的个人，以及在中国无住所又不居住或者在境内居住不满183天但有来源于中国境内的所得的个人，包括中国公民、个体工商业户及在中国有所得的外籍人员（包括无国籍人员）。

我国个人所得税参照国际惯例，按照属地原则和属人原则来确定税收管辖权，并按照住所和居住时间的标准来判定纳税人，可以将其区分为居民纳税人和非居民纳税人。对居民纳税人行使完全的税收管辖权，就其来源于我国境内、境外的所得均征收个人所得税；对非居民纳税人则仅就其来源于我国境内的所得行使管辖权。

7.2.1 居民纳税人

根据《个人所得税法》规定，居民纳税人是指在中国境内有住所，或者无住所而在中国境内居住满183天的个人。

所谓在中国境内有住所的个人，是指因户籍、家庭、经济利益关系，而在中国境内习惯性居住的个人。这里所说的"习惯性居住"是判定纳税人属于居民还是非居民的一个重要依据。它是指个人因学习、工作、探亲等原因消除之后，没有理由在其他地方继续居留时所要回到的地方；而不是指实际居住或在某一个特定时期内的居住地。例如，一个纳税人因学习、工作、探亲、旅游等原因，原来是在中国境外居住，但是在这些原因消除之后，如果必须回到中国境内居住的，则中国为该人的习惯性居住地。

所谓在境内居住满183天，是指在一个纳税年度内（公历1月1日起至12月31日止，下同），在中国境内居住满183日。在计算居住天数时，按其一个纳税年度内在境内的实际居住时间确定，取消了原有的"临时离境"的规定。综上所述，上述的住所和居住时间标准中，只要符合其中一条的标准，就属于居民纳税人。因此我们可以将纳税人划分为两类。

（1）在中国境内定居的中国公民和外国侨民。但不包括虽具有中国国籍，却并没有在中国内地定居，而是侨居海外的华侨和居住在中国香港、澳门、台湾的同胞。

（2）从公历1月1日起至12月31日止，中国境内累计居住满183天的外国人、海外侨胞，以及我国香港、澳门、台湾同胞。

需要注意以下两点：

① 自2000年1月1日起，个人独资企业和合伙企业投资者为个人所得税的纳税人；

② 我国现行个人所得税法本着从宽、从简的原则。在中国境内无住所个人一个纳税年度在中国境内累计居住满183天的，如果此前六年在中国境内每年累计居住天数都满183天而且没有任何一年单次离境超过30天，该纳税年度来源于中国境内、境外所得应当缴纳个人所得税；如果此前六年的任一年在中国境内累计居住天数不满183天或者单次离境超过30天，该纳税年度来源于中国境外且由境外单位或者个人支付的所得，免予缴纳个人所得税。

7.2.2 非居民纳税人

非居民纳税人是指，不符合上述住所和时间标准的纳税人，即在中国境内无住所又不居住或者无住所而一个纳税年度内在境内居住累计不满 183 天的个人。非居民纳税人承担有限纳税义务，即仅就其来源于中国境内的所得，向中国缴纳个人所得税。因此，非居民纳税人实际上是在一个纳税年度中，没有在中国境内居住，或者在中国境内居住不满 183 天的外籍人员、华侨，以及我国香港、澳门、台湾同胞。

需要注意的是，对于在中国境内无住所，但在一个纳税年度中在中国境内连续居住或累计居住不超过 90 日的个人，其来源于中国境内的所得，由境外雇主支付并且不由该雇主在中国境内的机构、场所负担的部分，免予缴纳个人所得税。

7.2.3 个人所得来源地的确定

划分居民纳税人和非居民纳税人的主要意义在于二者的纳税义务不同，居民纳税人承担无限纳税义务，要就其来源于中国境内、中国境外的所得纳税；而非居民纳税人承担有限纳税义务，仅就其来源于中国境内的所得纳税。那么，对于非居民纳税人而言，判断其所得来源地就显得非常重要，中国的个人所得税，依据所得来源地的判断应反映经济活动的实质，要遵循方便税务机关实行有效征管的原则，为此个人所得税法律也作出了具体规定。除国务院财政、税务主管部门另有规定外，下列所得，不论支付地点是否在中国境内，均为来源于中国境内的所得：

（1）因任职、受雇、履约等在中国境内提供劳务取得的所得；
（2）将财产出租给承租人在中国境内使用而取得的所得；
（3）许可各种特许权在中国境内使用而取得的所得；
（4）转让中国境内的不动产等财产或者在中国境内转让其他财产取得的所得；
（5）从中国境内企业、事业单位、其他组织以及居民个人取得的利息、股息、红利所得。

7.3 个人所得税的征税对象与范围

个人所得税是以个人取得的各项所得为征税对象。我国现行的个人所得税采用实行综合与分类相结合的税制，根据在我国纳税人取得收入的实际情况，列举了 9 项应征税的个人所得，并在个人所得税法实施条例及相关法规中具体规定了各类应税所得的征税对象与范围。其中，将居民个人取得的工资薪金所得、劳务报酬所得、稿酬所得、特许权使用费所得计入综合所得，按年征收、分月分次预扣预缴；对财产转让所得、财产租赁所得、利息股息红利所得、偶然所得等仍实行分类征收。

7.3.1 工资、薪金所得

工资、薪金所得是指，个人因任职或者受雇取得的工资、薪金、奖金、年终加薪、劳动分红、津贴、补贴以及与任职或者受雇有关的其他所得。

一般来说，工资、薪金所得属于非独立个人劳动所得。所谓非独立个人劳动，是指个人所从事的是由他人指定、安排并接受管理的劳动，工作或服务于公司、工厂、行政、事业单位的人员（私营企业主除外）均为非独立劳动者。他们从上述单位取得的劳动报酬，是以工资、薪金的形式体现的。实际立法过程中，各国都从简便易行的角度考虑，将工资、薪金合并为一个项目计征个人所得税。在我国《个人所得税法》中，也是将它们合并为一个项目计税。

除工资、薪金以外的奖金、年终加薪、劳动分红、津贴、补贴也被确定为工资、薪金范畴。其中，年终加薪、劳动分红不分种类和取得情况，一律按工资、薪金所得课税。但是，有些津贴、补贴却免征个人所得税，这些项目包括：

（1）独生子女补贴；

（2）执行公务员工资制度未纳入基本工资总额的补贴、津贴差额和家属成员的副食品补贴；

（3）托儿补助费；

（4）差旅费津贴、误餐补助。

此外，税法还对各项工资性质的收入作了明确的规定，具体如下：

① 个人因公务用车和通信制度改革而取得的公务用车、通信补贴收入，扣除一定标准的公务费用后，按照"工资、薪金所得"项目计征个人所得税；

② 离退休人员从原任职单位取得的各类补贴、奖金、实物，应在减除费用扣除标准后，按"工资、薪金所得"应税项目缴纳个人所得税；

③ 实行内部退养的个人在其办理内部退养手续后至法定离退休年龄之间从原任职单位取得的工资、薪金，不属于离退休工资，应按"工资、薪金所得"项目计征个人所得税；

④ 出租汽车经营单位对出租车驾驶员采取单车承包或承租方式运营，出租车驾驶员从事客货营运取得的收入，按"工资、薪金所得"征税。

7.3.2 劳务报酬所得

劳务报酬所得是指，个人从事劳务取得的所得，包括从事设计、装潢、安装、制图、化验、测试、医疗、法律、会计、咨询、讲学、翻译、审稿、书画、雕刻、影视、录音、录像、演出、表演、广告、展览、技术服务、介绍服务、经纪服务、代办服务以及其他劳务取得的所得。劳务报酬所得的基本特征是：它一般属于个人以其所掌握的某种技艺或技能独立从事自由职业或独立提供劳务所取得的所得，属于独立劳动所得；个人与服务单位无任职和雇佣关系；提供劳务的时间具有临时性。

在现实生活中，税法还对下列应税行为作出了明确的规定：

（1）个人由于担任董事职务所取得的董事费收入，属于劳务报酬所得性质，按照"劳务报酬所得"项目征收个人所得税；

（2）个人无须经政府有关部门批准并取得执照举办学习班、培训班的，其取得的办班收入属于"劳务报酬所得"应税项目，应按税法规定计征个人所得税；

（3）个人兼职取得的收入应按照"劳务报酬所得"应税项目缴纳个人所得税；

（4）证券经纪人从证券公司取得的佣金收入，应按照"劳务报酬所得"项目缴纳个人所得税。

相关链接

劳务报酬所得与工资、薪金所得的区别

工资、薪金所得是属于非独立个人劳务活动，即在机关、团体、学校、部队、企事业单位及其他组织中任职、受雇而得到的报酬；劳务报酬所得则是个人独立从事各种技艺、提供各项劳务取得的报酬。两者的主要区别在于，前者存在雇佣与被雇佣关系，后者则不存在这种关系。因此，是否为个人独立劳动所得、是否存在雇佣与被雇佣关系，是区分工资、薪金所得和劳务报酬所得的主要依据。

7.3.3 稿酬所得

稿酬所得是指个人因其作品以图书、报刊等形式出版、发表而取得的所得。这里所说的作品，包括文学作品、书画作品、摄影作品及其他作品。作者去世后，财产继承人取得的遗作稿酬也按稿酬所得征收个人所得税。而对不以图书、报刊形式出版、发表的翻译、审稿、书画所得归为劳务报酬所得。

稿酬所得具有特许权使用费、劳务报酬的性质，之所以把它独立划归为一个征税项目，原因在于出版、发表作品是一种依靠较高智力创作的精神产品，对促进经济、文化和社会文明的进步具有特殊的重大意义，国家应在税收上给予适当的优惠照顾。

7.3.4 特许权使用费所得

特许权主要涉及以下4种权利。

（1）专利权。由国家专利主管机关依法授予专利申请人或其权利继承人在一定期间内实施其发明创造的专有权。

（2）商标权。商标注册人依法律规定而取得的对其注册商标在核定商品上使用的独占使用权。

（3）著作权，即版权。作者依法对文学、艺术和科学作品享有的专有权。

（4）非专利技术。专利技术以外的专有技术。

特许权使用费所得是指，个人提供专利权、商标权、著作权、非专利技术及其他特许权的使用权取得的所得。需要注意的是，提供著作权的使用权取得的所得，不包括稿酬所得。

在实际应用中，税法还作出了如下具体规定。

① 作者将自己的文字作品手稿原件或复印件公开拍卖（竞价）取得的所得，应按"特许权使用费所得"项目征收个人所得税。

② 个人取得特许权的经济赔偿收入，应按"特许权使用费所得"应税项目缴纳个人所得税，税款由支付赔款的单位或个人代扣代缴。

7.3.5 经营所得

经营所得，是指：

（1）个体工商户从事生产、经营活动取得的所得，个人独资企业投资人、合伙企业的个人合伙人来源于境内注册的个人独资企业、合伙企业生产、经营的所得；

（2）个人依法从事办学、医疗、咨询以及其他有偿服务活动取得的所得；

(3) 个人对企业、事业单位承包经营、承租经营以及转包、转租取得的所得；
(4) 个人从事其他生产、经营活动取得的所得。

7.3.6 利息、股息、红利所得

利息、股息、红利所得是指个人拥有债权、股权等而取得的利息、股息、红利所得。利息是指个人拥有债权而取得的利息，包括存款、贷款和债券的利息；股息是指个人因拥有股权而取得的公司、企业按照一定的比率派发的每股息金；红利是指个人拥有股权而取得的公司、企业按股派发的、超过股息部分的利润。

7.3.7 财产租赁所得

财产租赁所得是指个人出租不动产、机器设备、车船以及其他财产取得的所得。个人取得的财产转租收入属于"财产租赁所得"的征税范围，由财产转租人缴纳个人所得税。在确认纳税人时，应以产权凭证为依据；对无产权凭证的，由主管税务机关根据实际情况确定。产权所有人死亡，在未办理产权继承手续期间，该财产出租而有租金收入的，以领取租金的个人为纳税人。

7.3.8 财产转让所得

财产转让所得是指个人转让有价证券、股权、合伙企业中的财产份额、不动产、机器设备、车船以及其他财产取得的所得。在现实生活中，个人进行的财产转让主要是个人财产所有权的转让。财产转让所得因其性质的特殊性，需要单独列举项目征税。目前，我国对股票转让所得暂免征收个人所得税。

在实践中，下列情形应按照"财产转让所得"计算缴纳个人所得税：
(1) 个人通过网络收购玩家的虚拟货币，加价后向他人出售取得的收入；
(2) 对个人转让限售股取得的所得；
(3) 个人因各种原因终止投资、联营、经营合作等行为，从被投资企业或合作项目、被投资企业的其他投资者以及合作项目的经营合作人取得股权转让收入、违约金、补偿金、赔偿金及以其他名目收回的款项等，均属于个人所得税应税收入。

7.3.9 偶然所得

偶然所得是指个人得奖、中奖、中彩及其他偶然性质的所得。其中，得奖是指参加各种有奖竞赛活动，取得名次后得到的奖金；中奖、中彩是指参加各种有奖活动，如有奖销售、有奖储蓄，或者购买彩票，经过规定程序抽中、摇中号码而取得的奖金。个人因参加企业的有奖销售活动而取得的赠品所得，也应按"偶然所得"项目计征个人所得税。偶然所得应缴纳的个人所得税税款，一律由发奖单位或机构代扣代缴。

需要注意的是，在现实生活中，以下情形也按"偶然所得"征税：
(1) 个人为单位或他人提供担保获得收入；
(2) 房屋产权所有人将房屋产权无偿赠与他人的，受赠人因无偿受赠房屋取得的受赠收入，但法定情形的除外；
(3) 企业在业务宣传、广告等活动中随机向本单位以外的个人赠送礼品（包括网络红

包），以及企业在年会、座谈会、庆典和其他活动中向本单位以外的个人赠送礼品，个人取得的礼品收入。

7.4 个人所得税的税率

我国个人所得税采用超额累进税率和比例税率两种形式。超额累进税率适用于"综合所得""经营所得"；比例税率则适用除上述所得以外的其他各类所得。不同的税目适用不同种类的税率。

7.4.1 超额累进税率

1. 适用七级超额累进税率（3%~45%）

（1）居民个人综合所得税率表

居民个人综合所得适用七级超额累进税率，税率为3%~45%（见表7-1）。每一纳税年度内取得的综合所得包括：工资薪金所得、劳务报酬所得、稿酬所得和特许权使用费所得。

表7-1　居民个人综合所得税率表

级　数	全年应纳税所得额	税　率/%	速算扣除数
1	不超过36 000元的部分	3	0
2	超过36 000元至144 000元的部分	10	2 520
3	超过144 000元至300 000元的部分	20	16 920
4	超过300 000元至420 000元的部分	25	31 920
5	超过420 000元至660 000元的部分	30	52 920
6	超过660 000元至960 000元的部分	35	85 920
7	超过960 000元的部分	45	181 920

（2）非居民个人综合所得税率表

非居民个人取得工资薪金所得、劳务报酬所得、稿酬所得、特许权使用费所得适用七级超额累进税率，税率为3%~45%（见表7-2）。

表7-2　非居民个人综合所得税率表

级　数	全月应纳税所得额	税　率/%	速算扣除数
1	不超过3 000元的	3	0
2	超过3 000元至12 000元的部分	10	210
3	超过12 000元至25 000元的部分	20	1 410
4	超过25 000元至35 000元的部分	25	2 660
5	超过35 000元至55 000元的部分	30	4 410
6	超过55 000元至80 000元的部分	35	7 160
7	超过80 000元的部分	45	15 160

2. 适用五级超额累进税率（5%~35%）

经营所得适用五级超额累进税率，税率为5%~35%（见表7-3）。

表7-3 经营所得适用税率表

级　数	全年应纳税所得额	税　率/%	速算扣除数
1	不超过30 000元的	5	0
2	超过30 000元至90 000元的部分	10	1 500
3	超过90 000元至300 000元的部分	20	10 500
4	超过300 000元至500 000元的部分	30	40 500
5	超过500 000元的部分	35	65 500

7.4.2 比例税率

利息、股息、红利所得，财产租赁所得，财产转让所得和偶然所得，均适用20%的比例税率。

7.5 个人所得税的计税依据和应纳税额的计算

7.5.1 个人所得税的计税依据

1. 个人所得税计税依据的一般规定

个人所得税的计税依据是纳税人取得的应纳税所得额。应纳税所得额是指个人取得的每项收入减去税法规定的扣除项目或扣除金额之后的余额。

个人所得的形式包括现金、实物、有价证券和其他形式的经济利益。所得为实物的，应当按照取得的凭证上所注明的价格计算应纳税所得额；无凭证的实物或者凭证上所注明的价格明显偏低的，参照市场价格核定应纳税所得额。所得为有价证券的，根据票面价格和市场价格核定应纳税所得额。所得为其他形式的经济利益的，参照市场价格核定应纳税所得额。

在计算扣除项目时，各国的扣除标准和扣除方法不尽相同。我国现行的个人所得税采取分项确定，分类扣除，根据其所得的不同分别实行定额扣除、定率扣除、定额和定率扣除、会计核算扣除和无扣除5种方法。

（1）定额扣除：对居民个人综合所得以及取得经营所得的个人没有综合所得的，采取定额扣除的办法。定额扣除的内容包括基本减除费用、专项扣除、专项附加扣除以及依法确定的其他扣除。

（2）定率扣除：对于非居民个人取得劳务报酬所得、稿酬所得、特许权使用费所得采取定率扣除20%的办法。

（3）会计核算扣除：经营所得涉及生产、经营有关成本或费用支出，采取会计核算办法扣除有关成本费用、税金等支出。财产转让所得采用核算办法扣除财产原值和合理税费。

（4）定额和定率扣除：因涉及既要按一定比例合理扣除费用，又要避免扩大征税范围等两个需同时兼顾的因素，故采取定额和定率两种扣除办法。如个人所得税法规定财产租赁所得，每次收入在4 000元以下，定额扣除800元；每次收入在4 000元以上的，定率扣除收入额的 20%。

（5）无扣除：主要适用于利息、股息、红利所得，偶然所得。

2. 个人所得税计税依据的特殊规定

（1）个人将其所得通过中国境内的社会团体、国家机关向教育和其他社会公益事业及遭受严重自然灾害地区、贫困地区的捐赠。捐赠额未超过纳税人申报的应纳税所得额 30%的部分，可以从其应纳税所得额中扣除。

（2）纳税人通过非营利性的社会团体和国家机关对红十字事业、公益性青少年活动场所、农村义务教育、福利性及非营利性的老年服务机构等的捐赠，在缴纳个人所得税前准予全额扣除。

7.5.2 居民个人综合所得应纳税额的计算

我国现行的个人所得税采用实行综合与分类相结合的税制，其中，将居民个人取得的工资薪金所得、劳务报酬所得、稿酬所得、特许权使用费所得计入综合所得，按年征收、分月分次预扣预缴。

7.5.2.1 应纳税所得额的确定

居民个人的综合所得，以每一纳税年度的收入额减除费用六万元以及专项扣除、专项附加扣除和依法确定的其他扣除后的余额，为应纳税所得额。

工资、薪金所得全额计入收入额；而劳务报酬所得、特许权使用费所得的收入额为实际取得的劳务报酬、特许权使用费收入的 80%；稿酬所得的收入额在扣除 20%的基础上，再减按 70%计算。

费用减除的标准依次为：

（1）基本减除费用，是最为基础的一项扣除，全员适用。考虑了个人基本生活支出情况，设置定额的扣除标准，我国现行综合所得的基本减除费用为 60 000/年（5 000/月）。

（2）专项扣除，包括居民个人按照国家规定的范围和标准缴纳的基本养老保险费、基本医疗保险费、失业保险费等基本社会保险费和住房公积金等。

（3）专项附加扣除，是在基本减除费用的基础上，以国家税收和个人共同分担的方式，适度缓解个人在教育、医疗、住房等方面的支出压力。在综合和分类税制施行初期，专项附加扣除项目包括子女教育、继续教育、住房贷款利息、住房租金、大病医疗、赡养老人、婴幼儿照护等项目。取得综合所得的居民个人可以享受专项附加扣除。

① 子女教育。

纳税人年满 3 岁的子女接受学前教育和学历教育的相关支出，按照每个子女每月 2 000元的标准定额扣除。

学前教育包括年满 3 岁至小学入学前教育；学历教育包括义务教育（小学、初中教育）、高中阶段教育（普通高中、中等职业、技工教育）、高等教育（大学专科、大学本科、硕士研究生、博士研究生教育）。

父母可以选择由其中一方按扣除标准的 100%扣除，也可以选择由双方分别按扣除标准的 50%扣除，具体扣除方式在一个纳税年度内不能变更。

② 继续教育。

纳税人在中国境内接受学历（学位）继续教育的支出，在学历（学位）教育期间按照每月400元定额扣除。同一学历（学位）继续教育的扣除期限不能超过48个月。纳税人接受技能人员职业资格继续教育、专业技术人员职业资格继续教育的支出，在取得相关证书的当年，按照3 600元定额扣除。

个人接受本科及以下学历（学位）继续教育，符合税法规定扣除条件的，可以选择由其父母扣除，也可以选择由本人扣除。

纳税人接受技能人员职业资格继续教育、专业技术人员职业资格继续教育的，应当留存相关证书等资料备查。

③ 大病医疗。

在一个纳税年度内，纳税人发生的与基本医保相关的医药费用支出，扣除医保报销后个人负担（指医保目录范围内的自付部分）累计超过15 000元的部分，由纳税人在办理年度汇算清缴时，在80 000元限额内据实扣除。

纳税人发生的医药费用支出可以选择由本人或者其配偶扣除；未成年子女发生的医药费用支出可以选择由其父母一方扣除。纳税人及其配偶、未成年子女发生的医药费用支出，按前述规定分别计算扣除额。

纳税人应当留存医药服务收费及医保报销相关票据原件（或者复印件）等资料备查。医疗保障部门应当向患者提供在医疗保障信息系统记录的本人年度医药费用信息查询服务。

④ 住房贷款利息。

纳税人本人或者配偶单独或者共同使用商业银行或者住房公积金个人住房贷款为本人或者其配偶购买中国境内住房，发生的首套住房贷款利息支出，在实际发生贷款利息的年度，按照每月1 000元的标准定额扣除，扣除期限最长不超过240个月。纳税人只能享受一次首套住房贷款的利息扣除。这里的"首套住房贷款"是指购买住房享受首套住房贷款利率的住房贷款。

经夫妻双方约定，可以选择由其中一方扣除，具体扣除方式在一个纳税年度内不能变更。

夫妻双方婚前分别购买住房发生的首套住房贷款，其贷款利息支出，婚后可以选择其中一套购买的住房，由购买方按扣除标准的100%扣除，也可以由夫妻双方对各自购买的住房分别按扣除标准的50%扣除，具体扣除方式在一个纳税年度内不能变更。

纳税人应当留存住房贷款合同、贷款还款支出凭证备查。

⑤ 住房租金。

纳税人在主要工作城市没有自有住房而发生的住房租金支出，可以按照以下标准定额扣除：直辖市、省会（首府）城市、计划单列市以及国务院确定的其他城市，扣除标准为每月1 500元；除第一项所列城市以外，市辖区户籍人口超过100万的城市，扣除标准为每月1 100元；市辖区户籍人口不超过100万的城市，扣除标准为每月800元。

市辖区户籍人口，以国家统计局公布的数据为准。

夫妻双方主要工作城市相同的，只能由一方扣除住房租金支出。

住房租金支出由签订租赁住房合同的承租人扣除。

需要注意的是，纳税人及其配偶在一个纳税年度内不能同时分别享受住房贷款利息和住房租金专项附加扣除。

纳税人应当留存住房租赁合同、协议等有关资料备查。

⑥ 赡养老人。

纳税人赡养一位及以上被赡养人的赡养支出，统一按照以下标准定额扣除：纳税人为独生子女的，按照每月3 000元的标准定额扣除；纳税人为非独生子女的，由其与兄弟姐妹分摊每月3 000元的扣除额度，每人分摊的额度不能超过每月1 500元。可以由赡养人均摊或者约定分摊，也可以由被赡养人指定分摊。约定或者指定分摊的须签订书面分摊协议，指定分摊优先于约定分摊。具体分摊方式和额度在一个纳税年度内不能变更。

需要注意的是，被赡养人是指年满60岁的父母，以及子女均已去世的年满60岁的祖父母、外祖父母。

⑦ 婴幼儿照护。

纳税人照护3岁以下婴幼儿子女的相关支出，按照每个婴幼儿每月2 000元（每年24 000元）的标准定额扣除。

父母可以选择由其中一方按扣除标准的100%扣除，也可以选择由双方分别按扣除标准的50%扣除，具体扣除方式在一个纳税年度内不能变更。

（4）依法确定的其他扣除，指综合所得中除基本减除费用、专项扣除、专项附加扣除之外的扣除项目，包括个人缴付企业年金、职业年金，个人购买符合国家规定的商业健康保险、税收递延型养老保险的支出，以及国务院规定可以扣除的其他项目。

自2017年7月1日起，对个人购买符合规定的商业健康保险产品的支出，允许在当年（月）计算应纳税所得额时予以税前扣除，扣除限额为2 400元/年（200元/月）。单位统一组织为员工购买或者单位和个人共同负担购买符合规定的商业健康保险产品，单位负担部分应当实名计算个人工资薪金明细清单，视同个人购买，并自购买产品次月起，在不超过200元/月的标准内按月扣除。一年内保费金额超过2 400元的部分，不得税前扣除。

需要注意的是，专项扣除、专项附加扣除和依法确定的其他扣除，以居民个人一个纳税年度的应纳税所得额为限额；一个纳税年度扣除不完的，不结转以后年度扣除。

综上所述，居民个人综合所得应纳税所得额的计算公式为：

应纳税所得额＝全年收入总额－60 000－专项扣除－专项附加扣除－依法确定的其他扣除

【例7-1】李先生是某公司的管理人员，为独生子女，2023年扣除社保、住房公积金后取得的工资收入总额为150 000元，劳务报酬20 000元。除住房贷款和赡养老人专项扣除外，该纳税人不享受其余专项附加扣除和税法规定的其他扣除。计算李先生当年应纳的个人所得税额。

【答案】（1）全年应纳税所得额＝150 000＋20 000×(1－20%)－60 000－12 000－36 000＝58 000（元）。

（2）应纳税额＝58 000×10%－2 520＝3 280（元）。

7.5.2.2 预扣预缴税款的计算

1. 工资、薪金应预扣预缴税款的计算

扣缴义务人向居民个人支付工资、薪金所得时，应当按照累计预扣法计算预扣税款，并按月办理扣缴申报。

累计预扣法，是指扣缴义务人在一个纳税年度内预扣预缴税款时，以纳税人在本单位截止至当前月份工资、薪金所得累计收入减收累计免税收入、累计减除费用、累计专项扣除、累计专项附加扣除和累计依法确定的其他扣除后的余额为累计预扣预缴应纳税所得额，适用居民个人工资、薪金所得预扣预缴税率表（见表7-4），计算累计应预扣预缴税额，再减除累计税额和累计已预扣预缴税额，其余额为本期应预扣预缴税额。计算公式为：

本期应预扣预缴税额＝（累计预扣预缴应纳税所得额×预扣率-速算扣除数）-
累计减免税额-累计已预扣预缴税额

累计预扣预缴应纳税所得额＝累计收入-累计免税收入-累计减除费用-
累计专项扣除-累计专项附加扣除-
累计依法确定的其他扣除

其中累计减除费用，按照5 000元/月乘以纳税人当年截至本月在本单位的任职受雇月份数计算。

表7-4 居民个人工资、薪金所得预扣预缴税率表

级数	累计预扣预缴应纳税所得额	预扣率/%	速算扣除数
1	不超过36 000元的部分	3	0
2	超过36 000元至144 000元的部分	10	2 520
3	超过144 000元至300 000元的部分	20	16 920
4	超过300 000元至420 000元的部分	25	31 920
5	超过420 000元至660 000元的部分	30	52 920
6	超过660 000元至960 000元的部分	35	85 920
7	超过960 000元的部分	45	181 920

2. 劳务报酬所得预扣预缴税款的计算

扣缴义务人向居民个人支付劳务报酬所得时，应当按照以下方法或者按月预扣预缴税款：预扣预缴环节，劳务报酬所得每次收入不超过4 000元的，费用按800元计算；每次收入4 000元以上的，费用按20%计算。劳务报酬所得适用居民个人劳务报酬所得预扣预缴税率表（见表7-5），计算应预扣预缴税额。

劳务报酬所得应预扣预缴税额＝预扣预缴应纳税所得额×预扣率-速算扣除数

表7-5 居民个人劳务报酬所得预扣预缴税率表

级数	预扣预缴应纳税所得额	预扣率/%	速算扣除数
1	不超过20 000元的部分	20	0
2	超过20 000至50 000元的部分	30	2 000
3	超过50 000元的部分	40	7 000

3. 稿酬所得预扣预缴税款的计算

稿酬所得以每次收入减除费用后的余额为收入额，每次收入不超过4 000元的，费用按800元计算；每次收入4 000元以上的，费用按20%计算。稿酬所得的收入额减按70%计算。稿酬所得适用20%的比例预扣率。

稿酬所得应预扣预缴税额＝预扣预缴应纳税所得额×20%

4. 特许权使用费所得预扣预缴税款的计算

特许权使用费所得以每次收入减除费用后的余额为收入额，每次收入不超过4 000元

的，费用按 800 元计算；每次收入 4 000 元以上的，费用按 20%计算。特许权使用费所得适用 20%的比例预扣率。

特许权使用费所得应预扣预缴税额＝预扣预缴应纳税所得额×20%

居民个人取得劳务报酬所得、稿酬所得、特许权使用费所得，按上述方法预扣预缴税款后，应当在年度终了后与工资薪金所得合并计税，进行汇算清缴，多退少补。

7.5.2.3 应纳税额的计算

全年应纳税额＝全年应纳税所得额×适用税率－速算扣除数

【例 7-2】张先生是某公司的高级经理，2024 年 1—2 月收入情况如下：

① 每月工资收入为 35 000 元，按照所在省人民政府规定的比例提取并缴付的"三险一金" 2 000 元。

② 1 月取得某上市公司支付的咨询费收入 8 000 元。

③ 2 月取得出版专著稿酬 23 000 元。

（其他相关资料：张先生本人是独生子女，负责赡养 65 岁老人，张先生有一个 8 岁的孩子，子女教育支出选择由张先生 100%扣除且在预扣预缴税款时扣除。工资薪金累计预扣预缴应纳税所得额不超过 36 000 元的，预扣率为 3%，超过 36 000 元至 144 000 元的部分，预扣率为 10%，速算扣除数是 2 520。）

要求：根据上述资料，按下列顺序回答问题，如有计算需计算合计数。

（1）张先生 1 月工资收入应预扣预缴的个人所得税。

（2）张先生 1 月份取得的咨询费收入应预扣预缴的个人所得税。

（3）张先生 2 月工资收入应预扣预缴的个人所得税。

（4）张先生 2 月取得的稿酬所得，出版社预扣预缴的个人所得税。

【答案及解析】

（1）工资薪金所得本期应预扣预缴税额＝（累计预扣预缴应纳税所得额×预扣率－速算扣除数）－累计减免税额－累计已预扣预缴税额；

累计预扣预缴应纳税所得额＝累计收入－累计免税收入－累计减除费用－累计专项扣除－累计专项附加扣除－累计依法确定的其他扣除。

根据题意，张先生的专项附加扣除中：子女教育支出按照每月 2 000 元扣除，赡养老人支出按照每月 3 000 元的标准扣除。

张先生当月工资薪金所得应纳税所得额＝35 000－5 000－2 000－2 000－3 000
＝23 000（元）

则工资薪金所得适用 3%的个人所得税预扣率。

1 月工资薪金所得应预扣缴的个人所得税＝23 000×3%＝690（元）

（2）张先生 1 月份取得的咨询费收入应预扣预缴的个人所得税＝8 000×（1－20%）×20%＝1 280（元）。

（3）张先生 2 月累计预扣预缴应纳税所得额＝（70 000－10 000－4 000－4 000－6 000）＝46 000（元），预扣率为 10%，速算扣除数是 2 520。

2 月工资薪金应预扣预缴个人所得税＝46 000×10%－2 520－690＝1 390（元）

(4) 张先生 2 月取得稿酬所得应预扣预缴的个人所得税 = 23 000×(1-20%)×(1-30%)×20% = 2 576（元）。

7.5.3 非居民个人综合所得应纳税额的计算

7.5.3.1 应纳税所得额的确定

扣缴义务人向非居民个人支付工资、薪金所得，劳务报酬所得，稿酬所得和特许权使用费所得时，应当按照以下方法按月或者按次代扣代缴税款：

非居民个人的工资、薪金所得，以每月收入额减除费用 5 000 元后的余额为应纳税所得额；劳务报酬所得、稿酬所得、特许权使用费所得，以每次收入额为应纳税所得额，适用按月换算后的非居民个人月度税率表计算应纳税额（见表 7-2）。其中，劳务报酬所得、稿酬所得、特许权使用费所得以收入减除百分之二十的费用后的余额为收入额。稿酬所得的收入额减按百分之七十计算。

7.5.3.2 劳务报酬所得、稿酬所得、特许权使用费所得中"每次收入"的确定

（1）劳务报酬所得因其一般具有不固定、不经常性，所以按次计算。税法对"每次收入"作出了具体的规定。

① 只有一次性收入的，以取得该项收入为一次。例如，从事设计、安装、装潢、制图、化验、测试等劳务，往往是接受客户的委托，按照客户的要求，完成一次劳务后取得收入。因此，属于只有一次性的收入，应以每次提供劳务取得的收入为一次。

② 属于同一事项连续取得收入的，以 1 个月内取得的收入为一次。例如，某歌手与一卡拉 OK 厅签约，在 2017 年 1 年内每天到卡拉 OK 厅演唱一次，每次演出后付酬 50 元。在计算其劳务报酬所得时，应视为同一事项的连续性收入，以其 1 个月内取得的收入为一次计征个人所得税，而不能以每天取得的收入为一次。

（2）稿酬所得的每次收入，是指以每次出版、发表取得的收入为一次。具体又可细分如下。

① 个人每次以图书、报刊方式出版、发表同一作品（文字作品、书画作品、摄影作品及其他作品），不论出版单位是预付还是分笔支付稿酬，或者加印该作品后再付稿酬，均应合并其稿酬所得按一次计征个人所得税。同一作品再版取得的所得，应视作另一次稿酬所得计征个人所得税。

② 在两处或两处以上出版、发表或再版同一作品而取得稿酬所得，则分别从各处取得的所得或再版所得按分次所得计征个人所得税。

③ 个人的同一作品在报刊上连载，应合并其因连载而取得的所有稿酬所得为一次，按税法规定计征个人所得税。

④ 在其连载之后又出书取得稿酬所得，或先出书后连载取得稿酬所得，应视同再版稿酬分次计征个人所得税。

（3）特许权使用费所得按次征收，以某项使用权的一次转让所取得的收入为一次。

7.5.3.3 应纳税额的计算

非居民个人在我国取得工资薪金所得、劳务报酬所得、稿酬所得和特许权使用费所得，

按月或者按次分项计算个人所得税，不办理汇算清缴。

$$应纳税额=应纳税所得额×适用税率-速算扣除数$$

【例7-3】 某日本专家（非居民个人）临时来华工作，2024年5月从A企业取得该企业发放的工资收入22 000元，并从B企业取得一项劳务报酬10 000元。请计算其当月应缴纳的个人所得税税额。

【答案】 该非居民个人当月工资、薪金所得应纳税额=（22 000-5 000）×20%-1 410=1 990（元）。

该非居民个人劳务报酬所得应纳税额=10 000×(1-20%)×10%-210=590（元）。

7.5.4 经营所得应纳税额的计算

7.5.4.1 个体工商户应纳税额的计算

实行查账征收的个体工商户（以下简称个体户），以每一纳税年度的收入总额减除成本、费用以及损失后的余额，为应纳税所得额。取得经营所得的个人，没有综合所得的，计算其每一纳税年度的应纳税所得额时，应当减除费用6万元、专项扣除、专项附加扣除以及依法确定的其他扣除。专项附加扣除在办理汇算清缴时减除。经营所得应纳税所得额的计算公式为

$$应纳税所得额=收入总额-成本、费用、损失-60\ 000\ 元-专项扣除-$$
$$专项附加扣除-依法确定的其他扣除$$

1. 收入总额

个体工商户从事生产经营以及与生产经营有关的活动（以下简称生产经营）取得的货币形式和非货币形式的各项收入，为收入总额。包括：销售货物收入、提供劳务收入、转让财产收入、利息收入、租金收入、接受捐赠收入、其他收入。

其他收入包括个体工商户资产溢余收入、逾期一年以上的未退包装物押金收入、确实无法偿付的应付款项、已作坏账损失处理后又收回的应收款项、债务重组收入、补贴收入、违约金收入、汇兑收益等。

2. 准予扣除项目的范围和标准

准予扣除项目是指按照税法的规定，个体户在计算应纳税所得额时，准予从收入总额中扣除的成本、费用、税金、损失、其他支出、允许弥补的以前年度亏损。

（1）成本是指个体工商户在生产经营活动中发生的销售成本、销货成本、业务支出以及其他耗费。

（2）费用是指个体工商户在生产经营活动中发生的销售费用、管理费用和财务费用，已经计入成本的有关费用除外。

（3）税金是指个体工商户在生产经营活动中发生的除个人所得税和允许抵扣的增值税以外的各项税金及其附加。

（4）损失是指个体工商户在生产经营活动中发生的固定资产和存货的盘亏、毁损、报废损失，转让财产损失，坏账损失，自然灾害等不可抗力因素造成的损失以及其他损失。

个体工商户发生的损失，减除责任人赔偿和保险赔款后的余额，参照财政部、国家税务总局有关企业资产损失税前扣除的规定扣除。

个体工商户已经作为损失处理的资产，在以后纳税年度又全部收回或者部分收回时，应当计入收回当期的收入。

（5）其他支出是指除成本、费用、税金、损失外，个体工商户在生产经营活动中发生的与生产经营活动有关的、合理的支出。

除税收法律、法规另有规定外，个体工商户实际发生的成本、费用、税金、损失和其他支出，不得重复扣除。

（6）允许弥补的以前年度亏损是指个体工商户纳税年度发生的亏损，准予向以后年度结转，用以后年度的生产经营所得弥补，但结转年限最长不得超过五年。

3. 准予扣除项目的范围和标准

（1）个体工商户实际支付给从业人员的、合理的工资薪金支出，准予扣除。个体工商户业主的费用扣除标准，确定为 60 000 元/年。

（2）个体工商户向当地工会组织拨缴的工会经费、实际发生的职工福利费支出、职工教育经费支出分别在工资薪金总额的 2%、14%、2.5% 的标准内据实扣除。职工教育经费的实际发生数额超出规定比例当期不能扣除的数额，准予在以后纳税年度结转扣除。

（3）个体工商户按照国务院有关主管部门或者省级人民政府规定的范围和标准为其业主和从业人员缴纳的基本养老保险费、基本医疗保险费、失业保险费、生育保险费、工伤保险费和住房公积金，准予扣除。

个体工商户为从业人员缴纳的补充养老保险费、补充医疗保险费，分别在不超过从业人员工资总额 5% 标准内的部分据实扣除；超过部分，不得扣除。个体工商户业主本人缴纳的补充养老保险费、补充医疗保险费，以当地（地级市）上年度社会平均工资的 3 倍为计算基数，分别在不超过该计算基数 5% 标准内的部分据实扣除；超过部分，不得扣除。

个体工商户依照国家有关规定为特殊工种从业人员支付的人身安全保险费和财政部、国家税务总局规定可以扣除的其他商业保险费，准予扣除。

（4）自 2017 年 7 月 1 日起，个体工商户业主、企事业单位承包承租经营者、个人独资和合伙企业投资者自行购买符合条件的商业健康保险产品的，在不超过 2 400 元/年的标准内据实扣除。一年内保费金额超过 2 400 元的部分，不得税前扣除。以后年度续保时，按上述规定执行。

（5）个体工商户在生产经营活动中发生的下列利息支出，准予扣除：

① 向金融企业借款的利息支出；

② 向非金融企业和个人借款的利息支出，不超过按照金融企业同期同类贷款利率计算的数额的部分。

（6）个体工商户在生产经营活动中发生的合理的不需要资本化的借款费用，准予扣除。

个体工商户为购置、建造固定资产、无形资产和经过 12 个月以上的建造才能达到预定可销售状态的存货发生借款的，在有关资产购置、建造期间发生的合理的借款费用，应当作为资本性支出计入有关资产的成本，并依照本办法的规定扣除。

（7）个体工商户发生的与生产经营活动有关的业务招待费，按照实际发生额的 60% 扣除，但最高不得超过当年销售（营业）收入的 5‰。业主自申请营业执照之日起至开始生产经营之日止所发生的业务招待费，按照实际发生额的 60% 计入个体工商户的开办费。

（8）个体工商户每一纳税年度发生的与其生产经营活动直接相关的广告费和业务宣传

费不超过当年销售（营业）收入15%的部分，可以据实扣除；超过部分，准予在以后纳税年度结转扣除。

（9）个体工商户在货币交易中，以及纳税年度终了时将人民币以外的货币性资产、负债按照期末即期人民币汇率中间价折算为人民币时产生的汇兑损失，除已经计入有关资产成本部分外，准予扣除。

（10）个体工商户按照规定缴纳的摊位费、行政性收费、协会会费等，按实际发生数额扣除。

（11）个体工商户根据生产经营活动的需要租入固定资产支付的租赁费，按照以下方法扣除：

① 以经营租赁方式租入固定资产发生的租赁费支出，按照租赁期限均匀扣除；

② 以融资租赁方式租入固定资产发生的租赁费支出，按照规定构成融资租入固定资产价值的部分应当提取折旧费用，分期扣除。

（12）个体工商户参加财产保险，按照规定缴纳的保险费，准予扣除。

（13）个体工商户发生的合理的劳动保护支出，准予扣除。

（14）个体工商户使用或者销售存货，按照规定计算的存货成本，准予在计算应纳税所得额时扣除。个体工商户转让资产，该项资产的净值，准予在计算应纳税所得额时扣除。个体工商户生产经营活动中，应当分别核算生产经营费用和个人、家庭费用。对于生产经营与个人、家庭生活混用难以分清的费用，其40%视为与生产经营有关费用，准予扣除。

（15）个体工商户通过公益性社会团体或者县级以上人民政府及其部门，用于《中华人民共和国公益事业捐赠法》规定的公益事业的捐赠，捐赠额不超过其应纳税所得额30%的部分可以据实扣除。

（16）个体工商户研究开发新产品、新技术、新工艺所发生的开发费用，以及研究开发新产品、新技术而购置单台价值在10万元以下的测试仪器和试验性装置的购置费准予直接扣除；单台价值在10万元以上（含10万元）的测试仪器和试验性装置，按固定资产管理，不得在当期直接扣除。

4. 不得扣除的项目

（1）个人所得税税款。
（2）税收滞纳金。
（3）罚金、罚款和被没收财物的损失。
（4）不符合扣除规定的捐赠支出。
（5）赞助支出。
（6）用于个人和家庭的支出。
（7）与取得生产经营收入无关的其他支出。
（8）国家税务总局规定不准扣除的支出。

个体户的生产经营所得应纳的个人所得税，按其应纳税所得额，适用五级超额累进税率计算，计算公式为：

应纳税额＝应纳税所得额×适用税率－速算扣除数＝
（全年收入总额－成本、费用以及税金）×适用税率－速算扣除数为了进一步支持个体工商户的发展，自 2023 年 1 月 1 日起，对个体工商户经营所得年应纳税所得额不超过 100 万元的部分，在现行优惠政策基础上，再减半征收个人所得税。个体工商户不区分征收方式，均可享受。

【例 7-4】 某市兴鑫美味城系个体经营户，账册比较健全，2023 年 12 月取得的经营收入为 380 000 元，购进菜、肉、蛋、米、面、油等原料费为 180 000 元，缴纳电费、水费、房租、煤气费等 90 000 元，缴纳其他税费 11 200 元。当月支付给 6 名雇员工资共 12 000 元。1—11 月累计应税所得额为 307 200 元（已扣除业主费用减除标准），1—11 月累计已预缴个人所得税为 42 180 元。计算该个体经营户 12 月份应缴纳的个人所得税。

【答案】（1）12 月份应纳税所得额 = 180 000 − 76 000 − 20 000 − 8 200 − 12 000 − 5 000 = 58 800（元）。

（2）全年应纳税所得额 = 307 200 + 58 800 = 366 000（元）。

（3）12 月份应缴纳个人所得税 = 366 000 × 30% − 40 500 − 42 180 = 27 120（元）。

7.5.4.2　个人独资企业和合伙企业应纳税额的计算

对个人独资企业和合伙企业生产经营所得，其个人所得税应纳税所得额的计算有以下两种方法。

1. 查账征税

（1）自 2019 年 1 月 1 日起，个人独资企业和合伙企业投资者的生产经营所得依法计征个人所得税时，个人独资企业和合伙企业投资者本人的费用扣除标准统一确定为 60 000 元/年，即 5 000 元/月。投资者的工资不得在税前扣除。

（2）投资者及其家庭发生的生活费用不允许在税前扣除。投资者及其家庭发生的生活费用与企业生产经营费用混合在一起，并且难以划分的，全部视为投资者个人及其家庭发生的生活费用，不允许在税前扣除。

（3）企业生产经营和投资者及其家庭生活共用的固定资产，难以划分的，由主管税务机关根据企业的生产经营类型、规模等具体情况，核定准予在税前扣除的折旧费用的数额或比例。

（4）企业向其从业人员实际支付的合理的工资、薪金支出，允许在税前据实扣除。

（5）企业拨缴的工会经费、发生的职工福利费、职工教育经费支出分别在工资薪金总额 2%、14%、2.5% 的标准内据实扣除。

（6）每一纳税年度发生的广告费和业务宣传费用不超过当年销售（营业）收入 15% 的部分，可据实扣除；超过部分，准予在以后纳税年度结转扣除。

（7）每一纳税年度发生的与其生产经营业务直接相关的业务招待费支出，按照发生额的 60% 扣除，但最高不得超过当年销售（营业）收入的 5‰。

（8）企业计提的各项准备金不得扣除。

（9）投资者兴办两个或两个以上企业，并且企业性质全部是独资的，年度终了后，汇算清缴时，应纳税款的计算按以下方法进行：汇总其投资兴办的所有企业的经营所得作为应纳税所得额，以此确定适用税率，计算出全年经营所得的应纳税额，再根据每个企业的经营所得占所有企业经营所得的比例，分别计算出每个企业的应纳税额和应补缴税额。计算公式为：

应纳税所得额 = ∑各个企业的经营所得

应纳税额 = 应纳税所得额×税率 − 速算扣除数

本企业应纳税额 = 应纳税额×本企业的经营所得÷∑各个企业的经营所得

本企业应补缴的税额 = 本企业应纳税额 − 本企业预缴的税额

（10）投资者兴办两个或两个以上企业的，根据前述规定准予扣除的个人费用，由投资者选择在其中一个企业的生产经营所得中扣除。

（11）企业的年度亏损，允许用本企业下一年度的生产经营所得弥补，下一年度所得不足弥补的，允许逐年延续弥补，但最长不得超过5年。

投资者兴办两个或两个以上企业的，企业的年度经营亏损不能跨企业弥补。

（12）投资者来源于中国境外的生产经营所得，已在境外缴纳所得税的，可以按照个人所得税法的有关规定计算扣除已在境外缴纳的所得税。

2. 核定征收

核定征收方式，包括定额征收、核定应税所得率征收以及其他合理的征收方式。

（1）有下列情形之一的，主管税务机关应采取核定征收方式征收个人所得税：

① 企业依照国家有关规定应当设置但未设置账簿的；

② 企业虽设置账簿，但账目混乱或者成本资料、收入凭证、费用凭证残缺不全，难以查账的；

③ 纳税人发生纳税义务，未按照规定的期限办理纳税申报，经税务机关责令限期申报，逾期仍不申报的。

（2）实行核定应税所得率征收方式的，应纳所得税额的计算公式为：

应纳所得税额 = 应纳税所得额×适用税率

7.5.5 财产租赁所得应纳税额的计算

7.5.5.1 应纳税所得额的确定

财产租赁所得，以每次收入减除费用后的余额为应纳税所得额。每次收入不超过4 000元的，减除费用800元；4 000元以上的，减除20%的费用，其余额为应纳税所得额。所谓每次收入，是指以一个月内取得的收入为一次。

另外，税法还规定：纳税人出租财产取得财产租赁收入，在计算征税时，除可依法减除规定费用和有关税费外，还准予扣除能够提供有效、准确凭证，证明由纳税人负担的该出租财产实际开支的修缮费用。允许扣除的修缮费用，以每次800元为限，一次扣除不完的，准予在下一次继续扣除，直至扣完为止。

个人出租财产取得的财产租赁收入在计算缴纳个人所得税时应依次扣除以下费用：

（1）财产租赁过程中缴纳的税费；

（2）由纳税人负担的该出租财产实际开支的修缮费用；

（3）税法规定的费用扣除标准。

这里特别需要注意的是，在"营改增"之后，个人出租房屋的个人所得税应税收入不含增值税，计算房屋出租所得可扣除的税费不包括本次出租缴纳的增值税。个人转租房屋的，其向房屋出租方支付的租金及增值税额，在计算转租所得时予以扣除。

7.5.5.2 应纳税额的计算

财产租赁所得适用20%的比例税率。但对个人按市场价格出租的居民住房取得的所得,自2001年1月1日起暂减按10%的税率征收个人所得税。其应纳税额的计算公式为:

$$应纳税额=应纳税所得额\times适用税率$$

【例7-5】王小姐于2019年6月份出租位于市区的居民住房,每月取得不含增值税租金收入3 800元,当月因暖气漏水还发生了修缮费用800元,取得合法凭证。计算6月份出租住房应纳个人所得税(不考虑其他税费)。

【答案】应纳个人所得税税额=(3 800-800-800)×10%=220(元)。

7.5.6 财产转让所得应纳税额的计算

7.5.6.1 应纳税所得额的确定

财产转让所得,以转让财产的收入额减除财产原值和合理费用后的余额为应纳税所得额。财产原值是指:

(1) 有价证券,为买入价及买入时按照规定交纳的有关费用;
(2) 建筑物,为建造费、购进价格及其他有关费用;
(3) 土地使用权,为取得土地使用权所支付的金额、开发土地的费用及其他有关费用;
(4) 机器设备、车船,为购进价格、运输费、安装费及其他有关费用;
(5) 其他财产,参照以上方法确定。

纳税人未提供完整、准确的财产原值凭证,不能正确计算财产原值的,由主管税务机关核定其财产原值。

合理费用是指卖出财产时按照规定支付的有关费用。

7.5.6.2 应纳税额的计算

财产转让所得适用20%的比例税率,其应纳税额按照应纳税所得额和适用的税率进行计算。其计算公式为:

$$应纳税额=应纳税所得额\times适用税率$$

【例7-6】周某于2019年2月转让一套已使用三年的私有住房,取得转让收入680 000元。该套住房购进时的原价为160 000元,转让时支付有关税费33 000元。计算周某转让私房应缴纳的个人所得税。

【答案】应纳税所得额=680 000-160 000-33 000=487 000(元)

应纳税额=487 000×20%=97 400(元)

7.5.7 利息、股息、红利所得应纳税额的计算

利息、股息、红利所得,以每次收入额为应纳税所得额,不扣除任何费用。利息、股息、红利所得,以支付利息、股息、红利时取得的收入为一次。

(1) 为了促进资本市场的健康发展,鼓励和引导长期投资,我国实行了股息红利差别化的税收政策。即自2015年9月8日起,个人从公开发行和转让市场取得的上市公司股票,持股期限超过1年的,股息红利所得暂免征收个人所得税。个人从公开发行和转让市场取得

的上市公司股票,持股期限在1个月以内(含1个月)的,其股息红利所得全额计入应纳税所得额;持股期限在1个月以上至1年(含1年)的,暂减按50%计入应纳税所得额;上述所得统一适用20%的税率计征个人所得税。

前述上市公司是指在上海证券交易所、深圳证券交易所挂牌交易的上市公司;持股期限是指个人从公开发行和转让市场取得上市公司股票之日至转让交割该股票之日前一日的持有时间。

(2)利息、股息、红利所得应纳税额的计算公式为:

$$应纳税额=应纳税所得额×适用税率=每次收入额×20\%$$

【例7-7】张先生为自由职业者,2019年3月取得如下所得:① 从A上市公司取得股息所得16 000元,张先生于2018年10月购买该股票;② 从B非上市公司取得股息所得7 000元。计算张先生当月应当缴纳的个人所得税。

【答案】① 个人从公开发行和转让市场取得的上市公司股票,持股期限在1个月以上至1年(含1年)的,暂减按50%计入应纳税所得额。

股息所得应纳个人所得税=16 000×50%×20%=1 600(元)

② 非上市公司取得股息应纳个人所得税=7 000×20%=1 400(元)

张先生当月缴纳个人所得税=1 600+1 400=3 000(元)

7.5.8 偶然所得应纳税额的计算

偶然所得,以每次收入额为应纳税所得额,不扣除任何费用。偶然所得,以每次取得该项收入为一次。

【例7-8】王某在参加商场的有奖销售过程中,中奖所得共计价值30 000元。王某领奖时告知商场,从中奖收入中拿出6 000元通过教育部门向某贫困地区捐赠。请按照规定计算商场代扣代缴个人所得税后王某实际可得中奖金额。

【答案】根据税法有关规定,王某的捐赠额可以全部从应纳税所得额中扣除(因为6 000÷30 000=20%,小于捐赠扣除比例30%)。

应纳税所得额=偶然所得-捐赠额=30 000-6 000=24 000(元)

应纳税额(即商场代扣税款)=应纳税所得额×适用税率=24 000×20%=4 800(元)

王某实际可得中奖金额=30 000-6 000-4 800=19 200(元)

7.5.9 境外所得已纳税额的扣除

前已述及,居民纳税人应就其来源于中国境内、境外的所得缴纳个人所得税,因此在对纳税人的境外所得征税时,会存在其境外所得已在来源国家或者地区缴税的实际情况。为了避免国家之间对同一所得的重复征税,同时维护我国的税收权益,我国在对纳税人的境外所得行使税收管辖权时,对该所得在境外已纳税额采取了税额抵免的做法。

税法规定居民个人从中国境外取得的所得,准予其在应纳税额中扣除已在境外缴纳的个人所得税税额。但扣除额不得超过该纳税人境外所得依照我国税法规定计算的应纳税额。具体规定如下。

(1)居民个人从中国境内和境外取得的综合所得、经营所得,应当分别合并计算应纳税额；从中国境内和境外取得的其他所得，应当分别单独计算应纳税额。

（2）税法所说的"已在境外缴纳的个人所得税税额"，是指居民个人来源于中国境外的所得，依照该所得来源国家（地区）的法律应当缴纳并且实际已经缴纳的所得税税额。

（3）税法所说的"纳税人境外所得依照本法规定计算的应纳税额"，是居民个人抵免已在境外缴纳的综合所得、经营所得以及其他所得的所得税税额的限额（以下简称抵免限额）。除国务院财政、税务主管部门另有规定外，来源于中国境外一个国家（地区）的综合所得抵免限额、经营所得抵免限额以及其他所得抵免限额之和，为来源于该国家（地区）所得的抵免限额。

（4）居民个人在中国境外一个国家（地区）实际已经缴纳的个人所得税税额，低于依照前款规定计算出的来源于该国家（地区）所得的抵免限额的，应当在中国缴纳差额部分的税款；超过来源于该国家（地区）所得的抵免限额的，其超过部分不得在本纳税年度的应纳税额中抵免，但是可以在以后纳税年度来源于该国家（地区）所得的抵免限额的余额中补扣。补扣期限最长不得超过五年。

（5）居民个人申请抵免已在境外缴纳的个人所得税税额，应当提供境外税务机关出具的税款所属年度的有关纳税凭证。

相关链接

个人所得税与企业所得税境外抵免的异同

个人所得税避免国际双重征税的原理与企业所得税相同，都需要计算境外所得的扣除限额。纳税人在境外实际缴纳税款低于扣除限额的，需要在中国缴纳差额部分的税款；纳税人在境外实际缴纳税款高于扣除限额的，超过部分不得在本纳税年度的应纳税额中扣除，但是可以在以后纳税年度的该国家或者地区扣除限额的余额中补扣，补扣期限最长不得超过5年。

但计算境外税款扣除限额的方法与企业所得税有所不同。个人所得税采用的是分国分项计算、分国加总的方法，而企业所得税采用的是分国不分项的计算。这与我国企业所得税和个人所得税采用的税收制度的不同有关。

【例7-9】某人取得来源于美国的一项股权转让所得折合人民币12万元，在美国缴纳税款折合人民币2万元；另外，该人还从日本取得一笔利息所得折合人民币10万元，被日本税务当局扣缴所得税折合人民币2.2万元。该人能够向国内主管税务局提供全面的境外纳税凭证，且已证明属实。

要求：（1）计算境外税额扣除限额；（2）计算该人在我国应当实际缴纳的税款。

【答案】（1）计算境外税额扣除限额。

① 在美国股权转让所得扣除限额=12×20%=2.4（万元）

② 在日本取得的利息所得扣除限额=10×20%=2（万元）

（2）计算该人在我国应当实际缴纳的税款。

① 在美国缴税2万元小于扣除限额2.4万元，其实际已纳税额准予全部扣除。在我国应补缴税款=2.4-2=0.4（万元）。

② 在日本缴税2.2万元大于扣除限额2万元,准予扣除的在日本已纳税额为2万元,余额0.2万元可以在以后年度内补扣。

③ 该人在中国实际应补缴税款=0.4万元。

7.6 个人所得税的特殊计税方法

7.6.1 特殊工资、薪金性质的所得的计税

1. 全年一次性奖金的计税政策

全年一次性奖金是指行政机关、企事业单位等扣缴义务人根据其全年经济效益和对雇员全年工作业绩的综合考核情况,向雇员发放的一次性奖金。一次性奖金也包括年终加薪、实行年薪制和绩效工资办法的单位根据考核情况兑现的年薪和绩效工资。

居民个人取得全年一次性奖金,在2027年12月31日前,可选择不并入当年综合所得,以全年一次性奖金收入除以12个月得到的数额,按照本通知所附按月换算后的综合所得税率表(以下简称月度税率表),确定适用税率和速算扣除数,单独计算纳税。计算公式为:

$$应纳税额 = 全年一次性奖金收入 \times 适用税率 - 速算扣除数$$

居民个人取得全年一次性奖金,也可以选择并入当年综合所得计算纳税。

【例7-10】 孙先生2024年1月工资收入18 000元,个人承担的"三险一金"2 000元,专项附加扣除合计为3 000元,无其他综合所得和扣除项目。2024年1月单位发放全年一次性奖金48 000元。请计算孙先生当月工资、薪金所得应预扣预缴的个人所得税和当月年终奖应缴纳的个人所得税。

(其他相关资料:孙先生各项专项扣除选择在本单位预扣预缴税款时扣除,年终奖选择单独计税)

【答案】 (1) 工资、薪金所得应预扣预缴的个人所得税=(18 000-5 000-2 000-3 000)×3%=240(元)。

(2) 年终奖单独计算,应纳税额为48 000×10%-210=4 590(元)。

2. 个人取得的股票期权所得

企业员工股票期权(以下简称股票期权)是指上市公司按照规定的程序授予本公司及其控股企业员工的一项权利,该权利允许被授权员工在未来时间内以某一特定价格购买本公司一定数量的股票。这里"某一特定价格"被称为"授予价"或"施权价",即根据股票期权计划可以购买股票的价格,一般为股票期权授予日的市场价格或该价格的折扣价格,也可以是按照事先设定的计算方法约定的价格;"授予日"也称"授权日",是指公司授予员工上述权利的日期;"行权"也称"执行",是指员工根据股票期权计划选择购买股票的过程;员工行使上述权利的当日为"行权日",也称"购买日"。税法对于这类所得也作出了相应的规定。

(1) 员工接受实施股票期权计划企业授予的股票期权时,除另有规定外,一般不作为应税所得征税。

(2) 员工行权时，其从企业取得股票的实际购买价（施权价）低于购买日公平市场价（指该股票当日的收盘价，下同）的差额，是因员工在企业的表现和业绩情况而取得的与任职、受雇有关的所得，应按"工资、薪金所得"适用的规定计算缴纳个人所得税。

员工因参加股票期权计划而从中国境内取得的所得，按规定应按"工资、薪金所得"计算纳税的，在2027年12月31日前，不并入当年综合所得，全额单独适用综合所得税率表（适用表7-1），计算纳税。计算公式为：

应纳税额=股权激励收入×适用税率-速算扣除数

(3) 员工因拥有股权而参与企业税后利润分配取得的所得，应按照"利息、股息、红利所得"适用的规定计算缴纳个人所得税。

(4) 员工将行权后的股票再转让时获得的高于购买日公平市场价的差额，是因个人在证券二级市场上转让股票等有价证券而获得的所得，应按照"财产转让所得"适用的征免规定计算缴纳个人所得税。

【例7-11】假定2022年11月1日某上市公司实施员工期权计划，李某获得10 000股（按价格1元购买）的配额；2023年11月1日李某行权，当日市场价格每股12.4元。2024年2月该上市公司按照每股0.3元分配2019年股利。计算李某应纳的个人所得税额。

【答案】(1) 2022年11月1日李某接受股票期权时不计税。

(2) 2023年11月1日，应纳税所得额=10 000×11.4=114 000（元），2027年12月31日前取得的股权激励收入不并入当年综合所得，全额单独适用综合所得税率表计算纳税，适用税率为10%，速算扣除数为2 520元。

应纳个人所得税税额=114 000×10%-2 520=8 880（元）

(3) 2024年2月，获得3 000元股利，应纳税额=3 000×20%×50%=300（元）。

3. 关于解除劳动关系、提前退休、内部退养的一次性补偿收入的政策

(1) 个人与用人单位解除劳动关系取得一次性补偿收入（包括用人单位发放的经济补偿金、生活补助费和其他补助费），在当地上年职工平均工资3倍数额以内的部分，免征个人所得税；超过3倍数额的部分，不并入当年综合所得，单独适用综合所得税率表，计算纳税。

(2) 个人办理提前退休手续而取得的一次性补贴收入，应按照办理提前退休手续至法定离退休年龄之间实际年度数平均分摊，确定适用税率和速算扣除数，单独适用综合所得税率表，计算纳税。计算公式为：

应纳税额=｛[（一次性补贴收入/办理提前退休手续至法定退休年龄的实际年度数）-
费用扣除标准]×适用税率-速算扣除数｝×
办理提前退休手续至法定退休年龄的实际年度数

(3) 个人办理内部退养手续而取得的一次性补贴收入，应按办理内部退养手续后至法定离退休年龄之间的所属月份进行平均，并与领取当月的"工资、薪金"所得合并后减除当月费用扣除标准，以余额为基数确定适用税率，再将当月工资、薪金加上取得的一次性收入，减去费用扣除标准，按适用税率计征个人所得税。

7.6.2 个人通过购买债权取得收入的计税方法

个人通过招标、竞拍或其他方式购置债权以后，通过相关司法或行政程序主张债权而取

得的所得，应按照"财产转让所得"项目缴纳个人所得税。

个人通过上述方式取得"打包"债权，只处置部分债权的，其应纳税所得额按以下方式确定。

（1）以每次处置部分债权的所得，作为一次财产转让所得征税。

（2）其应税收入按照个人取得的货币资产和非货币资产的评估价值或市场价值的合计数确定。

（3）所处置债权成本费用（即财产原值）按下列公式计算：

当次处置债权成本费用=个人购置"打包"债权实际支出×当次处置债权账面价值（或拍卖机构公布价值）/"打包"债权账面价值（或拍卖机构公布价值）

（4）个人购买和处置债权过程中发生的拍卖招标手续费、诉讼费、审计评估费及缴纳的税金等合理税费，在计算个人所得税时允许扣除。

【例7-12】甲以1 000万元的价格购买了乙的"打包"债权（价值4 000万元），其中丙欠乙800万元，甲通过司法程序获得了丙的清偿400万元，发生诉讼费等10万元。计算甲应缴纳的个人所得税。

【答案】甲应该缴纳的个人所得税=（400-800×1 000/4 000-10）×20%=38（万元）

7.6.3 个人转让上市公司限售股取得的财产转让所得的计税方法

个人转让限售股，以每次限售股转让收入减除股票原值和合理税费后的余额，为应纳税所得额。即

应纳税所得额=限售股转让收入-（限售股原值+合理税费）

应纳税额=应纳税所得额×20%

限售股转让收入，是指转让限售股股票实际取得的收入。限售股原值，是指限售股买入时的买入价及按照规定缴纳的有关费用。合理税费，是指转让限售股过程中发生的印花税、佣金、过户费等与交易相关的税费。

纳税人未能提供完整、真实的限售股原值凭证的，不能准确计算限售股原值的，主管税务机关一律按限售股转让收入的15%核定限售股原值及合理税费。

思考专栏

《财经》杂志曾经发表题为《宗庆后税案风波》的署名文章，报道杭州娃哈哈集团董事长宗庆后涉嫌偷逃个人所得税近3亿元。据报道，宗庆后主要有四类收入：一是任职合资公司的工资、补贴、年度利润奖等常规收入；二是低价股权奖励和高价股权回购收益；三是从持有奖励股中获得的股权分红收益；四是通过个人持股从控股企业中获得的分红等。

请思考：上述四类所得应如何界定？

7.7　个人所得税的税收优惠

为了支持社会福利、慈善事业，促进科技、文化等事业的进步，照顾某些特殊群体，更好地实现税收公平，我国个人所得税法对某些所得项目和纳税人给予了优惠的政策，具体规定如下。

7.7.1　个人所得税的免税优惠

（1）省级人民政府、国务院部委和中国人民解放军军以上单位，以及外国组织、国际组织颁发的科学、教育、技术、文化、卫生、体育、环境保护等方面的奖金。

（2）国债利息和国家发行的金融债券利息。国债利息是指个人持有中华人民共和国财政部发行的债券而取得的利息；国家发行的金融债券利息是指个人持有经国务院批准发行的金融债券而取得的利息。

（3）按照国家统一规定发给的补贴、津贴。它是指按照国务院规定发给的政府特殊津贴、院士津贴、资深院士津贴，以及国务院规定免纳个人所得税的其他补贴、津贴。

（4）福利费、抚恤金、救济金。其中，福利费是指根据国家有关规定，从企业、事业单位、国家机关、社会团体提留的福利费或者工会经费中支付给个人的生活补助费；救济金是指各级人民政府民政部门支付给个人的生活困难补助费。

（5）保险赔款。

（6）军人的转业费、复员费。

（7）按照国家统一规定发给干部、职工的安家费、退职费、退休工资、离休工资、离休生活补助费。

（8）依照我国有关法律规定应予免税的各国驻华使馆、领事馆的外交代表、领事官员和其他人员的所得。即依照《中华人民共和国外交特权与豁免条例》和《中华人民共和国领事特权与豁免条例》规定免税的所得。

（9）中国政府参加的国际公约、签订的协议中规定免税的所得。

（10）企业和个人按照省级以上人民政府规定的比例提取并缴付的住房公积金、医疗保险金、基本养老保险金、失业保险金，不计入个人当期的工资、薪金收入，免予征收个人所得税。超过规定的比例缴付的部分计征个人所得税。个人领取原提存的住房公积金、医疗保险金、基本养老保险金时，免予征收个人所得税。

（11）经国务院财政部门批准免税的所得。

7.7.2　个人所得税的减征优惠

有下列情形之一的，经批准可以减征个人所得税：

（1）残疾、孤老人员和烈属的所得；

（2）因严重自然灾害造成重大损失的；

（3）其他经国务院财政部门批准减税的。

7.7.3 个人所得税的暂免征收

根据财政部、国家税务总局颁布的规定性文件，个人取得的下列所得暂免征收个人所得税。

（1）外籍个人以非现金形式或实报实销形式取得的住房补贴、伙食补贴、搬迁费、洗衣费。

（2）外籍个人按合理标准取得的境内外出差补贴。

（3）外籍个人取得的探亲费、语言训练费、子女教育费等，经当地税务机关审核批准为合理的部分。

值得注意的是，2019年1月1日至2021年12月31日期间，外籍个人符合居民个人条件的，可以选择享受个人所得税专项附加扣除，也可以选择按照相关规定享受住房补贴、语言训练费、子女教育费等津补贴免税优惠政策，但不得同时享受。外籍个人一经选择，在一个纳税年度内不得变更。

自2022年1月1日起，外籍个人不再享受住房补贴、语言训练费、子女教育费津补贴免税优惠政策，应按规定享受专项附加扣除。"

（4）个人举报、协查各种违法、犯罪行为而获得的奖金。

（5）个人办理代扣代缴税款手续，按规定取得的扣缴手续费。

（6）个人转让自用达5年以上并且是唯一的家庭生活用房取得的所得。

（7）达到离休、退休年龄，但确因工作需要，适当延长离休、退休年龄的高级专家（指享受国家发放的政府特殊津贴的专家、学者），其在延长离休、退休期间的工资、薪金所得，视同退休工资、离休工资免征个人所得税。

（8）外籍个人从外商投资企业取得的股息、红利所得。

（9）凡符合条件的外籍专家取得的工资、薪金所得可免征个人所得税。

（10）对个人购买福利彩票、赈灾彩票、体育彩票，一次中奖收入在1万元以下的（含1万元）暂免征收个人所得税，超过1万元的，全额征收个人所得税。

（11）科研机构、高等学校转化职务科技成果以股份或出资比例等股权形式给予科技人员个人奖励，经主管税务机关审核后，暂不征收个人所得税。

（12）对个体工商户或个人，以及个人独资企业和合伙企业从事种植业、养殖业、饲养业、捕捞业取得的所得暂不征收个人所得税。

（13）对职工个人以股份形式取得的仅作为分红依据，不拥有所有权的企业量化资产，不征收个人所得税。对职工个人以股份形式取得的拥有所有权的企业量化资产，暂缓征收个人所得税；待个人将股份转让时，就其转让收入额，减除个人取得该股份时实际支付的费用支出和合理转让费用后的余额，按"财产转让所得"项目计征个人所得税。

（14）对国有企业职工，因企业依照《中华人民共和国企业破产法（试行）》宣告破产，从破产企业取得的一次性安置费收入，免予征收个人所得税。

（15）对被拆迁人按照国家有关城镇房屋拆迁管理办法规定的标准取得的拆迁补偿款，免征个人所得税。

（16）个人取得单张有奖发票奖金所得不超过800元（含800元）的，暂免征收个人所得税；个人取得单张有奖发票奖金所得超过800元的，应全额按照《个人所得税法》规定的"偶然所得"税目征收个人所得税。

（17）党员个人通过党组织交纳的抗震救灾"特殊党费"，属于对公益、救济事业的捐赠。党员个人的该项捐赠额，可以按照个人所得税法及其实施条例的规定，依法在缴纳个人所得税前扣除。

（18）对个人在上海证券交易所、深圳证券交易所转让从上市公司公开发行和转让市场取得的上市公司股票所得，继续免征个人所得税。

（19）自2018年7月1日起，依法批准设立的非营利性研究开发机构和高等学校（以下简称非营利性科研机构和高校）根据《中华人民共和国促进科技成果转化法》规定，从职务科技成果转化收入中给予科技人员的现金奖励，可减按50%计入科技人员当月"工资、薪金所得"，依法缴纳个人所得税。

（20）自2020年1月1日起执行至2024年12月31日，对在海南自由贸易港工作的高端人才和紧缺人才，其个人所得税实际税负超过15%的部分，予以免征。享受上述优惠政策的所得包括来源于海南自由贸易港的综合所得、经营所得以及经海南省认定的人才补贴性所得。

在北京奥运会赛场上，中国代表团以51枚金牌的成绩高居金牌榜榜首，为祖国和人民赢得了荣誉。奥运冠军从国家体育总局得到的奖金、各省市政府和地方体育局的奖金和实物奖励，以及企业或个人的现金和实物奖励是否应当纳税？应当如何纳税？

7.8 个人所得税的纳税申报

我国个人所得税采用自行申报纳税与全员全额扣缴申报纳税两种。

7.8.1 自行申报纳税

自行申报纳税是由纳税人在税法规定的期限内，自行向税务机关申报应税所得项目和数额，如实填写纳税申报表，并按照税法规定计算应纳税额，据此缴纳个人所得税的一种方法。

7.8.1.1 自行申报纳税的情形

有下列情形之一的，纳税人应当依法办理纳税申报：
（1）取得综合所得需要办理汇算清缴；
（2）取得应税所得没有扣缴义务人；
（3）取得应税所得，扣缴义务人未扣缴税款；
（4）取得境外所得；
（5）因移居境外注销中国户籍。

7.8.1.2 不同应税所得的纳税申报

1) 取得综合所得的纳税申报

取得综合所得且符合下列情形之一的纳税人,应当依法办理汇算清缴:

(1) 从两处以上取得综合所得,且综合所得年收入额减除专项扣除后的余额超过6万元;

(2) 取得劳务报酬所得、稿酬所得、特许权使用费所得中一项或者多项所得,且综合所得年收入额减除专项扣除的余额超过6万元;

(3) 纳税年度内预缴税额低于应纳税额;

(4) 纳税人申请退税。

需要办理汇算清缴的纳税人,应当在取得所得的次年3月1日至6月30日内,向任职、受雇单位所在地主管税务机关办理纳税申报,并报送《个人所得税年度自行纳税申报表》。纳税人有两处以上任职、受雇单位的,选择向其中一处任职、受雇单位所在地主管税务机关办理纳税申报;纳税人没有任职、受雇单位的,向户籍所在地或经常居住地主管税务机关办理纳税申报。

纳税人办理综合所得汇算清缴,应当准备与收入、专项扣除、专项附加扣除、依法确定的其他扣除、捐赠、享受税收优惠等相关的资料,并按规定留存备查或报送。

2) 取得经营所得的纳税申报

个体工商户业主、个人独资企业投资者、合伙企业个人合伙人、承包承租经营者个人以及其他从事生产、经营活动的个人取得经营所得,包括以下情形:

(1) 个体工商户从事生产、经营活动取得的所得,个人独资企业投资人、合伙企业的个人合伙人来源于境内注册的个人独资企业、合伙企业生产、经营的所得;

(2) 个人依法从事办学、医疗、咨询以及其他有偿服务活动取得的所得;

(3) 个人对企业、事业单位承包经营、承租经营以及转包、转租取得的所得;

(4) 个人从事其他生产、经营活动取得的所得。

纳税人取得经营所得,按年计算个人所得税,由纳税人在月度或季度终了后15日内,向经营管理所在地主管税务机关办理预缴纳税申报,并报送《个人所得税经营所得纳税申报表(A表)》。在取得所得的次年3月31日前,向经营管理所在地主管税务机关办理汇算清缴,并报送《个人所得税经营所得纳税申报表(B表)》;从两处以上取得经营所得的,选择向其中一处经营管理所在地主管税务机关办理年度汇总申报,并报送《个人所得税经营所得纳税申报表(C表)》。

3) 取得应税所得,扣缴义务人未扣缴税款的纳税申报

纳税人取得应税所得,扣缴义务人未扣缴税款的,应当区别以下情形办理纳税申报:

(1) 居民个人取得综合所得的,按照本公告第一条办理。

(2) 非居民个人取得工资、薪金所得,劳务报酬所得,稿酬所得,特许权使用费所得的,应当在取得所得的次年6月30日前,向扣缴义务人所在地主管税务机关办理纳税申报,并报送《个人所得税自行纳税申报表(A表)》。有两个以上扣缴义务人均未扣缴税款的,选择向其中一处扣缴义务人所在地主管税务机关办理纳税申报。

非居民个人在次年6月30日前离境(临时离境除外)的,应当在离境前办理纳税申报。

(3) 纳税人取得利息、股息、红利所得，财产租赁所得，财产转让所得和偶然所得的，应当在取得所得的次年6月30日前，按相关规定向主管税务机关办理纳税申报，并报送《个人所得税自行纳税申报表（A表）》。

税务机关通知限期缴纳的，纳税人应当按照期限缴纳税款。

4）取得境外所得的纳税申报

居民个人从中国境外取得所得的，应当在取得所得的次年3月1日至6月30日内，向中国境内任职、受雇单位所在地主管税务机关办理纳税申报；在中国境内没有任职、受雇单位的，向户籍所在地或中国境内经常居住地主管税务机关办理纳税申报；户籍所在地与中国境内经常居住地不一致的，选择其中一地主管税务机关办理纳税申报；在中国境内没有户籍的，向中国境内经常居住地主管税务机关办理纳税申报。

5）因移居境外注销中国户籍的纳税申报

纳税人因移居境外注销中国户籍的，应当在申请注销中国户籍前，向户籍所在地主管税务机关办理纳税申报，进行税款清算。

6）非居民个人在中国境内从两处以上取得工资、薪金所得的纳税申报

非居民个人在中国境内从两处以上取得工资、薪金所得的，应当在取得所得的次月15日内，向其中一处任职、受雇单位所在地主管税务机关办理纳税申报，并报送《个人所得税自行纳税申报表（A表）》。

7.8.1.3 纳税申报方式

纳税人可以采用远程办税端、邮寄等方式申报，也可以直接到主管税务机关申报。

相关链接

美国前任总统奥巴马的个人所得税

每年的4月15日是美国的纳税申报截止日，每一个符合纳税资格的公民都要在这一天午夜12时之前主动向税务局递交一份填好的个人报税表。若不如期申报，轻者被罚款，重者可能坐牢。美国总统也和普通美国人一样，向国内收入局申报其收入。美国白宫总统办公室2012年4月13日公布了奥巴马一家2011年的报税单，在这一年里，美国第一家庭的总收入接近79万美元（78.9674万美元），其中一半来自总统的工资（按照国会的规定，其年薪为40万美元），其余来自总统所著书籍的版税。报税表显示，第一家庭缴纳了16.2074万美元的所得税。白宫当天公布的报税单还显示，2011年奥巴马夫妇还将收入的约22%，逾17万美元捐赠给了39个不同的慈善组织。与此前的两年相比，美国第一家庭2011年的收入明显缩水，2010年美国第一家庭的收入约有170万美元，2009年收入更是高达550万美元。

7.8.2 全员全额扣缴申报纳税

全员全额扣缴申报纳税是指扣缴义务人应当在代扣税款的次月十五日内，向主管税务机关报送其支付所得的所有个人的有关信息、支付所得数额、扣除事项和数额、扣缴税款的具体数额和总额以及其他相关涉税信息资料。根据修改后的《个人所得税法》及其实施条例，

以及《税收征管法》及其实施细则的有关规定，国家税务总局制定下发了《个人所得税扣缴申报管理办法（试行）》，对扣缴义务人和代扣预扣税款的范围、不同项目所得的扣缴方法、扣缴义务人的责任与义务等作出了明确的规定。

7.8.2.1 扣缴义务人

扣缴义务人，是指向个人支付所得的单位或者个人。扣缴义务人应当依法办理全员全额扣缴申报。

全员全额扣缴申报，是指扣缴义务人应当在代扣税款的次月十五日内，向主管税务机关报送其支付所得的所有个人的有关信息、支付所得数额、扣除事项和数额、扣缴税款的具体数额和总额以及其他相关涉税信息资料。

7.8.2.2 全员全额扣缴申报的适用范围

扣缴义务人向个人支付下列所得，应代扣代缴个人所得税。

（1）工资、薪金所得；
（2）劳务报酬所得；
（3）稿酬所得；
（4）特许权使用费所得；
（5）利息、股息、红利所得；
（6）财产租赁所得；
（7）财产转让所得；
（8）偶然所得。

7.8.2.3 扣缴义务人的扣缴期限

扣缴义务人每月或者每次预扣、代扣的税款，应当在次月十五日内缴入国库，并向税务机关报送《个人所得税扣缴申报表》。

个人所得税综合案例

【案例分析 7-1】居民个人取得综合所得应如何预缴纳和汇算清缴个人所得税？

居住在市区的中国居民个人李某为一家中外合资企业的职员，2024 年取得以下所得：

（1）每月取得合资企业支付的工资薪金 18 000 元，符合条件的"三险一金"为 3 300 元；

（2）2 月份，为某企业提供技术服务，取得劳务报酬 6 000 元；

（3）3 月份，将专利许可 B 企业使用，取得特许权使用费 15 000 元；

（4）12 月份，因出版一本专著，取得出版社支付的稿酬 80 000 元。

（其他相关资料：李某负担其就读小学四年级的女儿教育费用；负责赡养 62 岁的父母，指定分摊协议中分摊的金额为 1 000 元。对上述子女教育专项附加扣除选择由李某 100% 扣除且在单位提供预扣预缴信息）

要求：计算李某取得的上述所得中支付单位应预扣预缴的税额和李某汇算清缴应退补的个人所得税金额。

【答案及解析】

（1）支付单位应预扣预缴税款的计算如下。

① 工资、薪金应预扣预缴税款的计算：

本期应预扣预缴税额=（累计预扣预缴应纳税所得额×预扣率-速算扣除数）-累计减免税额-累计已预扣预缴税额；

累计预扣预缴应纳税所得额=累计收入-累计免税收入-累计减除费用-累计专项扣除-累计专项附加扣除-累计依法确定的其他扣除。

1月份应预扣预缴税款为：

(18 000-5 000-3 300-2 000-1 000)×3%=201（元）

2月份应预扣预缴税款为：

(18 000×2-5 000×2-3 300×2-2 000×2-1 000×2)×3%-201=201（元）

3月份应预扣预缴税款为：

(18 000×3-5 000×3-3 300×3-2 000×3-1 000×3)×3%-402=201（元）

4月份应预扣预缴税款为：

(18 000×4-5 000×4-3 300×4-2 000×4-1 000×4)×3%-603=201（元）

5月份应预扣预缴税款为：

(18 000×5-5 000×5-3 300×5-2 000×5-1 000×5)×3%-804=201（元）

6月份应预扣预缴税款为：

[(18 000×6-5 000×6-3 300×6-2 000×6-1 000×6)×10%-2 520]-1 005=495（元）

7月份应预扣预缴税款为：

[(18 000×7-5 000×7-3 300×7-2 000×7-1 000×7)×10%-2 520]-1 500=670（元）

8月份应预扣预缴税款为：

[(18 000×8-5 000×8-3 300×8-2 000×8-1 000×8)×10%-2 520]-2 170=670（元）

9月份应预扣预缴税款为：

[(18 000×9-5 000×9-3 300×9-2 000×9-1 000×9)×10%-2 520]-2 840=670（元）

10月份应预扣预缴税款为：

[(18 000×10-5 000×10-3 300×10-2 000×10-1 000×10)×10%-2 520]-3 510=670（元）

11月份应预扣预缴税款为：

[(18 000×11-5 000×11-3 300×11-2 000×11-1 000×11)×10%-2 520]-4 180=670（元）

12月份应预扣预缴税款为：

[(18 000×12-5 000×12-3 300×12-2 000×12-1 000×12)×10%-2 520]-4 850=670（元）

工资、薪金所得本年共计预扣预缴个人所得税：

201×5+495+670×6=1 005+495+4 020=5 520（元）

② 2月份劳务报酬6 000元应预扣预缴个人所得税：

劳务报酬所得、稿酬所得、特许权使用费所得以收入减除费用后的余额为收入额；其中，稿酬所得的收入额减按百分之七十计算。

预扣预缴环节，劳务报酬所得、稿酬所得、特许权使用费所得每次收入不超过4 000元的，费用按800元计算；每次收入4 000元以上的，费用按20%计算。

劳务报酬所得应预扣预缴税额=预扣预缴应纳税所得额×预扣率-速算扣除数；

因而，劳务报酬所得应预扣预缴税额为：

$$6\,000×（1-20\%）×20\%=960（元）$$

③ 3月份特许权使用费15 000元应预扣预缴税款为：

$$15\,000×（1-20\%）×20\%=2\,400（元）$$

④ 12月份稿酬80 000元应预扣预缴税款为：

稿酬所得应预扣预缴税额=预扣预缴应纳税所得额×20%=

$$80\,000×（1-20\%）×70\%×20\%=8\,960（元）$$

支付单位共计预扣预缴个人所得税：

$$5\,520+960+2\,400+8\,960=17\,840（元）$$

（2）2024年汇算清缴应补退个人所得税的计算如下。

① 综合所得的收入额：

工资、薪金收入额=18 000×12=216 000（元）

劳务报酬收入额=6 000×（1-20%）=4 800（元）

特许权使用费收入额=15 000×（1-20%）=12 000（元）

稿酬收入额=80 000×（1-20%）×（1-30%）=44 800（元）

② 2024年的综合所得应纳税所得额为：

216 000+4 800+12 000+44 800-60 000-39 600-24 000-12 000=142 000（元）

应纳个人所得税：142 000×10%-2 520=11 680（元）

③ 汇算清缴应退还个人所得税：17 840-11 680=6 160（元）。

【案例分析7-2】个体户的经营所得如何缴纳个人所得税？

假定某运输个体户2023年度的有关经营情况如下。

① 取得营业收入300万元。

② 发生营业成本165万元。

③ 发生各种税费10.4万元。

④ 发生业务招待费用9万元。

⑤ 5月20日购买小货车一辆支出6万元。

⑥ 共有雇员6人，人均月工资3 500元；个体户老板每月领取工资8 000元。

⑦ 当年向某单位借入流动资金10万元，支付利息费用1.2万元，同期银行贷款利率为6.8%。

⑧ 10月30日公司的一辆小货车在运输途中发生车祸被损坏，损失达5.2万元，次月取得保险公司的赔款3.5万元。

⑨ 对外债权投资，分得利息3万元。

⑩ 通过当地民政部门对边远地区捐款15万元。

假定该个体户2023年自行计算应缴纳个人所得税如下：

① 应纳税所得额=300-165-10.4-9-6-21.6-9.6-1.2-5.2+3-15=60（万元）。

② 应缴纳个人所得税=60×35%-6.55=14.45（万元）。

已知：税法规定的小货车的折旧年限为4年，假设其残值为零。

自行计算应缴纳个人所得税如下：

① 应纳税所得额=300-165-10.4-9-6-25.2-9.6-1.2-5.2+3-15=56.4（万元）。

② 应缴纳个人所得税=56.4×35%-6.55=13.19（万元）

已知：税法规定的小货车的折旧年限为4年，假设其残值为零。

要求：

（1）根据上述资料，分析该个体户自行计算应纳的个人所得税是否正确？错在何处？

（2）核定并计算该个体户2023年应缴纳的个人所得税。

【答案及解析】

（1）该个体户自行计算应纳的个人所得税不正确，错误如下。

① 按规定业务招待费只能按实际发生额60%扣除，最高不得超过销售（营业）收入的5‰。

按实际发生额计算扣除额=9×60%=5.4（万元）；按收入计算扣除限额=300×5‰=1.5（万元）；按规定只能扣除1.5万元。

② 购买小货车的费用6万元应作固定资产处理，不能直接扣除。本题中可按4年年限折旧（不考虑残值）计算扣除。

应扣除的折旧费用=[（6÷4）÷12]×7=0.875（万元）

③ 雇员工资可按实际数扣除，但雇主工资每月只能扣除5 000元，超过部分不得扣除。

雇主工资费用扣除额=0.5×12=6（万元）

④ 非金融机构的借款利息费用按同期银行的利率计算扣除，超过部分不得扣除。

利息费用扣除限额=10×6.8%=0.68（万元）

⑤ 小货车损失有赔偿的部分不能扣除。小货车损失应扣除额=5.2-3.5=1.7（万元）。

⑥ 对外投资分回的利息3万元，应按利息、股息、红利所得项目单独计算缴纳个人所得税，不能并入营运的应纳税所得额一并计算纳税。

分回利息应纳个人所得税=3×20%=0.6（万元）

⑦ 对边远山区的捐赠在全年应纳税所得额30%以内的部分可以扣除，超过部分不得扣除。

（2）该个体户2019年应缴纳个人所得税计算如下。

① 应纳税所得额=300-165-10.4-1.5-0.875-（0.35×6×12）-6-0.68-1.7=92.25（万元）。

② 公益、救济捐赠扣除限额=92.245×30%=27.67（万元），实际捐赠金额15万元小于27.67万元，可按实际捐赠额15万元扣除。

③ 2019年应缴纳个人所得税=（92.25-15）×35%-6.55+0.6=21.09（万元）。

课后练习题

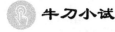

一、选择题（含单选题和多选题，请用手机扫描下方二维码作答并查看正确答案）

二、思考探索题

1. 请查阅法规，谈谈我国 2019 年 1 月 1 日新实施的《个人所得税法》与以往的个人所得税法相比有哪些变化。
2. 个人所得税的居民纳税人和非居民纳税人是如何判定的？二者的区分有何意义？
3. 请查阅文献，分析不同模式的个人所得税制各自有什么优缺点。简要介绍目前我国个人所得税制的特点。
4. 某企业中秋节发给员工和客户代表的月饼是否需要缴纳个人所得税？为什么？
5. 个人所得税境外所得已缴纳的税款如何抵免？与企业所得税的境外所得抵免有何异同？

竞技场

一、选择题（含单选题和多选题，请用手机扫描下方二维码作答并查看正确答案）

二、案例分析题

1. 在甲单位就职的工程师李某每月取得工资薪金 25 420 元，其中含单位应为其扣缴的"三险一金" 5 200 元；负担其就读于八年级的儿子的教育费用；负担其 65 岁父母的赡养支出。2024 年 1 月和 2 月取得以下收入：

① 1 月某一个休息日，业余时间帮乙单位检查设备运行，乙单位按照 10 000 元的标准支付给李某报酬。

② 2 月领取年终奖 38 000 元，选择单独计税。

③ 2 月取得技术转让所得 5 000 元。

（其他相关资料：李某提交了承担其独生女教育费用的凭证，对于女教育专项附加扣除李某选择 100% 扣除，并在甲单位扣预缴其税款时扣除）

要求：根据上述资料，按照下列序号计算并回答问题，每问均需计算出合计数。

（1）甲单位 1 月应预扣预缴李某的个人所得税。

（2）乙单位 1 月应预扣预缴李某的个人所得税。

（3）甲单位 2 月应预扣预缴李某的个人所得税。

（4）甲单位 2 月应扣缴李某年终奖的个人所得税。

（5）2 月技术转让所得应预扣预缴李某的个人所得税。

2. 国内某高校张教授 2023 年取得部分收入项目如下：

① 5 月份出版了一本书稿，获得稿酬 20 000 元。

② 9 月份教师节期间获得全国教学名师奖，获得教育部颁发的奖金 50 000 元。

③ 10 月份取得 5 年期国债利息收入 8 700 元，一年期定期储蓄存款利息收入 500 元，某上市公司发行的企业债券利息收入 1 500 元。

④ 11 月份因持有两年前购买的某境内上市公司股票 10 000 股，取得该公司股票分红所得 2 000 元，随后将该股票卖出，获得股票转让所得 50 000 元。

⑤ 12 月份应 A 公司邀请给本公司财务人员培训，取得收入 30 000 元。

要求：根据上述资料，按照下列序号回答问题，如有计算需计算出合计数。

（1）计算张教授 5 月份稿酬所得应预扣预缴的个人所得税。

（2）9 月份张教授获得的全国教学名师奖金是否需要纳税，请说明理由。如需要，请计算应预扣预缴的个人所得税。

（3）10 月份张教授取得的利息收入是否需要纳税。如需要，请计算其应纳税额。

(4) 11月份张教授股息所得和股票转让所得是否需要纳税，请说明理由。如需要，请计算其应纳税额。

(5) 12月份张教授取得的劳务报酬所得应预扣预缴的个人所得税。

3. 张某为我国居民个人，2023年发生以下经济行为：

① 以市场价200万元转让2008年购入的家庭唯一普通商品住房，原值60万元。

② 拍卖自己的文字作品手稿原件，取得收入8 000元。

要求：根据上述资料，按照下列序号回答问题，如有计算需计算出合计数。

(1) 判断张某转让住房是否应缴纳个人所得税并说明理由。

(2) 说明张某取得的拍卖收入缴纳个人所得税时适用的所得项目。

(3) 计算张某取得的拍卖收入应预扣预缴的个人所得税。

4. 约翰为在某市某外商投资企业工作的外籍人士（非居民个人），在中国境内无住所。假设约翰2023年1月取得收入如下：

① 从中国境内任职的外商投资企业取得工资收入35 000元，当月约翰回国探亲1次，从境内任职企业取得探亲费8 000元，经当地税务机关审核批准合理。

② 以实报实销方式取得住房补贴2 000元。

③ 从境内另一外商投资企业取得红利12 000元。

④ 在境内购买福利彩票中奖30 000元，当即通过国家机关向贫困山区捐款10 000元。

要求：根据上述资料，按照下列序号计算并回答问题，每问均需计算出合计数。

(1) 约翰1月工资收入应缴纳的个人所得税。

(2) 约翰取得的红利所得应缴纳的个人所得税。

(3) 约翰取得彩票中奖收入应缴纳的个人所得税。

(4) 约翰在中国境内全年应缴纳的个人所得税。

第 8 章

资源类税法

思维导图

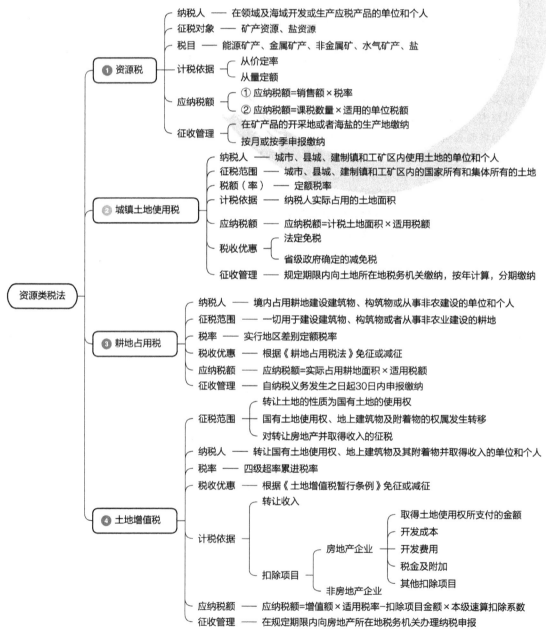

第8章 资源类税法

学习提示

资源税是对各种自然资源开发、使用所征收的一种特别税类。自然资源一般是指天然存在的自然物质资源，包括土地资源、矿藏资源、水产资源、生物资源、海洋资源、太阳能资源等。国家对自然资源的开发和利用进行征税，有利于保护和合理使用资源，也可以增加财政收入。目前，我国已开征的与资源有关的税种主要包括资源税、城镇土地使用税、耕地占用税、土地增值税等。其中资源税是对矿产资源和盐资源征税，而城镇土地使用税、耕地占用税和土地增值税是对土地资源征税。

本章主要介绍这类税法的基本法律内容。通过本章的学习，应当了解并掌握资源类税法的基本法律内容，理解并掌握资源类税法各税种应纳税额的计算。

中英文关键词

资源税：resource tax
城镇土地使用税：urban land use tax
耕地占用税：farmland occupation tax
土地增值税：land appreciation tax

重点法规速递

◆《中华人民共和国资源税法》（2019年），中华人民共和国主席令第33号
◆《中华人民共和国城镇土地使用税暂行条例》（2019年修订），国务院令第483号
◆《中华人民共和国耕地占用税法》（2018年），中华人民共和国主席令第18号
◆《中华人民共和国土地增值税暂行条例》（2011年修改），国务院令第588号
◆《中华人民共和国土地增值税暂行条例实施细则》，财法字〔1995〕006号

引导案例

某盐场2018年发生以下业务。

（1）盐场实际占地8 000平方米，由于经营规模扩大，年初该盐场又受让了一块市郊区12 000平方米耕地用于建设新厂房。

（2）自产海盐500吨，其中300吨对外销售并取得不含税收入200万元，其余用于抵偿债务。

（3）该盐场年末为了周转资金，转让附近的一块土地使用权，该土地占用面积2 000平方米，取得转让收入400万元，购买该土地使用权时支付金额220万元，转让时发生相关税费25万元。

请问：该盐场需要缴纳哪些税，这些税的计税依据是什么？

8.1 资源税概述

8.1.1 资源税的概念及特点

资源税是指以资源为课税对象,是国家凭借《宪法》赋予它的对自然资源的所有权和行政权力,向资源的开发利用者征收的一种特别税①。由于资源的稀缺性和自然条件差别,导致了资源开采利用中的许多问题。为了更好地解决这些问题,无论是发达国家还是发展中国家,征收资源税已成为通行做法。由于资源开采造成的环境破坏不断升级,发达国家自20世纪70年代开始调整税收政策,资源税由收益型转向绿色生态型,提高能源利用效率、保护资源合理利用已经成为征收资源税的主要目的②。

资源税按照征收目的的不同,可分为一般资源税和级差资源税两种。一般资源税是对占用开发国有自然资源者普遍征收的一种税,其目的是通过对国有自然资源的有偿使用达到政府保护资源和限制资源开采的意图;级差资源税是对占用开发国有自然资源者因资源条件差异获得的级差收入而征收的一种税,其目的是通过调节资源级差收入为企业创造平等竞争的外部条件。

我国现行的资源税是对在中国境内开采应税矿产品、生产盐、使用国家土地、把农业耕地转为非农业使用,以及转让国有土地使用权等行为所征收的一类税。我国现行的资源税有以下特点。

(1) 以特定的资源为征税对象。我国现行的资源税的征税对象只限于矿产品、盐和土地资源,其他具有生态环境价值的森林资源、海洋资源、水资源、地热资源等多数自然资源,甚至有些紧缺的自然资源都未列入征税范围。课税范围的窄小,使得资源税普遍调节的作用未充分发挥出来,非应税资源的掠夺性开采和使用的现象日益严重。因而,从资源税的改革方向来看,我国资源税将进一步扩大征税范围。

(2) 资源税体现了政府的特定目的。政府征收资源税的一个重要目的,就是促进自然资源的合理开采、节约使用和有效配置,防止开发者对自然资源采富弃贫、采易弃难、采大弃小、乱采滥挖。这也是我国当前落实科学发展观、构建和谐社会政策目标的迫切要求。资源税作为重要的自然资源调控手段,在保护资源合理开发和生态环境方面发挥了其他税种不可替代的作用。

(3) 对资源的绝对收益和级差收益征税。资源税的征收实行"普遍征收,级差调节"的原则。我国现行的资源税体系中资源税属于级差收益税,其立法目的就在于调节资源开采企业因资源开采条件的差异而形成的级差收入。城镇土地使用税和耕地占用税兼具有一般资源税和级差资源税的特征。开征的目的主要是保护我国有限而宝贵的土地资源,提高土地的使用效率,加强对土地的管理。

---

① 戴国庆. 要充分重视对资源税费的研究和征收. 改革与战略,1992 (3): 29-34.
② 徐伟,李希琼. 国内外资源税的差异及对中国的启示. 中国经济时报,2007-04-29.

8.1.2 我国资源税法律制度的沿革

我国对资源征税的历史十分悠久。最早可追溯到夏、商时期的山林之赋，即对伐木、采矿、狩猎、煮盐、捕鱼等进行的课税。春秋时期的"官山海"，即国家凭借政治权力从盐、铁等资源取得专卖收入，被认为是资源税的萌芽。此后，历代王朝都重视通过盐、铁等资源获取收入。中华人民共和国成立后，我国在很长一段时间对资源实行的是无偿开采。1950年，我国颁布了《全国税政实施要则》，明确了对盐的生产、运销征收盐税，但是并没有规定对矿产资源的开采如何课税。1984 年 9 月 18 日，国务院发布《资源税条例（草案）》，自 1984 年 10 月 1 日起，对原油、天然气、煤炭三种资源正式以资源税命名在全国范围内予以征税，征收基数是销售利润率超过 12% 的利润部分。《资源税条例（草案）》的实施，标志着我国资源税的设立。1986 年 3 月 19 日，第六届全国人大常委会第十五次会议通过并公布了《中华人民共和国矿产资源法》，自同年 10 月 1 日起施行。根据该法的规定，国家对矿产资源实行有偿开采。开采矿产资源，必须按照国家有关规定缴纳资源税和资源补偿费。1993 年 12 月 25 日，国务院颁布了《中华人民共和国资源税暂行条例》，列入征税范围的有 7 个税目：原油、天然气、煤炭、其他非金属原矿、黑色金属原矿、有色金属原矿、盐，根据不同的应税产品、不同的开采者和不同地区适用高低不同的差别税额。2004 年之后，我国又陆续调整了煤炭、原油、天然气、锰矿石、焦煤、盐、铅锌矿石、铜矿石和钨矿石资源税的适用税额标准。随着我国经济形势的变化和市场经济日新月异的发展，我国将进一步加快资源税制度改革的步伐，加大对资源保护的力度。2010 年 6 月 1 日，财政部、国家税务总局印发《新疆原油天然气资源税改革若干问题的规定》，拉开了中国资源税改革的序幕。原油和天然气资源税调整为按产品销售额的 5% 计征，即从价计征方式。2010 年 12 月 1 日，资源税改革试点扩大到内蒙古、甘肃、四川、青海、贵州、宁夏等 12 个西部省区。2011 年 9 月 30 日，国务院修改了《中华人民共和国资源税暂行条例》《中华人民共和国对外合作开采海洋石油资源条例》《中华人民共和国对外合作开采陆上石油资源条例》，修改决定于 2011 年 11 月 1 日起施行，标志着资源税改革扩展到全国范围。2014 年 12 月 1 日起，经国务院批准，为促进资源节约和环境保护，规范资源税费制度，实施煤炭资源税从价计征改革，同时清理相关收费基金，并调整原油、天然气资源税相关政策。为进一步深化财税体制改革，促进资源节约集约利用，加快生态文明建设，根据党中央、国务院决策部署，自 2016 年 7 月 1 日起，全面推进资源税改革，即在煤炭、原油、天然气等已实施从价计征改革的基础上，对其他矿产资源实行全面改革，并择机逐步对水、森林、草场、滩涂等自然资源开征资源税。2016 年 7 月 1 日起在河北省进行水资源试点，2017 年 12 月 1 日起在北京、天津、山西、内蒙古、山东、河南、四川、陕西、宁夏等 9 个省（自治区、直辖市）扩大水资源税改革试点。为贯彻习近平生态文明思想，进一步落实税收法定原则，2019 年 8 月 26 日第十三届全国人民代表大会常务委员会第十二次会议通过了《中华人民共和国资源税法》，自 2020 年 9 月 1 日起施行。

土地是万物生存之本，是人类创造财富的源泉。我国对土地征税也有着十分悠久的历史。中华人民共和国成立后，我国一直对土地使用者征税。党的十一届三中全会以后，伴随着土地所有权与使用权的分离、土地的有偿化和住宅的私有化，我国的土地税收制度逐步建立并完善。1987 年 4 月，国务院发布了《中华人民共和国耕地占用税暂行条例》，对占用耕地建房或者从事其他非农业建设的单位和个人征收耕地占用税。耕地占用税的征收，对加强土地管理，保护耕地发挥了重要的作用。1988 年 9 月，国务院发布了《中华人民共和国城镇土地使用税暂行条例》，规定自同年 11 月 1 日起在全国范围内对内资企业和个人征收城镇土地使用税。1993 年颁布，2011 年修订的《中华人民共和国土地增值税暂行条例》，规定对转让国有土地使用权、地上建筑物及其附着物并取得收入的单位和个人征收土地增值税。这对规范土地、房地产市场交易秩序，合理调节土地增值收益具有较好的调节作用。至此，我国现行的土地税制度主要包括三个税种，即城镇土地使用税、耕地占用税和土地增值税，从而初步确立了我国的土地税收体系。随着经济和社会的发展，为了进一步加大土地保护的力度，调节级差收入，促进土地资源合理利用，我国于 2006 年 12 月和 2007 年 12 月相继公布了新的《中华人民共和国城镇土地使用税暂行条例》和《中华人民共和国耕地占用税暂行条例》。新修订的两个条例都扩大了征税范围，把外商投资企业和外国企业纳入征税范围。同时，两个条例都提高了税额标准，以促进土地资源的合理利用。其后，2011 年、2013 年、2019 年《中华人民共和国城镇土地使用税暂行条例》又经历了 3 次修订。耕地占用税对促进合理利用土地资源、加大耕地保护力度发挥着重要作用。为了进一步加大对耕地保护的力度，遏制各种违规占用耕地进行房地产开发的行为，2018 年 12 月 29 日第十三届全国人民代表大会常务委员会第七次会议通过了新的《中华人民共和国耕地占用税法》（以下简称《耕地占用税法》），自 2019 年 9 月 1 日起施行。

8.2 资　源　税

　　资源税法是国家制定的用以调整资源税征收与缴纳之间权利与义务关系的法律规范。我国现行的资源税法是对在我国境内开采应税矿产品及生产盐的单位和个人征收的一种税。现行资源税法的主要法律依据是国务院于 1993 年 12 月颁布实施（2011 年 9 月 30 日修订）的《中华人民共和国资源税暂行条例》（以下简称《资源税暂行条例》）和财政部于 2011 年 10 月颁布的《中华人民共和国资源税暂行条例实施细则》（以下简称《资源税暂行条例实施细则》）。上述两个法律规范于 2011 年 11 月 1 日起施行。为深化财税体制改革，促进资源节约集约利用，加快生态文明建设，国家不断通过全面实施清费立税、从价计征改革，理顺资源税费关系，建立规范公平、调控合理、征管高效的资源税制度，有效发挥其组织收入、调控经济、促进资源节约集约利用和生态环境保护的作用。为进一步落实税收法定原则，充分发挥税收制度对资源节约集约利用、环境保护的激励功能，按照税制平移的思路，保持现行税制框架和税负水平总体不变，现行的资源税暂行条例上升为税收法律。新的《中华人民共和国资源税法》（（以下简称《资源税法》）将自 2020 年 9 月 1 日起施行，同时 1993 年 12 月 25 日国务院发布的《资源税暂行条例》将废止。

8.2.1 资源税的基本法律规定

8.2.1.1 纳税人

　　根据《资源税法》的规定，在中华人民共和国领域和中华人民共和国管辖的其他海域开发应税资源的单位和个人，为资源税的纳税人。单位，是指企业、行政单位、事业单位、军事单位、社会团体及其他单位。个人,是指个体工商户和其他个人。

中外合作开采陆上、海上石油资源的企业依法缴纳资源税。2011年11月1日前已依法订立中外合作开采陆上、海上石油资源合同的,在该合同有效期内,继续依照国家有关规定缴纳矿区使用费,不缴纳资源税;合同期满后,依法缴纳资源税。

8.2.1.2 征税范围

1. 征税范围的一般规定

从理论上讲,为了更好地保护和合理使用资源,资源税的征税对象应当包括一切开发和利用的国有资源,但由于我国开征资源税经验不足,所以在实践中只包括矿产品和盐资源两大类。应税产品为矿产品的,包括原矿和选矿产品。具体包括:

(1) 能源矿产。包括:原油;天然气、页岩气、天然气水合物;煤;煤成(层)气;铀、钍;油页岩、油砂、天然沥青、石煤;地热。

(2) 金属矿产。包括:黑色金属和有色金属。

(3) 非金属矿产。包括:矿物类、岩石类和宝玉石类。

(4) 水气矿产。包括:二氧化碳气、硫化氢气、氦气、氡气;矿泉水。

(5) 盐。包括:钠盐、钾盐、镁盐、锂盐;天然卤水;海盐。

同时,《资源税法》规定,国务院根据国民经济和社会发展需要,对取用地表水或者地下水的单位和个人试点征收水资源税。征收水资源税的,停止征收水资源费。

水资源税试点实施办法由国务院规定,报全国人民代表大会常务委员会备案。

2. 征税范围的特殊规定

纳税人开采或者生产应税产品自用的,应当依照《资源税法》规定缴纳资源税;但是,自用于连续生产应税产品的,不缴纳资源税。纳税人自用应税产品应当缴纳资源税的情形,包括纳税人以应税产品用于非货币性资产交换、捐赠、偿债、赞助、集资、投资、广告、样品、职工福利、利润分配或者连续生产非应税产品等。

8.2.1.3 税目与税率

《资源税法》对税目进行了统一的规范,将目前所有的应税资源产品都在税法中一一列明,目前所列的税目有164个,涵盖了所有已经发现的矿种和盐。

资源税的税目、税率如表8-1所示。

表8-1 资源税税目税率表

税　目		征税对象	税　率
能源矿产	原油	原矿	6%
	天然气、页岩气、天然气水合物	原矿	6%
	煤	原矿或者选矿	2%~10%
	煤成(层)气	原矿	1%~2%
	铀、钍	原矿	4%
	油页岩、油砂、天然沥青、石煤	原矿或者选矿	1%~4%
	地热	原矿	1%~20%或者每立方米1~30元

续表

税目			征税对象	税率
金属矿产	黑色金属	铁、锰、铬、钒、钛	原矿或者选矿	1%～9%
	有色金属	铜、铅、锌、锡、镍、锑、镁、钴、铋、汞	原矿或者选矿	2%～10%
		铝土矿	原矿或者选矿	2%～9%
		钨	选矿	6.50%
		钼	选矿	8%
		金、银	原矿或者选矿	2%～6%
		铂、钯、钌、锇、铱、铑	原矿或者选矿	5%～10%
		轻稀土	选矿	7%～12%
		中重稀土	选矿	20%
		铍、锂、锆、锶、铷、铯、铌、钽、锗、镓、铟、铊、铪、铼、镉、硒、碲	原矿或者选矿	2%～10%
非金属矿产	矿物类	高岭土	原矿或者选矿	1%～6%
		石灰岩	原矿或者选矿	1%～6%或者每吨（或者每立方米）1～10元
		磷	原矿或者选矿	3%～8%
		石墨	原矿或者选矿	3%～12%
		萤石、硫铁矿、自然硫	原矿或者选矿	1%～8%
		天然石英砂、脉石英、粉石英、水晶、工业用金刚石、冰洲石、蓝晶石、硅线石（矽线石）、长石、滑石、刚玉、菱镁矿、颜料矿物、天然碱、芒硝、钠硝石、明矾石、砷、硼、碘、溴、膨润土、硅藻土、陶瓷土、耐火粘土、铁矾土、凹凸棒石粘土、海泡石粘土、伊利石粘土、累托石粘土	原矿或者选矿	1%～12%
		叶腊石、硅灰石、透辉石、珍珠岩、云母、沸石、重晶石、毒重石、方解石、蛭石、透闪石、工业用电气石、白垩、石棉、蓝石棉、红柱石、石榴子石、石膏	原矿或者选矿	2%～12%
		其他粘土（铸型用粘土、砖瓦用粘土、陶粒用粘土、水泥配料用粘土、水泥配料用红土、水泥配料用黄土、水泥配料用泥岩、保温材料用粘土）	原矿或者选矿	1%～5%或者每吨（或者每立方米）0.1～5元
	岩石类	大理岩、花岗岩、白云岩、石英岩、砂岩、辉绿岩、安山岩、闪长岩、板岩、玄武岩、片麻岩、角闪岩、页岩、浮石、凝灰岩、黑曜岩、霞石正长岩、蛇纹岩、麦饭石、泥灰岩、含钾岩石、含钾砂页岩、天然油石、橄榄岩、松脂岩、粗面岩、辉长岩、辉石岩、正长岩、火山灰、火山渣、泥炭	原矿或者选矿	1%～10%
		砂石	原矿或者选矿	1%～5%或者每吨（或者每立方米）0.1～5元
	宝玉石类	宝石、玉石、宝石级金刚石、玛瑙、黄玉、碧玺	原矿或者选矿	4%～20%

续表

税 目		征税对象	税 率
水气矿产	二氧化碳气、硫化氢气、氦气、氡气	原矿	2%～5%
	矿泉水	原矿	1%～20%或者每立方米1～30元
盐	钠盐、钾盐、镁盐、锂盐	选矿	3%～15%
	天然卤水	原矿	3%～15%或者每吨（或者每立方米）1～10元
	海盐		2%～5%

《资源税税目税率表》中规定实行幅度税率的，其具体适用税率由省、自治区、直辖市人民政府统筹考虑该应税资源的品位、开采条件以及对生态环境的影响等情况，在《资源税税目税率表》规定的税率幅度内提出，报同级人民代表大会常务委员会决定，并报全国人民代表大会常务委员会和国务院备案。《资源税税目税率表》中规定征税对象为原矿或者选矿的，应当分别确定具体适用税率。

8.2.1.4 税收优惠

1. 法定免税和减税项目

（1）有下列情形之一的，免征资源税：

① 开采原油以及在油田范围内运输原油过程中用于加热的原油、天然气；

② 煤炭开采企业因安全生产需要抽采的煤成（层）气。

（2）有下列情形之一的，减征资源税：

① 从低丰度油气田开采的原油、天然气，减征百分之二十资源税；

② 高含硫天然气、三次采油和从深水油气田开采的原油、天然气，减征百分之三十资源税；

③ 稠油、高凝油减征百分之四十资源税；

④ 从衰竭期矿山开采的矿产品，减征百分之三十资源税。

根据国民经济和社会发展需要，国务院对有利于促进资源节约集约利用、保护环境等情形可以规定免征或者减征资源税，报全国人民代表大会常务委员会备案。

值得注意的是，纳税人的减税免税项目，应当单独核算课税数量；未单独核算或者不能准确提供课税数量的，不予减税或者免税。

2. 省、自治区、直辖市可以决定免征或者减征的项目

（1）纳税人开采或者生产应税产品过程中，因意外事故或者自然灾害等原因遭受重大损失。

（2）纳税人开采共伴生矿、低品位矿、尾矿。

上述规定的免征或者减征资源税的具体办法，由省、自治区、直辖市人民政府提出，报同级人民代表大会常务委员会决定，并报全国人民代表大会常务委员会和国务院备案。

3. 其他减免税项目

（1）对青藏铁路公司及其所属单位运营期间自采自用的砂、石等材料免征资源税。

（2）自2018年4月1日至2021年3月31日，对页岩气资源税减征30%。

（3）自2019年1月1日至2021年12月31日，对增值税小规模纳税人可以在50%的税额幅度内减征资源税。

（4）自2014年12月1日至2023年8月31日，对充填开采置换出来的煤炭，资源税减征50%。

8.2.2 资源税的计税依据和应纳税额的计算

8.2.2.1 资源税的计税依据

资源税按照《资源税税目税率表》实行从价计征或者从量计征。《资源税税目税率表》中规定可以选择实行从价计征或者从量计征的，具体计征方式由省、自治区、直辖市人民政府提出，报同级人民代表大会常务委员会决定，并报全国人民代表大会常务委员会和国务院备案。资源税的计税依据为应税产品的销售额或销售数量。根据《资源税税目税率表》的规定，地热、石灰岩、其他粘土、砂石、矿泉水、天然卤水可选择采用从价计征或从量计征的方式，其他应税产品统一适用从价定率征收的方式。

1. 从价计征销售额的确定

1) 销售额的一般规定

销售额是指纳税人销售应税产品向购买方收取的全部价款，不包括增值税税款。

需要注意的是，对同时符合以下条件的运杂费用，纳税人在计算应税产品计税销售额时，可予以扣减：

（1）包含在应税产品销售收入中；

（2）属于纳税人销售应税产品环节发生的运杂费用，具体是指运送应税产品从坑口或者洗选（加工）地到车站、码头或者购买方指定地点的运杂费用；

（3）取得相关运杂费用发票或者其他合法有效凭据；

（4）将运杂费用与计税销售额分别进行核算。

纳税人扣减的运杂费用明显偏高导致应税产品价格偏低且无正当理由的，主管税务机关可以合理调整计税价格。

2) 特殊情形下销售额的确定

（1）纳税人申报的应税产品销售额明显偏低并且无正当理由的、有视同销售应税产品行为而无销售额的，除财政部、国家税务总局另有规定外，按下列顺序确定销售额：

① 按纳税人最近时期同类产品的平均销售价格确定；

② 按其他纳税人最近时期同类产品的平均销售价格确定；

③ 按组成计税价格确定。组成计税价格为：

$$组成计税价格 = 成本 \times (1 + 成本利润率) / (1 - 税率)$$

公式中的成本是指：应税产品的实际生产成本。公式中的成本利润率由省、自治区、直辖市税务机关确定。

④ 按后续加工非应税产品销售价格，减去后续加工环节的成本利润后确定。

⑤ 按其他合理方法确定。

（2）纳税人以外购原矿与自采原矿混合为原矿销售，或者以外购选矿产品与自产选矿产品混合为选矿产品销售的，在计算应税产品销售额或者销售数量时，直接扣减外购原矿或者外购选矿产品的购进金额或者购进数量。

纳税人以外购原矿与自采原矿混合洗选加工为选矿产品销售的，在计算应税产品销售额或者销售数量时，按照下列方法进行扣减：

准予扣减的外购应税产品购进金额（数量）= 外购原矿购进金额（数量）×（本地区原矿适用税率/本地区选矿产品适用税率）

不能按照上述方法计算扣减的，按照主管税务机关确定的其他合理方法进行扣减。

2. 从量计征销售数量的确定

资源税从量定额计征的计税依据为应税产品的销售数量，销售数量的具体规定为：

（1）销售数量包括纳税人开采或者生产应税产品的实际销售数量和自用于应当缴纳资源税情形的应税产品数量。

（2）纳税人不能准确提供应税产品销售数量的，以应税产品的产量或主管税务机关确定的折算比换算成的数量为计征资源税的销售数量。

8.2.2.2 应纳税额的计算

资源税的应纳税额，实行从价计征的，应纳税额按照应税产品的销售额乘以具体适用税率计算。实行从量计征的，应纳税额按照应税产品的销售数量乘以具体适用税率计算。其计税公式分别如下：

应纳税额 = 销售数量×适用的单位税额（从量定额）

应纳税额 = 销售额×税率（从价定率）

值得注意的是，纳税人开采或者生产不同税目应税产品的，应当分别核算不同税目应税产品的销售额或者销售数量；未分别核算或者不能准确提供不同税目应税产品的销售额或者销售数量的，从高适用税率。

【例8-1】假设某石油开采企业2020年9月开采原油20万吨，其中用于加热、修井的原油1万吨，用于本单位管理部门使用的1万吨，其余原油全部以每吨4 500元的不含税价格销售。已知：原油适用的税率为销售额的6%。计算该石油企业该月应纳的资源税额。

【答案】加热、修井用的原油免税；自用于管理部门的属于视同销售行为，于移送使用时纳税。则该企业当月应缴纳的资源税=(20-1)×4 500×6%=5 130（万元）。

【例8-2】某砂石开采企业2020年9月销售砂石1 000立方米，资源税税率为5元/立方米。请计算该企业9月应纳的资源税。

【答案】

应纳资源税=1 000×5=5 000（元）

8.2.3 资源税的征收管理

8.2.3.1 纳税义务发生时间

纳税人销售应税产品,纳税义务发生时间为收讫销售款或者取得索取销售款凭据的当日;自用应税产品的,纳税义务发生时间为移送应税产品的当日。

8.2.3.2 纳税期限

资源税按月或者按季申报缴纳;不能按固定期限计算缴纳的,可以按次申报缴纳。

纳税人按月或者按季申报缴纳的,应当自月度或者季度终了之日起十五日内,向税务机关办理纳税申报并缴纳税款;按次申报缴纳的,应当自纳税义务发生之日起十五日内,向税务机关办理纳税申报并缴纳税款。

8.2.3.3 纳税地点

纳税人应当在矿产品的开采地或者海盐的生产地缴纳资源税。

8.2.3.4 纳税申报

资源税的纳税人应按主管税务机关核定的纳税期限,如实填写并报送《资源税纳税申报表》。

纳税人在资源税纳税申报时,除财政部、国家税务总局另有规定外,应当将其应税和减免税项目分别计算和报送。

相关链接

国外资源税的类型

国外的资源税可以分为三种,即产出型资源税、利润型资源税和财产型资源税。

产出型资源税:是以加工过的矿石或未经加工的原矿为课税对象,或者从量定额征收,或者从价定率征收。产出型资源税的典型代表是跨州税:在美国、加拿大、澳大利亚等联邦制国家,由于各州拥有自主的税收立法权。自然资源丰富的州通过立法规定,本州的自然资源在输往其他州时,通过从量征收跨州税,达到最大可能地分享自然资源租值。跨州税的纳税人虽然是在本州从事矿山开采的居民或企业,但其负税人却是资源的消费者。由于自然资源在各州的分布极不均衡,因此,跨州税的收取使某些州凭借自然资源的禀赋优势聚集了大量的税收收入。我国现行资源税属于从量定额征收的产品税,但它与西方的跨州税并不完全相同,最重要的是,我国的地方政府不享有自然资源的所有权和资源税的立法权。

利润型资源税:是以开采企业的盈利为课税对象,对亏损企业不征税。与产出型资源税相比,这种税既考虑到开采企业的运营成本,也考虑到了资源耗减因素。对利润率低的小型矿山企业没有歧视,意味着更为公平的税收原则。但为保持税收的公平合理性,会相应增加税务管理的成本。

财产型资源税:是以矿产这种财富作为课税对象,按该财富的价值征收,实际上是一种从价税。受矿产财富在未来价格、成本和矿床地理特征等不确定因素的影响,矿产价值很难衡量,而且当地的税收估价员通常缺乏评价这些参数的素质培训。

8.3 城镇土地使用税

城镇土地使用税法是指国家为了合理利用城镇土地，调节土地级差收入，提高土地使用效益，加强土地管理，制定的用以调整城镇土地使用税征收与缴纳之间权利及义务关系的法律规范。城镇土地使用税是以城镇土地为征税对象，对拥有土地使用权的单位和个人，按其实际占用的土地面积定额征收的一种税。现行城镇土地使用税的基本规范，是国务院于1988年9月27日发布的《中华人民共和国城镇土地使用税暂行条例》（同年11月1日起施行，以下简称《城镇土地使用税暂行条例》），于2006年12月31日进行了修订，并于2007年1月1日对单位和个人征收。

8.3.1 城镇土地使用税的基本法律规定

8.3.1.1 纳税人

城镇土地使用税的纳税人是在城市、县城、建制镇、工矿区范围内使用土地的单位和个人。凡在土地使用税开征区范围内使用土地的单位和个人，不论通过出让方式还是转让方式取得的土地使用权，都应依法缴纳土地使用税。

城镇土地使用税的纳税人通常包括以下几类。

（1）拥有土地使用权的单位和个人。

（2）拥有土地使用权的单位和个人不在土地所在地的，其土地的实际使用人和代管人为纳税人。

（3）土地使用权未确定或权属纠纷未解决的，其实际使用人为纳税人。

（4）土地使用权共有的，共有各方都是纳税人，由共有各方分别纳税。

土地使用权共有的各方，应按其实际使用的土地面积占总面积的比例，分别计算缴纳土地使用税。

8.3.1.2 征税范围

城镇土地使用税的征税范围包括在城市、县城、建制镇和工矿区内的国家所有和集体所有的土地。城市是指经国务院批准设立的市；县城是指县人民政府所在地；建制镇是指经省、自治区、直辖市人民政府批准设立的建制镇；工矿区是指工商业比较发达，人口比较集中，符合国务院规定的建制镇标准，但尚未设立建制镇的大中型工矿企业所在地，工矿区须经省、自治区、直辖市人民政府批准。

8.3.1.3 税额（率）

城镇土地使用税采用定额税率，即采用有幅度的差别税额。修订后的城镇土地使用税每平方米年税额分别为：大城市1.5～30元；中等城市1.2～24元；小城市0.9～18元；县城、建制镇、工矿区0.6～12元。

大、中、小城市以公安部门登记在册的非农业正式户口人数为依据，按照国务院颁布的《城市规划条例》中规定的标准划分。现行的划分标准是：市区及郊区非农业人口总计在50万以上的，为大城市；市区及郊区非农业人口总计在20万～50万的，为中等城市；市区及郊区非农业人口总计在 20 万以下的，为小城市。城镇土地使用税税额表如表 8-2 所示。

表 8-2 城镇土地使用税税额表

级 别	人 口/人	每平方米年税额/元
大城市	50 万以上	1.5～30
中等城市	20 万～50 万	1.2～24
小城市	20 万以下	0.9～18
县城、建制镇、工矿区		0.6～12

考虑到城镇土地使用税的税负水平应与各地经济发展水平和土地市场发育程度相适应，国务院仍授权各省级人民政府根据当地实际情况在上述税额幅度内确定本地区的适用税额幅度。市、县人民政府应当根据实际情况，将本地区土地划分为若干等级，在省、自治区、直辖市人民政府确定的税额幅度内，制定相应的适用税额标准，报省、自治区、直辖市人民政府批准执行。

经省、自治区、直辖市人民政府批准，经济落后地区城镇土地使用税的适用税额标准可以适当降低，但降低额不得超过条例规定最低税额的 30%。经济发达地区土地使用税的适用税额标准可以适当提高，但须报经财政部批准。

8.3.2 城镇土地使用税的计税依据和应纳税额的计算

8.3.2.1 计税依据

城镇土地使用税以纳税人实际占用的土地面积为计税依据。税务机关根据纳税人实际占用的土地面积，按照规定的税额计算应纳税额，向纳税人征收土地使用税。纳税人实际占用的土地面积按下列办法确定。

（1）由省、自治区、直辖市人民政府确定的单位组织测定土地面积的，以测定的面积为准。

（2）尚未组织测量，但纳税人持有政府部门核发的土地使用证书的，以证书确认的土地面积为准。

（3）尚未核发土地使用证书的，应由纳税人申报土地面积，据以纳税，待核发土地使用证以后再做调整。

8.3.2.2 应纳税额的计算

城镇土地使用税的应纳税额依据纳税人实际占用的土地面积和适用单位税额计算。计算公式为：

$$应纳税额 = 计税土地面积（平方米） \times 适用税额$$

土地使用权由几方共有的，由共有各方按照各自实际使用的土地面积占总面积的比例，分别计算缴纳土地使用税。

【例8-3】 深圳市某大型国有企业2011年实际占地5万平方米。由于经营规模扩大，年初又受让了一块土地，土地使用证上确认的土地面积为2万平方米，企业按当年实际开发使用的土地面积1.5万平方米进行申报纳税。假设以上土地均适用每平方米9元的城镇土地使用税税率，计算该企业年应纳城镇土地使用税税额。

【答案】 应纳城镇土地使用税=(5+2)×9=63（万元）。

8.3.3 城镇土地使用税的税收优惠

8.3.3.1 法定的免税项目

根据《城镇土地使用税暂行条例》等相关法规的规定，下列土地免缴土地使用税。

（1）国家机关、人民团体、军队自用的土地。这部分土地是指这些单位本身的办公用地和公务用地。

（2）由国家财政部门拨付事业经费的单位自用的土地。这部分土地是指这些单位本身的业务用地。

（3）宗教寺庙、公园、名胜古迹自用的土地。以上单位的生产、营业用地和其他用地，不属于免税范围，应按规定缴纳土地使用税。

（4）市政街道、广场、绿化地带等公共用地。

（5）直接用于农、林、牧、渔业的生产用地。

（6）经批准开山填海整治的土地和改造的废弃土地，从使用的月份起免缴土地使用税5~10年。

（7）由财政部另行规定免税的能源、交通、水利设施用地和其他用地。

（8）企业办的学校、医院、托儿所、幼儿园，其用地能与企业其他用地明确区分的，可以比照由国家财政部门拨付事业经费的单位自用的土地，免征土地使用税。

（9）由省、自治区、直辖市人民政府根据本地区实际情况，以及宏观调控需要确定，对增值税小规模纳税人可以在50%的税额幅度内减征城镇土地使用税。

纳税人缴纳城镇土地使用税确有困难需要定期减免的，由省、自治区、直辖市税务机关审核后，报国家税务局批准。

8.3.3.2 省级地方政府确定的减免税

下列土地由省、自治区、直辖市地方税务局确定减免城镇土地使用税。

（1）个人所有的居住房屋及院落用地。

（2）免税单位职工家属的宿舍用地。

（3）集体和个人办的各类学校、医院、托儿所、幼儿园用地。

（4）民政部门举办的安置残疾人占一定比例的福利工厂用地。

（5）对基建项目在建期间使用的土地，原则上应照章征收土地使用税。但对有些基建项目，特别是国家产业政策扶持发展的大型基建项目占地面积大、建设周期长，在建期间又没有经营收入，为照顾其实际情况，对纳税人纳税确有困难的，可由各省、自治区、直辖市税务局根据具体情况予以免征或减征土地使用税；对已经完工或已经使用的建设项目，其用地应照章征收土地使用税。

（6）城镇内的集贸市场（农贸市场）用地，按规定应征收城镇土地使用税。为了促进集贸市场的发展及照顾各地的不同情况，各省、自治区、直辖市地方税务局可根据具体情况自行确定对集贸市场用地征收或者免征城镇土地使用税。

（7）房地产开发公司建造商品房的用地，原则上应按规定计征城镇土地使用税。但在商品房出售之前纳税确有困难的，其用地是否给予缓征或减征、免征照顾，可由各省、自治区、直辖市地方税务局根据从严的原则结合具体情况确定。

（8）其他特殊用地，包括各类危险品仓库、厂房所需的防火、防爆、防毒等安全防范用地，企业搬迁后未使用的原有场地，企业范围内的荒山等尚未利用的土地。

8.3.3.3 减免税优惠的其他规定

此外，针对实践中的一些特殊情形，财政部、国家税务总局对其征免税情况也作出了具体的规定。

（1）对免税单位无偿使用纳税单位的土地（如公安、海关等单位使用铁路、民航等单位的土地），免征土地使用税；对纳税单位无偿使用免税单位的土地，纳税单位应照章缴纳土地使用税。

（2）纳税单位与免税单位共同使用共有使用权土地上的多层建筑，对纳税单位可按其占用的建筑面积占建筑总面积的比例计征土地使用税。

（3）企业搬迁后，其原有场地和新场地都使用的，均应照章征收土地使用税；原有场地不使用的，经各省、自治区、直辖市税务局审批，可暂免征收土地使用税。

（4）对企业的铁路专用线、公路等用地，除另有规定者外，在企业厂区（包括生产、办公及生活区）以内的，应照章征收土地使用税；在厂区以外、与社会公用地段未加隔离的，暂免征收土地使用税。

（5）对企业厂区（包括生产、办公及生活区）以内的绿化用地，应照章征收土地使用税；厂区以外的公共绿化用地和向社会开放的公园用地，暂免征收土地使用税。

（6）自2019年1月1日至2020年12月31日，对向居民供热收取采暖费的供热企业，为居民供热所使用的土地免征城镇土地使用税。

（7）对在一个纳税年度内月平均实际安置残疾人就业人数占单位在职职工总数的比例高于25%（含25%）且实际安置残疾人人数高于10人（含10人）的单位，可减征或免征该年度城镇土地使用税。具体减免税比例及管理办法由省、自治区、直辖市财税主管部门确定。

（8）自2020年1月1日至2022年12月31日，对物流企业自有（包括自用和出租）或承租的大宗商品仓储设施用地，减按所属土地等级适用税额标准的50%计征城镇土地使用税。

8.3.4 城镇土地使用税的征收管理

8.3.4.1 纳税期限和纳税申报

城镇土地使用税按年计算，分期缴纳。缴纳期限由省、自治区、直辖市人民政府确定。各省、自治区、直辖市税务机关结合当地情况，一般分别确定按月、季、半年或1年等不同的期限缴纳。

纳税人应依照当地税务机关规定的期限，填写《城镇土地使用税纳税申报表》，将其占用土地的权属、位置、用途、面积和税务机关规定的其他内容据实向当地税务机关办理纳税申报登记，并提供有关的证明文件资料。

8.3.4.2 纳税义务发生时间

城镇土地使用税纳税义务发生时间的具体规定如下。

（1）购置新建商品房，自房屋交付使用之次月起计征城镇土地使用税。

（2）购置存量房，自办理房屋权属转移、变更登记手续，房地产权属登记机关签发房屋权属证书之次月起计征城镇土地使用税。

（3）出租、出借房产，自交付出租、出借房产之次月起计征城镇土地使用税。

（4）房地产开发企业自用、出租、出借本企业建造的商品房，自房屋使用或交付之次月起计征城镇土地使用税。

（5）纳税人新征用的耕地，自批准征用之日起满1年时开始缴纳城镇土地使用税。

（6）纳税人新征用的非耕地，自批准征用次月起缴纳城镇土地使用税。

8.3.4.3 纳税地点

城镇土地使用税在土地所在地缴纳。

纳税人使用的土地不属于同一省、自治区、直辖市管辖的，由纳税人分别向土地所在地的税务机关缴纳土地使用税；在同一省、自治区、直辖市管辖范围内，纳税人跨地区使用的土地，其纳税地点由各省、自治区、直辖市地方税务局确定。

土地使用税由土地所在地的地方税务机关征收，其收入纳入地方财政预算管理。土地管理机关应当向土地所在地的税务机关提供土地使用权属资料。

8.4 耕地占用税

耕地占用税法是指国家制定的用以调整耕地占用税征收与缴纳之间权利与义务关系的法律规范。我国的耕地占用税是对占用耕地建房或从事其他非农业建设的单位和个人，就其占用的耕地面积一次性征收的一种税。耕地占用税的实质是补偿农民因土地被占用而短缺的用于发展农业生产的资金。通过补偿行为将资金用于"三农"，从而保障农业健康、良性、有序发展。现行的耕地占用税的基本法律规范是2018年12月29日第十三届全国人民代表大会常务委员会第七次会议通过的《中华人民共和国耕地占用税法》（以下简称《耕地占用税法》），自2019年1月1日起施行。

8.4.1 耕地占用税的基本法律规定

8.4.1.1 纳税人

耕地占用税的纳税人为在中华人民共和国境内占用耕地建设建筑物、构筑物或者从事非农业建设的单位和个人。

8.4.1.2 征税范围

耕地占用税的征税范围为一切用于建设建筑物、构筑物或者从事非农业建设的耕地。这里的"耕地"是指用于种植农作物的土地。占用耕地建设农田水利设施的，不缴纳耕地占用税。

需要注意的是，占用园地、林地、草地、农田水利用地、养殖水面、渔业水域滩涂以及其他农用地建设建筑物、构筑物或者从事非农业建设的，按规定缴纳耕地占用税。

耕地占用税的征税范围必须同时符合两个条件：一是占用的土地的性质为农用耕地；二是占用耕地的目的是用于建设建筑物、构筑物或者从事非农业建设。

8.4.1.3 税率

耕地占用税实行地区差别定额税率，以县级行政区域为单位，按人均耕地面积的多少确定每平方米耕地的适用税额。耕地占用税税额表见表8-3。各省、自治区、直辖市耕地占用税平均税额表见表8-4。

表8-3 耕地占用税税额表

级 次	地区/以县级行政区域为单位	每平方米税额/元
1	人均耕地在1亩（含1亩）以下的	10～50
2	人均耕地在1～2亩（含2亩）的	8～40
3	人均耕地在2～3亩（含3亩）的	6～30
4	人均耕地在3亩以上的	5～25

表8-4 各省、自治区、直辖市耕地占用税平均税额表

地 区	每平方米税额标准/元
上海市	45
北京市	40
天津市	35
江苏、浙江、福建、广东	30
辽宁、湖北、湖南	25
河北、安徽、江西、山东、河南、四川、重庆	22.5
广西、海南、贵州、云南、陕西	20
山西、吉林、黑龙江	17.5
内蒙古、西藏、甘肃、青海、宁夏、新疆	12.5

各地区耕地占用税的适用税额，由省、自治区、直辖市人民政府根据人均耕地面积和经济发展等情况，在表8-3规定的税额幅度内提出，报同级人民代表大会常务委员会决定，并报全国人民代表大会常务委员会和国务院备案。各省、自治区、直辖市耕地占用税适用税额的平均水平，不得低于表8-4规定的平均税额。

8.4.1.4 税收优惠

根据《耕地占用税法》的规定，下列情形免征或减征耕地占用税。

（1）军事设施、学校、幼儿园、社会福利机构、医疗机构占用耕地，免征耕地占用税。

(2) 铁路线路、公路线路、飞机场跑道、停机坪、港口、航道、水利工程占用耕地，减按每平方米 2 元的税额征收耕地占用税。

(3) 农村居民在规定用地标准以内占用耕地新建自用住宅，按照当地适用税额减半征收耕地占用税；其中农村居民经批准搬迁，新建自用住宅占用耕地不超过原宅基地面积的部分，免征耕地占用税。

(4) 农村烈士遗属、因公牺牲军人遗属、残疾军人以及符合农村最低生活保障条件的农村居民，在规定用地标准以内新建自用住宅，免征耕地占用税。

(5) 根据国民经济和社会发展的需要，国务院可以规定免征或者减征耕地占用税的其他情形，报全国人民代表大会常务委员会备案。

需要注意的是，纳税人按规定免征或减征耕地占用税后，改变原占地用途，不再属于免征或者减征耕地占用税情形的，应当按照当地适用税额补缴耕地占用税。

此外，为进一步支持小微企业的发展，由省、自治区、直辖市人民政府根据本地区实际情况，以及宏观调控需要确定，对增值税小规模纳税人可以在 50% 的税额幅度内减征耕地占用税。

8.4.2 耕地占用税的计税依据和应纳税额的计算

耕地占用税以占用耕地的面积为计税依据，应纳税额的计算公式为：

应纳耕地占用税＝实际占用耕地面积×适用税额

【例 8-4】上海市某企业经批准占用郊区 20 000 平方米耕地用于建设新厂区，将其中 2 000 平方米的耕地用于开办一个托儿所，计算其应纳耕地占用税税额。已知：耕地所在地适用税额为每平方米 45 元。

【答案】该企业应纳耕地占用税税额＝(20 000－2 000)×45＝810 000（元）。

8.4.3 耕地占用税的征收管理

8.4.3.1 纳税义务发生时间和纳税期限

耕地占用税的纳税义务发生时间为纳税人收到自然资源主管部门办理占用耕地手续的书面通知的当日。纳税人应当自纳税义务发生之日起 30 日内申报缴纳耕地占用税。

自然资源主管部门凭耕地占用税完税凭证或者免税凭证和其他有关文件发放建设用地批准书。

8.4.3.2 纳税地点

耕地占用税由税务机关负责征收。

8.5 土地增值税

土地增值税法是国家运用税收杠杆引导房地产经营的方向，规范房地产市场的交易秩序，合理调节土地增值收益分配，维护国家权益，促进房地产开发的健康发展而制定的用以调整土地增值税征收与缴纳之间权利及义务关系的法律规范。土地增值税是以纳税人转让国有土地使用权、地上的建筑物及其附着物所取得的增值额为征税对象，依照规定税率征收的一种资源税。由于当时开征土地增值税的主要目的是抑制炒买炒卖土地获取暴利的行为，以保护正当房地产开发的发展，因而土地增值税也有特定目的税的特征。现行土地增值税的基本法律规范，是国务院在1993年12月13日发布的《中华人民共和国土地增值税暂行条例》（以下简称《土地增值税暂行条例》）和财政部于1995年1月27日颁布的《中华人民共和国土地增值税暂行条例实施细则》（以下简称《土地增值税暂行条例实施细则》）。

相关链接

世界各国与土地有关的税种

据统计现今世界对土地独立征税的国家或地区只有29个，但课征方法和标准都有明显差异，按照土地税开征环节的不同可以分为土地取得税、土地保有税和土地转让税三类。

① 土地取得税就是在个人或法人取得土地时所课征的税。根据取得土地的不同方式，土地取得时的课税分为两种：一是通过接受赠与或继承财产等无偿转移方式取得土地时所课征的税；二是通过购买、交换等有偿转移方式取得土地时所课征的税。前者的主要税种设置是遗产税、继承税、赠与税，以美国为代表的大多数国家都设立遗产税或继承税其中之一，和赠与税两个税种并行征收，也有部分国家如新加坡、马来西亚等只设立其中一个税种；而后者的主要税种设置包括登记许可税、不动产税和印花税。登记许可税是政府在土地发生权益变更进行所有权登记时向登记人征收的税，德国、意大利、荷兰等国都设有登记许可税。不动产税是政府针对个人或法人取得不动产时对其课征的税，如韩国的不动产购置税和日本的不动产取得税等。印花税则是对土地等不动产发生产权转移变动时，就当事人双方订立的契约，对不动产取得人征收的税，我国目前就设置了印花税。

② 土地保有税是针对土地保有环节所征收的税，目前世界上各国对土地保有税的设置方式主要有两种：一种是单独设置土地保有税，如巴西、新西兰等国；另一种是将土地保有税合并在其他财产税中一并征收，征收的税种主要有财产税、不动产税、房地产税、财产净值税等。财产税是针对纳税人某一时间的所有财产征税，财产中包含不动产，代表国家如美国。不动产税包括了土地和地上建筑物两部分税基，如加拿大的不动产税。房地产税是土地税和房屋税的总称，将土地和房屋合并在房地产税中征收，如巴西的城市房地产税。财产净值税是对纳税人所拥有的全部财产总额扣除债务后的余额所课征的税，其中土地也被合并在财产总额中，代表国家如印度等国。此外，还有一些国家的土地保有税由其他税种组成，比如日本的土地保有税由地价税、固定资产税、城市规划税和特别土地保有税组成。

③ 土地转让税是在土地所有权或使用权转让时一次性课征的税，但具体的课征方法各国差异很大。有些国家只对投机性土地交易征税，如德国；还有些国家则对土地有偿转让时获取收益的一律征税，如日本、美国、法国、英国等。多数国家或地区将土地转让产生的收益及定期增值的收入归并到了一般财产收益中，统一以所得税的形式课税。土地转让增值收益是指土地买卖或交易时的价格超过其原来入账时价格的增值部分，土地定期增值是指土地因地价上涨而形成的增值部分。以我国为代表的国家或地区针对土地使用者和所有者的土地

增值额单独课征土地增值税。同时有些国家为了有效防止土地投机，针对短期的土地转让还实行重税或追加特别税的制度，如日本、韩国、法国等。

8.5.1 土地增值税的基本法律规定

8.5.1.1 征税范围

1. 征税范围的基本规定

根据《土地增值税暂行条例》的规定，凡转让国有土地使用权、地上的建筑物及其附着物并取得收入的行为都应缴纳土地增值税。其中，"国有土地"是指按国家法律规定属于国家所有的土地；"地上的建筑物"是指建于土地上的一切建筑物，包括地上、地下的各种附属设施；"附着物"是指附着于土地上的不能移动、一经移动即遭损坏的物品。

通常是否属于土地增值税的征税范围，可以从3个标准来加以判定。

（1）转让土地的性质为国有土地的使用权。根据《宪法》和土地管理法的规定，城市的土地属于国家所有，农村和城市郊区的土地除由法律特殊规定外属于集体所有。我国土地增值税仅对转让国有土地使用权的征税，对转让集体土地使用权的则不征税。但是依法被征用后的集体土地属于国家所有，才能进行转让并纳入土地增值税的征税范围。

（2）国有土地使用权、地上建筑物及附着物的权属发生转移。这一标准可以从两方面来理解。其一，国有土地使用权的出让不属于土地增值税的征税范围。国有土地使用权的出让，是指国家以土地所有者的身份将土地使用权在一定年限内让与土地使用者，并由土地使用者向国家支付土地出让金的行为。其二，如果未转让土地使用权、房产产权未发生转移，也不属于土地增值税的征税范围。如房地产的出租，虽然取得了收入，但没有发生房地产的产权转让，不应属于土地增值税的征税范围。

（3）对转让房地产并取得收入的征税，对发生了转让行为而未取得收入的不征税。如通过继承、赠与方式转让房地产的，虽然发生了转让行为，但未取得收入，也不属于土地增值税的征税范围。

必须同时符合以上3个标准，才属于土地增值税的征税范围。

2. 征税范围的具体界定

根据以上3个标准，可对实践中的各种具体情况是否需要缴纳土地增值税作出界定。

（1）国有土地使用权、地上建筑物及附着物的转让。具体地说，出售国有土地使用权的、取得国有土地使用权后进行房屋开发建造然后出售的，以及存量房地产的买卖均属于土地增值税的征税范围。

（2）继承、赠与方式取得的房地产。以继承、赠与方式转让房地产，属于无偿转让房地产的行为，不纳入土地增值税的征税范围。但这里的"赠与"仅指两种情况：① 房产所有人、土地使用权所有人将房屋产权、土地使用权赠与直系亲属或承担直接赡养义务人的；② 房产所有人、土地使用权所有人通过中国境内非营利的社会团体、国家机关将房屋产权、土地使用权赠与教育、民政和其他社会福利、公益事业的。

（3）房地产的出租。房地产的出租，出租人虽取得了收入，但没有发生房产产权、土地使用权的转让，不纳入土地增值税的征税范围。

（4）房地产的投资联营。以房地产进行投资、联营的，当投资、联营的一方以土地（房地产）作价入股进行投资或作为联营条件，将房地产转让到所投资、联营的企业中时，暂免征收土地增值税。对投资、联营企业将上述房地产再转让的，应征收土地增值税。

（5）合作建房。对于一方出地，一方出资金，双方合作建房，建成后按比例分房自用的，暂免征收土地增值税；建成后转让的，应征收土地增值税。

（6）房地产的抵押。在抵押期间不征收土地增值税。待抵押满后，以房地产抵债而发生房地产产权转让的，应征收土地增值税。

（7）房地产的交换。由于交换行为既发生了房屋产权、土地使用权的转移，交换双方又取得了实物形态的收入，因而属于土地增值税的征税范围。但对个人之间互换自有居住用房地产的，经当地税务机关核实，可以免征土地增值税。

（8）房地产的兼并。在企业兼并中，对被兼并企业将房地产转让到兼并企业中的，暂免征收土地增值税。

（9）房地产评估增值。房地产评估增值，既没有发生房地产权属的转让，也没有取得收入，因而不属于土地增值税的征税范围。

8.5.1.2 纳税人

根据《土地增值税暂行条例》和《土地增值税暂行条例实施细则》的规定，土地增值税的纳税人是转让国有土地使用权、地上建筑物及其附着物，并取得收入的单位和个人。

8.5.1.3 税率

土地增值税以增值率为累进依据，实行四级超率累进税率：增值额未超过扣除项目金额50%的部分，税率为30%；增值额超过扣除项目金额50%、未超过扣除项目金额100%的部分，税率为40%；增值额超过扣除项目金额100%、未超过扣除项目金额200%的部分，税率为50%；增值额超过扣除项目金额200%的部分，税率为60%。土地增值税四级超率累进税率见表8-5。

表8-5 土地增值税四级超率累进税率表

级　数	增值额与扣除项目金额的比率	税　率/%	速算扣除系数/%
1	不超过50%的部分	30	0
2	超过50%至100%的部分	40	5
3	超过100%至200%的部分	50	15
4	超过200%的部分	60	35

8.5.1.4 税收优惠

根据《土地增值税暂行条例》《土地增值税暂行条例实施细则》及财政部、国家税务总局颁布的相关规范性文件的规定，有下列情形之一的免征土地增值税。

（1）纳税人建造普通标准住宅出售，增值额未超过扣除项目金额20%的，免征土地增值税。

所谓"普通标准住宅"，是指按所在地一般民用住宅标准建造的居住用住宅。高级公寓、别墅、小洋楼、度假村，以及超面积、超标准豪华装修的住宅，均不属于普通标准住宅。

但对于纳税人既建普通标准住宅又搞其他房地产开发的，应分别核算增值额。不分别核算增值额或不能准确核算增值额的，其建造的普通标准住宅不能适用这一免税规定。

(2) 因国家建设需要依法征用、收回的房地产,免征土地增值税。

(3) 个人因工作调动或改善居住条件而转让原自用住房,经向税务机关申报核准,凡居住满5年或5年以上的,免予征收土地增值税;居住满3年未满5年的,减半征收土地增值税。居住未满3年的,按规定计征土地增值税。

(4) 为支持廉租住房、经济适用住房建设,自2007年8月1日起,企事业单位、社会团体及其他组织转让旧房作为廉租住房、经济适用住房房源且增值额未超过扣除项目金额20%的,免征土地增值税。

(5) 为了切实减轻个人买卖普通住宅的税收负担,积极启动住房二级市场,自1999年8月1日起,对居民个人拥有的普通住宅,在其转让时暂免征收土地增值税。从2008年11月1日起,对个人销售住房暂免征收土地增值税。

(6) 对个人之间互换自有居住用房地产的,经当地税务机关核实,可以免征土地增值税。

8.5.2 土地增值税的计税依据和应纳税额的计算

8.5.2.1 计税依据

土地增值税的计算依据是纳税人转让房地产所取得的增值额。转让房地产的增值额,是纳税人转让房地产的收入减除税法规定的扣除项目金额后的余额。因而土地增值额的大小,主要取决于转让房地产的收入额和扣除项目金额两个因素。

1. 转让收入的确定

纳税人转让房地产所取得的收入是指转让房地产的全部价款及有关的经济收益,包括货币收入、实物收入和其他收入。这里需要注意的是,营改增后,纳税人转让房地产的土地增值税应税收入不含增值税。适用增值税一般计税方法的纳税人,其转让房地产的土地增值税应税收入不含增值税销项税额;适用简易计税方法的纳税人,其转让房地产的土地增值税应税收入不含增值税应纳税额。

土地增值税以人民币为计算单位。转让房地产所取得的收入为外国货币的,以取得收入当天或当月1日国家公布的市场汇价折合成人民币,据以计算应纳土地增值税税额。

2. 扣除项目的确定

根据《土地增值税暂行条例》和《土地增值税暂行条例实施细则》的规定,土地增值税的扣除项目如下。

1) 取得土地使用权所支付的金额

取得土地使用权所支付的金额具体包括两方面的内容。

(1) 纳税人为取得土地使用权所支付的地价款。如果是以出让方式取得土地使用权的,为支付的土地出让金;如果是以行政划拨方式取得土地使用权的,为转让土地使用权时按规定补交的出让金;如果是以转让方式取得土地使用权的,则为支付的地价款。

(2) 纳税人按国家统一规定交纳的有关费用。它是指纳税人在取得土地使用权过程中为办理有关手续,按国家统一规定缴纳的有关登记、过户手续费。

2) 房地产开发成本

房地产开发成本是指纳税人房地产开发项目实际发生的成本,包括土地征用及拆迁补偿费、前期工程费、建筑安装工程费、基础设施费、公共配套设施费、开发间接费用。

(1) 土地征用及拆迁补偿费。包括土地征用费、耕地占用税、劳动力安置费及有关地上、地下附着物拆迁补偿的净支出及安置动迁用房支出等。

（2）前期工程费。包括规划、设计、项目可行性研究和水文、地质、勘察、测绘、"三通一平"等支出。

（3）建筑安装工程费。是指以出包方式支付给承包单位的建筑安装工程费，以自营方式发生的建筑安装工程费。

（4）基础设施费。包括开发小区内道路、供水、供电、供气、排污、排洪、通信、照明、环卫、绿化等工程发生的支出。

（5）公共配套设施费。包括不能有偿转让的开发小区内公共配套设施发生的支出。

（6）开发间接费用。是指直接组织、管理开发项目发生的费用，包括工资、职工福利费、折旧费、修理费、办公费、水电费、劳动保护费、周转房摊销等。

3）房地产开发费用

房地产开发费用是指与房地产开发项目有关的销售费用、管理费用和财务费用。根据现行财务制度的规定，与房地产开发有关的费用直接计入当年损益，不按房地产项目进行归集或分摊。为了便于计算操作，《土地增值税暂行条例实施细则》规定，财务费用中的利息支出，凡能够按转让房地产项目计算分摊并提供金融机构证明的，允许据实扣除，但最高不能超过按商业银行同类同期贷款利率计算的金额。其他房地产开发费用，按取得土地使用权所支付的金额及房地产开发成本之和的5%以内予以扣除。凡不能提供金融机构证明的，利息不单独扣除，三项费用的扣除按取得土地使用权所支付的金额及房地产开发成本的10%以内计算扣除。计算扣除的具体比例，由各省、自治区、直辖市人民政府规定。

需要注意的是，财政部、国家税务总局还对扣除项目金额中利息支出的计算问题作了两点专门规定：① 利息的上浮幅度按国家的有关规定执行，超过上浮幅度的部分不允许扣除；② 对于超过贷款期限的利息部分和加罚的利息不允许扣除。

4）开发税金及附加

转让房地产有关的税金是指在转让房地产时缴纳的印花税、城市维护建设税，教育费附加、地方教育费附加也可视同税金扣除。

需要明确的是，由于房地产开发企业按照《施工、房地产开发企业财务制度》的有关规定，其缴纳的印花税列入管理费用，因而印花税不再单独扣除。房地产开发企业以外的其他纳税人在计算土地增值税时，允许扣除在转让房地产环节缴纳的印花税。

这里需要注意的是，土地增值税扣除项目涉及的增值税进项税额，允许在销项税额中计算抵扣的，不计入扣除项目，不允许在销项税额中计算抵扣的，可以计入扣除项目。①

5）其他扣除项目

为保证从事房地产开发的纳税人取得基本的投资回报，以调动其从事房地产开发的积极性。《土地增值税暂行条例实施细则》规定了对从事房地产开发的纳税人可按取得土地使用权时所支付的金额和房地产开发成本之和，加计20%的扣除。但应特别指出的是，此条加计扣除项目只适用于从事房地产开发的纳税人，除此之外的其他纳税人则不适用。

值得注意的是，对于房地产开发企业，一般情况下允许扣除上述1）～5）项。但是为了抑制"炒"买"炒"卖地皮的行为，对取得土地或房地产使用权后，未进行开发即转让

---

① 《关于营改增后契税、房产税、土地增值税、个税计税依据问题的通知》（财税〔2016〕43号）。

的，计算其增值额时，则只允许扣除取得土地使用权时支付的地价款、交纳的有关费用，以及在转让环节缴纳的税金。

6) 旧房及建筑物的评估价格

此条扣除也具有一定的针对性，主要是针对转让已使用的房屋和建筑物的扣除项目。所谓旧房及建筑物的评估价格，是指在转让已使用的房屋及建筑物时，由政府批准设立的房地产评估机构评定的重置成本价乘以成新度折扣率后的价格，评估价格须经当地税务机关确认。重置成本价的含义是：对旧房及建筑物按转让时的建材价格及人工费用计算，建造同样面积、同样层次、同样结构、同样建设标准的新房及建筑物所需花费的成本费用。成新度折扣率的含义是：按旧房的新旧程度作一定比例的折扣。例如，一幢房屋已使用近15年，建造时的造价为2 000万元，按转让时的建材及人工费用计算，建同样的新房需花费6 000万元，该房有五成新，则该房的评估价格为：6 000×50% = 3 000（万元）。

纳税人转让旧房的，除了可以扣除房屋及建筑物的评估价格以外，还可在计征土地增值税时扣除取得土地使用权所支付的地价款和按国家统一规定缴纳的有关费用，以及在转让环节缴纳的税金。但是对取得土地使用权时未支付地价款或不能提供已支付的地价款凭据的，在计征土地增值税时则不允许扣除。

综上所述，增值额是纳税人计征土地增值税的实质内容，土地增值税纳税人转让房地产所取得的收入减除法定的扣除项目金额后的余额为增值额。另外，由于土地增值税按增值额与扣除项目的累进程度实行超率累进税率。增值率越大，适用税率越高，缴纳的税额就越多。因此，准确核算增值额是非常重要的。在实践中，有些纳税人通过缩小计税依据来逃避纳税。因而，为了防止纳税人偷逃税收，税法规定，纳税人有下列情形之一的按照房地产评估价格计算征收：

（1）隐瞒、虚报房地产成交价格的；

（2）提供扣除项目金额不实的；

（3）转让房地产的成交价格低于房地产评估价格，又无正当理由的。

其中，"房地产评估价格"是指由政府批准设立的房地产评估机构根据相同地段、同类房地产进行综合评定的价格；"隐瞒、虚报房地产成交价格"是指纳税人不报或有意低报转让土地使用权、地上建筑物及其附着物价款的行为；"提供扣除项目金额不实的"是指纳税人在纳税申报时不据实提供扣除项目金额的行为；"转让房地产的成交价格低于房地产评估价格，又无正当理由的"是指纳税人申报的转让房地产的实际成交价低于房地产评估机构评定的交易价，纳税人又不能提供凭据或无正当理由的行为。

发生上述情形时，由税务机关依照以下规定进行处理。

① 隐瞒、虚报房地产成交价格，应由评估机构参照同类房地产的市场交易价格进行评估。税务机关根据评估价格确定转让房地产的收入。

② 提供扣除项目金额不实的，应由评估机构按照房屋重置成本价乘以成新度折扣率计算的房屋成本价和取得土地使用权时的基准地价进行评估。税务机关根据评估价格确定扣除项目金额。

③ 转让房地产的成交价格低于房地产评估价格，又无正当理由的，由税务机关参照房地产评估价格确定转让房地产的收入。

8.5.2.2 应纳税额的计算

土地增值税按照纳税人转让房地产所取得的增值额和规定的税率计算征收。土地增值税的计算公式是：

$$应纳税额 = \sum (每级距的增值额 \times 适用税率)$$

但在实际工作中，分步计算比较烦琐，一般可以采用速算扣除法计算。其计算公式为：

应纳税额＝增值额×适用税率－扣除项目金额×本级速算扣除系数

具体计算公式如下。

（1）增值额未超过扣除项目金额 50%。

应纳税额＝增值额×30%

（2）增值额超过扣除项目金额 50%，未超过 100%。

应纳税额＝增值额×40%－扣除项目金额×5%

（3）增值额超过扣除项目金额 100%，未超过 200%。

应纳税额＝增值额×50%－扣除项目金额×15%

（4）增值额超过扣除项目金额 200%。

应纳税额＝增值额×60%－扣除项目金额×35%

下面通过表 8-6 说明土地增值税应纳税额的计算步骤。

表 8-6 土地增值税应纳税额的计算步骤

计算步骤		具体内容
1. 确定房地产转让收入		包括货币、实物和其他收入
2. 确定扣除项目金额		
转让新建房	（1）支付的地价款	支付的地价款和有关费用
	（2）房地产开发成本	房地产开发项目实际发生的成本
	（3）房地产开发费用	① 提供贷款证明的，准确分摊利息支出的： 利息+（取得土地使用权所支付的金额+房地产开发成本）×5%以内 ② 不能提供贷款证明或不能分摊利息支出的： （取得土地使用权所支付的金额+房地产开发成本）×10%以内
	（4）与转让房地产有关的税金	城建税、教育费附加、印花税
	（5）加计扣除项目（适用于房地产开发企业）	（取得土地使用权所支付的金额+房地产开发成本）×20%
转让旧房	（1）支付的地价款	需取得支付凭据
	（2）旧房及建筑物的评估价格	重置成本×成新度折扣率
	（3）与转让房地产有关的税金	城建税、教育费附加、印花税
3. 计算增值额		3＝1－2
4. 计算增值额与扣除项目的比率，找出适用税率		
5. 计算应纳税额		5＝3×税率－2×速算扣除系数

【例8-5】某房地产公司有偿转让写字楼一幢，共取得转让收入4 000万元，应扣除的购买土地的金额、开发成本、开发费用、相关税金及其他扣除合计为2 404万元，以上金额均不含增值税，请计算该房地产企业应缴纳的土地增值税。

【答案】
(1) 先计算增值额：
$$增值额 = 4\ 000 - 2\ 404 = 1\ 596（万元）$$
(2) 计算增值额与扣除项目的比率：
$$(1\ 596/2\ 404) \times 100\% = 66.39\%$$
(3) 计算土地增值税：
$$应缴纳的土地增值税 = 1\ 596 \times 40\% - 2\ 404 \times 5\% = 638.4 - 120.2 = 518.2（万元）$$

【例8-6】甲企业转让旧办公楼一栋，土地发票注明地价款为200万元，办公楼评估价格为1 500万元，成新度为6成新，缴纳评估费20万元，转让收入1 575万元。计算甲企业应当缴纳的土地增值税。

已知：销售该办公楼采用简易计税方法的税率为5%，城市维护建设税率为7%，教育费附加为3%，印花税按合同中的不含税价格计算。

【答案】
(1) 确定转让房地产的收入，转让收入 = 1 575/(1+5%) = 1 500（万元）。
(2) 扣除项目金额 = 200 + 1 500×60% + 20 + [1 575/(1+5%)]×5%×(7%+3%) + [1 575/(1+5%)]×0.5‰ = 200 + 900 + 20 + 7.5 + 0.75 = 1 128.25（万元）。
(3) 增值额 = 1 500 - 1 128.25 = 371.75（万元）。
(4) 增值额占扣除项目比率 = 371.75/1 128.25 = 32.95%。
(5) 应纳土地增值税税额 = 371.75×30% = 111.53（万元）。

8.5.3 土地增值税的征收管理

8.5.3.1 纳税申报

纳税人应在转让房地产合同签订后的七日内，到房地产所在地主管税务机关办理纳税申报，如实填写《土地增值税纳税申报表》，并向税务机关提交房屋及建筑物产权、土地使用权证书、土地转让、房产买卖合同，房地产评估报告及其他与转让房地产有关的资料。纳税人因经常发生房地产转让而难以在每次转让后申报的，经税务机关审核同意后，可以定期进行纳税申报，具体期限由税务机关根据情况确定。纳税人按照税务机关核定的税额及规定的期限缴纳土地增值税。

纳税人在项目全部竣工结算前转让房地产取得的收入，由于涉及成本确定或其他原因而无法据以计算土地增值税的，可以预征土地增值税，待该项目全部竣工、办理结算后再进行清算，多退少补。具体办法由各省、自治区、直辖市地方税务局根据当地情况制定。

8.5.3.2 纳税地点

土地增值税的纳税人应向房地产所在地主管税务机关办理纳税申报，并在税务机关核定的期限内缴纳土地增值税。

这里所说的"房地产所在地",是指房地产的坐落地。纳税人转让的房地产坐落在两个或两个以上地区的,应按房地产所在地分别申报纳税。

在实际工作中,纳税地点的确定又可分为以下两种情况。

(1) 纳税人是法人的。当转让的房地产坐落地与其机构所在地或经营所在地一致时,则在办理税务登记的原管辖税务机关申报纳税即可;如果转让的房地产坐落地与其机构所在地或经营所在地不一致时,则应在房地产坐落地所管辖的税务机关申报纳税。

(2) 纳税人是自然人的。当转让的房地产坐落地与其居住所在地一致时,则在居住所在地税务机关申报纳税;当转让的房地产坐落地与其居住所在地不一致时,在办理过户手续所在地的税务机关申报纳税。

地方税务机关征税时,土地管理部门、房产管理部门应当向税务机关提供有关资料,并协助税务机关依法征收土地增值税。纳税人未按照法律规定缴纳土地增值税的,土地管理部门、房产管理部门不得办理有关的权属变更手续。

资源税综合案例

【案例分析 8-1】原油企业如何纳税?

华北某原油企业为增值税一般纳税人,2022 年 6 月发生下列业务。

① 开采原油 1 万吨,当月销售 0.6 万吨,原油价格为每吨 6 000 元(不含增值税,下同)。

② 运输原油过程中用于加热的原油 0.1 万吨,将 0.2 万吨自产原油用于对外投资;将 0.3 万吨自产原油用于职工食堂和浴室。

已知:原油的资源税税率为 6%,该企业按照规定税率计算缴纳增值税,当期发生可抵扣的增值税进项税为 500 万元。

根据上述条件计算下列税额。

(1) 该企业当期应纳的资源税。

(2) 该企业当期应纳的增值税。

【答案及解析】

(1) 业务①应纳资源税 = 0.6×6 000×6% = 216(万元)。

业务②油田运输加热使用原油免征资源税;对外投资和用于食堂和浴室的自产原油属于视同销售,应纳资源税 = (0.2+0.3)×6000×6% = 180(万元)。

$$该企业当期应纳的资源税 = 216+180 = 396(万元)$$

(2) 销项税 = (0.6+0.2+0.3)×6000×13% = 858(万元),进项税为 500 万元。

$$该企业当期应纳的增值税 = 858-500 = 358(万元)$$

【案例分析 8-2】红光机械厂应如何缴纳城镇土地使用税?

红光机械厂地处市区,该企业 2019 年实际占地情况如下。

① 厂区内绿化用地 600 平方米。

② 3 月 31 日,企业无偿借出 2 000 平方米土地给部队作训练场地。

③ 4 月 30 日,该企业将一块生产经营用地 3 000 平方米出租给另一企业使用。

④ 5月20日，新征用厂区附近的两块土地共计3 300平方米，一块是征用的耕地，面积为1 500平方米；另一块是征用的非耕地，面积为1 800平方米。

⑤ 除上述土地外，企业自身生产经营占用土地面积15 000平方米。

该企业所在地的省政府规定，城镇土地使用税每半年征收一次，每平方米土地年税额为3元。计算该企业2019年1—6月份应缴纳的城镇土地使用税。

【答案及解析】

依据城镇土地使用税的法律规定，城镇土地使用税的纳税人是拥有土地使用权的单位和个人，因而将土地使用权出租的红光机械厂仍为土地使用税的纳税人；对免税单位无偿使用纳税单位的土地免征土地使用税；对企业厂区以内的绿化用地，应照章征收土地使用税。纳税人新征用的耕地，自批准征用之日起满1年时开始缴纳城镇土地使用税；纳税人新征用的非耕地，自批准征用次月起缴纳城镇土地使用税。

因而，红光机械厂应纳的城镇土地使用税 = (600+3 000+15 000)×3×6/12+2 000×3×3/12+1 800×3×1/12 = 27 900+1 500+450 = 29 850（元）。

【案例分析8-3】

2019年4月，某市房地产开发公司（一般纳税人）销售自己开发的房地产项目，共取得含增值税收入52 500万元。由于该项目的开工日期在2016年4月30日之前，该公司对于该项目选择了简易征收。公司按照国家税法的规定缴纳了增值税、城建税、教育费附加和印花税。

已知：该公司为取得该项目土地使用权支付给政府部门的地价款和按照国家规定缴纳的有关税费为6 000万元；该项目房地产开发成本为12 000万元，房地产开发费用中的利息支出为4 000万元（该公司不能按转让房地产项目分摊利息支出，也不能提供金融机构证明）。该公司所在地政府规定的其他房地产开发费用的扣除比例为10%，城建税税率为7%，教育费附加的征收率为3%，地方教育附加征收率为2%，印花税税率为0.05%。请计算该房地产公司应缴纳的土地增值税。

【答案及解析】

（1）确定转让房地产收入，转让收入 = 52 500/(1+5%) = 50 000（万元）。

（2）确定转让房地产的扣除项目金额。

① 取得土地使用权时支付的金额 = 6 000（万元）；

② 房地产开发成本 = 12 000（万元）；

③ 房地产开发费用 = (6 000+12 000)×10% = 1 800（万元）；

④ 与转让房地产有关的税金 = 城市维护建设税+教育费附加+地方教育费附加
 = 52 500/(1+5%)×5%×(7%+3%+2%) = 300（万元）；

⑤ 从事房地产开发的加计扣除 = (6 000+12 000)×20% = 3 600（万元）。

转让房地产的扣除项目金额 = 6 000+12 000+1 800+300+3 600 = 23 700（万元）。

（3）转让房地产的增值额 = 50 000−23 700 = 26 300（万元）。

（4）增值额与扣除项目金额的比率 = 26 300/23 700 = 110.97%。

（5）应纳土地增值税税额 = 26 300×50%−23 700×15% = 13 150−3 555 = 9 595（万元）。

课后练习题

牛刀小试

一、选择题（含单选题和多选题，请用手机扫描下方二维码作答并查看正确答案）

二、思考探索题

1. 请查阅文献，了解我国现行资源税税制中存在的问题及改革的基本方向。
2. 请结合目前我国各税种的税收制度，分析目前个人转让二手房应缴纳哪些税费？
3. 试述计算土地增值额时准予扣除的项目。

竞技场

一、选择题（含单选题和多选题，请用手机扫描下方二维码作答并查看正确答案）

二、案例分析题

1. 某煤矿企业（增值税一般纳税人），2019年6月向某电厂销售优质原煤3 000吨，开具增值税专用发票注明不含税价款36万元，支付从坑口到车站的运输费用2万元，取得运输公司开具的增值税专用发票；向某煤场销售选煤，开具增值税普通发票列明销售额7.6万元。该煤矿资源税税率为5%，选煤折算率为92%。计算该煤矿当期应缴的资源税和增值税。

2. 假设A公司于2013年2月1日从B公司购买房产一处（坐落地位于天津市），取得了相关发票；成交价1 000万元、缴纳契税30万元，并办理了过户手续。2016年5月10日以1 500万元含税价将此处房产销售给C公司，选择了按简易征收缴纳增值税并开具了发票。请计算A公司应缴纳的土地增值税。

3. 山东省青岛市某铝制品生产企业2002年成立，实际占用土地面积30 000平方米，其中28 000平方米为该企业自用的土地，1 000平方米为企业办的学校用地，500平方米为企业办的托儿所用地，500平方米无偿提供给公安局派出所使用。由于规模扩大，根据有关部门的批准，2008年8月在青岛市某郊区新征用耕地21 000平方米，用于新建厂区。另外，该企业的分支机构与某加工企业在青岛市区还共同使用一栋共有土地使用权的建筑物。该建筑物占用土地面积2 000平方米，建筑面积12 000平方米。该企业与加工企业的占用比例为2∶3。已知该生产企业所在地的城镇土地使用税的单位税额为每平方米12元，耕地占用税税额为每平方米20元，请计算该企业应当缴纳的城镇土地使用税和耕地占用税。

第 9 章 财产类税法

思维导图

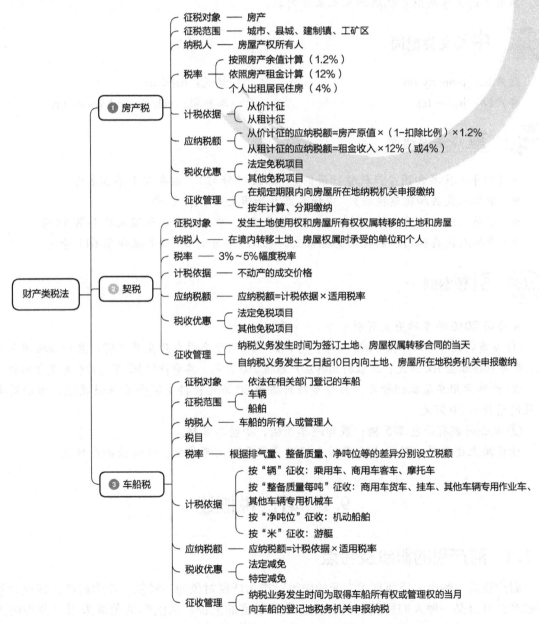

财产税由来已久,在各国历史上曾长期作为主要税收,对各国经济发展起着极为重要的作用。它是以纳税人所拥有或支配的应税财产为征税对象的一种税收。各国的税收实践表明,财产税在整个税收法律体系中占有重要的地位,在筹集地方财政收入、公平社会财富分配、调节收入水平方面,具有其他税种无法取代的作用。我国现行的财产税系主要包括房产税、契税、车船税。

本章主要介绍这些税法的基本法律内容。通过本章的学习,应当理解财产税的概念和特征,应当了解并掌握财产税法的基本法律内容。

财产税:property tax 契税:deed tax
房产税:house tax 车船税:vehicle and vessel tax

◆《中华人民共和国房产税暂行条例》(2011年修订),国务院令第588号
◆《中华人民共和国契税法》,中华人民共和国主席令第52号
◆《中华人民共和国车船税法》(2019年修正),中华人民共和国主席令第43号
◆《中华人民共和国车船税法实施条例》(2019年修订),国务院令第611号

A公司2016年度的有关资料如下。

① 在市区拥有房产原值6 000万元,房产的70%用于公司自用生产经营,另外30%用于出租,每年取得租金100万元;在农村拥有房产原值280万元,其中价值80万元的仓库用于出租。

② 外单位用房屋抵偿债务,房屋市场价格为80万元;接受某企业房屋捐赠,市场同类房屋的售价为30万元。

③ A公司拥有面包车5辆;载货汽车5辆;小轿车8辆。

请根据上述资料,说明A公司的上述财产需要缴纳哪些税,计税依据是什么。

9.1 财产税概述

9.1.1 财产税的概念及特点

财产税是以纳税人所拥有或支配的应税财产为征税对象的一种税。作为财产税征税对象的财产,可以是一种人们所拥有的利益,是其财富的象征。从法学的角度来看,分为两大类:一类是不动产,如土地、房屋、建筑物、构筑物等;另一类是动产,包括有形动产和无

形动产。其中有形动产包括的范围最为广泛，无法一一枚举。一般而言，它又可分为有形收益性动产和有形消费性动产，前者如存货、机器设备等，后者如汽车等。无形动产主要包括股票、债券、专利权、商标权等。但是现实中的财产税一般不是对全部财产课税，而是对某些税源比较容易控制、可操作性强的特定存量财产课税。大部分国家在选择财产税的征税对象时，主要选择对不动产（除车辆和飞行器外）来征税。我国目前也只选择了对房屋、车船等征收财产税。

一般来说，财产税具有以下特点。

（1）财产税以财产为征税对象。这是财产税区别于其他税种的一个重要特点。财产税的很多其他特点均由这一特点派生而来。

（2）财产税的税源充足，收入较为稳定。一方面，作为课税对象的财产种类很多，为财产税的税源提供了充足的保障；另一方面，存量财产按财产的价值征税，较少受经常性变动因素的影响，只要纳税人的应税财产存在就应履行相应的纳税义务。因而税收收入较为稳定可靠。

（3）财产税是直接税，税负不易转嫁。财产税由财产所有者、使用者、收益者直接承担，并且一般情况下，由于财产税的纳税人在财产使用上不与他人发生经济利益关系，所以很难把税负转嫁给他人。

（4）财产税一般属于地方税。财产税税源分散，因而适宜作为地方税收。目前大多数国家还是把财产税作为地方政府收入的主要来源。我国目前征收的财产税均由财产所在地的征税机关征缴和管理。

（5）财产税的征收管理比较复杂。作为财产税征税客体的财产税源比较分散，征税范围广泛，因而税源难以追踪；另外，财产税一般以财产的价值作为课征标准，而财产价值估算不但难以控制，而且容易给地方税务机关留下寻租的空间，使税负有失公平。

9.1.2 财产税的分类

财产税是世界普遍开征的一种税，作为一种历史悠久的税种，可以从不同的角度对财产税进行分类。

1. 按征税范围的不同

依据征税范围的不同，财产税可分为一般财产税和特别财产税两类。

（1）一般财产税是指对纳税人所有的财产价值综合课征的税收。但课税时一般要考虑日常生活必需品的免税和负债的扣除，等等。

（2）特别财产税是指对纳税人所拥有或支配的某些特定财产（如土地、房屋等）进行课征的税收。课税时，一般不需要考虑免税和扣除，在计算和征收时比较容易。

2. 按课税财产状态的不同

依据课税财产状态的不同，财产税可分为静态财产税和动态财产税。

（1）静态财产税是指对纳税人某一时期内所持有或支配的权利未发生变动的静态财产，按其数量或价格进行征收的税，如房屋税、土地税等。

（2）动态财产税是指对纳税人一定时期权利发生转移、变动的财产，按其财产转移价值或增值额征收的一种税，如遗产税、继承税、赠与税等。

3. 按课税环节的不同

依据课税环节的不同，可分为一般财产税、财产转让税与财产收益税。

（1）一般财产税是对财产使用者在使用环节课征的税，如房产税、土地使用税。

（2）财产转让税是在财产转让环节就转让的财产征收的税，如继承税、赠与税、资本转让税等。

（3）财产收益税是在财产所得环节对财产带来的收益课征的税，有的国家也把其归入所得税类。

4. 按课税方法的不同

依据课税方法的不同，财产税可分为从量财产税和从价财产税。

（1）从量财产税是指以纳税人的应税财产的数量为计税依据，实行从量定额征收的财产税。

（2）从价财产税是指以纳税人的应税财产的价值为计税依据，实行从价定率征收的财产税。

9.1.3 我国财产税法律制度的沿革

我国现行的财产税制度主要包括房产税、契税、车船税等。正在酝酿开征的财产税包括物业税和遗产税等。

国家对财产课税已有悠久历史。在人类历史发展过程中，当私有财产制度确立后，对财产课税就有了可能。早在我国周代时征收的"廛布"，实际上是对市邸房舍所征收的一种财产税。秦汉时期，我国已征收车船税，唐朝时开征的"间架税"、清初的"市廛输钞"、明清时对内河商船征收的"船钞"等均具有财产税的特征。

中华人民共和国成立后，政务院在1950年颁布的《全国税政实施要则》中曾列举有遗产税、房产税、地产税。同年4月，政务院又公布了《契税暂行条例》，同年6月将房产税和地产税合并为房地产税。1951年8月政务院颁布了《城市房地税暂行条例》，同年9月政务院颁布了《车船使用牌照税暂行条例》，对车船征收车船使用牌照税。至此，初步形成了我国的财产税体系。

1973年工商税制改革时，把对企业征收的城市房地产税并入工商税，只对有房产的个人、外商投资企业和房产管理部门继续征收城市房地产税。1984年10月工商税制全面改革时，对国内企业单位恢复征收房产税。但由于当时土地归国家所有，不允许买卖，国务院考虑分别设立房产税和城镇土地使用税两个独立的税种。1986年9月15日，国务院正式发布了《中华人民共和国房产税暂行条例》（以下简称《房产税暂行条例》），自当年10月1日开始施行。各省、自治区、直辖市政府根据条例规定先后制定了实施细则。至此，房产税在全国范围内全面征收。但由于对外商投资企业、外国企业和外籍人员征收城市房地产税，所以当时的房产税把外商投资企业、外国企业和外籍人员排除在了征税范围之外。为简化税制，统一税政，公平税负，创造和谐的税收环境，国务院于2008年12月31日签发了第546号令，废除了《城市房地产税暂行条例》。自2009年1月1日起，外商投资企业、外国企业和组织及外籍个人（港澳台资企业和组织，以及华侨、港澳台同胞参照外商投资办理），依照《房产税暂行条例》缴纳房产税。2011年，《房产税暂行条例》进行了第1次修订。

自中华人民共和国颁布了第一个税收法规（即《契税暂行条例》）之后，《契税暂行条例》一直沿用了40多年，在加强对土地、房屋权属转移的管理、增加地方财政收入、调节收入分配等方面都发挥了积极作用。但是，伴随着改革开放，我国的社会、经济结构已发生了巨大变化，房地产市场得到较大发展，《契税暂行条例》的内容已经不能适应新的形势。因此，1997年7月7日国务院重新制定了《中华人民共和国契税暂行条例》（以下简称《契税暂行条例》），并从1997年10月1日起施行。为进一步落实税收法定原则，2020年8月11日第十三届全国人民代表大会常务委员会第二十一次会议表决通过了《中华人民共和国契税法》（以下简称《契税法》，自2021年9月1日起施行。契税一次性征收，并普遍适用于内外资企业和中国公民、外籍个人。可以预见，在今后相当长的一段时间内，住房消费将成为一个持续性的公众消费热点。房地产业的兴旺，为契税的发展提供了广阔的天地和巨大的上扬空间。

  1973年简化税制、合并税种时，把对国有企业和集体企业征收的车船使用牌照税并入了工商税，并且只对不缴纳工商税的单位、个人和外侨的车船征税。1984年10月国务院决定恢复对车船征税，并将车船使用牌照税改名为车船使用税。1986年9月15日，国务院发布了《中华人民共和国车船使用税暂行条例》，决定从1986年10月1日起在全国施行，但对外商投资企业、外国企业、外籍人员则不征收该税，仍征收车船使用牌照税。以上两个税种自开征以来，在组织地方财政收入，调节和促进经济发展方面发挥了积极作用。但随着社会主义市场经济体制的建立和完善，人民群众生活水平的不断提高，尤其是我国加入WTO后，两个条例并存出现了一些问题：一是内外两个税种，不符合税政统一、简化税制的要求；二是缺乏必要的税源监控手段，不利于征收管理；三是两个税种的税额标准已明显偏低；四是车船使用税和车船使用牌照税的征税范围不尽合理，对自行车等非机动车和拖拉机征税，而对行政事业单位的车辆不征税，显然有失公平原则，也不能体现国家的惠农政策。基于上述问题的存在，为了统一税制、公平税负、拓宽税基、增加地方财政收入，2006年12月29日，国务院在原车船使用税和车船使用牌照税的基础上颁布了新的《车船税暂行条例》，从2007年1月1日起施行。新修改的车船使用税统一了内外资企业和个人的车船税，提高了税额标准，并进一步加强了税收征管。《车船税暂行条例》自2007年1月1日施行以来，税收收入稳步增长，取得了较好效果。为了更好地体现税收法定原则，促进税收法律体系建设，体现税负公平，2011年2月25日，第十一届全国人民代表大会常务委员会第十九次会议通过了《中华人民共和国车船税法》（以下简称《车船税法》），自2012年1月1日起施行。作为第一部由条例上升的法律和第一部地方税法律，《车船税法》的颁布具有标志性作用。2019年，《车船税法》进行了第一次修正。

  随着经济体制改革的不断深入进行和居民收入分配的巨大变化，我国将在条件成熟时开征遗产税或遗产与赠与税、物业税等财产税种。我国现行物业税改革的基本框架是"将现行房产税、城市房地产税、土地增值税及土地出让金等收费合并，转化为房产保有阶段统一收取的物业税"。物业税、遗产税等一系列财产税的开征必将使我国的财产税体系更加完善。

遗产税和赠与税

  财产税课税体系中，遗产税和赠与税是其中的重要税种。遗产税是被继承人死亡之后，对其遗留的应纳税财产依法征收的一种税。从各国遗产税的税制模式来看，遗产税类型可分为3种。

（1）总遗产税制。它是就财产所有者死亡遗留的财产总额进行课征的税，以财产所有人（被继承人）死亡后遗留的财产总额为课税对象，以遗嘱执行人或遗产管理人为纳税人，采用超额累进税率。它的重要特点是：在遗产处理上实行"先税后分"。目前，美国、英国、新西兰、新加坡等国家实行这种税制模式。

（2）分遗产税制。它是按继承人分得的遗产而征收的税，以遗产继承人或受遗赠人为纳税人，以继承人或受遗赠人各自得到的遗产份额为课税对象，税率一般也采用超额累进税率。这是在被继承人死亡后，先将遗产分给各个继承人，然后就各个继承人所分得的遗产分别征收遗产税的制度。它的重要特点是：在遗产处理上实行"先分后税"。目前，日本、法国、德国等国家实行这种税制模式。

（3）总分遗产税制。它是先对财产所有人死亡时遗留的遗产总额课征一次总遗产税，再对各继承人分配到的遗产超过一定数额的征一次分遗产税。纳税人包括遗产管理人、遗产执行人、遗产继承人、受遗赠人等。一般实行累进税率。它的重要特点是：在遗产处理上实行"先税后分再税"。目前，加拿大、意大利、菲律宾等国家实行这种税制模式。

赠与税是作为遗产税的补充的、辅助性税种而出现的，其开征的目的在于防止纳税人采用生前赠与财产逃避遗产税。它是指自然人在特定时期内将自己的财产赠与他人时，依法对赠与财产应课征的一种税。国际上通行的做法是：实行总遗产税制的国家，选择总赠与税制；实行分遗产税制的国家，选择分赠与税制；采用总分遗产税制的国家，也多选择分赠与税制。

9.2　房　产　税

房产税法是国家制定的用以调整房产税征收与缴纳之间权利与义务关系的法律规范。我国房产税是以房屋为征税对象，以房屋的计税余值或租金收入为计税依据，向房屋产权所有人征收的一种财产税。现行房产税的主要法律依据是国务院1986年颁布、2011年修订的《房产税暂行条例》。

9.2.1　房产税的基本法律规定

9.2.1.1　征税对象及征税范围

房产税的征税对象为房产。所谓房产，是指以房屋形态表现的财产。房屋则是指有屋面和围护结构（有墙或两边有柱），能够遮风避雨，可供人们在其中生产、工作、学习、娱乐、居住或储藏物资的场所。至于那些独立于房屋之外的建筑物，如围墙、烟囱、水塔、变电塔、油池油柜、酒窖菜窖、酒精池、糖蜜池、室外游泳池、玻璃暖房、砖瓦石灰窑及各种油气罐等，则不属于房产。房产税的征税范围包括以下地区。

（1）城市：指国务院批准设立的市。
（2）县城：指县人民政府所在地的地区。
（3）建制镇：指经省、自治区、直辖市人民政府批准设立的建制镇。
（4）工矿区是指工商业比较发达、人口比较集中、符合国务院规定的建制镇标准但尚未设立建制镇的大中型工矿企业所在地。开征房产税的工矿区须经省、自治区、直辖市人民政府批准。

为了减轻农民的负担，繁荣农村经济，目前我国房产税的征税范围不包括农村。

9.2.1.2 纳税人

房产税以在征税范围内的房屋产权所有人为纳税人。

（1）产权属国家所有的，由经营管理单位纳税；产权属集体和个人所有的，由集体单位和个人纳税。

（2）产权出典的，由承典人纳税。所谓产权出典，是指产权所有人将房屋、生产资料等的产权，在一定期限内典当给他人使用，而取得资金的一种融资业务。由于在房屋出典期间，产权所有人已无权支配房屋，因此，税法规定由对房屋具有支配权的承典人为纳税人。

（3）产权所有人、承典人不在房屋所在地的，由房产代管人或者使用人纳税。

（4）产权未确定及租典纠纷未解决的，也由房产代管人或者使用人纳税。

（5）纳税单位和个人无租使用房产管理部门、免税单位及纳税单位的房产，应由使用人代为缴纳房产税。

自2009年1月1日起，外商投资企业、外国企业和组织及外籍个人也是房产税的纳税人。

9.2.1.3 税率

房产税依照房产余值计算缴纳的，税率为1.2%；依照房产租金收入计算缴纳的，税率为12%。

对于个人出租的普通居民住房，按照每月租金收入的4%征收房产税；自2008年3月1日起，对个人出租住房，不区分用途，按4%的税率征收房产税。对企事业单位、社会团体及其他组织按市场价格向个人出租用于居住的住房，减按4%征收房产税。

9.2.2 房产税的计税依据和应纳税额的计算

9.2.2.1 计税依据

房产税的计税依据是房产的计税余值或房产的租金收入。按照房产计税余值征税的，称为从价计征；按照房产租金收入计征的，称为从租计征。

1. 从价计征的规定

按照《房产税暂行条例》的规定，房产税依照房产原值一次减除10%～30%后的余值计算缴纳。具体减除幅度，由省、自治区、直辖市人民政府规定。

所谓房产原值，是指纳税人按照会计制度规定，在账簿"固定资产"科目中记载的房屋原价。自2009年1月1日起，对依照房产原值计税的房产，不论是否记载在会计账簿固定资产科目中，均应按照房屋原价计算缴纳房产税。房屋原价应根据国家有关会计制度规定进行核算。有关房产原值的具体规定如下：

（1）房产原值应包括与房屋不可分割的各种附属设备或一般不单独计算价值的配套设施。

（2）自2006年1月1日起，凡以房屋为载体，不可随意移动的附属设备和配套设施，如给排水、采暖、消防、中央空调、电气及智能化楼宇设备等,无论在会计核算中是否单独记账与核算,都应计入房产原值,计征房产税。

(3) 对于自用的地下建筑物按以下方式确定房产原值。

① 工业用途房产,以房屋原价的50%~60%作为应税房产原值。

② 商业和其他用途房产,以房屋原价的70%~80%作为应税房产原值。

③ 对于与地上房屋相连的地下建筑,如房屋的地下室、地下停车场、商场的地下部分等,将地下部分与地上房屋视为一个整体按照地上房屋建筑的有关规定计算征收房产税。

(4) 纳税人对原有房屋进行改建、扩建的,要相应增加房屋的原值。

(5) 对按照房产原值计税的房产,无论会计上如何核算,房产原值均应包含地价,包括为取得土地使用权支付的价款、开发土地发生的成本费用等。宗地容积率低于0.5的,按房产建筑面积的2倍计算土地面积并据此确定计入房产原值的地价。

2. 从租计征的规定

按照《房产税暂行条例》规定,房产出租的,以房产租金收入为房产税的计税依据。

所谓房产的租金收入,是房屋产权所有人出租房产使用权所得的报酬,包括货币收入和实物收入。如果是以劳务或者其他形式为报酬抵付房租收入的,应根据当地同类房产的租金水平,确定一个标准租金额进行从租计征。

这里特别需要注意的是,2016年5月1日全面营改增后,根据财税〔2016〕43号文件规定,房产出租的,计征房产税的租金收入不含增值税。

为防止纳税人偷逃税收,法律规定了对个人出租房屋的租金收入申报不实或申报数与同一地段同类房屋的租金收入相比明显不合理的,税务部门可以按照《税收征管法》的有关规定,采取科学合理的方法核定其应纳税款。具体办法由各省、自治区、直辖市地方税务机关结合当地实际情况制定。

3. 计税方式的特殊规定

需要特别注意的是,在确定计税方式时应注意下列问题。

(1) 对投资联营的房产,在计征房产税时应予以区别对待。对于以房产投资联营、投资者参与投资利润分红、共担风险的,按房产的计税余值作为计税依据计征房产税;对以房产投资收取固定收入、不承担联营风险的,实际是以联营名义取得房产租金,由出租方按租金收入计算缴纳房产税。

(2) 融资租赁的房产,由承租人自融资租赁合同约定开始日的次月起依照房产余值缴纳房产税。合同未约定开始日的,由承租人自合同签订的次月起依照房产余值缴纳房产税。

(3) 对居民住宅区内业主共有的经营性房产,由实际经营(包括自营和出租)的代管人或使用人缴纳房产税。其中自营的,依照房产原值减除10%~30%后的余值计征,没有房产原值或不能将共有住房划分开的,由房产所在地地方税务机关参照同类房产核定房产原值;出租的,依照租金计征。

(4) 出租的地下建筑按照出租地上房屋建筑的有关规定计征房产税。

(5) 无租使用其他单位房产的应税单位和个人,依照房产余值代缴纳房产税。

(6) 产权出典的房产，由承典人依照房产余值缴纳房产税。

9.2.2.2 应纳税额的计算

1. 从价计征的计算

从价计征是按房产的原值减除 10%～30% 后的余额计征，其计算公式为：

$$应纳税额 = 应税房产原值 \times (1-扣除比例) \times 1.2\%$$

其中，地上建筑物的房产原值是"固定资产"科目中记载的房屋原价；工业用途的地下建筑物，以房屋原价的 50%～60% 作为应税房产原值；商业和其他用途的地下建筑物，以房屋原价的 70%～80% 作为应税房产原值。扣除一定比例是省、自治区、直辖市人民政府规定的 10%～30% 的扣除比例。

2. 从租计征的计算

从租计征是按房产的租金收入计征，其计算公式为：

$$应纳税额 = 租金收入 \times 12\%（或 4\%）$$

【例 9-1】某企业 2016 年度自有房屋 10 栋，其中 6 栋用于经营生产，房产原值 1 800 万元，不包括冷暖通风设备 40 万元、照明设备 20 万元；4 栋房屋租给某公司作经营用房，年租金收入 100 万元（不含增值税）。试计算该企业当年应纳的房产税。已知当地政府规定的扣除比例为 25%。

【答案】自用房产应纳税额 = [(1 800+40+20)×(1-25%)]×1.2% = 16.74（万元）

租金收入应纳税额 = 100×12% = 12（万元）

全年应纳房产税额 = 16.74+12 = 28.74（万元）

思考专栏

某企业拥有三处房产，房产原值 2 000 万元，从 2012 年 1 月 1 日起将两处房产对外投资联营。一是以原值 1 000 万元的酒店房产对外投资联营，合同约定，双方合作经营，共担风险，投资联营期限 8 年，每年按照酒店的实际经营利润分红；二是将原值 500 万元的办公楼用于对外投资，合同约定，该企业不承担经营风险，投资期限 3 年，每年取得固定利润分红 20 万元。请思考，该企业房产税应该如何缴纳？

9.2.3 房产税的税收优惠

9.2.3.1 法定免税项目

根据《房产税暂行条例》的规定，在下列情况下免征或减征房产税。

（1）国家机关、人民团体、军队自用的房产免征房产税。但上述免税单位的出租房产及非自身业务使用的生产、营业用房，不属于免税范围。其中的"自用的房产"，是指这些单位本身的办公用房和公务用房。

（2）由国家财政部门拨付事业经费的单位，如学校、医疗卫生单位、托儿所、幼儿园、敬老院，以及文化、体育、艺术这些实行全额或差额预算管理的事业单位所有的，本身业务范围内使用的房产免征房产税。但上述单位所属的附属工厂、商店、招待所等不属于单位公务、业务的用房,应照章纳税。

(3) 宗教寺庙、公园、名胜古迹自用的房产免征房产税。宗教寺庙自用的房产是指举行宗教仪式等的房屋和宗教人员使用的生活用房屋。公园、名胜古迹自用的房产是指供公共参观游览的房屋及其管理单位的办公用房屋。但宗教寺庙、公园、名胜古迹中附设的营业单位,如影剧院、饮食部、茶社、照相馆等所使用的房产及出租的房产,不属于免税范围,应照章纳税。

(4) 个人所有非营业用的房产免征房产税。个人所有的非营业用房主要是指居民住房,不分面积多少,一律免征房产税。对个人拥有的营业用房或者出租的房产,不属于免税房产,应照章纳税。

(5) 对行使国家行政管理职能的中国人民银行总行(含国家外汇管理局)所属分支机构自用的房产,免征房产税。

(6) 经财政部批准免税的其他房产。

9.2.3.2 其他免税项目

(1) 为了鼓励事业单位经济自立,由国家财政部门拨付事业经费的单位,其经费来源实行自收自支后,从事业单位实行自收自支的年度起,免征房产税3年。

(2) 企业办的各类学校、医院、托儿所、幼儿园自用的房产,可以比照由国家财政部门拨付事业经费的单位自用的房产,免征房产税。

(3) 经有关部门鉴定,对毁损、不堪居住的房屋和危险房屋在停止使用后可免征房产税。

(4) 为鼓励利用地下人防设施,暂不征收房产税。

(5) 企业停产、撤销后,对他们原有的房产闲置不用的,经省、自治区、直辖市税务局批准可暂不征收房产税;如果这些房产转给其他征税单位使用或者企业恢复生产的时候应依照规定征收房产税。

(6) 凡是在基建工地为基建工地服务的各种工棚、材料棚、休息棚和办公室、食堂、茶炉房、汽车房等临时性房屋,不论是施工企业自行建造还是由基建单位出资建造交施工企业使用的,在施工期间,一律免征房产税。但是,如果在基建工程结束以后,施工企业将这种临时性房屋交还或者估价转让给基建单位的,应当从基建单位接收的次月起,依照规定征收房产税。

(7) 房屋大修停用在半年以上的,经纳税人申请,税务机关审核,在大修期间可免征房产税。

(8) 纳税单位与免税单位共同使用的房屋,按各自使用的部分划分,分别征收或免征房产税。

(9) 对房地产开发企业建造的商品房,在出售前不征收房产税。但对出售前房地产开发企业已使用或出租、出借的商品房应按规定征收房产税。

(10) 老年服务机构自用的房产暂免征收房产税。

(11) 自2019年1月1日至2020年12月31日,对向居民供热收取采暖费的供热企业,为居民供热所使用的厂房免征房产税。

(12) 由省、自治区、直辖市人民政府根据本地区实际情况,以及宏观调控需要确定,对增值税小规模纳税人可以在50%的税额幅度内减征房产税。

相关链接

房产税"靴子"首落上海重庆

2011年1月28日,经国务院授权后,重庆、上海两市同时宣布试点征收房产税,这标志着酝酿对个人住房征收房产税的改革试点,这意味着我国房产税改革大幕正式开启,标志着房产税对调节财富分配将发挥更大的作用。

按照上海市的规定,房产税的征收对象为上海居民家庭新购第二套及以上住房和非上海居民家庭的新购住房。计算标准为减去人均60平方米后,按住房市场交易价格的70%缴纳房产税,适用税率分别为0.4%和0.6%两档。重庆市则规定,个人拥有的独栋商品住宅和新购价格达到一定标准的高档住房需缴纳房产税,适用税率分别为0.5%、1%、1.2%三档。征收的房产税主要用于保障房建设。

9.2.4 房产税的征收管理

9.2.4.1 纳税义务发生时间

房产税的纳税义务发生时间的相关规定如下。

(1) 将原有房产用于生产经营的,从生产经营之月起计征房产税。

(2) 自建的房屋用于生产经营的,自建成之次月起计征房产税。

(3) 委托施工企业建设的房屋,从办理验收手续之日的次月起,计征房产税;对于在办理验收手续前已使用或出租、出借的新建房屋,应从使用或出租、出借的当月起按规定计征房产税。

(4) 购置新建商品房,自房屋交付使用之次月起计征房产税。

(5) 购置存量房,自办理房屋权属转移、变更登记手续,房地产权属登记机关签发房屋权属证书之次月起计征房产税。

(6) 出租、出借房产,自交付出租、出借房产之次月起计征房产税。

(7) 房地产开发企业自用、出租、出借本企业建造的商品房,自房屋使用或交付之次月起计征房产税。

9.2.4.2 纳税期限

房产税实行按年计算、分期缴纳的征收方法,具体纳税期限由省、自治区、直辖市人民政府确定。

9.2.4.3 纳税地点

纳税人应根据税法要求,将现有房屋的坐落地点、结构、面积、原值、出租收入等情况,据实向当地税务机关办理纳税申报,并按规定纳税。房产税在房产所在地缴纳。房产不在同一地方的纳税人,应按房产的坐落地点分别向房产所在地的税务机关纳税。

相关链接

世界主要国家的物业税和房地产税

瑞典：不动产税（即国内所说的物业税），征收额度为不动产税务评估价值的0.5%～1%。自2001年起，对于单栋独立家庭住房（相同于国内别墅的那种住房），税率为1%；对共同产权型的公寓住宅，税率为0.5%。商业物产不动产税率为1%，工业物产税率为0.5%。

美国：不动产税。归在财产税项下，税基是房地产评估值的一定比例。目前美国的50个州都征收这项税收，各州和地方政府的不动产税率不同，平均1%～3%。由于财产税与地方的经济关系紧密，因此多由地方政府征收。目前除马里兰州将征税权上收到政府之外，其他49个州都是归地方政府征收。美国二手房交易需缴纳的税种主要归在交易税、遗产赠与税和所得税项目下。交易税税率约为2%，房地产买卖时缴纳。遗产赠与税，房地产作为遗产和被赠与时才征收，规定价值超过60万美元的遗产和每次赠送价值超过100万美元的物品才征税。相比交易税和遗产赠与税，所得税才是二手房交易的"大头"。美国个人所得税实行超额累进税率，最低税率为15%，最高税率为39.9%，房地产出租形式的收入适用此税。对于短期炒作，即未拥有产权1年就要买卖的房屋，卖房收入列入个人本年度的总收入，税收比例可高至33%左右。而拥有产权超过1年的房屋即称为长期投资，卖房时须缴付20%左右的税。为防止卖家偷税漏税，政府要求房地产代理过户公司在过户时强制扣缴。

德国：不动产税根据评估价值的1%～1.5%征收。房地产投资收益税参照德国公司税，按扣除合理费用后的收益的25%纳税，包括买卖房地产公司的股票。交易税根据交易价格或评估价值的3.5%征收，包括房地产股票。

意大利：不动产税按照税务评估价值的0.4%～0.7%征收。房地产投资收益税参照意大利公司税，按扣除合理费用后的收益的33%纳税，包括买卖房地产公司的股票。房地产交易税每笔固定额504欧元（登记印花费、纳税登记印花费、按揭贷款印花费，每笔168欧元），变动额按交易价格的7%～15%缴纳登记税、1%缴纳国税、2%缴纳按揭贷款税。买卖房地产股票的0.14%缴纳交易税。

西班牙：不动产税按照税务评估价值征收（一般低于市场价值的50%），税率在3%。房地产投资收益税参照西班牙公司税，按扣除合理费用后的收益的35%纳税，包括买卖房地产公司的股票。房地产交易税根据交易价的7%征收。

荷兰：不动产税按照税务评估市场价值的0.1%～0.3%征收，对房主和使用者双方征税。房地产投资收益税参照荷兰公司税，按扣除合理费用后的收益的29.6%纳税，包括买卖房地产公司的股票。房地产交易税根据交易价和评估价值中高者的6%征收，包括房地产股票。

9.3 契 税

契税法是国家制定的用以调整契税征收与缴纳之间权利与义务关系的法律规范。我国的契税是以所有权发生转移的不动产为征税对象，向产权承受人征收的一种财产税。现行契税法的基本规范，是于 2020 年 8 月 11 日第十三届全国人民代表大会常务委员会第二十一次会议表决通过，并于 2021 年 9 月 1 日开始施行的《契税法》。

9.3.1 契税的基本法律规定

9.3.1.1 征税对象及征税范围

契税的征税对象为发生土地使用权和房屋所有权权属转移的土地和房屋。契税的征税范围是在境内发生使用权转移的土地和发生所有权转移的房屋。具体包括以下几种情况。

（1）土地使用权的出让。土地使用权是指单位或者个人依法或依约定，对国有土地或集体土地所享有的占有、使用、收益和有限处分的权利。土地使用权的出让是指土地使用者向国家交付土地使用权出让费用，国家将国有土地使用权在一定年限内让与土地使用者的行为。

（2）土地使用权的转让。土地使用权的转让是指土地使用者以出售、赠与、交换或者其他方式将土地使用权转移给其他单位和个人的行为。土地使用权的转让不包括土地承包经营权和土地经营权的转移。

（3）房屋买卖。房屋买卖是指房屋所有者将其房屋出售，由承受者交付货物、实物、无形资产或者其他经济利益的行为。

（4）房屋赠与。房屋赠与是指房屋产权所有人将其房屋无偿转让给受赠者的行为。

（5）房屋交换。房屋交换是指房屋所有者之间互相交换房屋的行为。

（6）视同土地使用权转让、房屋买卖或者房屋赠与。以作价投资（入股）、偿还债务、划转、奖励等方式转移土地、房屋权属的，应当依照规定征收契税。

9.3.1.2 纳税人

契税的纳税人是在我国境内转移土地、房屋权属时承受的单位和个人。其中，"土地、房屋权属"是指土地使用权和房屋所有权；"承受"是指以受让、购买、受赠、交换等方式取得的土地、房屋权属的行为；"单位"是指企业单位、事业单位、国家机关、军事单位和社会团体及其他组织；"个人"是指个体经营者及其他个人，包括中国公民和外籍人员。

9.3.1.3 税率

契税实行 3%～5% 的幅度税率。实行幅度税率是考虑到我国经济发展的不平衡，各地经济差别较大的实际情况。因此，契税的具体适用税率，由省、自治区、直辖市人民政府在规定的税率幅度内提出，报同级人民代表大会常务委员会决定，并报全国人民代表大会常务委员会和国务院备案。

省、自治区、直辖市可以依照规定的程序对不同主体、不同地区、不同类型的住房的权属转移确定差别税率。

9.3.2 契税的计税依据和应纳税额的计算

9.3.2.1 契税的计税依据

契税的计税依据为不动产的价格。计征契税的成交价格不含增值税。由于土地、房屋权属转移方式不同，因而契税的具体计税依据视不同情况而决定。

（1）土地使用权出让、出售，房屋买卖，为土地、房屋权属转移合同确定的成交价格，包括应交付的货币以及实物、其他经济利益对应的价款。计征契税的成交价格不含增值税。

（2）土地使用权赠与、房屋赠与以及其他没有价格的转移土地、房屋权属行为，为税务机关参照土地使用权出售、房屋买卖的市场价格依法核定的价格。

（3）土地使用权交换、房屋交换，为所交换的土地使用权、房屋的价格差额。交换价格相等时，免征契税；交换价格不等时，由多交付的货币、实物、无形资产或者其他经济利益的一方缴纳契税。

（4）以划拨方式取得土地使用权，经批准转让房地产时，由房地产转让者补交契税。计税依据为补交的土地使用权出让费用或者土地收益。

（5）房屋附属设施按下列规定征收契税。

① 采取分期付款方式购买房屋附属设施土地使用权、房屋所有权的，应按合同规定的总价款计征契税。

② 承受的房屋附属设施权属如为单独计价的，按照当地确定的适用税率征收契税；如与房屋统一计价的，适用与房屋相同的契税税率。

（6）个人无偿赠与不动产行为，应对受赠人全额征收契税。

值得注意的是，为了避免纳税人通过降低计税依据而偷、逃税款，税法规定，纳税人申报的成交价格、互换价格差额明显偏低且无正当理由的，由税务机关依照《税收征管法》的规定核定。

9.3.2.2 应纳税额的计算

契税应纳税额的计算方法比较简单，其应纳税额的计算公式为：

$$应纳税额 = 计税依据 \times 税率$$

应纳税额以人民币计算。转移土地、房屋权属以外汇结算的，按照纳税义务发生之日中国人民银行公布的人民币市场汇率中间价折合成人民币计算。

【例9-2】 A企业卖给B企业一套房屋，成交价格为300万元，并与C企业交换土地使用权，支付差价50万元。请计算各企业需缴纳的契税。假设当地确定的契税税率为4%。计算A、B、C企业应缴纳的契税。

【答案】 A企业应纳税额 = 50×4% = 2（万元）

B企业应纳税额 = 300×4% = 12（万元）

C企业不纳契税。

9.3.3 契税税收优惠

9.3.3.1 法定免税项目

根据《契税法》的规定，有下列情形之一的，免征契税。

（1）国家机关、事业单位、社会团体、军事单位承受土地、房屋权属用于办公、教学、医疗、科研、军事设施；

（2）非营利性的学校、医疗机构、社会福利机构承受土地、房屋权属用于办公、教学、医疗、科研、养老、救助；

（3）承受荒山、荒地、荒滩土地使用权用于农、林、牧、渔业生产；

(4) 婚姻关系存续期间夫妻之间变更土地、房屋权属；
(5) 法定继承人通过继承承受土地、房屋权属；
(6) 依照法律规定应当予以免税的外国驻华使馆、领事馆和国际组织驻华代表机构承受土地、房屋权属。

根据国民经济和社会发展的需要，国务院对居民住房需求保障、企业改制重组、灾后重建等情形可以规定免征或者减征契税，报全国人民代表大会常务委员会备案。

9.3.3.2 省、自治区、直辖市决定的减免税项目

省、自治区、直辖市可以决定对下列情形免征或者减征契税：
(1) 因土地、房屋被县级以上人民政府征收、征用，重新承受土地、房屋权属；
(2) 因不可抗力灭失住房，重新承受住房权属。

上述规定的免征或者减征契税的具体办法，由省、自治区、直辖市人民政府提出，报同级人民代表大会常务委员会决定，并报全国人民代表大会常务委员会和国务院备案。

纳税人改变有关土地、房屋的用途，或者有其他不再属于《契税法》规定的免征、减征契税情形的，应当缴纳已经免征、减征的税款。

9.3.4 契税的征收管理

9.3.4.1 纳税义务发生时间

契税的纳税义务发生时间，为纳税人签订土地、房屋权属转移合同的当日，或者纳税人取得其他具有土地、房屋权属转移合同性质凭证的当日。

9.3.4.2 纳税期限

纳税人应当在依法办理土地、房屋权属登记手续前申报缴纳契税。

9.3.4.3 纳税地点

契税在土地、房屋所在地的税务机关缴纳。

9.3.4.4 征收管理

纳税人办理纳税事宜后，税务机关应当开具契税完税凭证。纳税人办理土地、房屋权属登记，不动产登记机构应当查验契税完税、减免税凭证或者有关信息。未按照规定缴纳契税的，不动产登记机构不予办理土地、房屋权属登记。

在依法办理土地、房屋权属登记前，权属转移合同、权属转移合同性质凭证不生效、无效、被撤销或者被解除的，纳税人可以向税务机关申请退还已缴纳的税款，税务机关应当依法办理。

税务机关应当与相关部门建立契税涉税信息共享和工作配合机制。自然资源、住房城乡建设、民政、公安等相关部门应当及时向税务机关提供与转移土地、房屋权属有关的信息，协助税务机关加强契税征收管理。

9.4 车 船 税

车船税法是国家制定的用以调整车船税征纳关系的法律规范。我国车船税是以行驶于公

共道路的车辆和航行于我国境内河流、湖泊或领海口岸的船舶为征税对象的一种财产税。现行车船税法的主要法律依据是 2011 年颁布，2019 年修订的《车船税法》以及 2011 年公布，2019 年修订的《车船税法实施条例》。作为我国首部由暂行条例上升为法律的税法和第一部地方税法、财产税法，《车船税法》的颁布体现了税收法定原则，意味着我国地方税体系逐步得到健全和完善。

9.4.1 车船税的基本法律规定

9.4.1.1 征税对象及征税范围

车船税的征税对象是依法应当在公安、交通、农业、渔业、军事等依法具有车船管理职能的部门登记的车船。其征税范围具体包括两类。

1. 车辆

车辆具体包括机动车辆和非机动车辆。机动车辆是指依靠燃油、电力等能源作为动力运行的车辆，如汽车、拖拉机、无轨电车等；非机动车辆是指以人力或者畜力驱动的车辆，以及符合国家有关标准的残疾人机动轮椅车、电动自行车等车辆。

2. 船舶

船舶包括机动船舶和非机动船舶。机动船舶是指依靠燃料等能源作为动力运行的船舶，如客轮、货船、气垫船等；非机动船是指自身没有动力装置，依靠外力驱动的船舶，如木船、帆船、舢板等。

车辆、船舶，是指依法应当在车船管理部门登记的机动车辆和船舶；或者依法不需要在车船管理部门登记、在单位内部场所行驶或者作业的机动车辆和船舶。

需要注意的是，拖拉机、纯电动乘用车、燃料电池乘用车、非机动车船（不包括非机动驳船）均不在车船税法规定的征税范围内，不需缴纳车船税。临时入境的外国车船和香港特别行政区、澳门特别行政区、台湾地区的车船，也不需要缴纳车船税。

9.4.1.2 纳税人和扣缴义务人

车船税的纳税人是指车辆、船舶（以下简称车船）的所有人或者管理人。管理人是指对车船具有管理使用权不具有所有权的单位。车船的所有人或者管理人未缴纳车船税的，使用人应当代为缴纳车船税。

同时由于机动车的车船税具有涉及面广、税源流动性强的特点，且纳税人多为个人，征管难度较大。另外，纳税人直接到税务机关缴纳税款成本较高。2006 年 7 月 1 日开始施行的《机动车交通事故责任强制保险条例》规定，在我国道路上行驶的机动车的所有人或者管理人，都应当投保机动车交通事故责任强制保险。因此，为了提高税源控管水平，节约征纳双方的成本，《车船税法》规定了从事机动车第三者责任强制保险业务的保险机构为机动车车船税的扣缴义务人，应当在收取保险费时依法代收车船税，并出具代收税款凭证。

9.4.1.3 税目与税率

车船税实行定额税率，具体适用税额依照《车船税税目税额表》执行，如表 9-1 所示。

表9-1 车船税税目税额表

税　目		计税单位	年基准税额	备　注
1. 乘用车[按发动机气缸容量（排气量）分档]	1.0升（含）以下的	每辆	60元至360元	核定载客人数9人（含）以下
	1.0升以上至1.6升（含）的		300元至540元	
	1.6升以上至2.0升（含）的		360元至660元	
	2.0升以上至2.5升（含）的		660元至1 200元	
	2.5升以上至3.0升（含）的		1 200元至2 400元	
	3.0升以上至4.0升（含）的		2 400元至3 600元	
	4.0升以上的		3 600元至5 400	
2. 商用车客车		每辆	480元至1 440元	核定载客人数9人以上，包括电车
3. 商用车货车		整备质量每吨	16元至120元	包括半挂牵引车、三轮汽车和低速载货汽车等
4. 挂车		整备质量每吨	按照货车税额的50%计算	
5. 其他车辆专用作业车		整备质量每吨	16元至120元	不包括拖拉机
6. 其他车辆轮式专用机械车		整备质量每吨	16元至120元	不包括拖拉机
7. 摩托车		每辆	36元至180元	
8. 机动船舶	净吨位≤200吨	净吨位每吨	3元	拖船、非机动驳船分别按照机动船舶税额的50%计算；拖船按照发动机功率每1千瓦折合净吨位0.67吨计算
	200吨<净吨位≤2 000吨		4元	
	2 000吨<净吨位≤10 000吨		5元	
	净吨位>10 000吨		6元	
9. 游艇	艇身长度≤10米	艇身长度每米	600元	辅助动力帆艇按每米600元
	10米<艇身长度≤18米		900元	
	18米<艇身长度≤30米		1 300元	
	艇身长度>30米		2 000元	

国务院财政部门、税务主管部门可以根据实际情况，在《车船税税目税额表》规定的税目范围和税额幅度内划分子税目，并明确车辆的子税目税额幅度和船舶的具体适用税额。车辆的具体适用税额由省、自治区、直辖市人民政府依照《车船税税目税额表》规定的税额幅度和国务院的规定确定。船舶的具体适用税额由国务院在所附《车船税税目税额表》规定的税额幅度内确定。

对于车船税额的确定，还要注意以下规定。

（1）车船税法及其实施条例涉及的整备质量、净吨位、艇身长度等计税单位，有尾数的一律按照含尾数的计税单位据实计算车船税应纳税额。计算得出的应纳税额小数点后超过两位的可四舍五入保留两位小数。

（2）拖船按照发动机功率每2马力折合净吨位1吨计算征收车船税。

（3）挂车整备质量每吨按照货车税额的50%计算。

（4）排气量、整备质量、核定载客人数、净吨位、马力、艇身长度，以车船管理部门核发的车船登记证书或者行驶证相应项目所载数据为准。依法不需要办理登记、依法应当登记而未办理登记或者不能提供车船登记证书、行驶证的,以车船出厂合格证明或者进口凭证相应项目标注的技术参数、所载数据为准;不能提供车船出厂合格证明或者进口凭证的,由主管税务机关参照国家相关标准核定,没有国家相关标准的参照同类车船核定。

9.4.2 车船税的计税依据和应纳税额的计算

9.4.2.1 计税依据

车船税按其征税对象的性质,计税标准分别为辆、整备质量每吨、净吨位、米。

(1) 按"辆"征收,主要适用于乘用车、商用车客车、摩托车。
(2) 按"整备质量每吨"征收,主要适用于货车、挂车、专用作业车、轮式专用机械车。
(3) 按"净吨位"征收,主要适用于机动船舶。
(4) 按"米"征收,主要适用于游艇。

9.4.2.2 应纳税额的计算

车船税实行从量定额征税方法,其应纳税额的基本计算公式为:

$$应纳税额 = 计税依据 \times 适用税率$$

需要注意的是,对于购置的新车船,购置当年的应纳税额自纳税义务发生的当月起按月计算。其计算公式为:

$$应纳税额 = (年应纳税额 / 12) \times 应纳税月份数$$

【例9-3】某船运公司2020年度拥有旧机动船5艘,每艘净吨位1 500吨;拥有拖船4艘,每艘发动机功率500千瓦。该公司船舶适用的车船税年税额为:净吨位201~2 000吨的,每吨4元;净吨位2001~10 000吨的,每吨5元。请计算该公司2014年度应缴纳的车船税税额。

【答案】应纳税额 = (5×1 500×4) + (4×4×500×0.67×50%) = 30 000 + 2 680 = 32 680(元)

9.4.3 车船税的税收优惠

9.4.3.1 法定减免

根据《车船税法》和《车船税法实施条例》,下列车船免征车船税:
(1) 捕捞、养殖渔船;
(2) 军队、武装警察部队专用的车船;
(3) 警用车船;
(4) 悬挂应急救援专用号牌的国家综合性消防救援车辆和国家综合性消防救援专用船舶;
(5) 依照法律规定应当予以免税的外国驻华使领馆、国际组织驻华代表机构及其有关人员的车船。

9.4.3.2 特定减免

对节约能源、使用新能源的车船可以减征或者免征车船税;对受严重自然灾害影响纳税困难以及有其他特殊原因确需减税、免税的，可以减征或者免征车船税。具体办法由国务院规定，并报全国人民代表大会常务委员会备案。

省、自治区、直辖市人民政府根据当地实际情况，可以对公共交通车船，农村居民拥有并主要在农村地区使用的摩托车、三轮汽车和低速载货汽车定期减征或者免征车船税。

9.4.4 车船税的征收管理

9.4.4.1 纳税义务发生时间

车船税纳税义务发生时间为取得车船所有权或者管理权的当月。

纳税人未按照规定到车船管理部门办理应税车船登记手续的，以车船购置发票所载开具时间的当月作为车船税的纳税义务发生时间。对未办理车船登记手续且无法提供车船购置发票的，由主管地方税务机关核定纳税义务发生时间。

9.4.4.2 纳税期限

车船税按年申报缴纳。纳税人具体申报纳税期限由省、自治区、直辖市人民政府确定。由扣缴义务人代收代缴机动车车船税的，纳税人应当在购买机动车交通事故责任强制保险的同时缴纳车船税。纳税人在购买机动车交通事故责任强制保险时缴纳车船税的，不再向地方税务机关申报纳税。

扣缴义务人应当及时解缴代收代缴的税款，并向地方税务机关申报。扣缴义务人解缴税款的具体期限，由各省、自治区、直辖市地方税务机关依照法律、行政法规的规定确定。

9.4.4.3 纳税地点

车船税采用源泉扣缴的方式，由地方税务机关负责征收。纳税地点，由省、自治区、直辖市人民政府根据当地实际情况确定。跨省、自治区、直辖市使用的车船，纳税地点为车船的登记地。

扣缴义务人代收代缴机动车车船税的，纳税人应当在购买机动车交通事故责任强制保险的同时缴纳车船税。纳税人在购买机动车交通事故责任强制保险时缴纳车船税的，不再向地方税务机关申报纳税。

9.4.4.4 扣缴征管的规定

（1）扣缴义务人代收代缴车船税，应向纳税人开具含有完税信息的保险单，作为纳税人已缴纳车船税的证明。同时，为了做好机动车的代收代缴工作，保证税额及时、足额入库，中国保险监督管理委员会下发了《关于修改机动车交通事故责任强制保险保单的通知》，规定从2008年7月1日起，保险机构在代收代缴车船税时，应根据纳税人提供的前次保险单，查验纳税人以前年度的完税情况。对于以前年度有欠缴车船税的，保险机构应代收代缴以前年度应纳税款。对于纳税人在应购买"交强险"截止日期以后购买"交强险"的，或以前年度没有缴纳车船税的，保险机构在代收代缴税款的同时，还应代收代缴欠缴税款的滞纳金。

（2）已完税或者按照法律规定已办理车船税减免手续的外交车船或城乡公共交通车船，纳税人在购买机动车交通事故责任强制保险时，应当向扣缴义务人提供地方税务机关出具的本年度车船税的完税凭证或者减免税证明。不能提供完税凭证或者减免税证明的，应当在购买保险时按照当地的车船税税额标准计算缴纳车船税。

9.4.4.5 其他规定

在一个纳税年度内，已完税的车船被盗抢、报废、灭失的，纳税人可以凭有关管理机关出具的证明和完税证明，向纳税所在地的主管地方税务机关申请退还自被盗抢、报废、灭失月份起至该纳税年度终了期间的税款。

已办理退税的被盗抢车船，失而复得的，纳税人应当从公安机关出具相关证明的当月起计算缴纳车船税。

财产税综合案例

【案例分析9-1】安阳集团应如何缴纳房产税？

安阳集团（一般纳税人）2019年年初自有生产经营用的房产原值共1 800万元，2019年发生以下业务。

（1）4月1日将原值为1 000万元的临街房出租给某连锁商店，月租金6万元（含增值税）。

（2）5月1日将另外的原值100万元的房屋出租给个人用于经营，月租金1万元（含增值税）。

（3）本年委托施工企业建造物资仓库，7月末办理验收手续，入账原值为300万元。

已知：当地政府规定允许按房产原值减除20%后的余值计税。计算安阳集团2019年度应缴纳房产税税额是多少？

【答案及解析】

（1）从价计征房产税=（1 800－1 000－100）×（1－20%）×1.2%+[1 000×（1－20%）×3/12]×1.2%+[100×（1－20%）×4/12]×1.2%+300×（1－20%）×1.2%×5/12=10.64（万元）。

（2）从租计征房产税=[6/（1+9%）]×9×12%+[1/（1+9%）]×8×12%=5.94+0.88=6.82（万元）。

（3）该企业当年应缴纳房产税=10.64+6.82=17.46（万元）。

【案例分析9-2】体育冠军应如何缴纳契税？

（1）某省体育冠军杨某购买一套别墅，成交价格为180万元。

（2）因参加国际比赛获奖为国家争得荣誉，国家奖励该运动员一套四室两厅楼房，其市场价格为80万元。

（3）将自己的一套三居室住房与李某的商业用房交换，取得差价5万元。

（4）后将此市场价格为40万元的商业用房用于投资于好友张某设立的体育用品商店。

当地政府规定契税税率为5%。以上价格均为不含税价格，请计算杨某应缴纳的契税。

【答案及解析】

（1）购买公寓应缴纳契税：应纳税额=180×5%=9（万元）。

（2）接受奖励房应缴纳契税：应纳税额=80×5%=4（万元）。

（3）交换住房应缴纳契税，但由多支付货币的一方缴纳，因此杨某不纳契税。

（4）将房产投资，应由承受一方缴纳契税，因此杨某不纳契税。

$$杨某共应纳契税税额=9+4=13（万元）$$

【案例分析9-3】恒达运输公司应如何缴纳车船税？

恒达运输公司2020年1月拥有整备质量为5吨的载货卡车25辆、整备质量为2.4吨的客货两用车10辆、商用车客车10辆、排气量为0.9升的乘用车15辆；6月购进6艘净吨位1万吨的机动船，当月取得有关部门核发的登记证并投入使用。

当地车船税税额规定：载货汽车的车船税年税额为60元/吨，排气量1.0升以下乘用车车船税年税额为80元/辆，商用车客车每辆480元，机动船净吨位1万吨的每吨税额5元。

请计算恒达运输公司当年应缴纳的车船税。

【答案及解析】

(1) 货车应缴纳车船税税额=(5×25×60)+(2.4×10×60)=7 500+1 440=8 940（元）。

客车和乘用车应纳车船税税额=(10×480)+(15×80)=4 800+1 200=6 000（元）。

(2) 购置的新车船，购置当年的应纳税额自纳税义务发生的当月起按月计算。

6月份外购机动船应纳车船税=[6×10 000×5/12]×7=175 000（元）。

运输公司当年应纳车船税额=8 940+6 000+175 000=189 940（元）。

课后练习题

牛刀小试

一、选择题（含单选题和多选题，请用手机扫描下方二维码作答并查看正确答案）

二、思考探索题

1. 请查阅资料，了解国外遗产税开征的基本情况；讨论分析我国为何不具备遗产税开征的条件。

2. 请查阅资料，了解我国上海、重庆地区房产税试点改革及国外开征物业税的基本情况，从中你有何启发？

3. 简述车船税的含义及开征车船税的意义。

竞技场

一、选择题（含单选题和多选题，请用手机扫描下方二维码作答并查看正确答案）

二、案例分析题

1. 海信公司2016年年初自有生产经营用的房产原值为1 500万元，2016年发生以下业务。

① 7月1日将原值300万元的房产用于出租，取得不含税的月租金收入10万元。

② 委托施工企业建造物资仓库，8月末办理验收手续，入账原值为500万元。

③ 其余房产自用。

当地政府规定房产计税余值扣除比例为30%，计算海信公司2016年度应缴纳房产税税额是多少？

2. 某运输公司拥有整备质量5吨的载货汽车20辆、整备质量4吨的挂车10辆、整备质量3吨的客货两用车6辆，净吨位为500吨的机动船2艘、净吨位为10.3吨的拖船10艘。该企业所在地载货汽车年税额40元/吨，乘人小汽车年税额300元/辆，机动船年税额4元/吨，拖船年税额3元/吨。计算该企业当年应缴纳车船税。

第 10 章

行为目的类税法

 思维导图

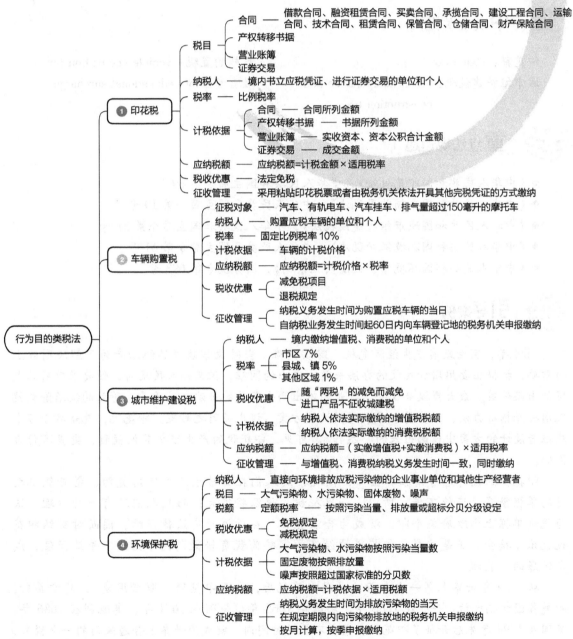

学习提示

行为目的税是政府为实现特定的社会经济政策目的和意图而设计征收的税种。世界各国开征行为税的目的各异,有的是为了开辟财源,有的是为了限制某些特定的经济行为,有的则是为了实现特定的社会目的。我国现行的行为目的税系主要包括印花税、车辆购置税、城市维护建设税等。

本章主要介绍这些税种的具体法律规定。通过本章的学习,应当理解此类税收的特征,应当了解并掌握行为目的税法的基本法律内容。

 中英文关键词

印花税:stamp tax
城市维护建设税:urban maintenance and construction tax
车辆购置税:vehicle acquisition tax
教育费附加:educational surcharge

 重点法规速递

◆《中华人民共和国印花税法》,中华人民共和国主席令第89号
◆《中华人民共和国车辆购置税法》,中华人民共和国主席令第19号
◆《中华人民共和国城市维护建设税法》,中华人民共和国主席令第51号
◆《中华人民共和国环境保护税法》,中华人民共和国主席令第61号
◆《中华人民共和国环境保护税法实施条例》,国务院令第693号

 引导案例

1624年,荷兰政府发生经济危机,财政困难。当时执掌政权的统治者为了解决财政上的需要,拟提出要用增加税收的办法来解决支出的困难,但又怕人民反对,便要求政府的大臣们出谋献策。众大臣议来议去,就是想不出两全其美的妙法来。于是,荷兰的统治阶级就采用公开招标办法,以重赏来寻求新税设计方案,谋求敛财之妙策。印花税,就是从千万个应征者设计的方案中精选出来的"杰作"。可见,印花税的产生较之其他税种,更具有传奇色彩。

印花税的设计者可谓独具匠心,他观察到人们在日常生活中使用契约、借贷凭证之类的单据很多,连绵不断。所以,一旦征税,税源将很大;而且人们还有一种心理,认为凭证单据上由政府盖个印,就成为合法凭证,在诉讼时有法律保障,因而对交纳印花税也乐于接受。正是这样,印花税被经济学家誉为税负轻微、税源畅旺、手续简便、成本低廉的"良税"。

从1624年世界上第一次在荷兰出现印花税后,由于印花税"取微用宏",简便易行,欧美各国竞相效仿。丹麦在1660年、法国在1665年、美国在1671年、奥地利在1686年、英国在1694年先后开征了印花税。它在不长的时间内,就成为世界上普遍采用的一个税种,

在国际上盛行。我国自清代光绪年间开始征收印花税，印制和使用印花税标的历史逾百年，迄今印花税票仍然在使用。(摘自《财会信报》，作者欣文)

结合以上资料，谈谈你对行为目的税的认识。

10.1 行为目的税概述

10.1.1 行为目的税的性质

行为目的税是政府为实现特定的社会经济政策目的和意图而设计的，以某些特定行为为征税对象的税种。从理论上讲，行为目的税有一定的时效性和偶然性，即在一定时期内开征，当政府的政策意图和目的完成后便停止征收，如我国曾经开征的固定资产投资方向调节税、筵席税和屠宰税等，但也有一些税种开征后一直延续到现在。在整个税制结构中，行为税不是国家的主体税种，而是一类辅助性的税种。它的主要作用在于弥补主体税种在调节社会行为上的不足。我国现行的行为目的税有印花税、城市维护建设税、车辆购置税、土地增值税等税种。一般来说，行为目的税的开征大致有 3 种情况。

1. 出于特定社会目的并有指定用途的税收

如大多数发达国家和一些发展中国家开征的社会保险税，旨在为社会保障事业筹集专项财政资金，促进社会安定，为在社会成员中暂时或永久失去工作能力、失去工作机会或收入不能维持必要生活水平时提供基本的生活保障。目前我国普遍征收的城市维护建设税和教育费附加就属于这类税收，主要是将税收筹集的资金用于城市建设基金和教育基金。

2. 出于特定经济目的而课征的税收

这类税收的立法意图在于运用税收政策调节经济，发挥政府的宏观调控作用，如国外的赌博税，我国曾经开征的奖金税、固定资产投资方向调节税等。这类税收一般含有制约或限制某些特定经济行为的目的。

3. 出于特别的财政目的而课征的税收

这类税收的开征，主要是为国家筹集财政资金，如世界各国普遍征收的印花税。

10.1.2 行为目的税的特点

1. 政策性强，具有特定的目的

行为目的税一般具有特定的经济目的、社会目的或财政目的，因而征税的目的性强，在调控对象上有着其他税种难以代替的作用。正是由于行为目的税的这一特征，才使大多数国家的税制具有多税种、多层次、多环节征收的复合税制的特点。但是，过多的税种，容易给人们造成"税负过重"的感觉，因此，行为目的税的开征，既要积极，又要谨慎。

2. 税种多，税源分散，征管难度较大

基于各种目的而开征的行为目的税，大都选择某些特定的征税对象或者在特定的调节范围，并通常通过单设税种的方法来达到特定目的，因而造成税种名目繁多的情况。另外，行为税的征收面比较分散，征收标准也较难掌握，这就给征收管理带来较大的难度。行为目的税一般作为地方财政的主要税源。

3. 税负难以转嫁

行为目的税一般都由纳税人缴纳，纳税人和负税人一般是同一主体，税负很难转嫁。这一特征也使得行为目的税起到特殊的调节作用。

4. 税种稳定性差

由于大多数行为目的税的开征是基于政府的特定政策意图，因此当客观社会政治经济条件发生变化时，就可能根据新的情况对税种进行修改，实行缓征或停征，也可能新设税种。因而行为目的税在整个税收法律体系中的稳定性较差。

10.1.3 行为目的税的发展沿革

欧洲早在中世纪就有行为目的税。有的国家对铸造金银货币的行为课征铸造税。1624年，荷兰政府为解决财政支出问题，最早开征了印花税。随后，欧美各国竞相效法。它在不长的时间内就成为世界上普遍采用的一个税种，在国际上盛行。行为目的税的名目繁多，俄国彼得一世时期征收的胡须税、德国和日本等国的登记税、美国的赌博税、瑞典的彩票税，以及其他一些国家征收的狩猎税、养狗税等，均属行为目的税。

中国对特定的行为征税历史悠久，早在战国时期，楚国等就对牲畜交易行为征税。此后历代对行为征税的税种散见于工商税收和各类杂税中，如三国两晋南北朝时期对交易行为征收的"估税"，唐代的"除陌钱"，宋代商税中的"住税""印契税"，清朝的"落地税"等。"中华民国"成立后，北洋政府把推行印花税作为重要的聚财之举，于1912年10月21日公布了《印花税法》，并于次年正式实施。从此，印花税一直被民国政府视为重要财源。1913年首先在北京开征，以后陆续推行至各省。地方割据势力对行为征税的名目更多。南京国民政府于1928年、1934年及迁都重庆后的1941年曾先后三次改革与调整税制。其统一后的工商税制，在中央税中属于行为目的税的有印花税，在地方税中属于行为目的税的则有屠宰税、筵席税等。屠宰税只对猪、牛、羊、马、驴、骡、骆驼的屠宰行为征税，除增加地方政府财政收入的目的外，还寓有制约宰杀耕畜之意。开征筵席税的目的则在于引导合理消费，提倡勤俭节约的社会新风尚。目前，屠宰税和筵席税已经逐步从我国的税收体系中消失。

我国的特定目的税是在经济体制改革过程中，根据宏观经济调控的需要而陆续设立的。1979年开始经济体制改革后，国民经济的各个方面都发生了深刻变化，得到了很大的发展。同时出现了基本建设规模过大，消费基金增长过快，国民收入分配不合理等问题。为了更好地发展国民经济，协调经济体制改革的各个方面，国家在采取各项措施的同时，开征若干特定目的税，以便运用税收工具，强化宏观调控。例如，为了合理使用能源，促进企业节约用油，并加速以煤炭代替烧用石油的进程，开征了烧油特别税；为调节奖金和工资的分配，开征了奖金税和工资调节税。为了有助于集中必要资金，保证国家重点建设，有利于加强基本建设管理，控制固定资产投资规模，对以自筹基本建设投资和更新改造措施项目中的建筑工程投资开征了建筑税。1991年4月16日，国务院在总结经验的基础上制定并发布了《中华人民共和国固定资产投资方向调节税暂行条例》，以之取代建筑税。为了加强城市的维护和建设，扩大和稳定城市维护建设资金的来源，1985年2月8日，国务院发布了《中华人民共和国城市维护建设税暂行条例》。为进一步推进我国税收法定的进程，2020年8月11日，十三届全国人民代表大会常务委员会第二十一次会议表决通过了《中华人民共和国城市维护建设税法》（以下简称《城市维护建设税法》），于2021年9月1日起施行。为了规范土地、房地产市场交易秩序，合理调节土地增值收益，维护国家权益，1993年12月13日国务院发布了《中华人民共和国土地增值税暂行条例》。这样，就建立了中国的特定目的税系列。目前的特定目的税主要有：固定资产投资方向调节税（已经停征）和城市维护建设税、土地增值税等。

10.2 印花税

印花税法是国家制定的用以调整印花税征纳关系的法律规范。我国的印花税是对经济活动和经济交往中书立、使用、领受具有法律效力的凭证的单位和个人征收的一种税。它是一种具有行为税性质的凭证税，即凡发生书立、使用、领受应税凭证的行为，就必须依照印花税法的有关规定履行纳税义务。现行印花税法的主要法律依据是1988年8月6日国务院发布并于同年10月1日实施的《中华人民共和国印花税暂行条例》（以下简称《印花税暂行条例》）。为了进一步贯彻落实税收法定原则，2021年6月10日第十三届全国人民代表大会常务委员会第二十九次会议通过了《中华人民共和国印花税法》（以下简称《印花税法》，自2022年7月1日起施行。1988年8月6日国务院发布的《中华人民共和国印花税暂行条例》同时废止。

10.2.1 印花税的基本法律规定

10.2.1.1 纳税人和扣缴义务人

在中华人民共和国境内书立应税凭证、进行证券交易的单位和个人，为印花税的纳税人。其中的"单位和个人"是指国内各类企业、事业、机关、团体、部队及中外合资企业、合作企业、外资企业、外国公司和其他经济组织及其在华机构等单位和个人。

在中华人民共和国境外书立在境内使用的应税凭证的单位和个人，应当依法缴纳印花税。

按照书立、使用应税凭证的不同，印花税的纳税人可以分别确定如下。

1. 立合同人

立合同人是指合同的当事人，即对凭证有直接权利义务关系的单位和个人，但不包括合同的担保人、证人、鉴定人。例如，甲企业和银行签订了借款合同，乙企业和银行签订了保证合同，则甲企业和银行均是印花税的纳税人，乙企业作为甲企业的保证人则不属于印花税的纳税人。上述的合同仅指借款合同、融资租赁合同、买卖合同、承揽合同、建设工程合同、运输合同、技术合同、租赁合同、保管合同、仓储合同、财产保险合同这11类合同。

2. 立据人

立据人是指书立产权转移书据的单位和个人。例如，甲企业将专利权转让给乙企业并订立专利权转让协议，则甲企业和乙企业作为立据人均为印花税的纳税人。

3. 立账簿人

立账簿人是指设立并使用营业账簿的单位和个人。例如，企业单位因生产、经营需要，设立了营业账簿，该企业作为立账簿人即为印花税的纳税人。

4. 使用人

在中华人民共和国境外书立在境内使用的应税凭证，使用人是纳税人。

5. 各类电子应税凭证的签订人

即以电子形式签订的各类应税凭证的当事人。

6. 证券交易人

在中华人民共和国境内进行证券交易的单位和个人，为印花税的纳税人。证券登记结算机构为证券交易印花税的扣缴义务人。值得注意的是，证券交易印花税对证券交易的出让方征收，不对受让方征收。

此外，《印花税法》中规定，纳税人为境外单位或者个人，在境内有代理人的，以其境内代理人为扣缴义务人；在境内没有代理人的，由纳税人自行申报缴纳印花税，具体办法由国务院税务主管部门规定。

10.2.1.2 征税范围

新的《印花税法》相比较原来的《印花税暂行条例》，征税范围有所变化。

1. 应税凭证

应税凭证是指《印花税法》所附《印花税税目税率表》列明的合同、产权转移书据和营业账簿。

2. 证券交易

证券交易，是指转让在依法设立的证券交易所、国务院批准的其他全国性证券交易场所交易的股票和以股票为基础的存托凭证。

10.2.1.3 税目和税率

税率低、税负轻是印花税的一个显著特征。印花税税目税率见表 10-1。

表 10-1　印花税税目税率表

税　目		税　率	备　注
合同（指书面合同）	借款合同	借款金额的万分之零点五	指银行业金融机构和借款人（不包括同业拆借）的借款合同
	融资租赁合同	租金的万分之零点五	
	买卖合同	价款的万分之三	指动产买卖合同
	承揽合同	报酬的万分之三	
	建筑工程合同	价款的万分之三	
	运输合同	运输费用的万分之三	指货运合同和多式联运合同（不包括管道运输合同）
	技术合同	价款、报酬或者使用费的万分之三	不包括专利权、专有技术使用权转让书据
	租赁合同	租金的千分之一	
	保管合同	保管费的千分之一	
	仓储合同	仓储费的千分之一	
	财产保险合同	保险费的千分之一	不包括再保险合同

税 目		税 率	备 注
产权转移书据	土地使用权出让书据	价款的万分之五	转让包括买卖（出售）、继承、赠与、互换、分割
	土地使用权（土地承包经营权和土地经营权除外）、房屋等建筑物和构筑物所有权	价款的万分之五	
	股权（应缴纳证券交易印花税的除外）	价款的万分之五	
	商标专用权、著作权、专利权、专有技术使用权转移书据	价款的万分之三	
营业账簿		实收资本（股本）、资本公积合计金额的万分之二点五	
证券交易		成交金额的千分之一	

这里值得注意的是，同一应税凭证载有两个以上税目事项并分别列明金额的，按照各自适用的税目税率分别计算应纳税额；未分别列明金额的，从高适用税率。

10.2.2 印花税的计税依据和应纳税额的计算

10.2.2.1 计税依据

印花税的计税依据如下。

（1）应税合同的计税依据，为合同所列的金额，不包括列明的增值税税款。

（2）应税产权转移书据的计税依据，为产权转移书据所列的金额，不包括列明的增值税税款。

（3）应税营业账簿的计税依据，为账簿记载的实收资本（股本）、资本公积合计金额；已缴纳印花税的营业账簿，以后年度记载的实收资本（股本）、资本公积合计金额比已缴纳印花税的实收资本（股本）、资本公积合计金额增加的，按照增加部分计算应纳税额。

（4）证券交易的计税依据为成交金额。

（5）应税合同、产权转移书据未列明金额的，印花税的计税依据按照实际结算的金额确定。

（6）计税依据按照前述规定仍不能确定的，按照书立合同、产权转移书据时的市场价格确定；依法应当执行政府定价或者政府指导价的，按照国家有关规定确定。

（7）证券交易无转让价格的，按照办理过户登记手续时该证券前一个交易日收盘价计算确定计税依据；无收盘价的，按照证券面值计算确定计税依据。

10.2.2.2 应纳税额的计算

应纳税额=计税依据×适用税率

需要说明的是，同一应税凭证由两方以上当事人书立的，按照各自涉及的金额分别计算应纳税额。

【例10-1】甲公司分别与乙公司、丙公司、丁公司签订了3份合同：一是甲公司与乙公司签订的买卖合同，合同上注明的不含税价款为100万元；二是甲公司与丙公司签订的保管合同，合同上注明的保管费用为不含税价款20万元，但因故合同未能兑现；三是甲公司与丁公司签订的房屋租赁合同，记载每年支付的不含税租金为80万元，租期为1年。计算甲、乙、丙、丁公司各应缴纳印花税多少元？

【答案】
（1）甲公司与乙公司签订的买卖合同的计税依据为合同所列的金额，不包括增值税税额。

甲公司、乙公司各应缴纳的印花税税额 = 1 000 000×0.3‰ = 300（元）

（2）甲公司与丙公司签订的保管合同，计税依据为保管费用金额。合同虽未兑现，但仍应在订立时按规定贴花。

甲公司、丙公司各应缴纳的印花税税额 = 200 000×1‰ = 200（元）

（3）甲公司与丁公司签订的房屋租赁合同，计税依据为租金。

甲公司、丁公司各应缴纳的印花税税额 = 800 000×1‰ = 800（元）

甲公司应缴纳的印花税税额合计 = 300+200+800 = 1 300（元）

乙公司应缴纳的印花税税额 = 300（元）

丙公司应缴纳的印花税税额 = 200（元）

丁公司应缴纳的印花税税额 = 800（元）

10.2.3 税收优惠

10.2.3.1 法定免税项目

根据《印花税法》的规定，下列凭证免纳印花税。

（1）应税凭证的副本或者抄本。

（2）依照法律规定应当予以免税的外国驻华使馆、领事馆和国际组织驻华代表机构为获得馆舍书立的应税凭证。

（3）中国人民解放军、中国人民武装警察部队书立的应税凭证。

（4）农民、家庭农场、农民专业合作社、农村集体经济组织、村民委员会购买农业生产资料或者销售农产品书立的买卖合同和农业保险合同。

（5）无息或者贴息借款合同、国际金融组织向中国提供优惠贷款书立的借款合同。

（6）财产所有权人将财产赠与政府、学校、社会福利机构、慈善组织书立的产权转移书据。

（7）非营利性医疗卫生机构采购药品或者卫生材料书立的买卖合同。

（8）个人与电子商务经营者订立的电子订单。

根据国民经济和社会发展的需要，国务院对居民住房需求保障、企业改制重组、破产、支持小型微型企业发展等情形可以规定减征或者免征印花税，报全国人民代表大会常务委员会备案。

10.2.4 征收管理

10.2.4.1 纳税地点

纳税人为单位的,应当向其机构所在地的主管税务机关申报缴纳印花税;纳税人为个人的,应当向应税凭证书立地或者纳税人居住地的主管税务机关申报缴纳印花税。

不动产产权发生转移的,纳税人应当向不动产所在地的主管税务机关申报缴纳印花税。

纳税人为境外单位或者个人,在境内有代理人的,以其境内代理人为扣缴义务人;在境内没有代理人的,由纳税人自行申报缴纳印花税,具体办法由国务院税务主管部门规定。

证券登记结算机构为证券交易印花税的扣缴义务人,应当向其机构所在地的主管税务机关申报解缴税款以及银行结算的利息。

10.2.4.2 纳税义务发生时间

印花税的纳税义务发生时间为纳税人书立应税凭证或者完成证券交易的当日。

证券交易印花税扣缴义务发生时间为证券交易完成的当日。

10.2.4.3 纳税期限

印花税按季、按年或者按次计征。实行按季、按年计征的,纳税人应当自季度、年度终了之日起十五日内申报缴纳税款;实行按次计征的,纳税人应当自纳税义务发生之日起十五日内申报缴纳税款。

证券交易印花税按周解缴。证券交易印花税扣缴义务人应当自每周终了之日起五日内申报解缴税款以及银行结算的利息。

10.2.4.4 缴纳方法

印花税可以采用粘贴印花税票或者由税务机关依法开具其他完税凭证的方式缴纳。

印花税票粘贴在应税凭证上的,由纳税人在每枚税票的骑缝处盖戳注销或者画销。

印花税票由国务院税务主管部门监制。

10.3 车辆购置税

车辆购置税法是国家制定的用以调整车辆购置税征纳关系的法律规范。我国的车辆购置税是对在我国境内购置规定的应税车辆为课税对象、在特定的环节向车辆购置者一次征收的一种特种财产税。由于征收车辆购置税的资金具有专门用途,主要是将其用于交通建设,促进交通基础设施建设事业的健康发展。因而这一税也属于特定目的税的范畴。现行车辆购置税的主要法律依据是 2018 年 12 月 29 日第十三届全国人民代表大会常务委员会第七次会议通过的《车辆购置税法》,自 2019 年 7 月 1 日起施行。新通过的《车辆购置税法》,是贯彻落实税收法定原则的迫切要求和重要体现,有利于完善车辆购置税法律制度。

10.3.1 车辆购置税的基本法律规定

10.3.1.1 征税对象和征税范围

车辆购置税的征税对象是《车辆购置税法》规定的各种应税车辆。应税车辆包括:汽车、有轨电车、汽车挂车、排气量超过一百五十毫升的摩托车 4 大类。

10.3.1.2 纳税人

车辆购置税的纳税人是指在中华人民共和国境内购置汽车、有轨电车、汽车挂车、排气量超过一百五十毫升的摩托车（以下统称应税车辆）的单位和个人。这里的"购置"，包括购买、进口、自产、受赠、获奖或者以其他方式取得并自用应税车辆的行为。

10.3.1.3 税率

车辆购置税的税率为固定比例税率，税率为 10%。车辆购置税税率的调整，由国务院决定并公布。

10.3.2 车辆购置税的计税依据和应纳税额的计算

10.3.2.1 计税依据

车辆购置税实行从价定率征收，它的计税依据是车辆的计税价格。根据《车辆购置税暂行条例》的规定，车辆购置税的计税价格根据不同情况按照下列规定确定。

（1）纳税人购买自用应税车辆的计税价格，为纳税人实际支付给销售者的全部价款，不包括增值税税款。

（2）纳税人进口自用应税车辆的计税价格，为关税完税价格加上关税和消费税。

（3）纳税人自产自用应税车辆的计税价格，按照纳税人生产的同类应税车辆的销售价格确定，不包括增值税税款。

（4）纳税人以受赠、获奖或者其他方式取得自用应税车辆的计税价格，按照购置应税车辆时相关凭证载明的价格确定，不包括增值税税款。

10.3.2.2 应纳税额的计算

车辆购置税实行从价定率的办法计算应纳税额，应纳税额的计算公式为：

$$应纳税额 = 计税价格 \times 税率$$

纳税人以外汇结算应税车辆价款的，按照申报纳税之日中国人民银行公布的人民币基准汇价，折合成人民币计算应纳税额。

【例 10-2】张某 2019 年 6 月，从上海大众汽车有限公司购买一辆厂牌型号为桑塔纳的轿车供自己使用，支付含增值税车价款 203 400 元。支付的各项价费均由上海大众汽车有限公司开具"机动车销售统一发票"和有关票据。计算车辆购置税应纳税额。

【答案】 计税价格 = 203 400 / (1 + 13%) = 180 000（元）

应纳税额 = 180 000 × 10% = 18 000（元）

10.3.3 车辆购置税的税收优惠

10.3.3.1 减免税项目

车辆购置税的免税、减税，按照下列规定执行。

（1）依照法律规定应当予以免税的外国驻华使馆、领事馆和国际组织驻华机构及其有关人员自用的车辆；

（2）中国人民解放军和中国人民武装警察部队列入装备订货计划的车辆；

（3）悬挂应急救援专用号牌的国家综合性消防救援车辆；
（4）设有固定装置的非运输专用作业车辆；
（5）城市公交企业购置的公共汽电车辆。

根据国民经济和社会发展的需要，国务院可以规定减征或者其他免征车辆购置税的情形，报全国人民代表大会常务委员会备案。

（6）2018年1月1日至2022年12月31日，对列入《免征车辆购置税的新能源汽车车型目录》的新能源汽车，免征车辆购置税。

（7）自2018年7月1日至2021年6月30日，对购置挂车减半征收车辆购置税。

10.3.3.2 退税规定

纳税人将已征车辆购置税的车辆退回车辆生产企业或者销售企业的，可以向主管税务机关申请退还车辆购置税。退税额以已缴税款为基准，自缴纳税款之日至申请退税之日，每满一年扣减10%。

10.3.4 车辆购置税的征收管理

10.3.4.1 纳税期限

车辆购置税的纳税义务发生时间为纳税人购置应税车辆的当日。纳税人应当自纳税义务发生之日起60日内申报缴纳车辆购置税。

纳税人应当在向公安机关交通管理部门办理车辆注册登记前，缴纳车辆购置税。

公安机关交通管理部门办理车辆注册登记，应当根据税务机关提供的应税车辆完税或者免税电子信息对纳税人申请登记的车辆信息进行核对，核对无误后依法办理车辆注册登记。

10.3.4.2 纳税地点

车辆购置税由税务机关负责征收。

纳税人购置应税车辆，应当向车辆登记地的主管税务机关申报缴纳车辆购置税；购置不需要办理车辆登记的应税车辆的，应当向纳税人所在地的主管税务机关申报缴纳车辆购置税。

10.3.4.3 纳税申报

车辆购置税的纳税人应按规定及时办理纳税申报，并如实填写《车辆购置税纳税申报表》，并同时提供车主身份证明、车辆价格证明、车辆合格证明及税务机关要求提供的其他资料。

10.4 城市维护建设税

城市维护建设税法是国家制定的用以调整城市维护建设税征收与缴纳之间权利与义务关系的法律规范。城市维护建设税是国家对缴纳增值税、消费税（以下简称"两税"）的单位和个人就其实际缴纳的"两税"税额为计税依据而征收的一种税。它是一种典型的附加税，没有独立的征税对象，依附于"两税"而存在。现行的城市维护建设税的基本规范是1985年2月8日国务院发布并于同年1月1日实施的《中华人民共和国城市维护建设税暂行条例》（以下简称《城市维护建设税暂行条例》）。新颁布的《城市维护建设税法》将于

2021年9月1日起正式施行，不再规定城建税专项用途。

10.4.1 城市维护建设税的基本法律规定

10.4.1.1 纳税人和扣缴义务人

在中华人民共和国境内缴纳增值税、消费税的单位和个人，为城市维护建设税的纳税人。包括国有企业、集体企业、私营企业、股份制企业、其他企业和行政单位、事业单位、军事单位、社会团体、其他单位，以及个体户及其他个人。

城市维护建设税的扣缴义务人为负有增值税、消费税扣缴义务的单位和个人，在扣缴增值税、消费税的同时扣缴城市维护建设税。

10.4.1.2 征税范围

新的《城市维护建设税法》中明确征税范围为"境内"，并且对于进口货物或者境外单位和个人向境内销售劳务、服务、无形资产缴纳的增值税、消费税税额，不征收城市维护建设税。

10.4.1.3 税率

城市维护建设税按纳税人所在地的不同，设置了三档地区差别比例税率。

（1）纳税人所在地为市区的，税率为7%。
（2）纳税人所在地为县城、镇的，税率为5%。
（3）纳税人所在地不在市区、县城或者镇的，税率为1%。

纳税人所在地，是指纳税人住所地或者与纳税人生产经营活动相关的其他地点，具体地点由省、自治区、直辖市确定。但是，对下列两种情况，可按缴纳"两税"所在地的规定税率就地缴纳城市维护建设税。

（1）由受托方代扣代缴、代收代缴"两税"的单位和个人，其代扣代缴、代收代缴的城市维护建设税按受托方所在地适用税率执行。
（2）流动经营等无固定纳税地点的单位和个人，在经营地缴纳"两税"的，其城市维护建设税的缴纳按经营地适用税率执行。

10.4.1.4 税收优惠

新的《城市维护建设税法》明确规定，根据国民经济和社会发展的需要，国务院对重大公共基础设施建设、特殊产业和群体以及重大突发事件应对等情形可以规定减征或者免征城市维护建设税，报全国人民代表大会常务委员会备案。

城市维护建设税原则上不单独减免，其减免规定与"两税"的减免息息相关。具体规定如下。

（1）城市维护建设税按减免后实际缴纳的"两税"税额计征，即随"两税"的减免而减免。
（2）对于因减免税而需进行"两税"退库的，城市维护建设税也可同时退库。
（3）海关对进口产品代征的增值税、消费税，不征收城市维护建设税。
（4）为支持国家重大水利工程建设，对国家重大水利工程建设基金免征城市维护建设税。
（5）对增值税实行先征后返、先征后退、即征即退办法的，除另有规定外，对随增值税附征的城市维护建设税,一律不予退(返)还。

(6) 由省、自治区、直辖市人民政府根据本地区实际情况,以及宏观调控需要确定,对增值税小规模纳税人可以在50%的税额幅度内减征城市维护建设税。

10.4.2 城市维护建设税的计税依据和应纳税额的计算

10.4.2.1 计税依据

城市维护建设税的计税依据是指纳税人实际缴纳的"两税"税额。纳税人违反增值税和消费税有关税法规定而加收的滞纳金和罚款,不作为城市维护建设税的计税依据,但纳税人在被查补"两税"及被处以罚款时,应同时对其偷漏的城市维护建设税进行补税、征收滞纳金和罚款。城市维护建设税的计税依据应当按照规定扣除期末留抵退税退还的增值税税额。

10.4.2.2 应纳税额的计算

城市维护建设税是在"两税"的基础上计算出来的,其计算公式为:

$$应纳税额=(实际缴纳的增值税税额+实际缴纳的消费税税额)\times 适用税率$$

【例10-3】某市区一企业2018年6月份缴纳增值税300 000元,缴纳消费税400 000元,被查补消费税10 000元、增值税6 800元,处以罚款8 000元,加收滞纳金500元。本月还缴纳了城镇土地使用税126 000元,房产税108 000元,计算该企业应纳的城市维护建设税税额。

【答案】应纳城市维护建设税税额=(300 000+400 000+10 000+6 800)×7%
=716 800×7%=50 176(元)

10.4.3 城市维护建设税的征收管理

城市维护建设税的征收管理,比照增值税、消费税的有关规定执行,与增值税、消费税同时征收。

10.4.3.1 纳税期限

城市维护建设税的纳税义务发生时间与增值税、消费税的纳税义务发生时间一致,分别与增值税、消费税同时缴纳。

10.4.3.2 纳税地点

纳税人缴纳"两税"的地点,就是该纳税人缴纳城市维护建设税的地点。但是,属于下列情况的纳税地点另有规定。

(1) 代扣代缴、代收代缴"两税"的单位和个人,同时也是城市维护建设税的代扣代缴、代收代缴义务人,其城市维护建设税的纳税地点在代扣代收地。

(2) 对流动经营等无固定纳税地点的单位和个人,应随同"两税"在经营地按适用税率缴纳。

(3) 纳税人跨地区提供建筑服务、销售和出租不动产的,应在建筑服务发生地、不动产所在地预缴增值税时,以预缴增值税税额为计税依据,并按预缴增值税所在地的城市维护建设税适用税率和教育费附加征收率就地计算缴纳城市维护建设税和教育费附加。

预缴增值税的纳税人在其机构所在地申报缴纳增值税时，以其实际缴纳的增值税税额为计税依据，并按机构所在地的城市维护建设税适用税率和教育费附加征收率就地计算缴纳城市维护建设税和教育费附加。

10.4.3.3 纳税申报

纳税人应按规定期限缴纳城市维护建设税，并如实填写《城市维护建设税纳税申报表》。

10.5 环境保护税

环境保护税法是国家为了保护和改善环境，减少污染物排放，推进生态文明建设而制定的用以调整环境保护税征纳关系的法律规范。我国的环境保护税是对在中华人民共和国领域和中华人民共和国管辖的其他海域，直接向环境排放应税污染物的企业事业单位和其他生产经营者征收的一种税。现行环境保护税法的主要法律依据是《中华人民共和国环境保护税法》（以下简称《环境保护税法》）和《中华人民共和国环境保护税法实施条例》（以下简称《环境保护税法实施条例》），自2018年1月1日起施行。

10.5.1 环境保护税的基本法律规定

10.5.1.1 纳税人

在中华人民共和国领域和中华人民共和国管辖的其他海域，直接向环境排放应税污染物的企业事业单位和其他生产经营者为环境保护税的纳税人。但有下列情形之一的，不属于直接向环境排放污染物，不缴纳相应污染物的环境保护税。

（1）企业事业单位和其他生产经营者向依法设立的污水集中处理、生活垃圾集中处理场所排放应税污染物的。

（2）企业事业单位和其他生产经营者在符合国家和地方环境保护标准的设施、场所贮存或者处置固体废物的。

（3）达到省级人民政府确定的规模标准并且有污染物排放口的畜禽养殖场，应当依法缴纳环境保护税，但依法对畜禽养殖废弃物进行综合利用和无害化处理的。

但值得注意的是，依法设立的城乡污水集中处理、生活垃圾集中处理场所超过国家和地方规定的排放标准向环境排放应税污染物的，应当缴纳环境保护税；对于企业事业单位和其他生产经营者贮存或者处置固体废物不符合国家和地方环境保护标准的，应当缴纳环境保护税。

10.5.1.2 税目和税额

应税污染物，是指本法所附《环境保护税税目税额表》《应税污染物和当量值表》规定的大气污染物、水污染物、固体废物和噪声。《环境保护税税目税额表》如表10-2所示。

表 10-2　环境保护税税目税额表

税　目		计税单位	税　额	备　注
大气污染物		每污染当量	1.2元至12元	
水污染物		每污染当量	1.4元至14元	
固体废物	煤矸石	每吨	5元	
	尾矿	每吨	15元	
	危险废物	每吨	1 000元	
	冶炼渣、粉煤灰、炉渣、其他固体废物（含半固态、液态废物）	每吨	25元	
噪声	工业噪声	超标1~3分贝	每月350元	1. 一个单位边界上有多处噪声超标，根据最高一处超标升级计算应纳税额；当沿边界长度超过100米有两处以上噪声超标，按照两个单位计算应纳税额。 2. 一个单位有不同地点作业场所的，应当分别计算应纳税额，合并计征。 3. 昼、夜均超标的环境噪声，昼、夜分别计算应纳税额，累计计征。 4. 声源一个月内超标不足15天的，减半计算应纳税额。 5. 夜间频繁突发和夜间偶然突发厂界超标噪声，按等效声级和峰值噪声两种指标中超标分贝值高的一项计算应纳税额。
		超标4~6分贝	每月700元	
		超标7~9分贝	每月1 400元	
		超标10~12分贝	每月2 800元	
		超标13~15分贝	每月5 600元	
		超标16分贝以上	每月11 200元	

10.5.1.3　税收优惠

1. 免税规定

根据下列情形，暂予免征环境保护税：

（1）农业生产（不包括规模化养殖）排放应税污染物的；

（2）机动车、铁路机车、非道路移动机械、船舶和航空器等流动污染源排放应税污染物的；

（3）依法设立的城乡污水集中处理、生活垃圾集中处理场所排放相应应税污染物，不超过国家和地方规定的排放标准的；

（4）纳税人综合利用的固体废物，符合国家和地方环境保护标准的；

（5）国务院批准免税的其他情形。

前款第（5）项免税规定，由国务院报全国人民代表大会常务委员会备案。

2. 减税规定

纳税人排放应税大气污染物或者水污染物的浓度值低于国家和地方规定的污染物排放标准百分之三十的，减按百分之七十五征收环境保护税。纳税人排放应税大气污染物或者水污染物的浓度值低于国家和地方规定的污染物排放标准百分之五十的，减按百分之五十征收环境保护税。

应税大气污染物或者水污染物的浓度值，是指纳税人安装使用的污染物自动监测设备当月自动监测的应税大气污染物浓度值的小时平均值再平均所得数值或者应税水污染物浓度值的日平均值再平均所得数值，或者监测机构当月监测的应税大气污染物、水污染物浓度值的平均值。

10.5.2 环境保护税的计税依据和应纳税额的计算

10.5.2.1 计税依据

应税污染物的计税依据，按照下列方法确定。

（1）应税大气污染物按照污染物排放量折合的污染当量数确定。

应税大气污染物的污染当量数，以该污染物的排放量除以该污染物的污染当量值计算。每种应税大气污染物的具体污染当量值，依照《环境保护税法》所附《应税污染物和当量值表》执行。

每一排放口或者没有排放口的应税大气污染物，按照污染当量数从大到小排序，对前三项污染物征收环境保护税。

（2）应税水污染物按照污染物排放量折合的污染当量数确定。

应税水污染物的污染当量数，以该污染物的排放量除以该污染物的污染当量值计算。每种应税水污染物的具体污染当量值，依照《环境保护税法》所附《应税污染物和当量值表》执行。

每一排放口的应税水污染物，按照本法所附《应税污染物和当量值表》，区分第一类水污染物和其他类水污染物，按照污染当量数从大到小排序，对第一类水污染物按照前五项征收环境保护税，对其他类水污染物按照前三项征收环境保护税。

省、自治区、直辖市人民政府根据本地区污染物减排的特殊需要，可以增加同一排放口征收环境保护税的应税污染物项目数，报同级人民代表大会常务委员会决定，并报全国人民代表大会常务委员会和国务院备案。

值得注意的是，纳税人有下列情形之一的，以其当期应税大气污染物、水污染物的产生量作为污染物的排放量：

① 未依法安装使用污染物自动监测设备或者未将污染物自动监测设备与环境保护主管部门的监控设备联网；

② 损毁或者擅自移动、改变污染物自动监测设备；

③ 篡改、伪造污染物监测数据；

④ 通过暗管、渗井、渗坑、灌注或者稀释排放以及不正常运行防治污染设施等方式违法排放应税污染物；

⑤ 进行虚假纳税申报。

（3）应税固体废物按照固体废物的排放量确定。

固体废物的排放量为当期应税固体废物的产生量减去当期应税固体废物的贮存量、处置量、综合利用量的余额。其中，固体废物的贮存量、处置量，是指在符合国家和地方环境保护标准的设施、场所贮存或者处置的固体废物数量；固体废物的综合利用量，是指按照国务院发展改革、工业和信息化主管部门关于资源综合利用要求以及国家和地方环境保护标准进行综合利用的固体废物数量。计算公式为：

固体废物的排放量=当期固体废物的产生量-当期应税固体废物的贮存量-当期应税固体废物的处置量-当期应税固体废物的综合利用量

纳税人有下列情形之一的，以其当期应税固体废物的产生量作为固体废物的排放量：
① 非法倾倒应税固体废物；
② 进行虚假纳税申报。
（4）应税噪声按照超过国家规定标准的分贝数确定。

上述应税大气污染物、水污染物、固体废物的排放量和噪声的分贝数，按照下列方法和顺序计算：
① 纳税人安装使用符合国家规定和监测规范的污染物自动监测设备的，按照污染物自动监测数据计算；
② 纳税人未安装使用污染物自动监测设备的，按照监测机构出具的符合国家有关规定和监测规范的监测数据计算；
③ 因排放污染物种类多等原因不具备监测条件的，按照国务院环境保护主管部门规定的排污系数、物料衡算方法计算；
④ 不能按照本条第①项至第③项规定的方法计算的，按照省、自治区、直辖市人民政府环境保护主管部门规定的抽样测算的方法核定计算。

10.5.2.2 应纳税额的计算

环境保护税应纳税额按照下列方法计算：
（1）应税大气污染物的应纳税额为污染当量数乘以具体适用税额；
（2）应税水污染物的应纳税额为污染当量数乘以具体适用税额；
（3）应税固体废物的应纳税额为固体废物排放量乘以具体适用税额；
（4）应税噪声的应纳税额为超过国家规定标准的分贝数对应的具体适用税额。

【例10-4】某企业2018年6月生产尾矿1 000吨，其中综合利用的尾矿200吨（符合国家相关规定），在符合国家和地方环境保护标准的设施贮存400吨。尾矿环保税适用税额为每吨15元，则该企业当月尾矿应缴纳的环境保护税为多少？

【答案】固体废物排放量=当期固体废物的产生量-当期固体废物的综合利用量-当期固体废物的贮存量-当期固体废物的处置量
尾矿排放量=1 000-200-400=400（吨）
尾矿环境保护税应纳税额=400×15=6 000（元）

【例10-5】某企业2018年3月向大气直接排放二氧化硫、氟化物各10千克，一氧化碳、氯化氢各100千克。已知，二氧化硫、氟化物、一氧化碳、氯化氢的污染当量值分别为0.95、0.87、16.7、10.75，假设当地大气污染物每污染当量税额为1.2元，该企业只有一个排放口。

要求：根据上述资料回答下列问题。

(1) 计算各污染物的污染当量数。
(2) 计算该企业当月应纳的环境保护税。

【答案】

(1) 污染当量数=该污染物的排放量/该污染物的污染当量值

二氧化硫：10/0.95=10.53

氟化物：10/0.87=11.49

一氧化碳：100/16.7=5.99

氯化氢：100/10.75=9.3

(2) 按污染当量数给4项污染物排序：氟化物（11.49）>二氧化硫（10.53）>氯化氢（9.3）>一氧化碳（5.99）。

该企业只有一个排放口，选取排序前三项的污染物计税：氟化物、二氧化硫、氯化氢；根据排序前三项的污染物的污染当量数之和与规定的适应税额计算应纳税额。

应税大气污染物的应纳税额=污染当量数之和×适应税额

应纳税额=(11.49+10.53+9.3)×1.2=37.58（元）

10.5.3 征收管理

10.5.3.1 纳税义务发生时间

纳税义务发生时间为纳税人排放应税污染物的当日。

10.5.3.2 纳税地点

纳税人应当向应税污染物排放地的税务机关申报缴纳环境保护税。应税污染物排放地是指：

(1) 应税大气污染物、水污染物排放口所在地；
(2) 应税固体废物产生地；
(3) 应税噪声产生地。

10.5.3.3 纳税申报

环境保护税按月计算，按季申报缴纳。不能按固定期限计算缴纳的，可以按次申报缴纳。纳税人申报缴纳时，应当向税务机关报送所排放应税污染物的种类、数量，大气污染物、水污染物的浓度值，以及税务机关根据实际需要要求纳税人报送的其他纳税资料。

纳税人按季申报缴纳的，应当自季度终了之日起十五日内，向税务机关办理纳税申报并缴纳税款。纳税人按次申报缴纳的，应当自纳税义务发生之日起十五日内，向税务机关办理纳税申报并缴纳税款。

纳税人应当依法如实办理纳税申报，对申报的真实性和完整性承担责任。

税务机关应当将纳税人的纳税申报数据资料与环境保护主管部门交送的相关数据资料进行比对。

税务机关发现纳税人的纳税申报数据资料异常或者纳税人未按照规定期限办理纳税申报的，可以提请环境保护主管部门进行复核，环境保护主管部门应当自收到税务机关的数据资料之日起十五日内向税务机关出具复核意见。税务机关应当按照环境保护主管部门复核的数据资料调整纳税人的应纳税额。

10.5.3.4 征收管理的其他规定

（1）环境保护税由税务机关依照《税收征管法》和《环境保护税法》的有关规定征收管理。环境保护主管部门依照《环境保护税法》和有关环境保护法律法规的规定负责对污染物的监测管理。县级以上地方人民政府应当建立税务机关、环境保护主管部门和其他相关单位分工协作工作机制，加强环境保护税征收管理，保障税款及时足额入库。

（2）环境保护主管部门和税务机关应当建立涉税信息共享平台和工作配合机制。环境保护主管部门应当将排污单位的排污许可、污染物排放数据、环境违法和受行政处罚情况等环境保护相关信息，定期交送税务机关。税务机关应当将纳税人的纳税申报、税款入库、减免税额、欠缴税款以及风险疑点等环境保护税涉税信息，定期交送环境保护主管部门。

（3）税务机关依法实施环境保护税的税务检查，环境保护主管部门予以配合。

行为目的税综合案例

【案例分析10-1】爱德公司如何缴纳印花税？

2022年8月，爱德公司发生了以下业务。

（1）2022年8月1日，爱德公司与租赁公司签订了融资租赁合同，合同金额为500万元，年利率为5%。

（2）2022年8月21日，爱德公司与润宇公司签订承揽合同，委托润宇公司定做公司宣传产品，原材料由爱德公司提供，在加工合同中注明的报酬为12万元。

（3）2022年8月23日，爱德公司与银河公司签订了专利权转移书据，注明价款为200万元。

（4）2022年8月27日，爱德公司与新洋公司签订保管合同，保管合同中注明的保管费为50万元。

（5）2022年8月30日，爱德公司与铁路部门签订货运合同，货物金额为300万元，载明运输费为40万元。

请说明爱德公司在各项业务中应缴纳的印花税税额（已知：合同中的价格均为不含税价格）。

【答案及解析】

（1）与租赁公司签订融资租赁合同，应按合同所载租金总额，按融资租赁合同在书立合同时计算贴花。

应纳税额 = 5 000 000×0.05‰ = 250（元）

（2）与润宇公司签订承揽合同，应按合同所载的报酬，按承揽合同在书立合同时计算贴花。应纳税额 = 120 000×0.3‰ = 36（元）

（3）专利权转移书据按所载金额在立据时计算贴花。

应纳税额 = 2 000 000×0.5‰ = 1000（元）

（4）与新洋公司签订保管合同，应按合同所载的保管费，按保管合同在书立合同时计算贴花。

应纳税额=500 000×1‰=500（元）

（5）与铁路部门签订货运合同，应按合同所载的运输费，按运输合同在书立合同时计算贴花。

应纳税额=400 000×0.3‰=120（元）

【案例分析10-2】妮采化妆品厂如何缴纳城市维护建设税和教育费附加？

坐落在上海市的妮采化妆品生产企业（增值税一般纳税人）主要生产高档化妆品，2019年6月购进原材料，取得防伪税控系统开具的增值税专用发票上注明的税款为10.4万元，当月通过税务机关认证。另外当月还进口一批高档化妆品，缴纳进口关税23万元、进口增值税13万元、进口消费税15万元，取得了海关开具的完税凭证。本月销售自产的高档化妆品取得不含税销售收入250万元。已知高档化妆品适用的消费税税率为15%，计算该化妆品厂本月应缴的城市维护建设税和教育费附加。

【答案及解析】

本月应纳的增值税=250×13%−（10.4+13）=32.5−23.4=9.1（万元）

本月应纳的消费税=250×15%=37.5（万元）

本月应纳的城市维护建设税=（9.1+37.5）×7%=3.26（万元）

本月应纳的教育费附加=（9.1+37.5）×3%=1.40（万元）

【案例分析10-3】车先生如何缴纳车辆购置税？

（1）个体户车先生1月从韩国进口一辆自用的小轿车，经报关地口岸海关对有关报关资料审查确定，关税计税价格为184 000元（人民币），海关征收关税36 800元，并按增值税、消费税有关规定分别缴纳进口增值税38 400元、消费税19 200元。

（2）6月车先生的叔叔无偿赠与车先生10辆三轮摩托车，用于车先生的运输小车队。已知这10辆三轮摩托车的最低计税价格（不含税价格）为每辆3 000元。

（3）7月车先生购买福利彩票，非常幸运地中了特等奖，获得了本田雅阁汽车一辆，取得开具的销售发票注明的金额为160 000元。车先生申报纳税时，经主管税务机关审核，国家税务总局核定该车型的最低计税价格为180 000元。

请计算车先生应缴纳的车辆购置税。

【答案及解析】

（1）纳税人进口自用的应税车辆，以组成计税价格为计税依据，计算公式为：

$$组成计税价格=关税完税价格+关税+消费税$$

应纳车辆购置税=（184 000+36 800+19 200）×10%=24 000（元）

（2）应纳税额=受赠数量×最低计税价格×税率=10×3 000×10%=3 000（元）

（3）应纳税额=最低计税价格×税率=180 000×10%=18 000（元）

车先生应缴纳的车辆购置税=24 000+3 000+18 000=45 000（元）

课后练习题

 牛刀小试

一、选择题（含单选题和多选题，请用手机扫描下方二维码作答并查看正确答案）

二、思考探索题

1. 行为目的税的政策目的性强，我国现行行为税法的政策目的性表现在哪里？
2. 请查阅资料，了解我国证券交易印花税税制的变迁，认识证券交易印花税对我国股市的影响。
3. 车辆购置税的应税行为主要包括哪些内容？
4. 城市维护建设税的计税依据是什么？如何计算应纳税额？

 竞技场

一、选择题（含单选题和多选题，请用手机扫描下方二维码作答并查看正确答案）

二、案例分析题

1. 某高新技术企业 2021 年 8 月份开业，注册资金 300 万元，当年发生经营活动如下。

① 建账时记载资金的账簿中记载实收资本 300 万元。

③ 签订买卖合同 5 份，共记载金额 300 万元。

④ 签订借款合同 2 份，共记载金额 100 万元，当年取得借款利息 1.6 万元。

⑤ 与服装加工厂签订加工合同，为本企业职工定做工作服，本企业提供原材料的价值为 8 万元，服装加工厂收取的加工费和代垫辅料价值为 10 万元。

⑥ 转让一项专利权，签订转让合同，转让金额为 5 万元。

⑦ 签订租赁合同 1 份，记载支付租赁费 50 万元。

⑧ 签订运输合同 1 份，记载支付运输费 20 万元。

已知：上述应税凭证中记载的金额均为不含税价格。

要求：请逐项计算该企业 2021 年应缴纳的印花税。

2. 某市区的 A 卷烟厂 2018 年 6 月主要缴纳税金情况如下。

① 向税务机关缴纳消费税 50 000 元，增值税 46 000 元。

② 被查补的消费税为 20 000 元、增值税为 16 000 元，被处以罚款 10 000 元，加收滞纳金 1 000 元。

③ 进口一批烟丝被海关征收关税 80 000 元、增值税 160 000、消费税 300 000 元。

④ 受一家位于县城的 B 卷烟厂的委托，加工烟丝一批，B 卷烟厂提供烟叶的成本为 60 000 元，A 卷烟厂收取的加工费（不含增值税）金额为 14 200 元。

要求：

（1）计算 A 卷烟厂应代收代缴 B 卷烟厂的城市维护建设税和教育费附加。

（2）计算A卷烟厂当月应缴纳和补缴的城市维护建设税和教育费附加。

3. 某外贸进出口公司2018年6月发生如下经济业务。

① 向某汽车制造公司购进12辆国产车辆，发票注明购进价为不含税价格150 000元/辆，4辆作为业务车供本公司自用，2辆用于抵顶之前欠本市某物资公司220 000元的债务，其余6辆出口，出口离岸价为180 000元；国家税务总局规定同类车辆最低计税价格为160 000元（税务机关认为150 000元/辆的购进价格明显偏低且无正当理由）。

② 进口1辆自用的小汽车，到岸价格为550 000元，已知关税税率为50%，消费税税率为8%。

③ 接受某汽车制造厂赠送一辆新型小汽车，经税务机关审核，参照国家税务总局规定的上述同类车型应税车辆的最低计税价格为120 000元，小汽车的成本为80 000元，成本利润率为8%。

要求：计算该公司应缴纳的车辆购置税。

4. 某市A企业2018年1月产生煤矸石100吨，其中综合利用的煤矸石20吨（符合国家和地方环境保护标准），在符合国家和地方环境保护标准的设施贮存30吨，已知煤矸石环保税适用税额为每吨15元，则A企业当月煤矸石应缴纳的环境保护税为多少？

第 11 章

税收征收管理法

思维导图

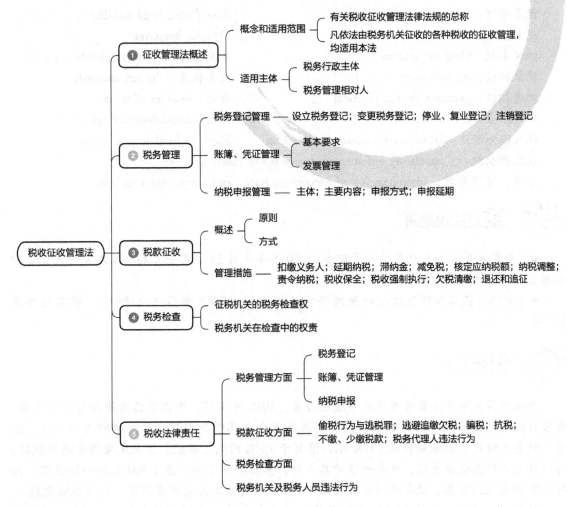

学习提示

  税收的征收管理是征收和缴纳的有机结合,是税务机关与纳税人双向互动的链条,它们统一于共同的规则——税收征收管理法。税收征收管理法是我国税法体系中的重要组成部分,属于税收程序法,与税收实体法相得益彰,在税款征收、税务管理等方面发挥了重要的作用。对于设计再合理、内容再完善的税收实体法,如果没有规定相关程序实施的法律,也是无法付诸实施的。国家制定税收征收管理法的目的，主要是为了加强税收征收管理，规范税收征收和缴纳行为，保障国家税收收入，保护纳税人的合法权益，促进经济和社会的和谐发展。目前我国税收征收管理的主要法律规范是《中华人民共和国税收征收管理法》。

本章的内容主要涉及这部法律的相关内容。通过本章的学习，应当掌握税收征收管理法的适用范围，理解税务登记、纳税申报和税款征收、税务检查的相关规定，能够对税收征收管理有一个全面的认识。

中英文关键词

税务登记：tax registration　　　　　　法律责任：legal liability
发票：invoice　　　　　　　　　　　　纳税人：taxpayer
纳税申报：filing tax returns　　　　　扣缴义务人：the withholding agent
税款征收：tax collection　　　　　　　税务机关：the tax authority
纳税担保：guaranty for tax payment　　偷税：evasion of taxes
税务检查：tax inspection　　　　　　　骗税：fraudulence of taxes
税收保全措施：preservative measures of taxation　　抗税：refusal to pay taxes
税收强制执行：mandatory enforcement measures of taxation
账簿、凭证管理：administration of accounting books and supporting vouchers

重点法规速递

◆《中华人民共和国税收征收管理法》，2015年4月24日第十二届全国人民代表大会常务委员会第十四次会议第三次修正

◆《中华人民共和国税收征收管理法实施细则》（2016年第三次修订），国务院令第362号

引导案例

个体工商户甲在某集贸市场从事服装经营。2012年1月，甲以生意清淡经营亏损为由，没有在规定的期限办理纳税申报，预准地税务所责令其限期申报，但甲逾期仍不申报。随后，税务所核定其应缴纳税款1 000元，限其于15日内缴清税款。甲在限期内未缴纳税款，并对核定的税款提出异议，税务所不听其申辩，直接扣押了其价值1 500元的一批服装。扣押后甲仍未缴纳税款，税务所遂将服装以1 000元的价格委托某商店销售，用以抵缴税款。

纳税人和税务机关的上述行为是否符合《中华人民共和国税收征收管理法》的要求，请在阅读本章后找到答案。

11.1 税收征收管理法概述

11.1.1 税收征收管理法的概念和适用范围

11.1.1.1 税收征收管理法的概念

税收征收管理法是有关税收征收管理法律规范的总称,包括税收征收管理法及税收征收管理的有关法律、法规和规章。我国现行的税收征收管理法的主要内容规定在《中华人民共和国税收征收管理法》(以下简称《税收征管法》)和国务院颁布的《中华人民共和国税收征收管理法实施细则》(以下简称《税收征管法实施细则》)当中。

《税收征管法》于1992年9月4日第七届全国人民代表大会常务委员会第二十七次会议通过,自1993年1月1日起施行。此法的颁布,标志着我国税收征收管理工作已经真正走上了系统化、规范化、法治化的轨道。1995年2月28日第八届全国人民代表大会常务委员会第十二次会议对该法进行了第一次修订。但随着我国客观形势的发展变化,2001年4月28日,第九届全国人民代表大会常务委员会第二十一次会议又对该法进行了第二次修订,修订后的《税收征管法》于2001年5月1日起施行。2015年4月24日,第十二届全国人民代表大会常务委员会第十四次会议对该法进行了第三次修订。在《税收征管法》修改之后,国务院又适时修订了《税收征管法实施细则》。2013年和2016年又进行过两次修订。

11.1.1.2 税收征收管理法的适用范围

《税收征管法》第二条规定:"凡依法由税务机关征收的各种税收的征收管理,均适用本法。"这就明确界定了《税收征管法》的适用范围。我国税收的征收机关有税务机关和海关,《税收征管法》只适用于由税务机关征收的各种税收的征收管理。海关征收的关税及代征的增值税、消费税适用其他法律、法规的规定。另外,目前还有一部分费由税务机关征收,如教育费附加。这些费的征收同样不适用于《税收征管法》。

11.1.2 税收征收管理法的适用主体及其权利与义务的设定

11.1.2.1 税务行政主体的权利及义务

税务机关是国家进行税收征收管理的执法主体,即税务行政主体,它是指享有税收行政职权,能以自己名义行使国家行政职能,作出影响行政相对人权利义务的行政行为,并能由其本身对外承担行政法律责任的组织。国务院税务主管部门主管全国税收征收管理工作。各地税务局(分局)应当按照国务院规定的税收征收管理范围分别进行征收管理。

税务机关的权利主要包括下列内容。

(1)负责税收的征收管理工作。

(2)税务机关依法执行职务,任何单位和个人不得阻挠。

税务机关的义务主要包括下列内容。

(1)税务机关应当广泛宣传税收法律、行政法规,普及纳税知识,无偿地为纳税人提供纳税咨询服务。

（2）税务机关应当加强队伍建设，提高税务人员的政治业务素质。

（3）税务机关、税务人员必须秉公执法、忠于职守、清正廉洁、礼貌待人、文明服务，尊重和保护纳税人、扣缴义务人的权利，依法接受监督。

（4）税务人员不得索贿受贿、徇私舞弊、玩忽职守、不征或少征应征税款；不得滥用职权多征税款，或者故意刁难纳税人和扣缴义务人。

（5）各级税务机关应当建立健全内部制约和监督管理制度。

（6）上级税务机关应当对下级税务机关的执法活动依法进行监督。

（7）各级税务机关应当对其工作人员执行法律、行政法规和廉洁自律准则的情况进行监督检查。

（8）税务机关负责征收、管理、稽查，行政复议的人员的职责应当明确，并相互分离、相互制约。

（9）税务机关应为检举人保密，并按照规定给予奖励。

（10）税务人员征收税款和查处税收违法案件，与纳税人、扣缴义务人或者税收违法案件有利害关系的，应当回避。

11.1.2.2　税务管理相对人的权利及义务

纳税人、扣缴义务人是税务管理相对人，也是《税收征管法》及其实施细则重要的遵守主体，是征纳关系或征纳对立统一体中的一方。税收征收管理就是税务机关将纳税人、扣缴义务人应纳或应解缴的税款纳入国库的过程。因此，纳税人、扣缴义务人的确定既是保证税收法律、法规落实到位的需要，也是税收征收管理有的放矢的保证。

1. 纳税人、扣缴义务人的权利

（1）纳税人、扣缴义务人有权向税务机关了解国家税收法律、行政法规的规定及与纳税程序有关的情况。

（2）纳税人、扣缴义务人有权要求税务机关为纳税人、扣缴义务人的情况保密。税务机关应当为纳税人、扣缴义务人的情况保密。

（3）纳税人依法享有申请减税、免税、退税的权利。

（4）纳税人、扣缴义务人对税务机关所作出的决定，享有陈述权、申辩权；依法享有申请行政复议、提起行政诉讼、请求国家赔偿等权利。

（5）纳税人、扣缴义务人有权控告和检举税务机关、税务人员的违法违纪行为。

2. 纳税人、扣缴义务人的义务

（1）纳税人、扣缴义务人必须依照法律、行政法规的规定缴纳税款、代扣代缴、代收代缴税款。

（2）纳税人、扣缴义务人和其他有关单位应当按照国家有关规定如实向税务机关提供与纳税和代扣代缴、代收代缴税款有关的信息。

（3）纳税人、扣缴义务人和其他有关单位应当接受税务机关依法进行的税务检查。

11.2　税　务　管　理

税务管理是税收征收管理机关为了贯彻执行国家的税收法律制度，加强税收工作，协调征税关系而开展的一项有目的的活动。它是税收征收管理的基础环节，具体包括税务登记管理、账簿凭证管理和纳税申报管理等内容。

11.2.1 税务登记管理

11.2.1.1 税务登记概述

为了加强户籍管理，严格税源监控，我国对纳税人实行税务登记。税务登记制度是指纳税人根据税法规定就其设立、变更、终止等事项，在法定时间内向其住所所在地的税务机关办理登记的一项管理制度。

作为税务机关对纳税人实施税收管理的首要环节和基础工作，税务登记对征纳双方都有着重要的意义。税务登记标志着征纳双方税收法律关系的产生，纳税人必须依法履行自己的纳税义务。建立税务登记制度，既能增强纳税人、扣缴义务人依法纳税的意识，同时也便于税务机关了解纳税人、扣缴义务人的基本情况，是税务机关加强税源管理、防止纳税人偷逃税收，保证国家税收收入及时、足额入库的重要手段。

我国目前关于税务登记的法律规范，主要包括《税收征管法》及其实施细则和国家税务总局于2003年12月17日颁布并于2004年2月1日起施行的《税务登记管理办法》。根据国务院关于取消行政审批项目的有关决定，国家税务总局决定对《税务登记管理办法》作出修改，修订后的《税务登记管理办法》将于2015年3月1日起施行。

11.2.1.2 税务登记的适用对象

根据上述法律规定，税务登记的对象主要包括3个方面。

（1）企业、企业在外地设立的分支机构和从事生产、经营的场所，个体户和从事生产、经营的事业单位，均应当按照规定办理税务登记。

（2）除国家机关、个人和无固定生产、经营场所的流动性农村小商贩以外的其他纳税人，也应当按照规定办理税务登记。

（3）根据规定负有扣缴税款义务的扣缴义务人（国家机关除外），应当按照规定办理扣缴税款登记。

11.2.1.3 税务登记的基本内容

根据上述法律规定，我国现行税务登记主要包括设立税务登记、变更税务登记、注销税务登记、停业、复业税务登记及外出经营报验登记等内容。

1. 设立税务登记

设立登记是指企业，企业在外地设立的分支机构和从事生产、经营的场所，个体工商户和从事生产、经营的事业单位（以下统称从事生产、经营的纳税人），向生产、经营所在地税务机关申报办理税务登记。

1）设立税务登记的时间和地点

（1）从事生产、经营的纳税人领取工商营业执照的，应当自领取工商营业执照之日起30日内申报办理税务登记，税务机关发放税务登记证及副本。

（2）从事生产、经营的纳税人未办理工商营业执照但经有关部门批准设立的，应当自有关部门批准设立之日起30日内申报办理税务登记，税务机关发放税务登记证及副本。

（3）从事生产、经营的纳税人未办理工商营业执照也未经有关部门批准设立的，应当自纳税义务发生之日起30日内申报办理税务登记，税务机关发放临时税务登记证及副本。

（4）有独立的生产经营权、在财务上独立核算并定期向发包人或者出租人上交承包费或租金的承包承租人，应当自承包承租合同签订之日起30日内，向其承包承租业务发生地税务机关申报办理税务登记，税务机关发放临时税务登记证及副本。

（5）境外企业在中国境内承包建筑、安装、装配、勘探工程和提供劳务的，应当自项目合同或协议签订之日起30日内，向项目所在地税务机关申报办理税务登记，税务机关发放临时税务登记证及副本。

（6）其他纳税人，除国家机关、个人和无固定生产、经营场所的流动性农村小商贩外，均应当自纳税义务发生之日起30日内，向纳税义务发生地税务机关申报办理税务登记，税务机关发放税务登记证及副本。

2）设立税务登记的内容

（1）单位名称、法定代表人或者业主姓名及其居民身份证、护照或者其他合法证件的号码。

（2）住所、经营地点。

（3）登记类型。

（4）核算方式。

（5）生产经营方式。

（6）生产经营范围。

（7）注册资金（资本）、投资总额。

（8）生产经营期限。

（9）财务负责人、联系电话。

（10）国家税务总局确定的其他有关事项。

3）设立税务登记的程序

（1）税务登记的申请。

（2）填写税务登记表。纳税人在申报办理税务登记时，应当如实填写税务登记表。

（3）税务登记表的受理、审核。纳税人提交的证件和资料齐全且税务登记表的填写内容符合规定的，税务机关应当日办理并发放税务登记证件。纳税人提交的证件和资料不齐全或税务登记表的填写内容不符合规定的，税务机关应当场通知其补正或重新填报。

2. 变更税务登记

变更税务登记是指纳税人税务登记内容发生变化的，应当向税务机关办理的变更税务登记手续。

1）变更税务登记的时间和地点要求

（1）纳税人已在工商行政管理机关办理变更登记的，应当自工商行政管理机关变更登记之日起30日内，向原税务登记机关如实提供下列证件、资料，申报办理变更税务登记：

① 工商登记变更表及工商营业执照；

② 纳税人变更登记内容的有关证明文件；

③ 税务机关发放的原税务登记证件（登记证正、副本和税务登记表等）；

④ 其他有关资料。

（2）纳税人按照规定不需要在工商行政管理机关办理变更登记，或者其变更登记的内容与工商登记内容无关的，应当自税务登记内容实际发生变化之日起30日内，或者自有关机关批准或者宣布变更之日起30日内，持下列证件到原税务登记机关申报办理变更税务登记：

① 纳税人变更登记内容的有关证明文件；
② 税务机关发放的原税务登记证件（登记证正、副本和税务登记表等）；
③ 其他有关资料。

2）变更税务登记的程序

（1）税务变更登记的申请。纳税人申请办理变更税务登记时，应向主管税务机关提供上述税务机关要求的相关证件、资料，领取《税务登记变更表》。

（2）填写《税务登记变更表》。税务登记变更表的内容主要包括纳税人名称、变更项目、变更前内容、变更后内容、上缴的证件情况。

（3）税务变更登记的受理。税务机关应当于受理当日办理变更税务登记。纳税人税务登记表和税务登记证中的内容都发生变更的，税务机关按变更后的内容重新核发税务登记证件；纳税人税务登记表的内容发生变更而税务登记证中的内容未发生变更的，税务机关不重新核发税务登记证件。

3. 停业、复业登记

1）停业登记

实行定期定额征收方式的个体户需要停业的，应当在停业前向税务机关申报办理停业登记。纳税人的停业期限不得超过一年。

纳税人在申报办理停业登记时，应如实填写停业申请登记表，说明停业理由、停业期限、停业前的纳税情况和发票的领、用、存情况，并结清应纳税款、滞纳金、罚款。税务机关应收存其税务登记证件及副本、发票领购簿、未使用完的发票和其他税务证件。

纳税人在停业期间发生纳税义务的，应当按照税收法律、行政法规的规定申报缴纳税款。

2）复业登记

纳税人应当于恢复生产经营之前，向税务机关申报办理复业登记，如实填写《停、复业报告书》，领回并启用税务登记证件、发票领购簿及其停业前领购的发票。

纳税人停业期满不能及时恢复生产经营的，应当在停业期满前到税务机关办理延长停业登记，并如实填写《停业复业报告书》。

4. 注销登记

注销登记是指纳税人需终止履行纳税义务时向税务机关申报办理的税务登记手续。

1）注销登记的时间和地点要求

（1）纳税人发生解散、破产、撤销及其他情形，依法终止纳税义务的，应当在向工商行政管理机关或者其他机关办理注销登记前，持有关证件和资料向原税务登记机关申报办理注销税务登记。

（2）按规定不需要在工商行政管理机关或者其他机关办理注册登记的，应当自有关机关批准或者宣告终止之日起15日内，持有关证件和资料向原税务登记机关申报办理注销税务登记。

（3）纳税人被工商行政管理机关吊销营业执照或者被其他机关予以撤销登记的，应当自营业执照被吊销或者被撤销登记之日起15日内,向原税务登记机关申报办理注销税务登记。

(4) 纳税人因住所、经营地点变动,涉及改变税务登记机关的,应当在向工商行政管理机关或者其他机关申请办理变更、注销登记前;或者在住所、经营地点变动前,持有关证件和资料,向原税务登记机关申报办理注销税务登记,并自注销税务登记之日起30日内向迁达地税务机关申报办理税务登记。

(5) 境外企业在中国境内承包建筑、安装、装配、勘探工程和提供劳务的,应当在项目完工、离开中国前15日内,持有关证件和资料,向原税务登记机关申报办理注销税务登记。

2) 注销登记前的相关要求

纳税人办理注销税务登记前,应当向税务机关提交相关证明文件和资料,结清应纳税款、多退(免)税款、滞纳金和罚款,缴销发票、税务登记证件和其他税务证件,经税务机关核准后,办理注销税务登记手续。

根据2015年国家税务总局发布的《关于落实"三证合一"登记制度改革的通知》,已实行"三证合一、一照一码"登记模式的企业办理注销登记,须先向税务主管机关申报清税,填写《清税申报表》。清税完毕后由受理税务机关根据清税结果向纳税人统一出具《清税证明》。

11.2.2 账簿、凭证管理

凭证是纳税人用来记录经济业务,明确经济责任,并据以登记账簿的书面证明。账簿是纳税人、扣缴义务人连续地记录其各种经济业务的账册或簿籍。税务机关考核纳税人能否及时准确地缴纳税款,其依据就在于纳税人是否具备真实、准确、完整的账簿和凭证。因此,账簿、凭证管理是税收征管的重要环节。

11.2.2.1 账簿、凭证管理概述

1. 设置账簿、凭证的基本要求

(1) 从事生产、经营的纳税人应当自领取营业执照或者发生纳税义务之日起15日内,按照国家有关规定设置账簿。这里的账簿,是指总账、明细账、日记账及其他辅助性账簿。总账、日记账应当采用订本式。

(2) 生产、经营规模小又确无建账能力的纳税人,可以聘请经批准从事会计代理记账业务的专业机构或者经税务机关认可的财会人员代为建账和办理账务;聘请上述机构或者人员有实际困难的,经县以上税务机关批准,可以按照税务机关的规定,建立收支凭证粘贴簿、进货销货登记簿或者使用税控装置。

(3) 扣缴义务人应当自税收法律、行政法规规定的扣缴义务发生之日起10日内,按照所代扣、代收的税种,分别设置代扣代缴、代收代缴税款账簿。

2. 会计核算的基本要求

(1) 纳税人、扣缴义务人按照有关法律、行政法规和国务院财政、税务主管部门的规定设置账簿,根据合法、有效凭证记账,进行核算。

(2) 纳税人建立的会计电算化系统应当符合国家有关规定,并能正确、完整核算其收入或者所得。纳税人使用计算机记账的,应当在使用前将会计电算化系统的会计核算软件、

使用说明书及有关资料报送主管税务机关备案。

（3）纳税人、扣缴义务人会计制度健全，能够通过计算机正确、完整计算其收入和所得或者代扣代缴、代收代缴税款情况的，其计算机输出的完整的书面会计记录可视同会计账簿。

（4）纳税人、扣缴义务人会计制度不健全，不能通过计算机正确、完整计算其收入和所得或者代扣代缴、代收代缴税款情况的，应当建立总账及与纳税或者代扣代缴、代收代缴税款有关的其他账簿。

（5）账簿、会计凭证和报表，应当使用中文。民族自治地方可以同时使用当地通用的一种民族文字。外商投资企业和外国企业可以同时使用一种外国文字。

3. 财务会计制度管理的基本要求

（1）备案制度。从事生产、经营的纳税人应当自领取税务登记证件之日起15日内，将其财务、会计制度或者财务、会计处理办法报送主管税务机关备案。

（2）税务与会计抵触的处理办法。一般而言，企业会计是税务会计的基础，但当两者发生冲突时，应以税法规定为主。鉴于此，《税收征管法》明确规定了纳税人、扣缴义务人的财务、会计制度或者财务、会计处理办法与国务院或者国务院财政、税务主管部门有关税收的规定抵触的，依照国务院或者国务院财政、税务主管部门有关税收的规定计算应纳税款、代扣代缴和代收代缴税款。

4. 账簿、凭证的保管

（1）从事生产、经营的纳税人、扣缴义务人必须按照国务院财政、税务主管部门规定的保管期限保管账簿、记账凭证、完税凭证及其他有关资料。账簿、记账凭证、完税凭证及其他有关资料不得伪造、变造或者擅自损毁。账簿、记账凭证、报表、完税凭证、发票、出口凭证及其他有关涉税资料应当合法、真实、完整。

（2）账簿、记账凭证、报表、完税凭证、发票、出口凭证及其他有关涉税资料应当保存10年。但是，法律、行政法规另有规定的除外。

11.2.2.2 发票管理

发票是指在购销商品、提供或者接受服务及从事其他经营活动中，开具、收取的收付款凭证。发票是记载相关主体经济往来的重要商事凭证，是会计核算的原始凭证，也是税务机关进行税款征收和税务稽核的重要依据。由于加强发票管理，对于控制税源，防止和杜绝税收逃避具有重要意义。因而我国对发票的管理非常重视。

为了加强发票的管理，财政部于1993年12月23日制定了《中华人民共和国发票管理办法》，同年国家税务总局发布了《中华人民共和国发票管理办法实施细则》，对发票的印制、领购、开具和保管等作出了具体的规定，使得发票管理有法可依。

1. 发票的种类、联次和基本内容

税务机关是发票的主管机关，负责发票印制、领购、开具、取得、保管、缴销的管理和监督。

全国统一发票监制章是税务机关管理发票的法定标志，其形状、规格、内容、印色由国家税务总局规定。发票种类的划分，由省级以上税务机关确定。

发票的基本联次为三联：第一联为存根联，开票方留存备查；第二联为发票联，收执方作为付款或收款原始凭证；第三联为记账联，开票方作为记账原始凭证。增值税专用发票的基本联次还应包括抵扣联，收执方作为抵扣税款的凭证。除增值税专用发票外，县（市）以上税务机关根据需要可适当增减联次并确定其用途。

发票的基本内容包括发票的名称、字轨号码、联次及用途，客户名称，开户银行及账号，商品名称或经营项目、计量单位、数量、单价、大小写金额，开票人，开票日期，开票单位（个人）名称（章）等。有代扣、代收、委托代征税款的，其发票内容应当包括代扣、代收、委托代征税种的税率和代扣、代收、委托代征税额。

2. 发票的印制

发票由省、自治区、直辖市税务机关指定的企业印制；增值税专用发票由国家税务总局指定的企业统一印制。禁止私印、伪造、变造发票。发票防伪专用品由国家税务总局指定的企业生产。禁止非法制造发票防伪专用品。发票应当套印全国统一发票监制章。全国统一发票监制章的式样和发票版面印刷的要求，由国家税务总局规定。发票监制章由省、自治区、直辖市税务机关制作。禁止伪造发票监制章。发票实行不定期换版制度。

3. 发票的领购

1）发票的领购对象

（1）依法办理税务登记的单位和个人，在领取税务登记证件后，向主管税务机关申请领购发票。

（2）依法无须办理税务登记的单位需要领购发票的，但需要临时使用发票的单位和个人，可以直接向税务机关申请办理。

（3）临时到本省、自治区、直辖市行政区域以外从事经营活动的单位或者个人，应当凭所在地税务机关的证明，向经营地税务机关申请领购经营地的发票。

2）发票的领购要求

（1）申请领购发票的单位和个人应当提出购票申请，提供经办人身份证明、税务登记证件或者其他有关证明，以及财务印章或者发票专用章的印模，经主管税务机关审核后，发给发票领购簿。领购发票的单位和个人应当凭发票领购簿核准的种类、数量及购票方式，向主管税务机关领购发票。

（2）税务机关对外省、自治区、直辖市来本辖区从事临时经营活动的单位和个人申请领购发票的，可以要求其提供保证人或者根据所领购发票的票面限额及数量缴纳不超过1万元的保证金，并限期缴销发票。按期缴销发票的，解除保证人的担保义务或者退还保证金；未按期缴销发票的，由保证人或者以保证金承担法律责任。税务机关收取保证金应当开具收据。

4. 发票的开具和保管

1）发票开具的基本要求

销售商品、提供服务以及从事其他经营活动的单位和个人，对外发生经营业务收取款项，收款方应向付款方开具发票；特殊情况下由付款方向收款方开具发票。所有单位和从事生产、经营活动的个人在购买商品、接受服务及从事其他经营活动支付款项，应当向收款方取得发票。取得发票时，不得要求变更品名和金额。

2）发票开具的具体要求

（1）开具发票应当按照规定的时限、顺序，逐栏、全部联次一次性如实开具，并加盖单位财务印章或者发票专用章。

(2) 使用电子计算机开具发票，须经主管税务机关批准，并使用税务机关统一监制的机外发票，开具后的存根联应当按照顺序号装订成册。

(3) 任何单位和个人不得转借、转让、代开发票；未经税务机关批准，不得拆本使用发票；不得自行扩大专业发票使用范围。

(4) 发票限于领购单位和个人在本省、自治区、直辖市内开具。

(5) 任何单位和个人未经批准，不得跨规定的使用区域携带、邮寄、运输空白发票。禁止携带、邮寄或者运输空白发票出入境。

3) 发票的保管

开具发票的单位和个人应当按照税务机关的规定存放和保管发票，不得擅自损毁。已开具的发票存根联和发票登记簿，应当保存5年。保存期满，报经税务机关查验后销毁。

5. 发票的检查

印制、使用发票的单位和个人，必须接受税务机关依法检查，如实反映情况，提供有关资料，不得拒绝、隐瞒。税务人员进行检查时，应当出示税务检查证。税务机关需要将已开具的发票调出查验时，应当向被查验的单位和个人开具发票换票证。发票换票证与所调出查验的发票有同等的效力。被调出查验发票的单位和个人不得拒绝接受。税务机关需要将空白发票调出查验时，应当开具收据；经查无问题的，应当及时发还。

思考专栏

刘某到呼市一家新开业的高档酒店就餐，消费金额为1 688元。当他索要发票时，该酒店拒开发票，只开具了一张消费小票，并且提出如果要正式发票，必须支付消费金额5.5%的税金。如果不开发票，则有精美的小礼物赠送。在多次索要发票未果的情况下，刘某遂向当地税务机关投诉。经查，这家酒店经常在顾客消费后，以种种理由不给顾客开具正式发票。税务机关责令其限期改正，并对该酒店的违法行为处以2 000元的罚款。

请结合上述资料了解开具发票的相关规定，并说明税务机关的处罚是否合法。

11.2.3 纳税申报管理

纳税申报是指纳税人、扣缴义务人按照法律、行政法规的规定，在规定的申报期限向税务机关书面申报与纳税有关的各类事项的一种法定手续。纳税申报是连接税务机关与纳税人的重要纽带，是建立征纳双方税收关系的重要环节。纳税申报管理是税务征收管理的重要内容。

11.2.3.1 纳税申报的主体

纳税申报的主体是纳税人。根据我国《税收征管法》及其实施细则的规定，纳税人必须依照法律、行政法规规定或者税务机关依照法律、行政法规的规定确定申报期限、申报内容如实办理纳税申报，报送纳税申报表、财务会计报表及税务机关根据实际需要要求纳税人报送的其他纳税资料。值得注意的是，纳税人在纳税期内没有应纳税款的，也应当按照规定办理纳税申报。纳税人享受减税、免税待遇的，在减税、免税期间也应当按照规定办理纳税申报。另外，纳税申报的主体还包括扣缴义务人。

11.2.3.2 纳税申报的主要内容

纳税人、扣缴义务人的纳税申报或者代扣代缴、代收代缴税款报告表的主要内容包括税种、税目，应纳税项目或者应代扣代缴、代收代缴税款项目，计税依据，扣除项目及标准，适用税率或者单位税额，应退税项目及税额、应减免税项目及税额，应纳税额或者应代扣代缴、代收代缴税额，税款所属期限、延期缴纳税款、欠税、滞纳金等。

11.2.3.3 纳税申报的方式

根据《税收征管法》及其实施细则的规定，纳税人、扣缴义务人可以直接到税务机关办理纳税申报或者报送代扣代缴、代收代缴税款报告表，也可以按照规定采取邮寄、数据电文或者其他方式办理上述申报、报送事项。实行定期定额缴纳税款的纳税人，可以实行简易申报、简并征期等申报纳税方式。

11.2.3.4 纳税申报的延期

纳税人、扣缴义务人按照规定的期限办理纳税申报或者报送代扣代缴、代收代缴税款报告表确有困难，需要延期的，应当在规定的期限内向税务机关提出书面延期申请，经税务机关核准，在核准的期限内办理。

另外，纳税人、扣缴义务人因不可抗力，不能按期办理纳税申报或者报送代扣代缴、代收代缴税款报告表的，可以延期办理纳税申报。

11.3 税款征收

11.3.1 税款征收概述

11.3.1.1 税款征收的原则

根据《税收征管法》及其实施细则的规定，税务机关在征税时应遵循以下原则。

1. 税务机关是唯一的税收征收主体的原则

根据《税收征管法》的规定，除税务机关、税务人员及经税务机关依照法律、行政法规委托的单位和人员外，任何单位和个人不得进行税款征收活动。同时，《税收征管法》还规定了采取税收保全措施、强制执行措施的权力，不得由法定的税务机关以外的单位和个人行使。

2. 依法征税的原则

根据《税收征管法》的规定，税务机关依照法律、行政法规的规定征收税款，不得违反法律、行政法规的规定开征、停征、多征、少征、提前征收、延缓征收或者摊派税款。同时，《税收征管法》还规定了扣缴义务人依照法律、行政法规的规定履行代扣、代收税款的义务。对法律、行政法规没有规定负有代扣、代收税款义务的单位和个人，税务机关则不得要求其履行代扣、代收税款义务。

3. 法定程序原则

根据《税收征管法实施细则》的规定，税务机关应当将各种税收的税款、滞纳金、罚款，按照国家规定的预算科目和预算级次及时缴入国库，税务机关不得占压、挪用、截留，不得缴入国库以外或者国家规定的税款账户以外的任何账户。已缴入国库的税款、滞纳金、罚款,任何单位和个人不得擅自变更预算科目和预算级次。

另外,在保障税款征收的各项措施的执行中,税务机关都必须始终坚持按照法律或者行政法规规定的审批权限和程序进行操作,否则就是违法。

4. 降低税收成本的原则

根据税务机关根据保证国家税款及时足额入库、方便纳税人、降低税收成本的原则,确定税款征收的方式。税务机关应当根据方便、快捷、安全的原则,积极推广使用支票、银行卡、电子结算方式缴纳税款。

5. 税款优先权的原则

随着我国社会经济的发展,税收与其他债权的矛盾日益突出,纳税人通过各种手段逃税的现象十分严重。为了保障整个国家的税收利益,目前世界上许多国家和地区都在其税法中规定了税收优先权。为此,我国的《税收征管法》对此也作出了明确的规定,税务机关征收税款,税收优先于无担保债权,法律另有规定的除外;纳税人欠缴的税款发生在纳税人以其财产设定抵押、质押或者纳税人的财产被留置之前的,税收应当先于抵押权、质权、留置权执行。这些规定有力地保障了国家的税收利益。

11.3.1.2 税款征收的方式

由于纳税人的情况千差万别,因而税收征收管理方式也灵活多样。我国原《税收征管法实施细则》中曾作出了明确的规定,税款征收的方式主要有查账征收、查定征收、查验征收、定期定额征收、委托代征等。但是,现行的《税收征管法》及其实施细则均未对税款征收的方式作出明确的规定。但无论采取何种征税方式,在税务机关征收税款和扣缴义务人代扣、代收税款时,都必须给纳税人开具完税凭证。

11.3.2 税款征收的管理措施

11.3.2.1 扣缴义务人

根据《税收征管法》及其实施细则的规定,扣缴义务人依照法律、行政法规的规定履行代扣、代收税款的义务。对法律、行政法规没有规定负有代扣、代收税款义务的单位和个人,税务机关不得要求其履行代扣、代收税款义务。扣缴义务人依法履行代扣、代收税款义务时,纳税人不得拒绝。纳税人拒绝的,扣缴义务人应当及时报告税务机关处理。税务机关按照规定付给扣缴义务人代扣、代收手续费。

11.3.2.2 延期纳税

纳税人和扣缴义务人必须在税法规定的期限内缴纳、解缴税款。但考虑到纳税人在履行纳税义务的过程中,可能会遇到特殊困难的客观情况,为了保护纳税人的合法权益,《税收征管法》规定,对于纳税人因有特殊困难,不能按期缴纳税款的,经省、自治区、直辖市税务局(分局)批准,可以延期缴纳税款,但最长不得超过3个月。这里纳税人的特殊困难是指因不可抗力,导致纳税人发生较大损失,正常生产经营活动受到较大影响的;当期货币资金在扣除应付职工工资、社会保险费后,不足以缴纳税款的。

11.3.2.3 滞纳金

纳税人未按照规定期限缴纳税款的,扣缴义务人未按照规定期限解缴税款的,税务机关除责令限期缴纳外,从滞纳税款之日起,按日加收滞纳税款万分之五的滞纳金。加收滞纳金的起止时间,为法律、行政法规规定或者税务机关依照法律、行政法规的规定确定的税款缴纳期限届满次日起至纳税人、扣缴义务人实际缴纳或者解缴税款之日止。

11.3.2.4 减免税

根据《税收征管法》和《税收减免管理办法》的规定,办理减免税事项应注意以下事项。

(1) 纳税人可以依照法律、行政法规的规定书面申请减税、免税。减税、免税的申请须经法律、行政法规规定的减税、免税审查批准机关审批。地方各级人民政府、各级人民政府主管部门、单位和个人违反法律、行政法规规定,擅自作出的减税、免税决定无效,税务机关不得执行,并向上级税务机关报告。

(2)《税收减免管理办法》中所称的减免税是指国家对特定纳税人或征税对象,给予减轻或者免除税收负担的一种税收优惠措施,包括税基式减免、税率式减免和税额式减免三类。不包括出口退税和财政部门办理的减免税。

(3) 减免税分为核准类减免税和备案类减免税。核准类减免税是指法律、法规规定应由税务机关核准的减免税项目;备案类减免税是指不需要税务机关核准的减免税项目。

(4) 纳税人享受核准类减免税,应当提交核准材料,提出申请,经依法具有批准权限的税务机关按本办法规定核准确认后执行。未按规定申请或虽申请但未经有批准权限的税务机关核准确认的,纳税人不得享受减免税。纳税人享受备案类减免税,应当具备相应的减免税资质,并履行规定的备案手续。

(5) 纳税人依法可以享受减免税待遇,但是未享受而多缴税款的,纳税人可以在《税收征管法》规定的期限内申请减免税,要求退还多缴的税款。

(6) 纳税人实际经营情况不符合减免税规定条件的或者采用欺骗手段获取减免税的、享受减免税条件发生变化未及时向税务机关报告的,以及未按照本办法规定履行相关程序自行减免税的,税务机关依照《税收征管法》有关规定予以处理。

11.3.2.5 核定应纳税额

纳税人有下列情形之一的,税务机关有权核定其应纳税额。

(1) 依照法律、行政法规的规定可以不设置账簿的。

(2) 依照法律、行政法规的规定应当设置但未设置账簿的。

(3) 销毁账簿或者拒不提供纳税资料的。

(4) 虽设置账簿,但账目混乱或者成本资料、收入凭证、费用凭证残缺不全,难以查账的。

(5) 发生纳税义务,未按照规定的期限办理纳税申报,经税务机关责令限期申报,逾期仍不申报的。

(6) 纳税人申报的计税依据明显偏低,又无正当理由的。

税务机关有权采用下列任何一种方法核定其应纳税额:

① 参照当地同类行业或者类似行业中经营规模和收入水平相近的纳税人的税负水平核定;

② 按照营业收入或者成本加合理的费用和利润的方法核定;

③ 按照耗用的原材料、燃料、动力等推算或者测算核定；
④ 按照其他合理方法核定。

采用上述一种方法不足以正确核定应纳税额时，可以同时采用两种以上的方法核定。纳税人对税务机关采取上述规定的方法核定的应纳税额有异议的，应当提供相关证据，经税务机关认定后，调整应纳税额。

11.3.2.6 纳税调整

企业或者外国企业在中国境内设立的从事生产、经营的机构、场所与其关联企业之间的业务往来，应当按照独立企业之间的业务往来收取或者支付价款、费用；不按照独立企业之间的业务往来收取或者支付价款、费用，而减少其应纳税的收入或者所得额的，税务机关有权进行合理调整。

1. 关联企业的界定

关联企业是指有下列关系之一的公司、企业和其他经济组织。
（1）在资金、经营、购销等方面，存在直接或者间接的拥有或者控制关系。
（2）直接或者间接地同为第三者所拥有或者控制。
（3）在利益上具有相关联的其他关系。

2. 关联企业转移定价

纳税人与其关联企业之间的业务往来有下列情形之一的，税务机关可以调整其应纳税额。
（1）购销业务未按照独立企业之间的业务往来作价。
（2）融通资金所支付或者收取的利息超过或者低于没有关联关系的企业之间所能同意的数额，或者利率超过或者低于同类业务的正常利率。
（3）提供劳务，未按照独立企业之间业务往来收取或者支付劳务费用。
（4）转让财产、提供财产使用权等业务往来，未按照独立企业之间业务往来作价或者收取、支付费用。
（5）未按照独立企业之间业务往来作价的其他情形。

3. 关联企业的税务调整

纳税人有上述情形之一的，税务机关可以按照下列方法调整计税收入额或者所得额。
（1）按照独立企业之间进行的相同或者类似业务活动的价格。
（2）按照再销售给无关联关系的第三者的价格所应取得的收入和利润水平。
（3）按照成本加合理的费用和利润。
（4）按照其他合理的方法。

纳税人与其关联企业未按照独立企业之间的业务往来支付价款、费用的，税务机关自该业务往来发生的纳税年度起 3 年内进行调整；有特殊情况的，可以自该业务往来发生的纳税年度起 10 年内进行调整。

11.3.2.7 责令纳税

对未按照规定办理税务登记的从事生产、经营的纳税人以及临时从事经营的纳税人，由税务机关核定其应纳税额，责令缴纳；不缴纳的，税务机关可以扣押其价值相当于应纳税款的商品、货物。税务机关依法扣押纳税人商品、货物的，纳税人应当自扣押之日起 15 日内缴纳税款。

对扣押的鲜活、易腐烂变质或者易失效的商品、货物,税务机关根据被扣押物品的保质期,可以缩短规定的扣押期限。

扣押后缴纳应纳税款的,税务机关必须立即解除扣押,并归还所扣押的商品、货物;扣押后仍不缴纳应纳税款的,经县以上税务局(分局)局长批准,依法拍卖或者变卖所扣押的商品、货物,以拍卖或者变卖所得抵缴税款。

11.3.2.8 税收保全

税收保全措施是指税务机关对可能由于纳税人的行为或者某种客观原因,致使以后税款的征收不能保证或难以保证的情况,采取的限制性措施。它是为了维护正常的税收秩序,预防纳税人逃避纳税义务的一种前置措施。

根据《税收征管法》及其实施细则的规定,税务机关有根据认为从事生产、经营的纳税人有逃避纳税义务行为的,可以在规定的纳税期之前,责令限期缴纳应纳税款;在限期内发现纳税人有明显的转移、隐匿其应纳税的商品、货物及其他财产或者应纳税的收入的迹象的,税务机关可以责成纳税人提供纳税担保。如果纳税人不能提供纳税担保,经县以上税务局(分局)局长批准,税务机关可以采取下列税收保全措施:一是书面通知纳税人开户银行或者其他金融机构冻结纳税人的金额相当于应纳税款的存款;二是扣押、查封纳税人的价值相当于应纳税款的商品、货物或者其他财产。其他财产包括纳税人的房地产、现金、有价证券等不动产和动产。

1)税收保全的前提和条件

(1)实施税收保全措施的对象是从事生产经营的纳税人。对扣缴义务人、纳税担保人及非生产经营性的纳税人,如国家机关、事业单位、社会团体等,不得实施税收保全。

(2)纳税人有逃避纳税义务的行为。没有逃避纳税义务行为的,不能采取税收保全措施。

(3)必须是在规定的纳税期之前和责令限期缴纳应纳税款的限期内。如果纳税期和责令缴纳应纳税款的限期届满,纳税人又没有缴纳应纳税款的,税务机关可以按规定直接采取强制执行措施。

(4)纳税人在税务机关责令限期缴纳税款期限内或税务检查时有明显的逃避纳税义务的行为,且不能提供纳税担保。

2)税收保全的措施

(1)书面通知纳税人开户银行或者其他金融机构冻结纳税人的金额相当于应纳税款的存款。

(2)扣押、查封纳税人的价值相当于应纳税款的商品、货物或者其他财产。

税务机关扣押、查封时,必须注意以下事项。

① 采取扣押、查封措施,必须经县(分)局局长批准,由两名以上的税务人员执行,并通知被执行人。被执行人是自然人的,应当通知被执行人本人或者其成年家属到场;被执行人是法人或者其他组织的,应当通知其法定代表人或者主要负责人到场;拒不到场的,不影响执行。

② 采取扣押、查封措施时,必须开付收据或清单。税务机关扣押商品、货物或者其他财产时,必须开付收据;查封商品、货物或者其他财产时,必须开付清单。

③ 对纳税人个人及其所扶养的家属维持生活必需的住房和用品，不得采取税收保全措施。

3) 税收保全措施的法定程序

税务机关有根据认为从事生产、经营的纳税人有逃避纳税义务行为的，可以依法采取以下法定程序执行税收保全措施。

(1) 责令纳税人提前缴纳税款。

(2) 责成纳税人提供纳税担保。在限期内，纳税人有明显转移、隐匿应纳税的商品、货物以及其他财产或者应纳税的收入迹象的，税务机关可以责成纳税人提供纳税担保。这里的"担保"包括经税务机关认可的纳税保证人为纳税人提供的纳税保证，以及纳税人或者第三人以其未设置或者未全部设置担保物权的财产提供的担保。

(3) 冻结纳税人的存款。纳税人不能提供纳税担保的，经县以上税务局（分局）局长批准，书面通知纳税人开户银行或者其他金融机构冻结纳税人的金额相当于应纳税款的存款。

(4) 查封、扣押纳税人的商品、货物或其他财产。纳税人在开户银行或其他金融机构中没有存款，或者税务机关无法掌握其存款情况的，税务机关可以扣押、查封纳税人的价值相当于应纳税款的商品、货物或其他财产。

(5) 税收保全措施的终止。税收保全的终止有两种情况：一是纳税人在规定的期限内缴纳了应纳税款的，税务机关应当自收到税款或者银行转回的完税凭证之日起1日内解除税收保全措施；如税务机关未立即解除税收保全措施，使纳税人的合法利益遭受损失的，税务机关应当承担赔偿责任。二是纳税人超过规定的期限仍不缴纳税款的，经税务局（分局）局长批准，终止保全措施，转入强制执行措施。

11.3.2.9 税收强制执行

税收强制执行是指当事人不履行法律、行政法规规定的纳税义务，税务机关采用法定的强制手段，强迫当事人履行义务，以保障税款入库的措施。强制执行与税收保全不同，它不是通过提前征收来实现防止和杜绝纳税人逃避纳税义务的目的，而是在纳税人未履行纳税义务的情况下对纳税人、扣缴义务人采用的一种特别措施。

根据《税收征管法》及其实施细则的规定，从事生产、经营的纳税人、扣缴义务人未按照规定的期限缴纳或者解缴税款，纳税担保人未按照规定的期限缴纳所担保的税款，由税务机关责令限期缴纳，逾期仍未缴纳的，经县以上税务局（分局）局长批准，税务机关可以采取下列强制执行措施：一是书面通知其开户银行或者其他金融机构从其存款中扣缴税款；二是扣押、查封、依法拍卖或者变卖其价值相当于应纳税款的商品、货物或者其他财产，以拍卖或者变卖所得抵缴税款。

1) 税收强制执行的适用范围

强制执行措施的适用范围仅限于未按照规定的期限缴纳或者解缴税款，经责令限期缴纳，逾期仍未缴纳的从事生产、经营的纳税人。需要注意的是，采取强制执行措施适用于扣缴义务人、纳税担保人，采取税收保全措施时则只适用于纳税人。

2) 税收强制执行的具体措施

(1) 书面通知其开户银行或者其他金融机构从其存款中扣缴税款。

(2) 扣押、查封、依法拍卖或者变卖其价值相当于应纳税款的商品、货物或者其他财产，以拍卖或者变卖所得抵缴税款。

税务机关采取强制执行措施时,对纳税人、扣缴义务人、纳税担保人未缴纳的滞纳金也同时强制执行。

3) 税收强制执行的法定程序

(1) 责令限期缴纳。从事生产、经营的纳税人、扣缴义务人未按照规定的期限缴纳或者解缴税款的,纳税担保人未按照规定的期限缴纳所担保的税款的,由税务机关发出限期缴纳税款通知书,责令缴纳或者解缴税款的最长期限不得超过15日。

(2) 税款的强制征收。纳税人、扣缴义务人、纳税担保人责令缴纳的期限逾期仍未缴纳的,经县以上税务局(分局)局长批准,书面通知其开户银行或者其他金融机构,从其存款中扣缴税款。

(3) 扣押、查封、拍卖或者变卖,以拍卖或者变卖所得抵缴税款。对价值超过应纳税额且不可分割的商品、货物或者其他财产,税务机关在纳税人、扣缴义务人或者纳税担保人无其他可供强制执行的财产的情况下,可以整体扣押、查封、拍卖。

拍卖或者变卖所得抵缴税款、滞纳金、罚款及拍卖、变卖等费用后,剩余部分应当在3日内退还被执行人。

相关链接

税收保全与税收强制执行的比较

二者的相同之处如下。

(1) 实施的目的相同。税收保全与税收强制执行措施都是税务机关为了保证税额及时、足额入库,保障国家税收利益的一种手段,都是我国税款征收制度的配套补充。

(2) 审批权限相同。执行税收保全与强制执行措施需经过县以上税务局(分局)局长批准。

(3) 基本人权保障相同。个人及其所扶养家属维持生活必需的住房和用品,不在税收保全和强制执行措施的范围之内。

(4) 税务机关的过错赔偿责任相同。税务机关滥用职权违法采取税收保全措施、强制执行措施,或者采取税收保全措施、强制执行措施不当,使税务当事人的合法权益遭受损失的,应当依法承揽赔偿责任。

二者的不同之处如下。

(1) 时间不同。税收保全是在规定的纳税期之前和责令限期缴纳应纳税款的期限内。税收的强制执行是在规定的纳税期限之后,经税务机关责令限期缴纳,逾期仍未缴纳的。

(2) 适用对象不同。税收保全只适用于从事生产经营的纳税人,而税收强制执行措施则适用于从事经营的纳税人、扣缴义务人及纳税担保人。

(3) 基本措施不同。税收保全是税务机关采取的"预防性措施",包括冻结银行存款账户,查封、扣押商品;税收强制执行是税务机关采取的"断然性措施",包括直接从其存款中扣缴税款、拍卖商品以拍卖或者变卖所得抵缴税款。

(4) 执行限度不同。税收保全的执行限度应当以应纳税额为限;而税收强制执行的执行限度则包括应纳税额和滞纳金。

11.3.2.10 欠税清缴

纳税人未按照规定期限缴纳税款,扣缴义务人未按照规定期限解缴税款,税务机关可采取以下措施保障税款清缴入库。

1. 离境清税

欠缴税款的纳税人或者他的法定代表人需要出境的,应当在出境前向税务机关结清应纳税款、滞纳金或者提供担保。既未结清税款、滞纳金,又不提供担保的,税务机关可以通知出境管理机关阻止其出境。

2. 税收优先

税务机关征收税款,税收优先于无担保债权,法律另有规定的除外;纳税人欠缴的税款发生在纳税人以其财产设定抵押、质押或者纳税人的财产被留置之前的,税收应当先于抵押权、质权、留置权执行。纳税人欠缴税款,同时又被行政机关决定处以罚款、没收违法所得的,税收优先于罚款、没收违法所得。

3. 欠税告知

为保护国家的税收利益和第三人的经济利益,应当将纳税人的欠税情况公告,同时纳税人也应将欠税情况及相关重大经济活动向其权利人和税务机关报告。

根据《税收征管法》及其实施细则的规定,纳税人欠税告知的规定如下。

(1) 税务机关应当对纳税人欠缴税款的情况定期予以公告。县级以上各级税务机关应当将纳税人的欠税情况,在办税场所或者广播、电视、报纸、期刊、网络等新闻媒体上定期公告。

(2) 纳税人有欠税情形而以其财产设定抵押、质押的,应当向抵押权人、质权人说明其欠税情况。抵押权人、质权人可以请求税务机关提供有关的欠税情况。

(3) 纳税人有合并、分立情形的,应当向税务机关报告,并依法缴清税款。纳税人合并时未缴清税款的,应当由合并后的纳税人继续履行未履行的纳税义务;纳税人分立时未缴清税款的,分立后的纳税人对未履行的纳税义务应当承担。

(4) 欠缴税款数额5万元以上的纳税人在处分其不动产或者大额资产之前,应当向税务机关报告。

4. 代位权与撤销权的行使

征税机关可以作为税收债权人,行使公法上的代位权与撤销权。因此,《税收征管法》规定欠缴税款的纳税人因怠于行使到期债权,或者放弃到期债权,或者无偿转让财产,或者以明显不合理的低价转让财产而受让人知道该情形,对国家税收造成损害的,税务机关可以依照法律的规定行使代位权、撤销权。同时,税务机关依照法律规定行使代位权、撤销权的,不免除欠缴税款的纳税人尚未履行的纳税义务和应承担的法律责任。

思考专栏

2015年,甲公司欠缴税款300万元,税务机关责令甲公司限期缴纳,但甲公司仍未按期缴纳税款。2016年7月,经过税务机关的进一步检查,甲公司存在以下情况。

(1) 甲公司于2016年1月1日向农业银行贷款120万元,贷款期限为1年,该笔贷款为信用贷款。

（2）甲公司于2013年3月8日向工商银行贷款480万元，贷款期限为3年，甲公司以自己的厂房作为抵押，并于3月12日办理了抵押登记手续。

（3）甲公司于2016年3月主动放弃了对乙公司的到期债权120万元。

（4）甲公司怠于行使对丙公司的到期债权160万元。

（5）环保局于2016年3月10日依法决定对甲公司处以50万元的罚款，甲公司尚未支付这笔罚款。

请思考：本案中税务机关享受哪些权利？

11.3.2.11 税款的退还和追征

1. 税款的退还

纳税人超过应纳税额缴纳的税款，税务机关发现后应当立即退还；纳税人自结算缴纳税款之日起3年内发现的，可以向税务机关要求退还多缴的税款并加算银行同期存款利息，税务机关及时查实后应当立即退还；涉及从国库中退库的，依照法律、行政法规有关国库管理的规定退还。退税利息按照税务机关办理退税手续当天中国人民银行规定的活期存款利率计算。

税务机关发现纳税人多缴税款的，应当自发现之日起10日内办理退还手续；纳税人发现多缴税款，要求退还的，税务机关应当自接到纳税人退还申请之日起30日内查实并办理退还手续。加算银行同期存款利息的多缴税款退税，不包括依法预缴税款形成的结算退税、出口退税和各种减免退税。

当纳税人既有应退税款又有欠缴税款的，税务机关可以将应退税款和利息先抵扣欠缴税款；抵扣后有余额的，退还纳税人。

2. 税款的补缴和追征

1）税款的补缴

因税务机关的责任，即由于税务机关适用税收法律、行政法规不当或者执法行为致使纳税人、扣缴义务人未缴或者少缴税款的，税务机关在3年内可以要求纳税人、扣缴义务人补缴税款，但是不得加收滞纳金。

2）税款的追征

因纳税人、扣缴义务人计算错误等失误（指非主观故意的计算公式运用错误以及明显的笔误），未缴或者少缴税款的，税务机关在3年内可以追征税款、滞纳金；有特殊情况的，即纳税人或者扣缴义务人因计算错误等失误，未缴或者少缴、未扣或者少扣、未收或者少收税款，累计数额在10万元以上的，追征期可以延长到5年。

对偷税、抗税、骗税的，税务机关追征其未缴或者少缴的税款、滞纳金或者所骗取的税款，不受规定期限的限制。补缴和追征税款、滞纳金的期限，自纳税人、扣缴义务人应缴未缴或者少缴税款之日起计算。

11.4 税 务 检 查

税务检查是税务机关根据税收法律、行政法规的规定对纳税人、扣缴义务人履行纳税义务和扣缴义务的情况进行审查监督的活动。对税务机关而言，通过税务检查有利于征税机关及时了解和发现纳税主体履行义务的情况及存在的问题，检查税收征收管理的质量，有利于税务机关对税收征收管理实行有效的控制。对纳税人而言，税务检查有利于其防微杜渐，增强依法纳税的意识，提高其经营管理水平。

某市地税局接到群众举报，依法对一家私营企业实施税务检查，要求该企业业主提供与纳税有关的相关账簿与凭证资料。业主推说会计出差，无法提供所需的资料，第二天才能返回企业。结果税务人员第二天来到该企业时，该企业早已关门大吉，后税务人员与业主电话联系，然而业主手机关机，致使税务人员的检查无法进行。

据此，该税务机关责令该企业限期接受税务检查，并依照法定程序作出了罚款2 000元的决定。在法律的威慑下，该业主不得不接受税务检查，查实后补缴了税款、滞纳金和罚款，受到了法律应有的制裁。

请结合案例资料谈谈你对税务检查的认识。

11.4.1 征税机关的税务检查权

根据《税收征管法》及其实施细则的规定，税务机关有权进行下列税务检查。

（1）检查纳税人的账簿、记账凭证、报表和有关资料，检查扣缴义务人代扣代缴、代收代缴税款账簿、记账凭证和有关资料。

（2）到纳税人的生产、经营场所和货物存放地检查纳税人应纳税的商品、货物或者其他财产，检查扣缴义务人与代扣代缴、代收代缴税款有关的经营情况。

（3）责成纳税人、扣缴义务人提供与纳税或者代扣代缴、代收代缴税款有关的文件、证明材料和有关资料。

（4）询问纳税人、扣缴义务人与纳税或者代扣代缴、代收代缴税款有关的问题和情况。

（5）到车站、码头、机场、邮政企业及其分支机构检查纳税人托运、邮寄、应税商品、货物或者其他财产的有关单据凭证和资料。

（6）经县以上税务局（分局）局长批准，凭全国统一格式的检查存款账户许可证明，查询从事生产、经营的纳税人、扣缴义务人在银行或者其他金融机构的存款账户。税务机关在调查税收违法案件时，经设区的市、自治州以上税务局（分局）局长批准，可以查询案件涉嫌人员的储蓄存款。税务机关查询所获得的资料，不得用于税收以外的用途。

11.4.2 税务机关在税务检查中的权责

11.4.2.1 税务机关在税务检查中的权力

（1）税务机关对从事生产、经营的纳税人以前纳税期的纳税情况依法进行税务检查时，发现纳税人有逃避纳税义务行为，并有明显的转移、隐匿其应纳税的商品、货物及其他财产或者应纳税的收入的迹象的，可以按照规定的批准权限采取税收保全措施或者强制执行措施。

（2）税务机关依法进行税务检查时，有权向有关单位和个人调查纳税人、扣缴义务人和其他当事人与纳税或者代扣代缴、代收代缴税款有关的情况，有关单位和个人有义务向税务机关如实提供有关资料及证明材料。

（3）税务机关调查税务违法案件时，对与案件有关的情况和资料，可以记录、录音、录像、照相和复制。

11.4.2.2 税务机关在税务检查中的义务

1. 持证检查的义务

税务人员进行税务检查时，应当出示税务检查证和税务检查通知书；无税务检查证和税务检查通知书的，纳税人、扣缴义务人及其他当事人有权拒绝检查。税务机关对集贸市场及集中经营业户进行检查时，可以使用统一的税务检查通知书。

2. 保守秘密的义务

税务机关工作人员进行税务检查时，有义务为被检查人保守秘密。税务机关行使存款查询职权时，应当指定专人负责，凭全国统一格式的检查存款账户许可证明进行，并有责任为被检查人保守秘密。

11.5 税收法律责任

税收法律责任是指国家及其有关部门对征纳双方违反税法等法律制度时所应承担的法律后果，它是维护国家税法尊严的重要手段。

11.5.1 税务管理方面的法律责任

11.5.1.1 税务登记的法律责任

1. 未按照规定办理税务登记事项的法律责任

（1）纳税人不办理税务登记的，税务机关应当自发现之日起3日内责令其限期改正，可处以2 000元以下的罚款；情节严重的，处以2 000元以上、10 000元以下的罚款。逾期不改正的，经税务机关提请，由工商行政管理机关吊销其营业执照。

（2）扣缴义务人未按照规定办理扣缴税款登记的，税务机关应当自发现之日起3日内责令其限期改正，并可处以1 000元以下的罚款。

2. 税务登记证违法行为的法律责任

纳税人通过提供虚假的证明资料等手段，骗取税务登记证的，处以2 000元以下的罚款；情节严重的，处以2 000元以上、10 000元以下的罚款。纳税人涉嫌其他违法行为的，按有关法律、行政法规的规定处理。

3. 不接受税务机关处理的法律责任

纳税人、扣缴义务人违反税务登记管理办法的规定，拒不接受税务机关处理的，税务机关可以收缴其发票或者停止向其发售发票。

11.5.1.2 账簿、凭证管理的法律责任

1. 账簿、凭证使用管理的法律责任

（1）纳税人有下列情形之一的，由税务机关责令限期改正，可处以2 000元以下的罚

款；情节严重的，处以 2 000 元以上、10 000 元以下的罚款。

① 未按照规定设置、保管账簿或者保管记账凭证和有关资料的。

② 未按照规定将财务、会计制度或者财务、会计处理办法和会计核算软件报送税务机关备查的。

③ 未按照规定安装、使用税控装置，或者损毁或者擅自改动税控装置的。未按照规定将其全部银行账号向税务机关报告的。

(2) 扣缴义务人未按照规定设置、保管代扣代缴、代收代缴税款账簿或者保管代扣代缴、代收代缴税款记账凭证及有关资料的，由税务机关责令限期改正，可处以 2 000 元以下的罚款；情节严重的，处以 2 000 元以上、5 000 元以下的罚款。

(3) 非法印制、转借、倒卖、变造或者伪造完税凭证的，由税务机关责令改正，处以 2 000 元以上、10 000 元以下的罚款；情节严重的，处以 10 000 元以上、50 000 元以下的罚款；构成犯罪的，依法追究刑事责任。

2. 银行账户管理的法律责任

(1) 纳税人未按照规定将其全部银行账号向税务机关报告的，由税务机关责令限期改正，可处以 2 000 元以下的罚款；情节严重的，处以 2 000 元以上、10 000 元以下的罚款。

(2) 银行和其他金融机构未依照《税收征管法》的规定在从事生产、经营的纳税人的账户中登录税务登记证件号码，或者未按规定在税务登记证件中登录从事生产、经营的纳税人的账户账号的，由税务机关责令其限期改正，处以 2 000 元以上、20 000 元以下的罚款；情节严重的，处以 20 000 元以上、50 000 元以下的罚款。

(3) 为纳税人、扣缴义务人非法提供银行账户、发票、证明或者其他方便，导致未缴、少缴税款或者骗取国家出口退税款的，税务机关除没收其违法所得外，可以处未缴、少缴或者骗取的税款 1 倍以下的罚款。

3. 发票管理的法律责任

(1) 有下列违反发票管理的行为的单位和个人，由税务机关责令限期改正，没收非法所得，可以并处 10 000 元以下的罚款。有下列所列两种或者两种以上行为的，可以分别处罚：

① 未按照规定印制发票或者生产发票防伪专用品的；

② 未按照规定领购发票的；

③ 未按照规定开具发票的；

④ 未按照规定取得发票的；

⑤ 未按照规定保管发票的；

⑥ 未按照规定接受税务机关检查的。

(2) 非法携带、邮寄、运输或者存放空白发票的，由税务机关收缴发票，没收非法所得，可以并处 10 000 元以下的罚款。

(3) 私自印制、伪造变造、倒买倒卖发票，私自制作发票监制章、发票防伪专用品的，由税务机关依法予以查封、扣押或者销毁，没收非法所得和作案工具，可以并处 10 000 元以上、50 000 元以下的罚款；构成犯罪的，依法追究刑事责任。

11.5.1.3 纳税申报的法律责任

(1) 纳税人未按照规定的期限办理纳税申报和报送纳税资料的，或者扣缴义务人未按照规定的期限向税务机关报送代扣代缴、代收代缴税款报告表和有关资料的,由税务机关责令限期改正,可处以2 000元以下的罚款;情节严重的,可处以2 000元以上、10 000元以下的罚款。

(2) 纳税人、扣缴义务人编造虚假计税依据的,由税务机关责令限期改正,并处50 000元以下的罚款。纳税人不进行纳税申报,不缴或者少缴应纳税款的,由税务机关追缴其不缴或者少缴的税款、滞纳金,并处不缴或者少缴的税款50%以上、5倍以下的罚款。

11.5.2 税款征收方面的法律责任

11.5.2.1 偷税行为与逃税罪的认定与处罚

1. 偷税行为的认定与处罚

纳税人伪造、变造、隐匿、擅自销毁账簿、记账凭证,或者在账簿上多列支出或者不列、少列收入,或者经税务机关通知申报而拒不申报或者进行虚假的纳税申报,不缴或者少缴应纳税款的,是偷税。对纳税人偷税的,由税务机关追缴其不缴或者少缴的税款、滞纳金,并处不缴或者少缴的税款50%以上、5倍以下的罚款;构成犯罪的,依法追究刑事责任。

扣缴义务人采取上述手段,不缴或者少缴已扣、已收税款,由税务机关追缴其不缴或者少缴的税款、滞纳金,并处不缴或者少缴的税款50%以上、5倍以下的罚款;构成犯罪的,依法追究刑事责任。

2. 逃税罪的认定与处罚

纳税人采取欺骗、隐瞒手段进行虚假纳税申报或者不申报,逃避缴纳税款数额较大并且占应纳税额10%以上的,处3年以下有期徒刑或者拘役,并处罚金;数额巨大并且占应纳税额30%以上的,处3年以上、7年以下有期徒刑,并处罚金。扣缴义务人采取上述手段,不缴或者少缴已扣、已收税款,数额较大的,依照前述的规定处罚。

对多次实施逃避缴纳税款的行为,未经处理的,按照累计数额计算。

纳税人实施了逃避缴纳税款的行为,经税务机关依法下达追缴通知后,补缴应纳税款,缴纳滞纳金,已受行政处罚的,不予追究刑事责任;但是,5年内因逃避缴纳税款受过刑事处罚或者被税务机关给予二次以上行政处罚的除外。

11.5.2.2 逃避追缴欠税的认定与处罚

纳税人欠缴应纳税款,采取转移或者隐匿财产的手段,妨碍税务机关追缴欠缴的税款的,由税务机关追缴欠缴的税款、滞纳金,并处欠缴税款50%以上、5倍以下的罚款;构成犯罪的,依法追究刑事责任。

11.5.2.3 骗税的认定与处罚

以假报出口或者其他欺骗手段,骗取国家出口退税款的,由税务机关追缴其骗取的退税款,并处骗取税款1倍以上、5倍以下的罚款;构成犯罪的,依法追究刑事责任。对骗取国家出口退税款的,税务机关可以在规定期间内停止为其办理出口退税。

11.5.2.4 抗税的认定与处罚

以暴力、威胁方法拒不缴纳税款的,是抗税,除由税务机关追缴其拒缴的税款、滞纳金外,依法追究刑事责任。情节轻微,未构成犯罪的,由税务机关追缴其拒缴的税款、滞纳金，并处拒缴税款 1 倍以上、5 倍以下的罚款。

11.5.2.5　不缴、少缴税款等行为的处罚

纳税人、扣缴义务人在规定期限内不缴或者少缴应纳或者应解缴的税款，经税务机关责令限期缴纳，逾期仍未缴纳的，税务机关除依照法律规定采取强制执行措施追缴其不缴或者少缴的税款外，可以处不缴或者少缴税款的 50%以上、5 倍以下的罚款。

纳税人拒绝代扣、代收税款的，扣缴义务人应当向税务机关报告，由税务机关直接向纳税人追缴税款、滞纳金；纳税人拒不缴纳的，税务机关除依照法律规定采取强制执行措施追缴其不缴或者少缴的税款外，可以处不缴或者少缴的税款 50%以上、5 倍以下的罚款。

扣缴义务人应扣未扣、应收而不收税款的，由税务机关向纳税人追缴税款，对扣缴义务人处应扣未扣、应收未收税款 50%以上、3 倍以下的罚款。

11.5.2.6　税务代理人违法行为的处罚

税务代理人违反税收法律、行政法规，造成纳税人未缴或者少缴税款的，除由纳税人缴纳或者补缴应纳税款、滞纳金外，对税务代理人处纳税人未缴或者少缴税款 50%以上、3 倍以下的罚款。

11.5.3　税务检查的法律责任

纳税人、扣缴义务人逃避、拒绝或者以其他方式阻挠税务机关检查的，由税务机关责令改正，可处以 1 万元以下的罚款；情节严重的，处以 1 万元以上、5 万元以下的罚款。

11.5.4　税务机关及税务人员税收违法行为的法律责任

11.5.4.1　税务机关及相关人员税收违法行为的法律责任

（1）税务机关违反法律、行政法规的规定提前征收、延缓征收或者摊派税款的，由其上级机关或者行政监察机关责令改正，对直接负责的主管人员和其他直接责任人员依法给予行政处分。

（2）税务机关违反法律、行政法规的规定，擅自做出税收的开征、停征或者减税、免税、退税、补税以及其他同税收法律、行政法规相抵触的决定的，除依照本法规定撤销其擅自做出的决定外，补征应征未征税款，退还不应征收而征收的税款，并由上级机关追究直接负责的主管人员和其他直接责任人员的行政责任；构成犯罪的，依法追究刑事责任。

11.5.4.2　税务人员税收违法行为的法律责任

（1）税务人员徇私舞弊，对依法应当移交司法机关追究刑事责任的不移交，情节严重的，依法追究刑事责任。

（2）税务机关、税务人员查封、扣押纳税人个人及其所扶养家属维持生活必需的住房和用品的，责令退还，依法给予行政处分；构成犯罪的，依法追究刑事责任。

（3）税务人员与纳税人、扣缴义务人勾结，唆使或者协助纳税人、扣缴义务人有违反《税收征管法》规定的行为，构成犯罪的，依法追究刑事责任；尚不构成犯罪的，依法给予行政处分。

（4）税务人员利用职务上的便利，收受或者索取纳税人、扣缴义务人财物或者谋取其他不正当利益，构成犯罪的，依法追究刑事责任；尚不构成犯罪的，依法给予行政处分。

（5）税务人员徇私舞弊或者玩忽职守，不征或者少征应征税款，致使国家税收遭受重大损失，构成犯罪的，依法追究刑事责任；尚不构成犯罪的，依法给予行政处分。

（6）税务人员滥用职权，故意刁难纳税人、扣缴义务人的，调离税收工作岗位，并依法给予行政处分。

（7）税务人员对控告、检举税收违法违纪行为的纳税人、扣缴义务人以及其他检举人进行打击报复的，依法给予行政处分；构成犯罪的，依法追究刑事责任。

税收征收管理法综合案例

【案例分析】利鑫公司税款征收和税务检查案例。

利鑫公司是北京市西城区的一家机械制造有限责任公司，是增值税一般纳税人，该企业欠缴以前纳税年度的税款 300 000 元，税务机关多次进行了书面催缴。位于天津市的广胜公司欠利鑫公司一笔供货款，2021 年 5 月，该债权到期，债务人应偿还债务本息合计 360 000 元。由于利鑫公司担心实现债权之后，要偿还欠税，因此，通知债务人因为欠税，还债期限可以再延长一年，利鑫公司的主管税务机关西城区国税局知道此事后，立即组成了由征收管理科长为组长的检查组到天津市。检查组一行三人到天津市后，在当地税务机关协助下，来到广胜公司，并向广胜公司出示了单位介绍信和利鑫公司欠缴税款的证明，请求代位执行利鑫公司的债权，广胜公司开始不同意，后在其主管税务机关的要求下，同意用货款为利鑫公司缴纳税款，并给税务机关开出了一张 360 000 元的汇票。

检查组收到汇票回到西城区后，经征收管理科长的批准，填开了《扣缴税款缴款书》将人民币 360 000 元全部缴入国库，并书面通知利鑫公司，360 000 元的资金扣除欠税 300 000 元及滞纳金 450 000 元后，剩余的款项因为利鑫公司经税务机关多次催缴税款拒不缴纳，作为罚款缴入国库。请查阅《税收征管法》和《中华人民共和国民法典》（以下简称《民法典》）的相关规定，回答以下问题：

（1）税务机关的行为有哪些不妥之处？

（2）利鑫公司经多次催缴拒不缴纳税款，应如何处理？

【答案及解析】

（1）税务机关的行政行为有下列不妥之处。

① 行使代位权不合法。按照《税收征管法》第 50 条规定，税务机关可以行使代位权，但是代位权、撤销权的行使，依照《民法典》第 535 条的规定，应该由税务机关向人民法院提出申请，由人民法院执行。本案中，税务机关直接行使代位权，是不合法的。

② 代位权应该以债权人的名义行使，依据《民法典》第 535 条的规定行使代位权，只能以债权人的名义行使。本案中广胜公司归还货款，应该以利鑫公司为收款人，税务机关不能直接作为收款人收取利鑫公司的货款。

③ 税务检查行为不合法。北京市西城区国税局到天津市广胜公司调查利鑫公司的情况不合法。北京市西城区国税局对天津市广胜公司没有税收管辖权，有关广胜公司与利鑫公司的业务往来情况，应该由天津市税务机关负责调查。检查组在检查中，未出示税务检查证和税务检查通知书，依照《税收征管法》第 59 条、《税收征管法实施细则》第 89 条的规定，

广胜公司有权拒绝检查。

④ 采取强制执行措施不合法。依照《税收征管法》第 40 条的规定，采取税收强制执行措施，应经县以上税务局（分局）局长批准，本案中由征收管理科长批准扣缴税款，违反了《税收征管法》第 40 条的规定，属违法采取税收强制执行措施；对罚款不能直接采取强制执行措施，《税收征管法》第 88 条规定，对税务机关的处罚决定，逾期不申请行政复议、不向人民法院起诉、又不履行的税务机关可以采取强制执行措施，或者申请人民法院执行。本案中，税务机关在复议期限内，对罚款采取扣缴入库的强制执行措施，违反了《税收征管法》第 88 条的规定。

（2）利鑫公司经多次催缴拒不缴纳税款，依照《税收征管法》第 40 条、第 68 条的规定，税务机关可以采取税收强制执行措施，并可以处不缴或者少缴税款 50% 以上、5 倍以下的罚款。

课后练习题

牛刀小试

一、选择题（含单选题和多选题，请用手机扫描下方二维码作答并查看正确答案）

二、思考探索题
1. 哪些主体有义务办理设立税务登记？办理的期限如何确定？
2. 如何借鉴国外经验完善我国的纳税申报制度？
3. 简述税收保全与税收强制执行措施的区别和联系。
4. 什么是税收优先权？有关税收优先权的规定有哪些？

竞技场

一、选择题（含单选题和多选题，请用手机扫描下方二维码作答并查看正确答案）

二、案例分析题
1. 新源公司 2015 年欠缴税款 200 万元。2016 年 5 月，税务机关在强制执行的过程中，发现以下情况。
① 新源公司于 2016 年 2 月 1 日向工商银行借入信用贷款 100 万元。
② 新源公司于 2016 年 3 月 1 日向农业银行借入贷款 150 万元，新源公司以其厂房设定抵押，并依法办理了抵押登记手续。
③ 新源公司于 2016 年 4 月 15 日被环保部门处以 50 万元的罚款。
④ 新源公司于 2016 年 4 月 25 日放弃了其对甲企业 150 万元的债权。
要求：根据税收征收管理法律制度的规定，分别回答以下问题。

(1) 税收是否优先于工商银行的贷款？并说明理由。
(2) 税收是否优先于农业银行的贷款？并说明理由。
(3) 税收是否优先于环保部门的罚款？并说明理由。
(4) 对于新源公司放弃其对甲企业 150 万元债权的行为，税务机关可以行使何种权力？并说明理由。

2. 大华机械公司为增值税一般纳税人，主要生产各种电动工具，适用的增值税税率为 13%，增值税以 1 个月为一个纳税期，自期满之日起 15 日内申报纳税，增值税专用发票通过防伪税控系统开具。2019 年 7 月 5 日该公司申报缴纳 6 月份增值税税款 300 万元。7 月底，税务机关对该公司 6 月份增值税计算缴纳情况进行专项检查，有关检查情况如下。

① 6 月 6 日，一批外购钢材因管理不善被盗，增值税专用发票确认的成本为 40 万元，增值税税额为 5.2 万元。在查明原因之前，该公司将 40 万元作为待处理财产损益入账。

② 6 月 10 日，处理一批下脚料，将取得的含增值税销售额 3.39 万元全部确认为其他业务收入。

③ 6 月 15 日，购进低值易耗品一批，取得运输公司（小规模纳税人）开具的增值税普通发票上注明的运费为 1.09 万元。该公司计算抵扣的进项税额为 0.09 万元。

④ 6 月 25 日，销售电动工具一批，另外向购买方收取包装物租金 2.26 万元。该公司将该项价外费用全部计入了营业外收入。

根据以上情况，税务机关依法责令该公司限期补缴少缴的增值税税款、加收滞纳金，并处少缴税款 1.5 倍的罚款。该公司于 2019 年 8 月 4 日缴纳增值税税款、滞纳金和罚款。不考虑其他税收因素。

要求：根据增值税法律制度和税收征收管理法律制度的有关规定，回答下列问题。
(1) 指出该公司上述①项至⑤项业务的增值税处理是否正确？并说明理由。
(2) 计算该公司应补缴的增值税税款，列出计算过程。
(3) 计算该公司应缴纳的滞纳金和罚款数额，列出计算过程。
(4) 该公司的行为属于何种税收违法行为？是否构成犯罪？分别说明理由。

第 12 章

税务行政处罚与税务救济

思维导图

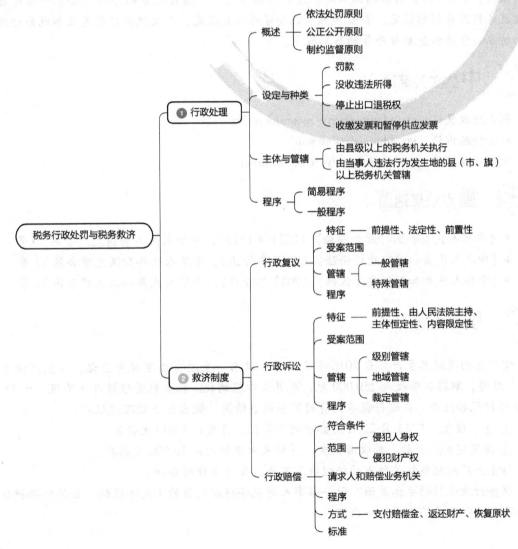

法律强制性的核心就体现在当相对人违反法律规定时,国家强制机关可以依法对其进行制约和惩罚。法律后果的核心是"制裁",任何完整的法律规范都不能缺失制裁机制,同样对于纳税人及其他税务当事人违反税收法律、行政法规和规章时,税务机关有权对其进行行政处罚。同时,本着有权利必有救济的原则,为防止纳税人的基本权利受到税务机关行政行为的不法侵害,使其纳税主体的合法权益能够得到保障,国家法律还设计了税务救济制度,包括税务行政复议制度、税务行政诉讼制度和税务行政赔偿制度。但我国目前关于上述三类制度没有特别法进行专门规定,相关的法律规定主要散见于《中华人民共和国税收征收管理法》《中华人民共和国行政处罚法》《中华人民共和国行政复议法》《中华人民共和国行政诉讼法》《中华人民共和国国家赔偿法》等法律之中。通过本章的学习,要求学生理解和掌握税务行政处罚的设定、管辖和基本程序等的相关规定,以及税务行政复议和税务行政诉讼的特点、管辖和基本程序等的基本规定。

税务行政复议:tax administrative reconsideration
税务行政诉讼:tax administrative suit
税务行政赔偿:tax administrative compensation

◆《中华人民共和国行政处罚法》(2021年修订),中华人民共和国主席令第70号
◆《中华人民共和国行政诉讼法》(2017年修正),中华人民共和国主席令第71号
◆《中华人民共和国行政复议法》(2017年修正),中华人民共和国主席令第76号

某辖区内某玩具生产厂自2016年7月开业以来一直没有办理税务登记,共生产销售玩具8 000件,取得销售收入250 000元,也并未申报纳税。税务机关根据群众举报,于11月15日进行税务检查。在进行税务检查时根据检查情况,做出如下处理建议:

① 责令该生产厂11月22日前办理税务登记,并处以1 000元罚款;
② 按规定补缴税款、加收滞纳金,并对未缴税款处以10 000元罚款。

该生产厂对税务机关做出的处理决定不服,想寻求你的帮助。

税务行政处罚的主体是谁?税务当事人对税务行政处罚的决定不服的,应怎样保护自己的合法权益?本章将揭示这一内容。

12.1 税务行政处罚

12.1.1 税务行政处罚概述

12.1.1.1 税务行政处罚的概念

税务行政处罚是指公民、法人或者其他组织有违反税收征收管理秩序的违法行为,尚未构成犯罪,依法应当承担行政责任的,由税务机关给予的行政处罚。这包含了四层意思:第一,行为违反了税务行政管理的法律、法规,侵犯了税务行政管理法律秩序,应当承担税务行政责任;第二,主观方面不区分是否具有故意或过失的主观因素,只要有税务违法行为,并有法定依据给予税务行政处罚的,就要承担税务行政责任;第三,没有构成犯罪,依法给予税务行政处罚的是税务行政机关的职权;第四,实施行政处罚的主体是税务行政机关,这也是行政处罚与刑事处罚、民事责任不同的一个特点。

国家权力因其天生所具备的侵略性和扩张性,可能会对个人权利造成危害,税务行政权力属于国家权力的一类,如果不通过法律对其加以限制和规范,就可能会借助其国家强制力的后盾,侵犯公民、法人或者其他组织的合法权益。为了防止税务行政权力的过度扩张,规范行政机关的行政处罚,保障和监督行政机关有效实施行政管理,维护公共利益和社会秩序,我国于1996年3月17日第八届全国人民代表大会第四次会议通过《中华人民共和国行政处罚法》(以下简称《行政处罚法》)。《行政处罚法》于2014年和2017年进行了两次修正。

12.1.1.2 税务行政处罚的原则

1. 依法处罚原则

税务机关对公民和组织实施税务行政处罚的实体内容和程序内容都必须依据法律规定,实体法定的内容核心在于"法无明文规定不得处罚";程序法定的内容核心在于"税务行政处罚必须由法定的国家机关在其职权范围内设定,并按照法定程序实施"。

2. 公正公开原则

"公正"要求税务机关在进行税务处罚时,必须要查明事实,做到事实清楚、证据确凿,以事实为依据,以法律为准绳,处罚结果做到与违法行为的事实、性质、情节及社会危害程度相当。同时,税务机关有责任告知当事人其违法行为的性质,给当事人了解违法事实和申辩的机会,具体体现为实行听证制度、税务调查取证部门与作出处罚决定部门分立,等等。"公开"原则体现在实体和程序两方面:实体方面是指对违法行为给予行政处罚的规定必须公布,未经公布的不得作为行政处罚的依据;程序方面是指处罚的程序要公开,如表明身份、出示依据、说明理由、告知权力、听证公开等。

3. 制约监督原则

为了保证税务机关执法的公正性,保障税务当事人的合法权益,在税务行政处罚中要坚持制约监督原则,如对涉税违法行为的调查与作出处罚决定分开,决定罚款部门与收缴罚款部门分立,等等。通过这些措施的实施,来保障税务机关内部机构之间的独立性并实现相互制约。另外,如果税务当事人对税务机关做出的具体行政行为不服,通过行政复议和行政诉讼保障自身权益,这一过程也是对税务行政行为的监督。

12.1.2 税务行政处罚的设定和种类

12.1.2.1 税务行政处罚的设定

税务行政处罚的设定是指由特定的国家机关通过一定形式首次独立规定公民、法人或者其他组织的行为规范,并规定违反该行为规范的行政制裁措施。现行我国税务行政处罚的设定规定为:

(1) 全国人民代表大会及其常务委员会可以通过法律的形式设定各种税务行政处罚。

(2) 国务院可以通过行政法规的形式设定除限制人身自由以外的税务行政处罚。

(3) 国家税务总局可以通过规章的形式设定警告和罚款。税务行政规章对非经营活动中的违法行为设定罚款不得超过1 000元。对经营活动中的违法行为,有违法所得的设定罚款不得超过违法所得的3倍,且最高不得超过30 000元;没有违法所得的,设定罚款不得超过10 000元;超过限额的,应当报国务院批准。

12.1.2.2 税务行政处罚的种类

根据税法的规定,现行的税务行政处罚种类包括罚款、没收非法所得、停止出口退税权、收缴发票和暂停供应发票及税收法律法规等规定的其他行政处罚。

12.1.3 税务行政处罚的主体与管辖

1. 税务行政处罚的主体

根据《税收征管法》和《行政处罚法》的规定,税务行政处罚由县级以上的税务机关执行。各级税务机关的内设机构、派出机构不具备处罚主体资格,不能以自己的名义实施税务行政处罚。但税务所可以实施罚款额在2 000元以下的税务行政处罚。

2. 税务行政处罚的管辖

根据《税收征管法》和《行政处罚法》的规定,税务行政处罚由当事人违法行为发生地的县(市、旗)以上税务机关管辖。法律、行政法规另有规定的除外。

12.1.4 税务行政处罚的程序

12.1.4.1 税务行政处罚的简易程序

税务行政处罚的简易程序是指对于违法事实确凿并有法定依据,对公民处以50元以下、对法人或者其他组织处以1 000元以下罚款或者警告的行政处罚的,可以当场作出行政处罚决定。

税务行政执法人员当场作出税务行政处罚决定应当按照下列程序进行。

(1) 向当事人出示税务行政执法身份证件。

(2) 告知当事人受到税务行政处罚的违法事实、依据和陈述申辩权。

(3) 听取当事人陈述申辩意见。

(4) 填写具有预定格式、编有号码的税务行政处罚决定书,并当场交付当事人。行政处罚决定书应当载明当事人的违法行为、税务行政处罚依据、罚款数额、时间、地点及税务机关名称,并由执法人员签名或者盖章。

(5) 执行。作出罚款决定的行政机关应当与收缴罚款的机构分离。除法律规定的特定情况下应当场收缴罚款外，作出行政处罚决定的行政机关及其执法人员不得自行收缴罚款。当事人应当自收到行政处罚决定书之日起 15 日内，到指定的银行缴纳罚款。银行应当收受罚款，并将罚款直接上缴国库。有下列情形之一的，执法人员可以当场收缴罚款。

① 依法给予 20 元以下的罚款的。
② 不当场收缴事后难以执行的。
③ 在边远、水上、交通不便地区，行政机关及其执法人员依照法律规定现场作出罚款决定后，当事人向指定的银行缴纳罚款确有困难，经当事人提出，行政机关及其执法人员可以当场收缴罚款。

税务机关及其执法人员当场收缴罚款的，必须向当事人出具省、自治区、直辖市财政部门统一制发的罚款收据；不出具财政部门统一制发的罚款收据的，当事人有权拒绝缴纳罚款。税务执法人员当场收缴的罚款，应当自收缴罚款之日起 2 日内，交至行政机关；在水上当场收缴的罚款，应当自抵岸之日起 2 日内交至行政机关；行政机关应当在 2 日内将罚款缴付指定的银行。

(6) 备案。执法人员当场作出的行政处罚决定，必须报所属行政机关备案。

12.1.4.2 税务行政处罚的一般程序

除依法规定可以当场作出的税务行政处罚外，税务机关发现公民、法人或者其他组织有依法应当给予税务行政处罚的行为的，必须全面、客观、公正地调查，收集有关证据；必要时，依照法律、法规的规定可以进行检查。

1. 立案调查

税务机关在调查或者进行检查时，执法人员不得少于两人，并应当向当事人或者有关人员出示证件。当事人或者有关人员应当如实回答询问并协助调查或者检查，不得阻挠。询问或者检查应当制作笔录。税务机关执法人员与当事人有直接利害关系的，应当回避。

2. 审查

调查终结，行政机关负责人应当对调查结果进行审查，审查机构应对案件下列事项进行审查。

(1) 调查机构认定的事实、证据和处罚建议适用的处罚种类、依据是否正确。
(2) 调查取证是否符合法定程序。
(3) 当事人陈述申辩的事实、证据是否成立。
(4) 听证人、当事人听证申辩的事实、证据是否成立。

审查机构应在自收到调查机构移交案卷之日起 10 日内审查终结，制作审查报告，并连同案卷材料报送税务机关负责人审批。

根据不同情况，税务机关分别作出如下决定。
① 确有应受行政处罚的违法行为的，根据情节轻重及具体情况，作出行政处罚决定。
② 违法行为轻微，依法可以不予行政处罚的，不予行政处罚。
③ 违法事实不能成立的，不得给予行政处罚。
④ 违法行为已构成犯罪的，移送司法机关。

对情节复杂或者重大违法行为给予较重的行政处罚，行政机关的负责人应当集体讨论决定。

3. 告知

税务机关在作出税务行政处罚决定之前，应当告知当事人作出税务行政处罚决定的事实、理由及依据，并告知当事人依法享有的权利。当事人有权进行陈述和申辩。行政机关必须充分听取当事人的意见，对当事人提出的事实、理由和证据，应当进行复核；当事人提出的事实、理由或者证据成立的，行政机关应当采纳。

税务机关对公民作出 2 000 元以上（含本数）罚款或者对法人或者其他组织作出 10 000 元以上（含本数）罚款的行政处罚之前，应当向当事人送达《税务行政处罚事项告知书》，告知当事人已经查明的违法事实、证据、行政处罚的法律依据和拟将给予的行政处罚，并告知有要求举行听证的权利。

4. 听证

听证是指税务机关在对当事人某些违法行为作出处罚决定之前，按照一定形式听取调查人员和当事人意见的程序。符合上述听证条件的，当事人要求听证的，税务机关应当组织听证。

5. 处罚决定

税务机关应当制作税务行政处罚决定书。税务行政处罚决定书应当载明下列事项。

（1）当事人的姓名或者名称、地址。

（2）违反法律、法规或者规章的事实和证据。

（3）税务行政处罚的种类和依据。

（4）税务行政处罚的履行方式和期限。

（5）不服税务行政处罚决定，申请行政复议或者提起行政诉讼的途径和期限。

（6）作出税务行政处罚决定的税务机关名称和作出决定的日期。税务行政处罚决定书必须盖有作出税务行政处罚决定的税务机关的印章。

6. 送达

税务行政处罚决定书应当在宣告后当场交付当事人；当事人不在场的，税务机关应当在 7 日内依照民事诉讼法的有关规定，将税务行政处罚决定书送达当事人。

7. 执行

依法作出税务行政处罚决定后，当事人应当在税务行政处罚决定的期限内，予以履行。

当事人对税务行政处罚决定不服申请税务行政复议或者提起税务行政诉讼的，行政处罚不停止执行，法律另有规定的除外。

作出罚款决定的税务机关应当与收缴罚款的机构分离。除法律规定当场收缴的罚款外，作出行政处罚决定的税务机关及其执法人员不得自行收缴罚款。当事人应当自收到税务行政处罚决定书之日起 15 日内，到指定的银行缴纳罚款。银行应当收受罚款，并将罚款直接上缴国库。

当事人逾期不履行行政处罚决定的，作出行政处罚决定的税务机关可以采取下列措施。

（1）到期不缴纳罚款的，每日按罚款数额的 3% 加处罚款。

（2）根据法律规定，将查封、扣押的财物拍卖或者将冻结的存款划拨抵缴罚款。

（3）申请人民法院强制执行。

当事人确有经济困难，需要延期或者分期缴纳罚款的，经当事人申请和税务机关批准，可以暂缓或者分期缴纳。

12.2 税务救济制度

救济在法律上的含义是指权益受到侵害后的恢复和补救。在具体的税收立法和执法过程中，为了保证税务行政机关不滥用国家赋予的行政职权进行违法和不当的行为，对纳税人财产利益造成损害，通过在法律上设置完整的税收救济制度来保护纳税人合法权益是非常必要的。税收救济制度具体包括税务行政复议和税务行政诉讼以及税收行政赔偿。纳税人、扣缴义务人对税务机关所作出的决定，享有陈述权、申辩权；依法享有申请行政复议、提起行政诉讼、请求国家赔偿等权利。

12.2.1 税务行政复议

12.2.1.1 税务行政复议概述

税务行政复议又称税收行政复议，是指当事人（纳税人、扣缴义务人、纳税担保人及其他税务当事人）认为征税机关的具体行政行为侵犯其合法权益时，依法向上一级税务机关（复议机关）提出复查该税务具体行政行为的申请，由复议机关对该税务具体行政行为的合法性和适当性进行审查并作出裁决的制度和活动。

我国的税务行政复议具有以下特点。

1. 税务行政复议的前提性

税务行政复议以税务当事人不服税务机关所做出的具体行政行为为前提条件。也就是说，如果税务机关与税务当事人之间没有税收争议，当事人没有认为征税机关的征税行为侵犯了其合法权益时，也就不存在税收行政复议。

2. 税务行政复议的法定性

税务行政复议遵循"不告不理"的原则，即没有税收当事人提出的行政复议的申请，则没有税务行政复议。提起复议申请应注意以下几点。

（1）提出行政复议的人，必须是认为行政机关行使职权的行为侵犯其合法权益的公民、法人和其他组织。

（2）税务行政复议申请人的复议申请，应针对税务机关已经做出的具体税务行政行为而提起。

（3）复议申请一般向作为具体行政行为的税务机关的上一级税务机关提起。

3. 税务行政复议的前置性

当税务当事人与税务机关发生税收争议时，税收当事人可以选择行政复议程序或者行政诉讼程序。但是根据《税收征管法》的规定，纳税人、扣缴义务人、纳税担保人同税务机关在纳税上发生争议时，必须先依照税务机关的纳税决定缴纳或者解缴税款及滞纳金或者提供相应的担保，然后可以依法申请行政复议；对行政复议决定不服的，可以依法向人民法院起诉。当事人对税务机关的处罚决定、强制执行措施或者税收保全措施不服的，可以依法申请行政复议，也可以依法向人民法院起诉。所以，对因征税问题引起的争议，税务行政复议是税收行政诉讼的必经前置程序，而对于因处罚、保全措施、强制执行等引起的争议，税务行政复议则是税收行政诉讼的可选择的前置程序。

我国现行的税务行政复议适用的法律规范主要包括：1999年4月29日全国人民代表大会常务委员会通过的《中华人民共和国行政复议法》（以下简称《行政复议法》），2009年和2017年进行了两次修正。同时，根据《行政复议法》《税收征收管理法》和其他有关规定，国家税务总局制定的《税务行政复议规则》（以下简称《规则》）已于2009年12月15日通过并予公布，自2010年4月1日起施行。2015年和2018年国家税务总局对该规则又进行了两次修正。

12.2.1.2 税务行政复议的受案范围

根据《税收征管法》《行政复议法》《规则》的规定，税务行政复议的受案范围仅限于税务机关做出的税务具体行政行为。税务具体行政行为是指税务机关及其工作人员在税务行政管理活动中行使行政职权，针对特定的公民、法人或者其他组织，就特定的具体事项，做出的有关该公民、法人或者其他组织权利、义务的单方行为。主要包括以下内容。

（1）征税行为，包括确认纳税主体、征税对象、征税范围、减税、免税、退税、抵扣税款、适用税率、计税依据、纳税环节、纳税期限、纳税地点和税款征收方式等具体行政行为，征收税款、加收滞纳金、扣缴义务人、受税务机关委托的单位和个人作出的代扣代缴、代收代缴、代征行为等。

（2）行政许可、行政审批行为。

（3）发票管理行为，包括发售、收缴、代开发票等。

（4）税收保全措施、强制执行措施。

（5）行政处罚行为。

（6）不依法履行下列职责的行为：

① 颁发税务登记；

② 开具、出具完税凭证、外出经营活动税收管理证明；

③ 行政赔偿；

④ 行政奖励；

⑤ 其他不依法履行职责的行为。

（7）资格认定行为。

（8）不依法确认纳税担保行为。

（9）政府信息公开工作中的具体行政行为。

（10）纳税信用等级评定行为。

（11）通知出入境管理机关阻止出境行为。

（12）其他具体行政行为。

根据此项内容，不管现行税法有无规定，只要是税务机关做出的具体行政行为，今后纳税人均可以申请税务行政复议，这也是行政复议法实施后，有关税务行政复议的一个新的规定。

另外，《规则》还规定，纳税人可以对税务机关做出的具体行政行为所依据的规定提出行政复议申请。具体规定如下：纳税人可和其他税务当事人认为税务机关的具体行政行为所依据的下列规定不合法，在对具体行政行为申请行政复议时，可一并向复议机关提出对该规定的审查申请：

① 国家税务总局和国务院其他部门的规定；

② 其他各级税务机关的规定；
③ 地方各级人民政府的规定；
④ 地方人民政府工作部门的规定。

但是值得注意的是，此处的规定不含国家税务总局制定的规章及国务院各部、委和地方人民政府制定的规章。

12.2.1.3 税务行政复议管辖

根据《行政复议法》和《规则》的相关规定，我国税务行政复议管辖的基本制度原则上是实行由上一级税务机关管辖下一级税务机关的复议制度。具体内容如下。

1. 一般管辖

（1）对各级国家税务局的具体行政行为不服的，向其上一级国家税务局申请行政复议。

（2）对国家税务总局的具体行政行为不服的，向国家税务总局申请行政复议。对行政复议决定不服，申请人可以向人民法院提起行政诉讼，也可以向国务院申请裁决。国务院的裁决为最终裁决。

2. 特殊管辖

（1）对计划单列市税务局的具体行政行为不服的，向国家税务总局申请行政复议。

（2）对税务所（分局）、各级税务局的稽查局的具体行政行为不服的，向其所属税务局申请行政复议。

（3）对两个以上税务机关共同作出的具体行政行为不服的，向共同上一级税务机关申请行政复议；对税务机关与其他行政机关共同作出的具体行政行为不服的，向其共同上一级行政机关申请行政复议。

（4）对被撤销的税务机关在撤销以前所作出的具体行政行为不服的，向继续行使其职权的税务机关的上一级税务机关申请行政复议。

（5）对税务机关作出逾期不缴纳罚款加处罚款的决定不服的，向作出行政处罚决定的税务机关申请行政复议。但是对已处罚款和加处罚款都不服的，一并向作出行政处罚决定的税务机关的上一级税务机关申请行政复议。

有前述（2）、（3）、（4）、（5）项所列情形之一的，申请人也可以向具体行政行为发生地的县级地方人民政府提交行政复议申请，由接受申请的县级地方人民政府依法转送。

12.2.1.4 税务行政复议的程序

1. 税务行政复议的申请

（1）申请人与被申请人。依法提起行政复议的纳税人及其他当事人为税务行政复议申请人，具体是指纳税人、扣缴义务人、纳税担保人和其他当事人。纳税人及其他当事人对税务机关的具体行政行为不服申请行政复议的，做出具体行政行为的税务机关是被申请人。

（2）申请的期限。申请人可以在知道税务机关做出具体行政行为之日起60日内提出行政复议申请。因不可抗力或者被申请人设置障碍等其他正当理由耽误法定申请期限的，申请期限自障碍消除之日起继续计算。

（3）申请复议的法定要求。申请人按照前款规定申请行政复议的，必须依照税务机关根据法律、法规确定的税额、期限，先行缴纳或者解缴税款和滞纳金，或者提供相应的担保,才可以在缴清税款和滞纳金以后或者所提供的担保得到作出具体行政行为的税务机关确认之日起60日内提出行政复议申请。

申请人提供担保的方式包括保证、抵押和质押。作出具体行政行为的税务机关应当对保证人的资格、资信进行审查,对不具备法律规定资格或者没有能力保证的,有权拒绝。作出具体行政行为的税务机关应当对抵押人、出质人提供的抵押担保、质押担保进行审查,对不符合法律规定的抵押担保、质押担保,不予确认。

纳税人或者其他当事人与税务机关发生其他税务行政争议的,即申请人对税务机关做出的征税行为以外的其他税务具体行政行为不服的,可以申请行政复议,也可以直接向人民法院提起行政诉讼。

2. 税务行政复议的受理

(1) 审查的期限及受理的条件。行政复议机关收到行政复议申请以后,应当在5日内审查,决定是否受理。对不符合本规则规定的行政复议申请,决定不予受理,并书面告知申请人。行政复议申请符合下列规定的,行政复议机关应当受理:

① 属于本规则规定的行政复议范围;
② 在法定申请期限内提出;
③ 有明确的申请人和符合规定的被申请人;
④ 申请人与具体行政行为有利害关系;
⑤ 有具体的行政复议请求和理由;
⑥ 属于收到行政复议申请的行政复议机关的职责范围;
⑦ 其他行政复议机关尚未受理同一行政复议申请,人民法院尚未受理同一主体就同一事实提起的行政诉讼。

此外,对于应当先向复议机关申请行政复议,对行政复议决定不服再向人民法院提起行政诉讼的具体行政行为,复议机关决定不予受理或者受理后超过复议期限不作答复的,纳税人及其他当事人可以自收到不予受理决定书之日起或者行政复议期满之日起15日内,依法向人民法院提起行政诉讼。

(2) 受理的期限。对符合规定的行政复议申请,自复议机关法制工作机构收到之日起即为受理;受理行政复议申请应当书面告知申请人。

3. 税务行政复议决定

税务行政复议机关应当对被申请人做出的税务具体行政行为所依据的事实证据、法律程序、法律依据及设定的权利义务内容之合法性、适当性进行全面审查。复议机关法制工作机构应当自受理行政复议申请之日起7日内,将行政复议申请书副本或者行政复议申请笔录复印件发送被申请人。被申请人应当自收到申请书副本或者申请笔录复印件之日起10日内提出书面答复,并提交当初做出具体行政行为的证据、依据和其他有关材料。

法制工作机构应当对被申请人做出的具体行政行为进行合法性与适当性审查,提出意见,经复议机关负责人同意,按照下列规定作出行政复议决定。

(1) 具体行政行为认定事实清楚、证据确凿、适用依据正确、程序合法,内容适当的,决定维持。

(2) 被申请人不履行法定职责的,决定其在一定期限内履行。

(3) 具体行政行为有下列情形之一的,决定撤销、变更或者确认该具体行政行为违法;

决定撤销或者确认该具体行政行为违法的，可以责令被申请人在一定期限内重新作出具体行政行为：

① 主要事实不清、证据不足的；
② 适用依据错误的；
③ 违反法定程序的；
④ 超越或者滥用职权的；
⑤ 具体行政行为明显不当的。

税务行政复议机关应当自受理申请之日起 60 日内作出税务行政复议决定。情况复杂，不能在规定期限内作出税务行政复议决定的，经税务行政复议机关负责人批准，可以适当延长，并告知申请人和被申请人；但延长期限最多不超过 30 日。税务行政复议机关作出税务行政复议决定，应当制作税务行政复议决定书，并加盖印章。税务行政复议决定书一经送达，即发生法律效力。

12.2.2　税务行政诉讼

12.2.2.1　税务行政诉讼概述

税务行政诉讼是指税务当事人（纳税人、扣缴义务人、纳税担保人及其他税务当事人）认为征税机关的具体行政行为侵犯其合法权益时，依法向人民法院提起行政诉讼，由人民法院对具体行政行为的合法性进行审理并作出裁决的司法活动。它包括税务当事人直接向人民法院的诉讼，也包括税务当事人对征税行为提起行政复议后，对复议结果不服向法院提起的诉讼。我国现行的税务行政诉讼适用的主要法律规范是《税收征管法》和 1989 年 4 月 4 日全国人大第二次会议通过，2017 年进行第二次修正的《中华人民共和国行政诉讼法》（以下简称《行政诉讼法》）。我国现行的税务行政诉讼与税务行政复议及其他行政诉讼相比，具有以下特征。

1. 税务行政诉讼的前提性

税务行政诉讼以税务当事人不服税务机关所做出的具体行政行为为前提条件。也就是说，如果税务机关与税务当事人之间没有税收争议，当事人没有认为征税机关的征税行为侵犯了其合法权益时，也就不存在税务行政诉讼。

2. 税务行政诉讼是由人民法院主持进行的司法活动

税务行政诉讼是由人民法院进行审理并作出裁决的一种诉讼活动。这是税务行政诉讼与税务行政复议的根本区别。

3. 税务行政诉讼主体的恒定性

税务行政诉讼的一方当事人是作为税务行政相对人的公民、法人或其他组织，而另一方当事人则必须是税务机关，或经法律、法规授权的行使税务行政管理权的组织。作为主体一方的国家税务机关享有征收管理和给予税务相对人行政处罚的权利，从而决定了只有受到税务处理或行政处罚的税务当事人当其权利受到侵害时，有权作为原告请求给予行政赔偿，而税务机关始终只能作为被告应诉。原告和被告的身份和位置是恒定的。

4. 税务行政诉讼内容的限定性

税务行政诉讼的内容仅限于解决税务争议事项。人民法院主要针对税务机关做出的具体行政行为是否合法作出裁决。一般情况下，不对税务机关做出的具体行政行为的适当性进行审理。而税务行政复议则要对税务机关做出的具体行政行为的合法性和适当性进行评价。

12.2.2.2 税务行政诉讼的受案范围

目前我国并没有专门的法律规定税务行政诉讼的受案范围，根据《行政诉讼法》《税收征管法》《行政复议法》等法律法规的相关规定，税务行政诉讼的受案范围可概括为以下几个方面。

（1）税务机关做出的征税行为，包括征收税款、加收滞纳金等行为。需要注意的是，这类征税行为，必须经过税务复议之后才能向法院提起诉讼。

（2）税务机关做出的其他保障性措施，如税收保全措施和税收强制执行措施、通知出境管理机关阻止出境行为等。

（3）税务机关的不予依法办理或者答复的行为，如不予审批减免税或者出口退税；抵扣税款；不予退还税款等。需要注意的是，对于税务机关做出的不予审批减免税或者出口退税、不予抵扣税款、不予退还税款的行为，必须经过税务复议之后才能向法院提起诉讼。

（4）税务机关做出的税务处罚行为，包括罚款、没收违法所得、停止出口退税权、取消增值税一般纳税人资格、收缴发票、停止发售发票等行为。

（5）其他行为。税务行政相对人认为税务机关的具体行政行为侵犯了其人身权、财产权的，也可向人民法院提起诉讼。

12.2.2.3 税务行政诉讼的管辖

行政诉讼管辖是指上下级人民法院之间和同级人民法院之间受理第一审行政案件的分工和权限。根据《行政诉讼法》的规定，税务行政诉讼的管辖可分为级别管辖、地域管辖、裁定管辖。

1. 级别管辖

级别管辖是指人民法院上下级之间受理行政诉讼的分工和权限。《行政诉讼法》就审理第一审行政案件的权限范围作了明确规定。

（1）一般而言，基层人民法院管辖第一审行政案件。

（2）中级人民法院管辖下列第一审行政案件：

① 确认发明专利权的案件、海关处理的案件；

② 对国务院各部门或者省、自治区、直辖市人民政府所作的具体行政行为提起诉讼的案件；

③ 本辖区内重大、复杂的案件。

（3）高级人民法院管辖本辖区内重大、复杂的第一审行政案件。

（4）最高人民法院管辖全国范围内重大、复杂的第一审行政案件。

2. 地域管辖

地域管辖是指同级人民法院之间受理第一审行政案件的分工和权限，分为一般地域管辖、特殊地域管辖和共同地域管辖3种。

1）一般地域管辖

一般地域管辖是指以最初做出具体行政行为的行政机关所在地来确定人民法院对行政案件的管辖，适用于一般行政案件。根据《行政诉讼法》的规定，行政案件由最初做出具体行政行为的行政机关所在地人民法院管辖。经复议的案件，复议机关改变原具体行政行为的，也可以由复议机关所在地人民法院管辖。

2）特殊地域管辖

特殊地域管辖是指以诉讼当事人或诉讼标的所在地来确定人民法院对行政案件的管辖。根据《行政诉讼法》的规定，对限制人身自由的行政强制措施不服提起的诉讼，由被告所在地或者原告所在地人民法院管辖；如在税收行政诉讼案件中，因不动产提起的行政诉讼，由不动产所在地人民法院管辖。

3）共同地域管辖

共同地域管辖是指两个以上人民法院都有管辖权的案件，原告可以选择其中一个人民法院提起诉讼。原告向两个以上有管辖权的人民法院提起诉讼的，由最先收到起诉状的人民法院管辖。

3. 裁定管辖

裁定管辖是指由人民法院作出裁定或决定来确定行政案件的管辖，包括移送管辖、指定管辖、管辖权的转移3种。

1）移送管辖

移送管辖是指人民法院发现受理的案件不属于自己管辖时，应当移送有管辖权的人民法院。受移送的人民法院不得自行移送。

2）指定管辖

指定管辖是指有管辖权的人民法院由于特殊原因不能行使管辖权的，由上级人民法院指定管辖。人民法院对管辖权发生争议，由争议双方协商解决。协商不成的，报它们的共同上级人民法院指定管辖。

3）管辖权的转移

管辖权的转移是指上级人民法院有权审判下级人民法院管辖的第一审行政案件，也可以把自己管辖的第一审行政案件移交下级人民法院审判。下级人民法院对其管辖的第一审行政案件，认为需要由上级人民法院审判的，可以报请上级人民法院决定。

12.2.2.4 税务行政诉讼的程序

税务行政诉讼主要包括起诉、受理、审理、判决和执行等程序。

1. 税务行政诉讼的起诉

1）起诉的期限

纳税人、扣缴义务人及纳税担保人对税务机关做出的征税行为不服或者对税务机关做出的不予审批减免税或者出口退税、不予抵扣税款、不予退还税款等行为不服的，应当先向复议机关申请行政复议，对行政复议决定不服的，可以在收到复议决定书之日起15日内向人民法院提起诉讼。复议机关逾期不作决定的，申请人可以在复议期满之日起15日内向人民法院提起诉讼。法律另有规定的除外。

税务当事人直接向人民法院提起诉讼的，应当在知道做出具体税务行政行为之日起3个月内提出。法律另有规定的除外。

2）起诉的条件

税务当事人提起诉讼应当符合下列条件：

（1）原告是认为具体税务行政行为侵犯其合法权益的公民、法人或者其他组织；

(2) 有明确的被告；
(3) 有具体的诉讼请求和事实根据；
(4) 属于人民法院受案范围和受诉人民法院管辖。

2. 税务行政诉讼的受理

人民法院在接到原告的起诉状后，应当组成合议庭对原告的起诉进行审查。根据审查结果在 7 日内作出受理或不予受理的裁定。原告对不予受理的裁定不服的，可在接到裁定书之日起 10 日内向上一级人民法院提出上诉，上一级人民法院的裁定为终局裁定。7 日内不能决定是否受理的，应当先予受理；受理后经审查不符合起诉条件的，可以裁定驳回起诉。

3. 税务行政诉讼的审理

人民法院审理行政案件实行合议、回避、公开审判和两审终审的审判制度。审理的核心是审查税务被诉具体行政行为是否合法。人民法院审理税务行政诉讼案件，不适用调解。

根据《行政诉讼法》的规定，人民法院审查税务机关做出的具体行政行为是否合法，依据法律、行政法规和地方性法规（民族自治地方的自治条例和单行条例）；参照部门规章和地方性规章。

4. 税务行政诉讼的判决

人民法院对受理的税务行政案件经过审理之后，分别作出如下判决。

（1）维持判决。适用于具体行政行为证据确凿，适用法律、法规正确，符合法定程序的案件。

（2）撤销判决。被诉的具体行政行为主要证据不足，适用法律、法规错误，违反法定程序，或者超越职权、滥用职权，人民法院应判决撤销或部分撤销，同时可判决税务机关重新作出具体行政行为。

（3）履行判决。税务机关不履行或拖延履行法定职责的，判决其在一定期限内履行。

（4）变更判决。税务行政处罚显失公正的，可以判决变更。

对一审人民法院的判决不服，当事人可以上诉。对发生法律效力的判决，当事人必须执行，否则人民法院有权依对方当事人的申请予以强制执行。

5. 税务行政诉讼的执行

税务当事人必须履行人民法院发生法律效力的判决、裁定。税务当事人拒绝履行判决、裁定的，另一方当事人可以向第一审人民法院申请强制执行，或者依法强制执行。

12.2.3 税务行政赔偿

12.2.3.1 税务行政赔偿概述

税务行政赔偿是国家赔偿的一种，是指税务机关及其工作人员在行使职权过程中违法，侵犯公民、法人或者其他组织的合法权益并造成损害，依法由致害的税务机关予以赔偿的一种法律救济制度。我国目前没有单独的"税务行政赔偿法"，有关税务行政赔偿的实体规范主要有《国家赔偿法》《行政处罚法》。

税务行政赔偿必须符合以下 4 个条件。

1. 税务行政赔偿的侵权主体是行使国家税收征收和管理权的税务机关及其工作人员

税务机关及其工作人员还应当包括经法律法规授权的组织和受委托的组织或个人，但其中的工作人员仅指具有税收征管职权的税务人员。

2. 税务机关及其工作人员违法行使职权

这一条件是判断税务机关及其工作人员职权行为是否构成侵权的前提条件。可以从两个方面加以判断。其一，税务机关及其工作人员的行为必须是行使税收征收和管理的职务行为，如税务工作人员个人实施与税收行政管理权无关的行为，不构成税务行政赔偿；其二，税务机关及其工作人员行使职权的行为具有违法性，这里的违法既包括程序上的违法，也包括实体上的违法。

3. 税务相对人存在损害事实

税务行政赔偿必须以存在损害事实为前提，有损害事实才会有赔偿的请求。损害是指对税务相对人合法的财产权和人身权的侵害。

4. 税务机关及其工作人员的侵权行为与损害事实存在因果关系

税务相对人的权利侵害是由于税务机关及其工作人员税收执法导致的。如果造成损害的原因不是税务机关及其工作行使职权的行为或与行使职权有关的行为，而是公民、法人和其他组织自己的行为，就不存在税务行政赔偿所构成的因果关系。

12.2.3.2 税务行政赔偿的范围

根据《国家赔偿法》和税收相关法律的相关规定，税务行政赔偿的范围包括以下内容。

1. 侵犯人身权的赔偿

（1）税务机关非法拘禁纳税人和其他税务当事人或以其他方式剥夺纳税人和其他当事人的人身自由的。

（2）税务机关以殴打等暴力行为或者唆使他人以殴打等暴力行为造成纳税人和其他税务当事人身体伤害或死亡的。

（3）税务机关违法使用武器、警械造成公民身体伤害或者死亡的。

（4）造成纳税人和其他税务当事人身体伤害或者死亡的其他违法行为。

2. 侵犯财产权的赔偿

（1）税务机关违法征收税款及滞纳金的。

（2）税务机关对纳税人和其他税务当事人违法实施罚款、没收非法所得等行政处罚的。

（3）税务机关对纳税人和其他税务当事人财产违法采取强制措施或者税收保全措施。

（4）税务机关违反国家规定向纳税人和其他税务当事人征收财物、摊派费用的。

（5）税务机关造成纳税人和其他税务当事人财产损害的其他违法行为。

但属于下列情形之一的，税务机关则不承担赔偿责任：

① 行政机关工作人员与行使职权无关的个人行为；

② 因公民、法人和其他组织自己的行为致使损害发生的；

③ 法律规定的其他情形。

12.2.3.3 税务行政赔偿的请求人与赔偿义务机关

1. 赔偿请求人

因其合法权益受到税务机关及其工作人员侵害的纳税人及其他税务当事人为赔偿的请求人。受害的纳税人及其他税务当事人死亡，其继承人和其他有扶养关系的亲属有权要求赔偿。受害的法人或者其他组织终止，承受其权利的法人或者其他组织有权要求赔偿。

2. 税务赔偿义务机关

税务赔偿义务机关代表国家履行具体赔偿义务、支付赔偿费用。税务赔偿义务机关主要包括以下几类。

（1）税务机关及其工作人员行使行政职权侵犯纳税人及其他税务当事人的合法权益造成损害的，该税务机关为赔偿义务机关。

（2）两个以上税务机关共同行使行政职权时侵犯纳税人及其他税务当事人合法权益造成损害的，共同行使行政职权的税务机关为共同赔偿义务机关。

（3）受税务机关委托的组织或者个人在行使受委托的行政权力时侵犯纳税人及其他税务当事人的合法权益造成损害的，委托的行政机关为赔偿义务机关。

（4）赔偿义务机关被撤销的，继续行使税收征收管理职权的税务机关为赔偿义务机关；没有继续行使税收征收管理职权的税务机关的，撤销该赔偿义务机关的税务机关为赔偿义务机关。

（5）经复议机关复议的，最初造成侵权行为的税务机关为赔偿义务机关，但复议机关的复议决定加重损害的，复议机关对加重的部分履行赔偿义务。

12.2.3.4 税务行政赔偿的程序

税务行政赔偿的赔偿请求人要求赔偿应当先向赔偿义务机关提出，也可以在申请行政复议和提起行政诉讼时一并提出。税务行政赔偿的程序由两部分组成：一是非诉讼程序，即税务机关的内部程序；二是税务行政赔偿诉讼程序，即司法程序。

1. 税务行政赔偿非诉讼程序

1）赔偿请求的提出

税务赔偿请求人向负有履行赔偿义务税务机关提出赔偿要求的，要求税务行政赔偿须递交申请书。

2）赔偿请求的处理

对赔偿义务机关应当自收到申请之日起两个月内依照法律的规定给予赔偿。

2. 税务行政赔偿诉讼程序

税务机关逾期不予赔偿或者赔偿请求人对赔偿数额有异议的，赔偿请求人可以自期间届满之日起3个月内向人民法院提起诉讼。税务行政赔偿诉讼的提起必须以税务机关的先行处理为条件。税务行政赔偿诉讼，对赔偿请求人的人身权、财产权受到的损害是否应赔偿，赔偿多少可进行调解。在税务行政赔偿诉讼中，税务机关不需承担对损害事实部分的举证责任。

12.2.3.5 税务行政赔偿的方式

根据《国家赔偿法》的规定，税务行政赔偿的方式主要包括以下几种。

（1）支付赔偿金。国家赔偿以支付赔偿金为主要方式。

（2）返还财产。在违法占有的财产还存在的前提下，税务机关将违法占有的财产归还给对其享有所有权的受害方。

（3）恢复原状。税务机关按照被害人的愿望和要求恢复损害发生之前的原本状态。

12.2.3.6 税务行政赔偿的标准

1. 侵犯人身权的赔偿标准

（1）侵犯公民人身自由的，每日的赔偿金按照国家上年度职工日平均工资计算。

（2）造成公民身体伤害的，应当支付医疗费及赔偿因误工减少的收入。减少的收入每日的赔偿金按照国家上年度职工日平均工资计算,最高额为国家上年度职工年平均工资的5倍。

(3)造成部分或者全部丧失劳动能力的,应当支付医疗费及残疾赔偿金,残疾赔偿金根据丧失劳动能力的程度确定,部分丧失劳动能力的最高额为国家上年度职工年平均工资的10倍,全部丧失劳动能力的为国家上年度职工年平均工资的20倍。造成全部丧失劳动能力的,对其扶养的无劳动能力的人,还应当支付生活费。

(4)造成死亡的,应当支付死亡赔偿金、丧葬费,总额为国家上年度职工年平均工资的20倍。对死者生前扶养的无劳动能力的人,还应当支付生活费。

2. 侵犯财产权的赔偿标准

(1)违法征收税款,加收滞纳金的,应当返还税款、税款按银行同期利率计算的利息及滞纳金。

(2)处罚款、罚金、追缴、没收财产或者违反国家规定征收财物、摊派费用的,返还财产。

(3)查封、扣押、冻结财产的,解除对财产的查封、扣押、冻结,造成财产损坏或者灭失的,应当恢复原状或者给付相应的赔偿金。

(4)应当返还的财产损坏的,能够恢复原状的恢复原状,不能恢复原状的,按照损害程度给付相应的赔偿金。

(5)应当返还的财产灭失的,给付相应的赔偿金。

(6)财产已经拍卖的,给付拍卖所得的价款。

(7)对财产权造成其他损害的,按照直接损失给予赔偿。

税务行政处罚和税务救济综合案例

【案例分析12-1】 某食品厂税务行政处罚复议案。

税务行政复议申请人梁山食品公司系一从事生产、加工、销售方便面的企业,属于增值税一般纳税人。2016年10月,被申请人A市国家税务局接到群众举报,对申请人梁山食品公司进行立案稽查,发现梁山食品公司在2015年8月曾接受大辽方便面厂的委托,为其代销3 000千克方便面,2016年3月又从大辽方便面厂购进17 000千克方便面用于销售。对于上述经营行为,申请人在公司财务中均未及时进行如实反映,也未向税务机关申报纳税,隐匿销售收入63 000元,偷逃增值税10 710元。针对此稽查结果,被申请人于2007年10月对申请人发出《税务行政处罚事项告知书》,对梁山食品公司的偷税行为拟处以罚款20 000元,同时告知其有听证的权利。2016年11月申请人以其不存在偷税事实为由向被申请人提交了书面申辩,要求听证,同时提出要求听证的理由主要是罚款过重,造成申请人资金周转困难,无法正常生产,请求减免部分罚款。被申请人接到申辩后未举行听证,只是于2017年1月对申请人作出罚款12 000元的处罚,申请人对此不服,于2017年2月向上级税务机关申请复议。

请回答被申请人所作的处罚在程序上有无问题?复议机关应作出何种裁决?

【答案及解析】

根据法律规定,税务机关对公民作出2 000元以上(含本数)罚款或者对法人及其他组织作出10 000元以上（含本数）罚款的行政处罚之前，应当向当事人送达《税务行政处罚事项告知书》，告知当事人已经查明的违法事实、证据、行政处罚的法律依据和拟将给予的行政处罚，并告知有要求举行听证的权利。

本案当事人也提出了听证申请并说明了理由，作为被申请人的税务机关虽然满足了申请人的要求，减少了罚款数额，但由于没有举行听证，没有听取当事人的陈述、申辩，按行政处罚法的规定，行政处罚决定不能成立。因此，复议机关应当做出撤销原处理税务机关的行政处罚行为，并责令被申请人在一定期限内重新做出具体行政行为。

【案例分析12-2】 服装厂行政复议和行政诉讼案例。

2016年4月15日，山东省某县国税稽查局在对一家服装厂进行检查时发现，该厂自营车队在为客户运输服装时收取的运费收入93.6万元并未申报缴纳增值税，稽查局遂于4月20日向该厂下达了补缴增值税13.6万元的税务处理决定书。该公司对此处理不服，于4月23日向该县国税局提出复议申请。该县国税局审查后，以该公司未补缴税款为由，拒绝受理其复议申请。

5月5日，因该公司未缴税款，国税稽查局下达了限期缴纳税款通知书，限该公司于5月15日前缴清应补缴的税款、滞纳金。在两次催缴无效的情况下，经县税务局（分局）局长批准，对服装厂采取了强制执行措施。5月18日，该县国税稽查局依法从该服装厂账户上划走了应补缴的税款、滞纳金。该服装厂就国税稽查局做出的强制执行措施不服，于9月1日向县人民法院提起行政诉讼。县人民法院审查后，驳回了该公司的诉讼请求。

请回答复议机关拒绝受理其复议申请是否合理？人民法院驳回起诉是否正确？

【答案及解析】

根据《税收征管法》的规定："纳税人、扣缴义务人、纳税担保人同税务机关在纳税上发生争议时，必须先依照税务机关的纳税决定缴纳或者解缴税款及滞纳金或者提供相应的担保，然后可以依法申请行政复议；对行政复议决定不服的，可以依法向人民法院起诉。"

本案中，服装厂既没有依照税务机关的纳税决定先缴纳税款，也没有向税务机关提供纳税担保，则不能依法申请行政复议，县国税局有权拒绝其行政复议申请。服装厂应当依照稽查局做出的税务处理决定，补缴税款、滞纳金或提供相应的担保，并在实际缴清税款和滞纳金后或者所提供相应的担保得到做出具体行政行为的税务机关确认之日起60日内提出行政复议申请。

根据《行政诉讼法》的规定，公民、法人或者其他组织对行政复议决定不服的，可以在收到复议决定书之日起15日内向人民法院提起诉讼。公民、法人或者其他组织直接向人民法院提起诉讼的，应当在知道做出具体税务行政行为之日起3个月内提出。本案中，该服装厂应当在税务机关从银行账户上划走了应补缴的税款之日即5月18日起3个月内提起行政诉讼，而服装厂9月1日才提起诉讼，因而人民法院驳回起诉也是正确的。

税务行政处罚与税务救济 第12章

课后练习题

牛刀小试

一、选择题（含单选题和多选题，请用手机扫描下方二维码作答并查看正确答案）

二、思考探索题

1. 什么是税务行政处罚？税务行政处罚的种类有哪些？
2. 税务行政复议和税务行政诉讼有何区别？
3. 哪些行为在申请复议时必须先缴税或者提供纳税担保？
4. 什么是税务行政赔偿？税务行政赔偿的范围包括哪些？

竞技场

选择题（含单选题和多选题，请用手机扫描下方二维码作答并查看正确答案）

税收实体法综合案例

营改增后运输公司如何缴纳流转税？

（2015年CPA改编）某市有国际运输资质的运输公司，增值税一般纳税人，2021年6月经营情况如下。

① 从事运输服务，开具增值税专用发票，注明运输费320万元、装卸费36万元。

② 从事仓储服务，开具增值税专用发票，注明仓储收入110万元、装卸费18万元。

③ 从事国内运输服务，价税合计272.5万元；运输至香港、澳门，价税合计50.6万元。

④ 出租客货两用车，取得含税收入58.76万元。

⑤ 销售使用过的未抵扣过进项税额的固定资产，普通发票3.09万元。

⑥ 进口货车，成交价160万元，境外运费12万元，保险费8万元。

⑦ 国内购进小汽车，取得增值税专用发票，价款80万元，增值税10.4万元；销售货物接受运输服务，取得增值税专用发票，价款6万元，增值税0.54万元。

⑧ 购买矿泉水，取得增值税专用发票，价款8万元，增值税1.04万元，其中60%赠送给客户，40%用于职工福利。

已知：进口货车适用的关税税率为20%。

问题：

（1）计算业务①的销项税额。
（2）计算业务②的销项税额。
（3）计算业务③的销项税额。
（4）计算业务④的销项税额。
（5）计算业务⑤应缴纳的增值税税额。
（6）计算进口业务应缴纳的增值税税额。
（7）计算6月的进项税额。
（8）计算6月应缴纳的增值税税额。
（9）计算6月应缴纳的城建税、教育费附加、地方教育附加。
（10）计算应缴纳的车辆购置税。

【案情分析】本案例通过国内不同业务的增值税、进口环节增值税、城建税、教育费附加、车辆购置税等税种的计算，重在考查学生对流转税税种的综合运用能力和增值税兼营行为的税务处理。

（1）业务①的销项税额=320×9%+36×6%=30.96（万元）。

（2）业务②的销项税额=110×6%+18×6%=7.68（万元）。

(3) 业务③的销项税额=(272.5/1.09)×9%=22.5（万元）。

境内的单位和个人提供的往返香港、澳门、台湾的交通运输服务，适用零税率，所以销项税额=0。

(4) 业务④的销项税额=（58.76/1.13）×13%=6.76（万元）。

(5) 业务⑤应缴纳的增值税税额=[3.09/(1+3%)]×2%=0.06（万元）。

(6) 进口业务关税完税价格=160+12+8=180（万元）。

关税=180×20%=36（万元）。

进口业务应缴纳的增值税税额=(180+36)×13%=28.08（万元）。

(7) 6月的进项税额=10.4+0.54+1.04×60%+28.08=39.64（万元）。

(8) 6月应缴纳的增值税税额=30.96+7.68+22.5+6.76+1.28×60%-39.64+0.06=29.09（万元）。

(9) 6月应缴纳的城建税、教育费附加和地方教育附加=29.09×(7%+3%+2%)=3.49（万元）。

(10) 应缴纳的车辆购置税=(180+36)×10%+80×10%=21.6+8=29.6（万元）。

 综合案例 2

营改增后服装企业的涉税行为该如何缴税？

（CPA试题改编）某市服装生产企业为增值税一般纳税人，2021年度取得销售收入 40 000 万元、投资收益 1 000 万元，发生销售成本 28 900 万元、税金及附加 1 800 万元、管理费用 3 500 万元、销售费用 4 200 万元、财务费用 1 300 万元、营业外支出 200 万元，企业自行计算实现年度利润总额 1 100 万元。

2022年年初聘请某会计师事务所进行审核，发现以下问题：

① 收入、成本中包含转让 2015 年取得的旧办公楼合同记载的收入 1 300 万元、成本 700 万元（其中土地价款 200 万元），但未缴纳转让环节的相关税费，经评估机构评估该办公楼的重置成本为 1 000 万元，成新度折扣率为 5 成。

② 接受非股东单位捐赠原材料一批，取得增值税专用发票注明金额 30 万元，进项税额 4.8 万元，直接记入了"资本公积"账户核算。

③ 管理费用中含业务招待费用 130 万元。

④ 成本、费用中含实发工资总额 1 200 万元、职工福利费 180 万元、职工工会经费 28 万元、职工教育经费 40 万元。

⑤ 投资收益中含转让国债收益 85 万元，该国债购入面值 72 万元，发行期限 3 年，年利率 5%，转让时持有天数为 700 天。

⑥ 营业外支出中含通过当地环保部门向环保设施建设捐款 180 万元并取得合法票据。

（其他相关资料：城市维护建设税税率 7%，产权转移书据印花税税率 0.5‰。）

要求：根据上述资料，按照下列顺序回答问题，每问均需计算出合计数。

（1）计算旧办公楼销售环节应缴纳的增值税、城市维护建设税、教育费附加、地方教育附加、印花税和土地增值税。

(2) 计算该企业 2021 年度的会计利润总额。
(3) 计算业务招待费应调整的应纳税所得额。
(4) 计算职工福利费、职工工会经费、职工教育经费应调整的应纳税所得额。
(5) 计算转让国债应调整的应纳税所得额。
(6) 计算公益性捐赠应调整的应纳税所得额。
(7) 计算该企业 2021 年度的应纳税所得额。
(8) 计算该企业 2021 年度应缴纳的企业所得税。

【案情分析】 本案例综合考核学生对某一企业多个税种的综合运用能力及企业所得税中应纳税额的计算思路。

【具体分析思路】

答案：

(1) 应缴纳的增值税=1 300/(1+5%)×5%=61.90（万元），应缴纳的城建税及附加=61.90×(7%+3%+2%)=7.43（万元），印花税=1 300×0.5‰=0.65（万元）。该企业计算土地增值税时允许扣除项目金额的合计数=200+1 000×50%+0.65+7.43=708.08（万元）。土地增值额=1 300−61.90−708.08=530.02（万元），增值率=530.02/708.08×100%=74.85%，适用税率40%，速算扣除系数为5%，应纳土地增值税=530.02×40%−708.08×5%=176.60（万元）。

除增值税以外的税金合计=7.43+0.65+176.60=184.68（万元）。

(2) 利润总额=1 100−184.68+30+4.8=950.12（万元）。

(3) 限额 1=40 000×5‰=200（万元）；限额 2=130×60%=78（万元）。

纳税调增=130−78=52（万元）。

(4) 职工福利费：1 200×14%=168（万元），调增=180−168=12（万元）。

工会经费：1 200×2%=24（万元），调增=28−24=4（万元）。

职工教育经费：1 200×8%=96（万元），40<96，不需调整。

三项经费共计调增=12+4=16（万元）。

(5) 转让国债应调减应纳税所得额=72×5%×3×700/(365×3)=6.90（万元）。

(6) 捐赠扣除限额=950.12×12%=114.01（万元），实际支出 180 万元，应调增应纳税所得额=180−114.01=65.99（万元）。

(7) 应纳税所得额=950.12+52+16−6.90+65.99=1 077.21（万元）。

(8) 应纳企业所得税=1 077.21×25%=269.30（万元）。

综合案例3

混合所得税制下不同个人收入水平情况下年终奖如何发放最优？

(1) 孙先生 2019 年每月工资收入 8 000 元，个人承担的三险一金 2 000 元，专项附加扣除 3 000 元，无其他综合所得和扣除项目。2019 年 2 月发放全年一次性奖金 48 000 元。

请问孙先生应当选择年终奖单独计税还是合并计税？

(2) 李先生 2019 年每月工资收入 18 000 元，个人承担的三险一金为 3 000 元，专项附加扣除4 000元，无其他综合所得和扣除项目。2019年2月发放全年一次性奖金144 000元。请问李先生应当选择年终奖单独计税还是合并计税？

【案情分析】居民个人取得全年一次性奖金，在2021年12月31日前，可以选择并入当年综合所得计算纳税，也可选择不并入当年综合所得。本案例综合考核学生在混合所得税制下不同的情境下如何进行个人所得税年终奖的筹划。

【具体分析思路】

(1) 孙先生两种情况的计税结果如下。

① 如分别计算，不考虑年终奖，孙先生2019年综合所得应纳税额为零。

年终奖按照财税〔2018〕164号单独计算，应纳税额为48 000×10%-210=4 590（元）。

合计纳税为4 590元。

② 如合并计算，孙先生2019年综合所得为8 000×12-5 000×12-2 000×12-3 000×12+48 000=24 000（元），应纳税额为24 000×3%=720（元）。

$$4\ 590-720=3\ 870（元）$$

因而合并计税最优，孙先生可少交税3 870元。

(2) 李先生两种情况的计税结果如下。

① 如分别计算，不考虑年终奖，李先生2019年综合所得为18 000×12-5 000×12-3 000×12-4 000×12=72 000（元），应纳税额为72 000×10%-2 520=4 680（元）。

年终奖按照财税〔2018〕164号单独计算，应纳税额为144 000×10%-210=14 190（元）。合计纳税为4 680+14 190=18 870元。

② 如合并计算，孙先生2019年综合所得为18 000×12-5 000×12-3 000×12-4 000×12+144 000=216 000（元），应纳税额为216 000×20%-16 920=26 280（元）。

$$26\ 280-18\ 870=7\ 410（元）$$

因而分别计税最优，李先生可少交税7 410元。

参考文献

[1] 刘剑文. WTO 体制下的中国税收法治. 北京：北京大学出版社，2004.
[2] 中国注册会计师协会. 税法. 北京：中国财政经济出版社，2019.
[3] 全国注册税务师职业资格考试教材编写组. 税法（Ⅰ）. 北京：中国财政经济出版社，2019.
[4] 全国注册税务师职业资格考试教材编写组. 税法（Ⅱ）. 北京：中国财政经济出版社，2019.
[5] 李晶. 最新企业所得税疑难解答. 大连：东北财经大学出版社，2009.
[6] 马海涛. 中国税制. 9 版. 北京：中国人民大学出版社，2019.
[7] 杨虹. 中国税制. 4 版. 北京：中国人民大学出版社，2016.
[8] 王乔，席卫群. 比较税制. 上海：复旦大学出版社，2004.
[9] 朱为群. 中国税制. 北京：高等教育出版社，2016.
[10] 肖良林. 轻轻松松营改增. 北京：中国经济出版社，2017.
[11] 张守文. 税法原理. 6 版. 北京：北京大学出版社，2015.
[12] 赵惠敏. 所得课税理论创新与中国所得课税优化设计. 北京：中国财政经济出版社，2003.
[13] 杨小强. 中国税法原理、实务与整体化. 济南：山东人民出版社，2008.
[14] 赵静. 营业税改征增值税账务处理与纳税操作指南. 北京：人民邮电出版社，2015.
[15] 辛连珠. 营业税改征增值税政策讲解与案例分析. 北京：中国税务出版社，2012.
[16] 瑟仁伊. 比较税法. 丁一，译. 北京：北京大学出版社，2006.
[17] 刘隆亨. 税法学. 北京：法律出版社，2006.
[18] 马国强. 转轨时期的税收理论研究. 大连：东北财经大学出版社，2004.
[19] 曾国祥. 税收学. 北京：中国税务出版社，2002.
[20] 刘佐，刘铁英. 中国涉外税收指南. 北京：法律出版社，2002.
[21] 刘剑文. 财政税收法. 北京：高等教育出版社，2004.
[22] 王国华. 外国税制. 北京：中国人民大学出版社，2008.
[23] 陈少英. 税法学案例教程. 北京：北京大学出版社，2007.
[24] 李万甫. 商品课税经济分析. 北京：中国财政经济出版社，1998.
[25] 戴琼. 营业税改征增值税操作实务与技巧. 北京：中国经济出版社，2012.
[26] 中华会计网校. 税法应试指南. 北京：人民出版社，2016.
[27] 翟继光，易运和，张晓冬.《中华人民共和国企业所得税法实施条例》释义与实用指南及案例精解. 上海：立信会计出版社，2007.
[28] 葛克昌. 所得税与宪法. 北京：北京大学出版社，2004.

［29］ 杨志清. 税法案例分析. 北京：中国人民大学出版社，2005.
［30］ 梁俊娇. 税法. 3版. 北京：中国人民大学出版社，2016.
［31］ 翟继光. 税法学原理：理论·实务·案例. 北京：清华大学出版社，2012.
［32］ 邓子基. 税种结构研究. 北京：中国税务出版社，2000.
［33］ 中国社会科学院财政与贸易经济研究所. 中国：启动新一轮税制改革. 北京：中国财政出版社，2003.